HISTOIRE
DE
SAINT LOUIS

IMPRIMERIE GÉNÉRALE DE CH. LAHURE
Rue de Fleurus, 9, à Paris

HISTOIRE

DE

SAINT LOUIS

PAR

JEAN SIRE DE JOINVILLE

SUIVIE

DU CREDO ET DE LA LETTRE A LOUIS X

TEXTE RAMENÉ A L'ORTHOGRAPHE DES CHARTES
DU SIRE DE JOINVILLE

ET PUBLIÉ

POUR LA SOCIÉTÉ DE L'HISTOIRE DE FRANCE

PAR M. NATALIS DE WAILLY

MEMBRE DE L'INSTITUT

A PARIS

CHEZ MME V^E JULES RENOUARD

LIBRAIRE DE LA SOCIÉTÉ DE L'HISTOIRE DE FRANCE

RUE DE TOURNON, N° 6

M DCCC LXVIII

EXTRAIT DU RÈGLEMENT.

Art. 14. Le conseil désigne les ouvrages à publier, et choisit les personnes les plus capables d'en préparer et d'en suivre la publication.

Il nomme, pour chaque ouvrage à publier, un Commissaire responsable, chargé d'en surveiller l'exécution.

Le nom de l'éditeur sera placé en tête de chaque volume.

Aucun volume ne pourra paraître sous le nom de la Société sans l'autorisation du Conseil, et s'il n'est accompagné d'une déclaration du Commissaire responsable, portant que le travail lui a paru mériter d'être publié.

―――

*Le Commissaire responsable soussigné déclare que l'Édition de l'*Histoire de saint Louis, *préparée par* M. Natalis de Wailly, *lui a paru digne d'être publiée par la* Société de l'Histoire de France.

Fait à Paris, le 28 *novembre* 1868.

Signé L. DELISLE.

Certifié,

Le Secrétaire de la Société de l'Histoire de France,

J. DESNOYERS.

PRÉFACE.

Si je n'ai pas à craindre qu'on reproche à cette édition, comme à tant d'autres, de n'avoir rien de nouveau que le titre, et de n'être que la copie de celles qui l'ont précédée, on pourra, en revanche, la trouver par trop nouvelle, et me blâmer d'y avoir introduit un si grand nombre de changements. Encore s'il y avait quelque manuscrit récemment dé couvert qui expliquât ces innovations, je pourrais m'en prévaloir auprès du lecteur; mais je dois confesser qu'une telle ressource me fait défaut, et que je me suis permis, pour établir mon texte, de m'écarter des manuscrits aussi bien que des éditions. Qu'un tel système soit de nature à inspirer la défiance, je n'en disconviens pas; cependant, puisque la Société de l'Histoire de France a consenti à le prendre sous son patronage, on ne se refusera pas à écouter sans prévention les motifs qui le peuvent justifier. Je vais donc essayer de montrer que tous ces changements, quoiqu'ils se comptent par milliers, ne sont pas le résultat d'une tentative aventureuse, mais la conséquence naturelle d'un progrès sage et mesuré, qui arrive en son temps. J'ajoute que ces modifications sont de pure forme, et qu'elles portent uniquement sur des détails d'orthographe, sans toucher en rien au fond des récits. Ce texte de Joinville, qui avait subi autrefois de graves altérations, on est sûr aujourd'hui de le posséder complet et pur de tout mélange; il ne s'agit donc plus que d'en modifier les traits accessoires : entreprise modeste, mais nécessaire, qui a pour objet de rendre à la langue de notre vieil historien sa véritable physionomie, dénaturée dans les copies peu fidèles qui nous sont parvenues.

Il convient, avant tout, de rappeler quelles furent les destinées du livre de Joinville, depuis le quatorzième siècle jusqu'à nos jours. L'auteur assurément n'aurait pu les prévoir. Comment imaginer, en effet, que ce beau volume enluminé d'or et d'azur qu'il offrait, en 1309, à l'arrière-petit-fils de saint Louis, ne serait pas conservé avec honneur, comme un des joyaux de la couronne de France? Comment croire que ce portrait vivant du saint roi serait oublié et relégué dans quelque réduit obscur, comme ces vieux tableaux de famille qu'une génération indifférente ne sait plus ni reconnaître, ni défendre contre les injures du temps?

S'il n'était pas vraisemblable que l'exemplaire de dédicace offert, en 1309, à Louis le Hutin dût s'oublier ou se perdre, sans laisser même de trace dans l'inventaire des meubles de ce roi, Joinville devait encore moins prévoir que son propre exemplaire, celui qu'il avait tant de fois tenu et feuilleté, qu'il avait conservé dans son château pour le léguer à ses descendants, disparaîtrait aussi, mis au rebut, sans doute, du jour où Antoinette de Bourbon se vit en possession d'une belle copie, où l'on avait eu grand soin de mettre à la mode du seizième siècle tout ce qu'il y avait de suranné dans l'original[1]. La langue, l'orthographe, et jusqu'aux costumes des personnages représentés sur les miniatures, avaient subi l'outrage de cette malencontreuse restauration.

Sans être un écrivain de profession, sans viser à ce qu'on appelle aujourd'hui un succès littéraire, Joinville n'a pu être assez désintéressé pour ne pas s'inquiéter de l'accueil que recevrait son livre. Il devait espérer que cette vie de saint Louis serait lue dans les châteaux, dans les couvents, peut-être même chez quelques riches bourgeois, en un mot, qu'elle serait connue comme pouvaient l'être d'autres récits qui donnaient sur de moins grands personnages des détails assurément moins intéressants. Mais cet espoir n'était aussi qu'une illusion. Les lecteurs du quatorzième et du quinzième siècle qui voulaient

---

1. Antoinette de Bourbon épousa, en 1513, Claude de Lorraine, lequel cumulait avec les titres de duc de Guise, de comte d'Aumale, de marquis de Mayenne et d'Elbeuf, celui de baron de Joinville. Elle fut enterrée, en 1583, dans la collégiale de Saint-Laurent-de-Joinville, où son mari lui-même reposait depuis 1550. C'est pour elle, sans aucun doute, que fut exécuté le manuscrit de Lucques, où l'on voit, au bas du frontispice, un écusson richement colorié, aux armes de cette princesse et à celles de son mari. On sait en outre qu'elle procura un manuscrit de l'Histoire de Joinville à Louis Lasséré, chanoine de Saint-Martin de Tours, qui publia, en 1541, un abrégé de la vie de saint Louis à la suite de celle de saint Jérôme : je crois reconnaître cet autre exemplaire dans le manuscrit de M. Brissart-Binet, d'une exécution plus modeste que le premier ; mais renfermant un texte de même date et de même nature.

connaître la vie de saint Louis, recouraient à Guillaume de Nangis, aux *Chroniques de Saint-Denis*, ou bien à de courts écrits où il était moins question des actions du roi que des vertus du chrétien. Les compilateurs et les hagiographes avaient la vogue; l'historien original restait inconnu. Le premier chroniqueur qui l'ait cité est peut-être Pierre Le Baud, qui écrivait à la fin du quinzième siècle sa grande *Histoire de Bretagne*, et qui prit soin de lui emprunter un certain nombre de passages relatifs à Pierre Mauclerc, donnant ainsi à la fois une preuve d'érudition, d'exactitude et de bon goût. Mais l'ouvrage de Pierre Le Baud étant resté inédit jusqu'en 1638, celui de Joinville était toujours dans l'ombre, lorsqu'un premier éditeur se chargea de l'en tirer, en 1547.

Cette première édition est si mauvaise qu'on peut s'étonner du bon accueil qu'elle reçut; mais, en même temps, elle rendit un si grand service, que Pierre-Antoine de Rieux, en la publiant, s'est acquis des droits à la reconnaissance de tous les amis des lettres; c'est justice, en effet, de dire qu'il a suscité tous les travaux qui ont successivement perfectionné le sien. Son grand tort est d'avoir voulu lui-même perfectionner Joinville. « Il y a deux ans, ou envi-
« ron, dit-il dans son Épitre dédicatoire à Fran-
« çois Ier, que moy estant à Beaufort en Valée au
« païs d'Anjou, visitant quelques vieulx registres du
« feu roy René de Cecile, pour y cuider trouver
« quelque antiquité, dont il avoit esté amateur, au-

« rois trouvée la Cronique du roy saint Loys escripte
« par ung seigneur de Jonville seneschal de Cham-
« paigne, qui estoit de ce temps là, et avoit accom-
« paigné le dict roy saint Loys en toutes ses guer-
« res. Et pour ce que l'histoire estoit ung peu mal
« ordonnée et mise en langage assez rude, ay icelle
« veue, au moins mal qu'il m'a esté possible; et
« l'ayant polie et dressée en meilleur ordre qu'elle
« n'estoit auparavant, pour donner plus grand co-
« gnoissance des grandz et vertueux faictz de la très
« chrestienne maison de France, ay icelle voulu
« mettre en lumière. »

Que ne méritait pas un éditeur qui prenait tant de peine? N'était-ce pas comme un second auteur qu'il fallait égaler au premier? Antoine de Rieux le pensait tout bas; mais, comme il eût été embarrassé de le dire lui-même, il se procura un interprète dans la personne du Toulousain Guillaume La Perrière, espèce de commissaire responsable, qui, au lieu d'être lié par les termes d'une formule réglementaire, put donner libre carrière à ses éloges, comme à son éloquence, dans un avertissement au lecteur, dont la conclusion mérite d'être citée : « Et
« pour fin, il plaira considerer, dit-il, que ce n'est
« moindre louange de bien polir un diamant ou
« ung aultre pierre fine, que de la trouver toute
« brute. Pareillement ne doibz pas attribuer moindre
« louange au present autheur d'avoir reduit en bon
« ordre et elegant style la presente histoire, qu'à ce-
« luy qui en fut le premier compositeur. »

On est aujourd'hui d'un avis complétement différent, et M. Daunou a eu toute raison de dire qu'Antoine de Rieux, au lieu de corriger le style, d'ajouter, d'omettre et de déplacer beaucoup d'articles, aurait bien dû s'attacher uniquement à publier une copie littéralement fidèle de son manuscrit[1]. Mais faut-il croire, avec le savant écrivain, que ce manuscrit fût un des plus précieux? Ce qui m'en fait douter, c'est qu'il débutait par de grossiers anachronismes, puisqu'il montrait Joinville dédiant à un roi de France du nom de Louis, un livre qu'il aurait entrepris à la sollicitation de la mère de ce roi, épouse de saint Louis. Or c'est bien le manuscrit, ce n'est pas Antoine de Rieux, qui est responsable de toutes ces erreurs; car elles se retrouvaient dans un autre manuscrit de la même famille, dans celui qu'a publié Claude Menard : là aussi c'est le fils et la veuve de saint Louis qui remplacent son arrière-petit-fils et la femme de Philippe le Bel. Le manuscrit dénaturé par Antoine de Rieux était donc l'équivalent de celui dont Claude Menard s'est servi, et l'on peut être assuré que, dans l'un comme dans l'autre, la pensée et la langue de Joinville avaient subi les plus graves altérations.

Claude Menard n'en était pas moins dans son droit quand il blâmait le système de son devancier, en réclamant la bienveillance du lecteur pour une édition qu'il avait voulu rendre aussi fidèle que pos-

---

[1]. Bouquet, t. XX, p. xlvi.

sible. « Lecteur curieux, dit-il, je croy n'estre be-
« soin d'employer autres paroles à priser cet' his-
« toire, puisqu'avec son deguisement premier, qui
« l'avoit diformée, huict presses differentes l'ont fait
« rechercher, en sorte que celle-cy, pure et sans ver-
« meillon, n'en peut moins esperer de ta courtoisie.
« .... Mon cher Anjou t'avoit dès-jà fourny l'origi-
« nal premier de ceste pièce, et si l'autheur de sa
« publication s'en fust aquité de bonne foy, certes
« il nous eust obligez en la descharge de cette peine.
« Mais une visite m'ayant porté, quelques mois sont,
« à Laval, et furetant çà et là quelque aliment à ma
« curiosité, le sieur de La Mesnerie me fist voir un
« ramas de diverses papperaces, qu'un vieil ministre,
« ancien compagnon des apostasies et du licol de
« Marlorat, luy avoit données : restes honorables des
« reformes qu'ils faisoient, la torche en la main,
« dans divers monastères pendant les troubles pre-
« miers ; et ne l'euz si tost, que comparant l'un à
« l'autre, je reconnus estre vray, ce que j'ay creu
« toujours, l'imprimé n'avoir goust aucun du temps
« qu'il portoit. Et l'ayant faict voir à beaucoup de
« bons esprits, ils m'ont doucement engagé, comme
« tu vois, à cette diligence, dont je n'ay regret,
« pourveu que ce soing te vienne à plaisir ; ozant
« me promettre que trouveras ce livre tout autre
« que les premiers, dans lesquels on ne s'est con-
« tenté de polir, ou plustost gaster le langage, pesle-
« mesler l'ordre de l'autheur et sa suitte : non si
« belle en verité, mais quel droit d'y toucher sans

« crime? L'on a plus faict, y adjoutant beaucoup de
« choses qui n'en estoient pas, ce que la conference
« peut justifier aisément.... tellement qu'au manier
« de ces membres esparpillez, de ces os disloquez,
« il m'a semblé voir le desastreux Hypolite dans
« Ovide :

> « On ne connoist plus rien de tout mon corps en moy ;
> « Ce n'est du haut en bas qu'un ulcère, un effroy. »

Claude Menard ne se montre pas moins sévère contre Antoine de Rieux dans l'Épître dédicatoire qu'il adresse à Louis XIII, en déposant à ses pieds l'Histoire de Joinville, « laquelle, dit-il, mesprisable « en ses rides, simple en son parler, est belle tou- « tesfois en sa candeur, très haute en ses preceptes, « qu'une main trop hardie voulut ci-devant alterer à « sa mode et la difformer ; mais dont l'original, sauvé, « par rencontre heureux, du pillage et des feux qui « bruslèrent autrefois cette pauvre France, pourra « decouvrir et condemner l'efronterie. » Sans s'arrêter à la vivacité extrême de ces expressions, il faut féliciter Claude Menard d'avoir attaché tant d'importance à reproduire exactement son manuscrit ; mais il faut surtout féliciter Joinville d'avoir échappé au danger qu'il eût couru, si ce nouvel éditeur eût voulu rivaliser avec le premier. Quand on voit, dans la dédicace à Louis XIII, que la religion est la *tige de l'intellect*, qu'elle est aussi un *riche flambeau* qui *soleille nos cœurs*, qu'elle tire *par une sainte dexterité les toilettes d'erreur qui couvrent notre vue*, enfin qu'elle *a tousjours parfumé le lys de ses musques doux flairans,* on ne peut s'empêcher de reconnaître que, dans cette lutte inégale, Antoine de Rieux eût été vaincu, et Joinville plus abîmé que jamais.

Il fut définitivement sauvé le jour où parut la grande édition de 1761, à laquelle travaillèrent successivement Melot, Sallier et Capperonnier. J'omets à dessein celle de Du Cange, qui, à défaut de manuscrits, avait pu éclairer, par une suite d'observations judicieuses et de savantes dissertations, le règne de saint Louis, sans réussir à nous rendre le véritable Joinville. Les nouveaux éditeurs, au contraire, avaient à leur disposition un texte jusqu'alors inconnu, dont l'écriture, la langue et les récits offraient des caractères d'ancienneté ou d'exactitude incontestables. C'était donc un événement littéraire que l'acquisition du manuscrit[1] dont la Bibliothèque royale venait de s'enrichir, et l'on ne doit pas s'étonner que les savants chargés par le gouvernement d'en préparer la publication aient pu s'en exagérer un peu la valeur. Autant il est facile aujourd'hui de redresser cette erreur, autant il était difficile alors d'y échapper. Voici les propres paroles de Capperonnier[2]. « C'est, dit-il, au règne de Louis XV, si
« glorieux et si heureux pour les lettres, les sciences
« et les arts, qu'il étoit réservé d'être encore pour

---

1. Ce manuscrit fut, dit-on, apporté de Bruxelles en France par le maréchal Maurice de Saxe; il porte le n° 13568 du fonds français (autrefois 2016 du Supplément).
2. Préface, p. VIII.

« les gens de lettres une époque mémorable par la
« découverte du véritable manuscrit de Joinville....
« Le manuscrit dont il s'agit est un petit in-4° écrit
« sur vélin à deux colonnes, et comprend trois cens
« quatre vingt onze pages : l'écriture est d'une forme
« et d'un tour à la faire reconnoître au premier coup
« d'œil pour écriture du commencement du qua-
« torzième siècle. La comparaison que l'on peut
« faire de cette écriture avec celle de plusieurs au-
« tres manuscrits dont la date est incontestablement
« avouée du quatorzième siècle, seroit, en cas de
« besoin, une nouvelle preuve pour établir l'anti-
« quité que nous croyons devoir attribuer au manu-
« scrit de Joinville. Mais il vaut mieux en appeler
« à la lecture du manuscrit même, et y renvoyer
« ceux qui auroient quelque doute là dessus. Le lan-
« gage et l'orthographe sont des règles que l'on peut
« consulter, sans craindre de se tromper sur le siècle
« auquel appartient un ouvrage. »

Après avoir consulté les mêmes règles, qu'il con-
naissait mieux, et comparé l'écriture de ce volume
avec celle d'autres manuscrits, M. Paulin Paris ex-
prima le premier, en 1839, une opinion différente
et plus exacte, dans un mémoire devenu fort rare,
qui fut réimprimé vingt ans plus tard en tête de l'é-
dition de Joinville publiée par M. Francisque Mi-
chel[1]. Ce manuscrit, qu'on avait jugé de l'an 1309 à
cause de la date qui le termine, n'était à ses yeux

---

1. Page CLXVIII.

qu'une copie exécutée sous le règne de Charles V au plus tôt. Les motifs donnés par M. Paris ne parurent pas déterminants à M. Daunou, qui reproduisit, en 1840, dans le vingtième volume des *Historiens de France*, l'opinion de Capperonnier, croyant aussi qu'il avait sous les yeux un original dont le langage, l'écriture, les peintures et l'orthographe convenaient à la date de 1309.

Quoique, aujourd'hui, il n'y ait plus lieu de s'arrêter à cette opinion, je dois dire que l'édition de Capperonnier et celle de M. Daunou n'en font pas moins honneur l'une et l'autre à l'érudition française. Le principal mérite de la première est d'être conforme au manuscrit qui passa longtemps pour un original; elle en reproduit toutes les leçons bonnes ou mauvaises. Je ne crois pas qu'il y eût alors de méthode plus sûre à suivre. Capperonnier avait aussi à sa disposition un autre manuscrit, découvert à Lucques par Sainte-Palaye, et acquis récemment par la Bibliothèque : c'était celui qui avait été mis à la mode du seizième siècle pour Antoinette de Bourbon; il offrait, néanmoins, des variantes utiles, qui furent imprimées en partie seulement, et toujours au bas des pages. Ces variantes sont plus nombreuses dans l'édition de M. Daunou, et plusieurs d'entre elles furent admises dans le texte comme étant les véritables leçons, tant il est vrai que le plus mauvais manuscrit peut souvent servir à corriger le meilleur. M. Daunou s'est attaché, en outre, à éclairer les récits de Joinville par des notes historiques dont l'exac-

titude peut rarement être contestée. « Nous avons
« surtout profité, dit-il, des savantes recherches de
« notre confrère M. Reinaud; des excellentes notices
« qu'il a publiées dans le tome IV de la *Bibliothèque*
« *des croisades*, et des observations qu'il a bien
« voulu nous communiquer sur les récits de Join-
« ville et de quelques autres historiens de saint
« Louis; nous n'avons pas craint de lui adresser
« beaucoup de demandes, auxquelles il a répondu
« en mettant son profond savoir à notre disposi-
« tion. »

Pour quiconque voudra faire abstraction de l'exactitude grammaticale du texte de Joinville, qui est une question à part, il sera juste de dire que l'édition de Capperonnier, améliorée par M. Daunou, réalise, au point de vue historique, à peu près tout ce qu'on pouvait obtenir de la collation des deux manuscrits de la Bibliothèque impériale. S'il m'a été possible de faire un peu mieux dans l'édition publiée, en 1867, à la librairie d'Adrien Leclère, c'est d'abord que, par un bonheur inespéré, j'avais à ma disposition un manuscrit inédit, dont j'ai pu, le premier, me servir pour corriger de mauvaises leçons et remédier à des omissions regrettables. A la recommandation de mon savant confrère M. Paulin Paris, ce précieux manuscrit, dont je ne soupçonnais pas l'existence, me fut confié par M. Brissart-Binet, de Reims, avec une courtoisie et une libéralité dont j'eus à peine le temps de lui exprimer ma reconnaissance, tant la mort fut prompte à le frapper. C'est un service que je n'ai pas oublié, et dont j'aime à consigner ici le souvenir. Le volume dont je parle est comme un second exemplaire du manuscrit d'Antoinette de Bourbon, mais un exemplaire complet, où se trouvent comblées deux lacunes d'une étendue considérable[1]. En parcourant cette portion du texte de Joinville, on verrait que la collation nouvelle eut pour résultat de l'améliorer dans plus d'un endroit.

Je dois dire aussi que, profitant de l'exemple et de l'autorité de M. Daunou, j'ai usé, comme lui, du manuscrit de Lucques, mais avec moins de réserve qu'il ne l'avait fait. Ayant acquis la certitude que nous ne possédions pas le texte original, et que le plus ancien n'était qu'une copie où il existait des inexactitudes qui pouvaient être constatées d'une manière rigoureuse, j'étais obligé d'examiner plus attentivement la copie moderne, et autorisé aussi à la préférer toutes les fois qu'elle méritait de l'être. Il avait fallu d'ailleurs m'engager dans cette voie, du jour où j'avais entrepris de mettre Joinville à la portée de tous, en le rapprochant du français moderne. Il ne suffisait pas alors de saisir le sens général d'une phrase : il fallait la discuter dans tous ses détails, et en vérifier successivement chaque mot; s'il arrive trop souvent que traduire soit trahir, on avouera, du moins, que les traducteurs, comme les

---

1. La première commence dans le cours du chapitre LXVI et se prolonge jusqu'à la fin du chapitre LXXXIV; la seconde s'étend du chapitre XCIV au commencement du chapitre CII.

autres, sont tenus de bien connaître ceux qu'ils trahissent. L'édition populaire[1] de 1865 n'est donc pas toujours en rapport avec le texte établi par M. Daunou, mais plutôt avec celui qui a paru en 1867, et dans lequel je me suis attaché à employer toutes les bonnes leçons du manuscrit de Lucques. C'est ainsi qu'en profitant des travaux de mes devanciers et de quelques ressources qui leur avaient manqué, j'étais arrivé à donner un texte de Joinville un peu plus correct et un peu plus complet.

De l'étude persévérante à laquelle je m'étais livré, de la collation attentive et répétée des trois manuscrits[2], il était résulté pour moi la conviction que nous possédions le récit de Joinville dans son intégrité et pur de tout mélange; mais que sa langue, altérée systématiquement dans les deux manuscrits du seizième siècle, l'était aussi, quoiqu'à un moindre degré, dans le manuscrit du quatorzième. Vers le même temps, un professeur plein de mérite, enlevé prématurément à l'âge de quarante-quatre ans, M. Charles Corrard, avait entrepris, de son côté, une étude approfondie du texte de Joinville; mais son examen l'avait conduit, sur un point capital, à

---

1. Publiée à la librairie Hachette.
2. C'est-à-dire le manuscrit du quatorzième siècle (n° 13 568 du fonds français, autrement dit manuscrit de Bruxelles), désigné dans les notes par la lettre *A;* le manuscrit d'Antoinette de Bourbon (n° 10 148 du fonds français, autrement dit manuscrit de Lucques), désigné dans les notes par la lettre *L;* le manuscrit de M. Brissart-Binet, désigné dans les notes par la lettre *B.* J'y ai désigné par la lettre *R* l'édition de Pierre de Rieux en 1547, et par la lettre *M* celle de Claude Menard en 1617.

une opinion diamétralement opposée, puisqu'il avait cru reconnaître en plusieurs endroits des invraisemblances, des contradictions, des lacunes, des interpolations, du désordre. Son travail posthume, publié en 1867, dans la *Revue archéologique,* par les soins de son ami M. Thurot, ne peut manquer d'avoir été remarqué, et ne saurait être passé sous silence ; mais, au lieu d'opposer à une longue suite d'objections souvent spécieuses, une suite plus longue encore de réponses, dont chacune, si on la prenait isolément, pourrait sembler plus ou moins contestable, je ferai valoir une considération générale, qui aurait certainement modifié l'opinion de M. Corrard, si j'avais pu la lui soumettre. Ce qui prouve que le manuscrit du quatorzième siècle, quoiqu'il ne soit pas l'original, n'a pas été exécuté sur des copies déjà altérées, c'est que, dérivant certainement d'un autre exemplaire que celui dont le manuscrit de Lucques et le manuscrit de M. Brissart-Binet nous ont conservé le texte rajeuni, il s'accorde cependant avec ces manuscrits pour le fonds comme pour l'ordre des récits. Puisque ces deux manuscrits dérivent immédiatement du manuscrit original qui avait appartenu à l'auteur, et qui se conservait encore au seizième siècle dans le château de Joinville, les invraisemblances, les contradictions, les interpolations et le désordre n'auraient pu s'y introduire qu'au moment où ils furent exécutés. Il est donc impossible que deux siècles auparavant un autre copiste, qui exécutait, d'après l'original offert à Louis le Hutin, le manuscrit 13 568 du fonds français, y ait introduit la même série d'altérations. Plus les observations de M. Corrard sont nombreuses, plus elles démontrent clairement l'authenticité de ces récits, qu'on retrouve identiques dans des copies exécutées à deux siècles de distance, d'après deux originaux parfaitement distincts, mais non divers. Je ne conteste pas qu'on n'y rencontre des redites, qu'on ne puisse regretter la trivialité de certains détails, et s'ennuyer de quelques répétitions de mots, mais c'est se tromper que de voir dans tout cela des remaniements, des interpolations et des gloses; ce sont tout simplement les *moindres défauts* de Joinville; supportons-les avec indulgence à cause de ses qualités.

Si je suis obligé de soutenir, contre M. Corrard, que le texte de Joinville est exempt de remaniements, d'interpolations et de lacunes, je puis me féliciter, du moins, de m'être accordé avec lui à penser que le manuscrit du quatorzième siècle est une copie qui offre souvent des leçons défectueuses. Parmi celles qu'il a signalées, il en est un grand nombre que j'avais aperçues, de mon côté, et corrigées dans l'édition de 1867; M. Thurot, en publiant le travail de M. Corrard, a eu la bonté de constater cet accord par des notes spéciales, et de reconnaître que j'avais presque toujours satisfait d'avance aux vœux de son ami. Mais il est des corrections d'un autre genre, dont je m'étais abstenu, persuadé alors qu'il était plus sûr de respecter l'orthographe du manuscrit le plus ancien; ce sont ces corrections mêmes que j'ai introduites dans la présente édition, et qu'il me faut justifier. J'essayerai de le faire en prouvant, d'abord, que le copiste du quatorzième siècle a dénaturé l'orthographe du manuscrit original; ensuite, qu'il y a des données certaines d'où l'on peut partir pour arriver au rétablissement de cette orthographe.

Que le copiste du quatorzième siècle ait dénaturé l'orthographe du manuscrit original, c'est ce que j'ai prouvé par de nombreuses citations dans l'édition de 1867[1]. Il serait superflu d'en reprendre ici l'énumération, et je me contenterai de rappeler la nature des preuves sur lesquelles je me suis appuyé pour discerner, dans le manuscrit de Lucques, un certain nombre d'anciennes leçons qu'on avait respectées par mégarde au seizième siècle, alors que le copiste du quatorzième les avait, au contraire, rajeunies.

Je faisais observer qu'on trouve dans les textes du treizième siècle des applications encore nombreuses d'une déclinaison à deux cas, qui consistait surtout à mettre ou à ne pas mettre une *s* à la fin d'un grand nombre de substantifs et d'adjectifs masculins, selon que cette consonne finale existait ou n'existait pas en latin au nominatif et à l'accusatif de la seconde déclinaison. Ainsi le mot *peuple* s'écrivait au singulier, comme sujet, *peuples* avec une *s*, à cause de *populus*, et comme régime *peuple* sans *s*, à cause de

---

[1]. Pages xx et suivantes de la Notice.

populum; au pluriel, il s'écrivait comme sujet *peuple* sans *s*, à cause de *populi*, et comme régime *peuples* avec une *s*, à cause de *populos*. La même règle s'appliquait à beaucoup de mots dont la déclinaison était toute différente en latin : on disait donc au singulier *rois* pour le sujet, *roi* pour le régime; au pluriel, *roi* pour le sujet, *rois* pour le régime. On voit que dans cette déclinaison le sujet singulier ressemblait au régime pluriel, et le régime singulier au sujet pluriel. Mais cette confusion pouvait cesser par l'addition de l'article, qui, au singulier, était *li* pour le sujet, *le* pour le régime; et au pluriel *li* pour le sujet, *les* pour le régime. Il en résulte que *li peuples* répondait nécessairement à *populus*, et *le peuple* à *populum*, tandis que *li peuple* répondait à *populi* et *les peuples* à *populos*. Avec certains pronoms possessifs, la confusion ne cessait point aussi complétement : on disait au singulier, pour le sujet, *mes, tes, ses*; pour le régime, *mon, ton, son;* et au pluriel, pour le sujet, *mi, ti, si* ou *sui;* pour le régime, *mes, tes, ses* : par conséquent, *mes peuples* pouvait signifier aussi bien *meus populus* (*mon peuple*, sujet) que *meos populos* (*mes peuples*, régime); mais il y avait presque toujours, dans une phrase donnée, un motif de choisir une interprétation plutôt que l'autre. A côté de ces noms, qui se présentaient sous deux formes seulement (*peuples* et *peuple*, *rois* et *roi*), il s'en rencontrait d'autres, moins nombreux, qui en avaient trois : la première, pour le sujet singulier; la deuxième, pour le régime singulier et le sujet pluriel; la troisième, pour le régime pluriel. En voici quelques exemples : *cuens, conte, contes* (aujourd'hui, *comte*); *créerre, créatour, créatours; sire, signour, signours; hons* ou *hom, home, homes; lerre, larron; larrons*. Ce qui caractérise ces noms, ce n'est pas seulement d'avoir trois formes au lieu de deux, c'est aussi que la première, celle du singulier, diffère sensiblement des deux autres avec ou sans la finale *s*, qu'on employait quelquefois par analogie dans *créerres, sires*, etc. Une différence non moins sensible existait entre le sujet et le régime de certains noms propres, tels que *Hues* et *Huon, Pierres* et *Pierron*. J'ajoute enfin que, si les substantifs et les adjectifs féminins terminés par un *e* muet restaient invariables au singulier, ceux qui avaient une autre terminaison prenaient au sujet singulier une *s* finale (*vérités, vertus*), qu'ils perdaient au régime singulier, mais qu'ils reprenaient au sujet comme au régime pluriels.

Il est facile de s'expliquer maintenant que les copistes du seizième siècle, trompés par des habitudes orthographiques directement contraires à celles de leur temps, aient, plus d'une fois, pris pour des pluriels les sujets singuliers qui se terminaient par une *s*, et pour des singuliers les sujets pluriels qui étaient dépourvus de cette finale : dans ce cas, ils respectaient l'orthographe parce qu'ils se méprenaient sur le sens. Au contraire, le copiste du quatorzième siècle, qui comprenait mieux la langue, reconnaissait le sujet singulier, et retranchait l'*s* finale, dont l'usage au singulier commençait à se perdre; il reconnaissait aussi le sujet pluriel, mais il y ajoutait l'*s* finale, dont l'usage au pluriel devenait déjà fréquent. Le nombre de ces méprises est assez grand, et la cause en est assez claire pour que j'aie pu affirmer en toute certitude que le manuscrit du quatorzième siècle n'est pas un original, puisqu'il offre souvent des leçons rajeunies, auxquelles il serait possible de substituer des leçons primitives, dont la trace évidente subsiste dans les deux manuscrits du seizième.

Frappés de l'évidence de cette démonstration, des critiques bienveillants se sont étonnés que je n'eusse pas dès lors essayé de rétablir cette orthographe originale; mais j'en étais empêché par un scrupule bien naturel. Je savais que, dans la plupart des manuscrits du treizième siècle, l'observation des règles que je viens de rappeler n'est jamais constante, qu'on les voit tour à tour suivies ou méconnues à quelques lignes de distance, et que la régularité orthographique des textes ne dépend pas seulement de leur date, mais de l'attention et de la science grammaticale du clerc qui les a transcrits. Le manuscrit de Lucques et celui de M. Brissart-Binet fournissaient bien le moyen de constater que l'orthographe régulière avait été observée dans certains passages du texte original, mais la plupart du temps ces indices faisaient défaut. Il était donc bien difficile, à mon avis, de ramener le texte de Joinville aux principes de la grammaire du treizième siècle, sans risquer de le dénaturer par des corrections systématiques. Je regrette d'autant moins d'avoir soutenu cette opinion, et pratiqué cette méthode, qu'après avoir hésité par prudence, j'ai plus de chance aujourd'hui d'échapper au reproche de témérité, quand j'entreprends, après de nouvelles études, de rétablir la véritable orthographe de Joinville.

Cette orthographe, comme je l'ai dit alors, n'était pas, à proprement parler, la sienne, mais celle du clerc auquel il a dicté son livre. Or, à qui dut-il de préférence le dicter, sinon à l'un des clercs de sa chancellerie, c'est-à-dire à un homme qui avait sa confiance, qui était toujours à sa disposition, et qui, sans doute, avait eu plus d'une fois l'occasion d'écrire, sous la dictée de son maître, des lettres-missives ou des chartes? De toute la correspondance de Joinville, il nous est parvenu une lettre seulement, qui aurait péri probablement comme les autres, si ce n'eût été une pièce bonne à garder, parce qu'elle eût fourni, au besoin, la preuve qu'en 1315 il se reconnaissait obligé à servir dans l'armée du roi. Au contraire, plusieurs de ses chartes originales se conservent encore dans les archives, et j'ai pu en réunir un assez grand nombre pour former un texte dont l'étendue représente à peu près la cinquième partie de l'*Histoire de saint Louis*[1]. C'est là que j'ai cherché la véritable orthographe du manuscrit original, tel qu'il fut exécuté sous les yeux de Joinville

---

1. Ce Recueil a paru dans la Bibliothèque de l'École des chartes, année 1867, p. 557.

par un des clercs de sa chancellerie; c'est là que je crois avoir retrouvé sa langue, exempte de toutes les altérations qu'y ont introduites des copistes d'un autre temps et d'un autre pays.

Les lignes qui précèdent sont empruntées à un mémoire sur la langue de Joinville, où j'ai réuni et discuté toutes les observations fournies par le recueil de ses chartes originales, relativement à l'orthographe que suivaient les clercs de sa chancellerie. Qu'il me soit permis de citer, d'après le même travail, le résumé des observations faites sur les mots déclinables.

Pour plus de simplicité, j'appellerai *règle du sujet singulier* et *règle du sujet pluriel* l'usage qui consistait à distinguer, dans beaucoup de mots, le sujet du régime par une modification analogue à celle de la déclinaison latine. Or, j'ai constaté que, dans les chartes de Joinville, la règle du sujet singulier est observée huit cent trente-cinq fois, et violée sept fois seulement; encore dois-je dire que cinq de ces violations se rencontrent dans une même charte, celle du mois de mai 1278, qui n'est connue que par une copie faite au siècle dernier. Si l'on fait abstraction de ce texte, il reste deux violations contre huit cent cinq observations de la règle. La règle du sujet pluriel est observée cinq cent quatre-vingt-huit fois, et violée six fois : ce qui donne au total quatorze cent vingt-trois contre treize, en tenant compte même de six fautes commises dans le texte copié au siècle dernier. De ce résultat numérique, il faut évidemment conclure, d'abord, que l'une et l'autre règle étaient parfaitement connues et pratiquées à la chancellerie de Joinville, ensuite qu'on est autorisé à modifier le texte de l'Histoire, partout où ces règles y sont violées[1]. Jusqu'à ce jour, on ne connaissait pas, je crois, de texte en langue vulgaire où l'observation de ces règles fût aussi constante; cela tient, sans doute, à ce que les copistes de manuscrits n'apportaient pas le même soin à leur travail que les clercs d'une chancellerie bien organisée.

Tels sont les motifs qui justifient les milliers de changements que j'ai introduits dans l'orthographe grammaticale de cette édition. J'en ai introduit d'autres, mais en moins grand nombre, dans ce qu'on appelle l'orthographe d'usage, principalement pour des mots et des désinences qui se représentent assez fréquemment dans les chartes, pour que j'aie pu constater à cet égard un usage ou absolu ou dominant[2]. Dans les cas douteux, j'ai maintenu les leçons du manuscrit, sans prétendre les ramener à l'uniformité. Pour de plus amples détails et pour la justification complète de la méthode suivie dans cette édition, je suis obligé de renvoyer mes lecteurs au

1. D'après un calcul approximatif, on peut croire que le copiste du quatorzième siècle a violé ces règles plus de quatre mille fois, et qu'il les respectait peut-être une fois sur dix.

2. Je citerai notamment les désinences *ei* et *our*, employées au lieu de *é* et *eur*. J'avertis néanmoins que je me suis abstenu d'introduire de tels changements dans le texte de l'ordonnance et des Enseignements rapportés aux chapitres CXL et CXLV de l'Histoire; j'ai pensé que le clerc de Joinville avait pu transcrire ces deux morceaux sans modifier l'orthographe propre à l'Ile-de-France.

Mémoire sur la langue de Joinville[1]. J'avertis seulement que le vocabulaire qui termine ce volume réunit, pour tous les mots employés dans l'Histoire et le *Credo*, l'indication des formes diverses sous lesquelles chaque mot se présente, soit dans le manuscrit, soit dans l'édition, sans excepter les formes incorrectes qui s'y trouvent relevées à titre de variantes. J'ai voulu ainsi fournir au lecteur le moyen de retrouver les leçons textuelles dont j'ai modifié l'orthographe[2]. Ceux qui penseraient que la méthode dont je me suis servi pourrait offrir de graves inconvénients si on l'appliquait à d'autres textes, devront se rappeler que j'ai entrepris de la justifier dans le cas présent et dans les conditions mêmes où je me suis placé. Qu'ils étudient le recueil de chartes qui m'a servi de guide, qu'ils en comparent l'orthographe avec celle du manuscrit, et peut-être alors seront-ils portés à croire que Joinville lui-même, s'il revenait au monde, aurait quelque raison de trouver son œuvre plus reconnaissable dans ce volume que partout ailleurs.

Je termine en offrant mes remercîments bien

---

1. Bibliothèque de l'École des chartes, année 1868, p. 329. Tirage à part, chez Franck, rue de Richelieu, 67.
2. Ce vocabulaire renvoie à la pagination de l'édition publiée, en 1867, chez Adrien Leclère, édition dont l'orthographe est conforme au manuscrit; la même pagination, reproduite sur les marges du présent volume, permet de contrôler, jusqu'au moindre détail, tous les changements que j'ai adoptés pour me conformer aux usages de la chancellerie de Joinville. Le lecteur trouvera un autre moyen de contrôle dans les extraits textuels des manuscrits, publiés à la suite de cette préface.

sincères aux critiques bienveillants qui ont encouragé de leur approbation mes travaux sur Joinville, et à ceux qui m'ont fourni le moyen de les améliorer par leurs observations et leur concours. Je dois nommer particulièrement mon savant confrère M. de Slane, qui a pris la peine de me fournir une note détaillée sur le personnage désigné par le nom de Nasac[1] : c'est grâce à sa vaste érudition que cette question obscure a pu être éclaircie et probablement résolue. Je ne saurais oublier non plus M. Paul Meyer, qui a bien voulu prendre la peine de contrôler mon premier essai de corrections, en me faisant plusieurs observations dont j'ai profité. C'est lui aussi qui, avec l'agrément de lord Ashburnham, auquel j'en exprime ma respectueuse gratitude, a pris la peine de collationner le texte du *Credo* sur le manuscrit unique dont la Bibliothèque impériale regrette toujours la perte.

1. Voy. *Éclaircissements*, 4°.

EXTRAITS TEXTUELS

DES MANUSCRITS.

En réunissant ici quelques extraits textuels des trois manuscrits de Joinville, je me suis proposé surtout de déférer à un avis judicieux de M. Thurot, qui me fit observer qu'un fragment de quelque étendue était nécessaire pour donner une idée de la langue et de l'orthographe du manuscrit de Lucques. Il était naturel d'en user de même pour le manuscrit de M. Brissart-Binet, et à plus forte raison pour celui du quatorzième siècle. Le lecteur pourra ainsi constater que les changements introduits dans cette édition n'altèrent en rien les éléments essentiels des récits de Joinville. En outre, s'il veut bien prendre connaissance des notes qui accompagnent ces extraits, il reconnaîtra, je l'espère, que l'existence de l'orthographe plus ancienne à laquelle je me suis efforcé de ramener le texte de Joinville, est un fait certain, dont la comparaison des différents manuscrits fournit de temps en temps des preuves incontestables.

Pour atteindre ce double but, j'aurais pu me borner à reproduire d'abord le texte du chapitre XIV d'après le manuscrit le plus ancien et le manuscrit de Lucques, ensuite à emprunter le chapitre LXXVI au premier de ces manuscrits pour le mettre en regard du texte fourni par le manuscrit de M. Brissart-Binet. Mais il était nécessaire, pour compléter cette édition, d'y comprendre un court morceau que le copiste du manuscrit de Lucques a tiré de l'exemplaire original de Joinville. C'est une courte explication placée en regard de quatre petites miniatures peintes sur le verso d'un feuillet préliminaire qui sert de frontispice au volume. Au recto de ce feuillet, Joinville est représenté offrant son livre à Louis X, comme dans la miniature placée en tête du manuscrit du quatorzième siècle. Cette scène, qui remplit une page entière dans le manuscrit de Lucques, n'occupe dans l'autre que le haut de la page où commence le texte de l'Histoire. Dans le manuscrit de Lucques, au contraire, une autre page est encore remplie par les quatre petites miniatures dont je viens de parler, une troisième par l'explication qui les accompagne, et le texte de l'Histoire commence seulement au verso du second feuillet, un peu au-dessous d'une miniature représentant un clerc assis dans une bibliothèque où il écrit un livre. Quatre autres miniatures ornent encore le manuscrit : c'est, à la page 6, saint Louis sur son lit de mort, enseignant son fils ; à la page 58, la bataille de Mansourah ; à la page 77, la prise du roi ; à la page 119, son embarquement quand il revient de la Terre-Sainte. On peut croire que l'exemplaire de Joinville contenait ces différentes miniatures ; mais il est certain en tout cas qu'il renfermait les quatre miniatures reproduites au revers du feuillet préliminaire du manuscrit de Lucques, et en regard de ces quatre miniatures une explication dont le manuscrit de Lucques nous a conservé le texte rajeuni. Ce qui donne quelque valeur à ce court morceau, c'est d'abord qu'il y subsiste des traces non équivoques de l'orthographe originale ; ensuite c'est que Joinville même, si je ne me trompe, y parle en son propre nom, dans ce passage du dernier aliéna : « Quant *nous* revînmes d'oultre-mer, *nostre* nef heurta si perilleusement, comme vous orrez. »

CHAPITRE XIV.

TEXTE DU MANUSCRIT A.

La paix qu'il fist au roy d'Angleterre fist-il contre la volenté de son conseil, lequel li disoit : « Sire, il nous semble que vous perdés la terre que vous donnez au roy d'Angleterre, pour ce que il n'i a droit ; car son père la perdi par jugement. » Et à ce respondi le roy que il savoit bien que le roy d'Angleterre n'i avoit droit ; mès il y avoit reson par quoy il li devoit bien donner. « Car nous avon II seurs à femmes, et sont nos enfans cousins germains ; par quoy il affiert bien que paiz y soit. Il m'est moult grant hon-

TEXTE DU MANUSCRIT L.

La paix qu'il feist au roy d'Angleterre ce fut contre la voulenté de son conseil, lesquelz luy disoient[1] : « Sire, il nous semble que vous perdez toute la terre que vous donnez au roy d'Angleterre, car il nous semble qu'il n'y a droit ; car son père la perdit par jugement. » A ce respondit le roy que bien sçavoit que le roy d'Angleterre n'y avoit droit ; mais il y avoit raison par quoy il luy devoit bien donner. « Car nous avons deux seurs à femmes, et est nostre enfant cousin germain[2] ; par quoy il appartient bien que

---

1. La leçon du manuscrit original était *liquex li disoit*. Le copiste du seizième siècle a pris pour un pluriel le sujet singulier *liquex*, et l'a changé en *lesquelz* ; par la même raison, il a substitué *disoient* à *disoit*. Le copiste du quatorzième siècle, qui reconnaissait dans *liquex* un sujet singulier, l'a changé en *lequel*, mais il a maintenu le verbe *disoit*.

2. Il y avait dans le manuscrit original *et sont nostre enfant cousin germain*. Le copiste du seizième siècle n'a pas reconnu des sujets pluriels dans ces mots *nostre enfant cousin germain*, qui, selon l'usage ancien, étaient dépourvus de l'*s* finale ; les prenant pour des singuliers, il ne pouvait conserver le verbe pluriel *sont* : de là, cette leçon inintelligible, *et est nostre enfant cousin germain*. Au contraire, le copiste du quatorzième siècle, qui comprenait le sens, a maintenu le verbe *sont* ; mais il a ramené les sujets pluriels de ce verbe à la mode de son temps, en écrivant *nos enfans cousins germains*.

neur en la paix que je foiz au roy d'Angleterre, pour ce que il est mon home, ce que il n'estoit pas devant. »

La léaulté du roy peut l'en veoir ou fait de monseigneur de Trie, qui au saint (sic) unes lettres, lesquiex disoient que le roy avoit donné aus hoirs la contesce de Bouloingne, qui morte estoit novellemement (sic), la conté de Danmartin en Gouere. Le seau de la lettre estoit brisié, si que il n'i avoit de remenant fors que la moitié des jambes de l'ymage du seel le roy et l'eschamel sur quoy li roys tenoit ses piez ; et il le nous moustra à touz qui estions de son conseil, et que nous li aidissons à conseiller. Nous deismes trestuit, sanz nul descort, que il n'estoit de riens tenu à la lettre mettre à execution. Et lors il dit à Jehan Sarrazin, son chamberlain, que il li baillast la lettre que il li avoit commandée. Quant il tint la lettre, il nous dit : « Seigneurs, veez ci seel de quoy je usoy avant que je alasse outre mer, et voit-on cler par ce seel que l'empreinte du seel brisée est semblable au seel entier ; par quoy je n'oseroie en bone conscience ladite contée retenir. » Et lors il appela monseigneur Renaut de

la paix y soit. Il m'est moult grant honneur en la paix que j'ay faicte au roy d'Angleterre, pour ce qu'il est mon homme, qu'i n'estoit pas par avant. »

La loyaulté du roy peult on veoir au fait de monseigneur Regnault de Trie, qui luy apporta unes lettres lesquelles disoient que le roy avoit donné aux hoirs la contesse de Boullongne, qui morte estoit nouvellement, la conté de Dampmartin en Grelle. Le seel de la lettre estoit tout brisé, qu'il n'y avoit de demourant fors la moectié des jambes de l'ymaige du seel du roy, et l'eschamel sur quoy il tenoit ses piedz. Il le nous moustra à nous tous qui estions de son conseil pour ayder à le conseiller. Nous dismes tous sans nul discort qu'il n'estoit en riens tenu de mectre la lettre à execution. Et lors il dit à Jehan Sarracin, son chamberlain, qu'il luy baillast la lettre qu'i luy avoit commandée : ce qu'il fist, et la luy apporta. Quant il tint la lettre, il dist : « Seigneurs, veez cy le seel de quoy je usoye avant que je allasse oultre mer, et voy tout cler par ce seel qu'il est empreinct du seel brisé est semblable à celuy du seel entier ; par quoy je n'oseroye en bonne consience la dicte conté

Trie et li dist : « Je vous rent la contée. »

retenir. » Et lors appella monseigneur Regnault de Trie et luy dist : « Je vous rends la conté. »

CHAPITRE LXXVI.

TEXTE DU MANUSCRIT A.

Quant le paiement fu fait, le conseil le roy qui le paiement avoit fait, vint à li, et li distrent que les Sarrazins ne vouloient delivrer son frère jusques à tant que il eussent l'argent par devers eulz. Aucuns du conseil y ot qui ne louoient mie le roy que il leur delivrast les deniers jusques à tant que il reust son frère. Et le roy respondi que il leur deliverroit, car il leur avoit couvent; et il li retenissent le seues couvenances, se il cuidoient bien faire. Lors dit monseigneur Phelippe de Damoes au roy, que on avoit forconté aus Sarrazins une balance de x. mile livres. Et le roy se courrouça trop fort, et dit que

TEXTE DU MANUSCRIT B.

Quant tout le payement fut fait, les conseillers[1] du roy qui le payment avoient fait vindrent à luy et luy dirent que les Sarrazins ne voulloient delivrer son frère jusques à tant qu'ilz eussent les deniers par devers eulx. Aucun du conseil y eut qui dist au roy qu'il n'estoit de cest advis qu'il leur livrast jusques ad ce qu'il eust son frère. Et le roy respondit qu'il leur delivreroit, car il leur avoit promys ; et ilz luy retinssent les siennes convenances, s'il cuydoient bien faire. Lors dist messire Philippes de Montfort au roy qu'on avoit forcompté aux Sarrazins une ballance de dix mil livres. Dont le

---

1. La leçon originale était le sujet singulier *li consaus*, c'est-à-dire *le conseil*. Le copiste du seizième siècle a écrit et compris *les conseillers*, en mettant au pluriel les deux verbes suivants (*avoient* et *vindrent*). Le copiste du quatorzième siècle ne s'est pas mépris sur le sens, mais il a remplacé l'ancien sujet *li consaus* par *le conseil*, en maintenant au singulier les deux verbes suivants (*avoit* et *vint*). Du reste, comme le sujet singulier de ces verbes est un de ces mots collectifs qui impliquent l'idée du pluriel, il a entraîné la forme du pluriel pour le troisième verbe (*distrent*), et aurait pu, par conséquent, l'entraîner pour les deux autres.

il vouloit que en leur rendist les x. mile livres pour ce que il leur avoit couvent à paier les cc. mile livres, avant que il partisist du flum. Et lors je passé monseigneur Phelippe sus le pié, et dis au roy qu'il ne le creust pas, car il ne disoit pas voir; car les Sarrazins estoient les plus forconteurs qui feussent ou monde. Et monseigneur Phelippe dit que je disoie voir ; car il ne le disoit que par moquerie. Et le roy dit que male encontre eust tele moquerie : « Et vous commant, dit le roy à monseigneur Phelippe, sur la foy que me devez, comme mon home que vous estes, que se les x. mile livres ne sont païes, que vous les facez paier. »

Moult de gens avoient loué au roy que il se traisist en sa nef qui l'attendoit en mer, pour li oster des mains aus Sarrazins. Onques le roy ne volt nullui croire, ainçois disoit que il ne partiroit du flum aussi comme il l'avoit couvent, tant que il leur eust paié cc. mille livres. Sitost comme le paiement fu

roy se courrouça moult fort, et dist qu'il vouloit qu'on leur rendist, pour ce qu'il leur avoit promis à payer les cc. mil livres avant qu'il partist du fleuve. Et lors je marché monseigneur Philippe sur le pied, et dis au roy qu'il ne le creust pas, pour ce qu'il ne disoit pas vray ; car les Sarrazins estoient les plus saiges compteurs qui feussent au monde. Et messire Philippe dist que je disoye vray, et qu'il ne le disoit que par goderie. Et le roy dist que malle encontre eust telle goderie : « Je vous commande, dist le roy sur la foy que vous me debvez, qui mes hommes[1] estez, que si les dix mille livres ne sont payées, que vous les faictes payer sans nulle faulte. »

Moult de gens avoient conseillé au roy qu'il se retirast en sa nef qui l'attendoit en mer pour le gecter hors des mains des Sarrazins. Oncques le roy n'en voullut nully croire, ains disoit qu'il ne partiroit du fleuve, ainsy qu'il avoit promis, tant qu'il leur eust cc. mil livres payées. Si tost comme le

---

1. La leçon originale était *mes hom* au sujet singulier. Trompé par la forme du possessif *mes*, qui, de son temps, ne s'employait plus qu'au pluriel, le copiste du seizième siècle a cru devoir mettre au pluriel le substantif *hommes*. Le copiste du quatorzième siècle a compris que les deux mots étaient au singulier, mais il en a rajeuni l'orthographe en écrivant *mon home*.

fait, le roy, sanz ce que nulz ne l'en prioit, nous dit que desoremez estoit sont *(sic)* serement quitez, et que nous nous partissions de là et alissons en la nef qui estoit en la mer. Lors s'esmut nostre galie, et alames bien une grant lieue avant que l'un ne parla à l'autre, pour la mesaise que nous avions du conte de Poitiers. Lors vint monseigneur Phelippe de Monfort en un galion, et escria au roy : « Sire, sire, parlés à vostre frère le conte de Poitiers, qui est en cel autre vessel. » Lors escria le roy : « Alume, alume! » et si fist l'en. Lors fu la joie si grant comme elle pot estre plus entre nous.

Le roy entra en sa nef, et nous aussi. Un povre pecherre ala dire à la contesse de Poitiers qu'il avoit veu le conte de Poitiers delivre, et elle li fist donner xx livres de parisis.

payement fut fait, le roy, sans ce que nul ne l'en prioit, noz dist que desormais estoient ses sermens quictés[1], et que nous allissions en la nef qui estoit en la mer. Lors se esmeut nostre gallée, et allasmes bien une grande lieue devant que l'un parlast à l'autre, pour la malaise que nous avions de la prison du conte de Poitiers. Lors vint messire Philippe de Montfort en ung galliot, et escrya le roy : « Sire, sire, parlez à vostre frère le conte de Poictiers, qui est en cest aultre vaisseau. » Lors escrya le roy : « Allume, allume! » ce que on fist. Lors fut la joye si grande comme elle peut plus estre entre nous.

Le roy entra en sa nef, et nous aussi. Ung pauvre pescheur alla dire à la contesse de Poictiers qu'il avoit veu le conte de Poictiers delivrer, et elle luy fist donner vingt livres parisis.

---

1. Il y avait dans le manuscrit original *estoit ses seremens quitez* (ou *sairemens quitiez*). Du verbe singulier *estoit*, le copiste du seizième siècle a fait un pluriel, croyant à tort que les trois mots suivants étaient au pluriel. Le copiste du quatorzième siècle y a reconnu des singuliers, dont il a voulu rajeunir l'orthographe; mais, par étourderie, il a écrit *sont* au lieu de *son*, et a oublié de retrancher le *z* final du mot *quitez*.

EXPLICATION DES QUATRE MINIATURES.

TEXTE DU MANUSCRIT L.

Les ymaiges qui cy devant sont painctes et faictes pour ramentevoir quatre des plus grands fais que oncques nostre sainct roy feist; et comment il les feist, ce trouverez vous en ce livre par escript cy après.

Le premier de ses grans fais qu'il feist, si feust tel qu'il descendist de sa nef, et saillit en la mer tout armé, l'escu au coul et le heaume au chief; et courut sur les Sarrazins quant il vint à la rive (et estoit à pied et feussent les Sarrazins à cheval), se ne feust sa gent qui le retindrent, ainsi comme vous orrez cy après.

Les aultres de ses fais feurent telz[1] qu'il feust bien venu à Damiette s'il eust voulu, et sans blasme et sans reproche; mais pour les infirmitez de l'ost et pour les grandes malladies qu'il y avoit, ne voulut; ains demoura avecques sa chevallerie qu'il ne voulut laisser, et à grant meschief de son corps; car il fut

TEXTE RESTITUÉ.

Les ymaiges qui cy devant sont, [sont] paintes et faites pour ramentevoir quatre des plus granz faiz que onques nostre sainz roys fist; et comment il les fist, ce trouverez vous en ce livre par escript cy après.

Li premiers de ses granz faiz qu'il fist, si fu tex qu'il descendi de sa nef, et sailli en la mer touz armez, l'escu au cou et le heaume au chief; et courust sur les Sarrazins quant il vint à la rive (et estoit à pié, et furent li Sarrazin à cheval), se ne fust sa gent qui le retindrent, ainsi comme vous orrez cy après.

Li autres de ses faiz fu tex qu'il fust bien venus à Damiette se il vousist, et sans blasme et sans reproche; mais pour les enfermetez de l'ost et pour les granz maladies qu'il y avoit, ne vout; ains demoura avec sa chevalerie qu'il ne vout laissier, et à grant meschief de son cors; car il fu prins pour

---

1. Il y avait dans le manuscrit original *li autres de ses faiz fu tex*. L'ancien sujet *li autres* ayant été pris pour un pluriel par le copiste du seizième siècle, il a écrit *les autres.... furent*, sans réfléchir qu'il s'agissait nécessairement d'un fait en particulier, c'est-à-dire du deuxième des quatre faits où saint Louis se mit en aventure de mort.

prins pour l'amour qu'il avoit en sa chevallerie, comme vous orrez cy après.

Le tiers feust tel qu'il fust bien revenu en France (se il eust voullu) honnorablement, pour ce que ses frères et les barons qui estoient en Acre tins, ainsi comme vous orrez cy après; et il ne revint point, ains demoura par l'espace de quatre ans; dont les peuples chrestiens du roy de Jherusalem furent saulvez et guarantiz, ainsi comme vous orrez cy après.

Le quart feust tel que quant nous reveismes d'oultre-mer nostre nef heurta si perilleusement comme vous orrez; et luy dist le maronnyer[1] qu'il entrast en une aultre nef, pour ce qu'il n'entendoit pas que nostre nef se peust deffendre aux ondes selon le coup qu'elle avoit receu; mais il ne les en voullut oncques croire, et nous dist qu'il aymoit myeulx mettre son corps en adventure et sa femme et ses enfans, que viii^{cc} personnes qui estoient od la nef demouras-

l'amour qu'il avoit en sa chevalerie, comme vous orrez cy après.

Li tiers fu tex qu'il fust bien revenus en France (se il vousist) honorablement, pour ce que sui frère et li baron qui estoient en Acre [li looient] tuit, ainsi comme vous orrez cy après; et il ne revint point, ains demoura par l'espace de quatre ans; dont li peuple crestien dou royaume de Jherusalem furent sauvei et garanti, ainsi comme vous orrez cy après.

Li quarz fu tex que quant nous revenimes d'outre mer nostre neis hurta si perillousement comme vous orrez; et li dirent li marinier qu'il entrast en une autre nef pour ce qu'il n'entendoient pas que nostre neis se peust deffendre aus ondes selon le coup qu'elle avoit receu; mais il ne les en vout onques croire, et nous dist qu'il amoit mieux mettre son cors en avanture et sa femme et ses enfans, que huit cenz personnes qui estoient od la nef

---

[1]. La leçon originale était *li dirent li marinier*. Ce sujet pluriel sans *s* finale a été pris pour un singulier, et le copiste a mis également au singulier les deux verbes *dist* et *entendoit*. Mais le chapitre CXXIII de l'Histoire prouve que le roi consulta tous les maîtres des nefs, et non un seul marinier. D'ailleurs, le copiste s'est trahi lui-même, en écrivant que le roi « ne *les* en voullut oncques croire. » Ici encore le texte rajeuni conserve des indices certains de l'orthographe primitive.

sent en Chipre, pour ce qu'il disoient bien que en la nef ne d mourroient pas se le roy en descendoit, ainsi comme vous orrez cy après.

demourassent en Chipre, pour ce qu'il disoient bien que en la nef ne demourroient pas se li roys en descendoit, ainsi comme vous orrez cy après.

TABLE DES CHAPITRES.

Préface.
Extraits textuels des manuscrits. XXVII
Table des chapitres. XXXVII

HISTOIRE DE SAINT LOUIS.

I.	Dédicace et division de l'ouvrage.	1
II.	Exemples du dévouement de saint Louis. . . .	3
III.	Commencement du premier livre. Principales vertus de saint Louis.	6
IV.	Horreur de saint Louis pour le péché; son amour pour les pauvres.	9
V.	Estime de saint Louis pour la prud'homie et la probité.	10
VI.	Comment saint Louis pensait qu'on se doit vêtir.	12
VII.	Profit à tirer des menaces de Dieu.	13
VIII.	Ce que saint Louis pensait de la foi.	15
IX.	Guillaume III, évêque de Paris, console un théologien.	16
X.	Foi du comte de Montfort. Il ne faut pas discuter avec les Juifs.	18
XI.	Habitudes de saint Louis. Un cordelier lui prêche la justice.	20
XII.	Comment saint Louis rendait la justice. . . .	20
XIII.	Saint Louis repousse une demande injuste des évêques.	22
XIV.	Loyauté de saint Louis.	23
XV.	Commencement du second livre. Naissance et couronnement de saint Louis.	25
XVI.	Premiers troubles du règne de saint Louis. . .	26
XVII.	Croisade de Richard Cœur de Lion. Droits d'Alix, reine de Chypre, sur la Champagne. . . .	27
XVIII.	Les barons attaquent Thibaut IV, comte de Champagne.	28
XIX.	Le père de Joinville défend Troyes. Paix entre le comte de Champagne et la reine de Chypre. .	30

TABLE DES CHAPITRES.

XX.	De Henri Ier, dit le Large, comte de Champagne.	32
XXI.	Saint Louis tient une cour plénière à Saumur, en 1241.	34
XXII.	Bataille de Taillebourg, en 1242.	36
XXIII.	Soumission du comte de la Marche.	38
XXIV.	Saint Louis tombe malade et se croise, en 1244.	39
XXV.	Joinville se prépare à partir pour la croisade.	40
XXVI.	D'un clerc qui tua trois sergents du roi.	41
XXVII.	Joinville quitte son château.	43
XXVIII.	Embarquement des croisés au mois d'août 1248.	45
XXIX.	Séjour en Chypre; ambassade des Tartares; Joinville retenu aux gages du roi.	46
XXX.	L'impératrice de Constantinople arrive en Chypre.	48
XXXI.	Du soudan d'Iconium, du roi d'Arménie et du soudan de Babylone.	50
XXXII.	Départ de Chypre, en 1249.	52
XXXIII.	Préparatifs du débarquement en Égypte.	53
XXXIV.	Les croisés débarquent en face des Sarrasins.	55
XXXV.	Saint Louis prend possession de Damiette.	57
XXXVI.	Faute de saint Louis; désordres des croisés.	58
XXXVII.	Les Sarrasins attaquent le camp; mort de Gautier d'Autrèche.	60
XXXVIII.	Nouvelles attaques des Sarrasins; le roi se décide à attendre l'arrivée du comte de Poitiers.	62
XXXIX.	L'armée se met en marche.	65
XL.	Du Nil.	66
XLI.	Construction d'une chaussée sur le fleuve.	68
XLII.	Une attaque des Sarrasins est repoussée.	70
XLIII.	Le feu grégeois lancé contre les *chats-châteaux*.	72
XLIV.	Les *chats-châteaux* brûlés par le feu grégeois.	74
XLV.	Passage du fleuve à gué; mort du comte d'Artois.	75
XLVI.	Joinville, bloqué et blessé par les Sarrasins, est délivré par le comte d'Anjou.	78
XLVII.	Le corps de bataille du roi attaque les Sarrasins.	80
XLVIII.	Les chrétiens refoulés sur le fleuve; pont défendu par Joinville; retraite du comte de Bretagne au retour de Mansourah.	83
XLIX.	Joinville, attaqué par les Sarrasins, continue à défendre le pont.	85
L.	Joinville rejoint le roi. Les Sarrasins sont vaincus, et leur camp est pillé par les Bédouins.	86
LI.	Des Bédouins.	88
LII.	Le camp est attaqué pendant la nuit. Le prêtre de Joinville met en fuite huit Sarrasins.	90
LIII.	Les Sarrasins préparent une attaque générale du camp.	93

TABLE DES CHAPITRES.

LIV.	Bataille du premier vendredi de carême.	94
LV.	Suite de la même bataille.	96
LVI.	De la Halca ou garde du soudan.	99
LVII.	Conspiration des émirs contre le nouveau soudan.	102
LVIII.	Les chrétiens commencent à souffrir de la maladie et de la famine.	102
LIX.	L'armée repasse le fleuve. Six chevaliers de Joinville punis de leur impiété.	104
LX.	Joinville tombe malade; arrangement tenté avec les Sarrasins; triste état de l'armée.	106
LXI.	On tente une retraite par terre et par eau.	107
LXII.	Le roi est fait prisonnier; les Sarrasins violent la trêve promise.	108
LXIII.	Joinville arrêté sur le fleuve par un vent contraire.	110
LXIV.	Joinville se rend prisonnier; sa vie est menacée; il passe pour cousin du roi.	112
LXV.	Entrevue de Joinville avec l'amiral des galères; massacre des malades; il rejoint les autres prisonniers à Mansourah.	115
LXVI.	Les prisonniers, menacés par les Sarrasins, apprennent le traité conclu par le roi.	117
LXVII.	Saint Louis est menacé de la torture; il traite avec les Sarrasins.	119
LXVIII.	Les prisonniers descendent le fleuve jusqu'au camp du soudan.	121
LXIX.	La conspiration des émirs éclate; le soudan est assassiné.	123
LXX.	La vie des prisonniers est encore menacée; nouveau traité avec les émirs.	125
LXXI.	Serment des émirs; scrupules et résistance du roi.	127
LXXII.	Exécution du traité; remise de Damiette aux Sarrasins.	129
LXXIII.	Le massacre des prisonniers est mis en délibération	131
LXXIV.	Délivrance des prisonniers; Joinville monte sur la galère du roi; départ de quelques croisés pour la France.	132
LXXV.	Payement de la rançon; argent pris par Joinville aux Templiers.	134
LXXVI.	Loyauté du roi dans l'exécution du traité.	136
LXXVII.	De Gaucher de Châtillon, de l'évêque de Soissons martyr, et d'un renégat.	138
LXXVIII.	Des souffrances de la reine à Damiette.	141
LXXIX.	Le roi ajourne ses réclamations contre les Sarrasins. Récit de la traversée.	142
LXXX.	Tribulations de Joinville à Acre.	144

LXXXI.	Maladie de Joinville. Générosité du comte de Poitiers.	147
LXXXII.	Le retour du roi en France est mis en délibération.	149
LXXXIII.	Avis divers soutenus dans le conseil; Joinville s'oppose au départ.	150
LXXXIV.	Reproches adressés à Joinville; son entretien secret avec le roi.	152
LXXXV.	Le roi annonce qu'il reste en Terre sainte.	154
LXXXVI.	Saint Louis décide le départ de ses frères; il retient Joinville à ses gages.	155
LXXXVII.	Les frères du roi s'embarquent. Envoyés de l'empereur Frédéric II et du soudan de Damas.	157
LXXXVIII.	De Jean l'Ermin, artilleur du roi.	158
LXXXIX.	Envoyés du Vieux de la Montagne; réponse à leurs menaces.	160
XC.	Les envoyés du Vieux de la Montagne reviennent avec des paroles de paix; message de frère Yves le Breton.	162
XCI.	Réponse au soudan de Damas; Jean de Valenciennes, envoyé en Égypte, obtient la délivrance de nombreux prisonniers.	165
XCII.	Le roi engage quarante chevaliers de Champagne; sa réponse aux envoyés d'Égypte.	166
XCIII.	Comment les Tartares choisirent un chef pour s'affranchir du prêtre Jean et de l'empereur de Perse.	168
XCIV.	Victoire des Tartares sur le prêtre Jean; vision d'un de leurs princes; sa conversion.	171
XCV.	Mœurs des Tartares; orgueil de leur roi; saint Louis se repent de lui avoir envoyé un message..	173
XCVI.	Chevaliers arrivés de Norwége.	175
XCVII.	Philippe de Toucy engagé par le roi. Mœurs des Commains.	176
XCVIII.	Nouvel engagement de Joinville; comment il vivait outre-mer.	178
XCIX.	De quelques jugements prononcés à Césarée.	180
C.	Traité avec les émirs d'Égypte; saint Louis fortifie Jaffa.	184
CI.	Du comte d'Eu, du prince d'Antioche, et de quatre ménétriers d'Arménie.	186
CII.	De Gautier, comte de Brienne et de Jaffa; comment il fut fait prisonnier par l'empereur de Perse.	188
CIII.	Comment le soudan de la Chamelle détruisit l'armée de l'empereur de Perse; mort du comte de Jaffa; alliance des émirs d'Égypte et du Soudan de Damas.	190
CIV.	Le maître de Saint-Lazare vaincu par les Sarrasins.	193

CV.	Engagement entre le maître des arbalétriers et les troupes du soudan de Damas, près de Jaffa.	194
CVI.	Les troupes du soudan passent devant Acre; beau fait d'armes de Jean le Grand.	195
CVII.	Sac de Sayette.	197
CVIIII.	Pourquoi saint Louis refusa d'aller en pèlerinage à Jérusalem.	198
CIX.	De Hugues III, duc de Bourgogne. Dépenses de saint Louis à Jaffa.	200
CX.	Départ de saint Louis pour Sayette; pèlerins de la grande Arménie; Joinville renvoie un de ses chevaliers.	201
CXI.	Expédition contre Bélinas.	203
CXII.	Danger que court Joinville.	205
CXIII.	Saint Louis ensevelit les cadavres des chrétiens de Sayette. Amitié de Joinville et du comte d'Eu.	208
CXIV.	Prise de Bagdad par les Tartares.	209
CXV.	D'un clerc que Joinville prend pour un Assassin.	210
CXVI.	Envoyés du seigneur de Trébisonde; arrivée de la reine à Sayette.	212
CXVII.	D'un pauvre chevalier et de ses quatre fils.	213
CXVIII.	Pèlerinage de Joinville; méprise de la reine; pierre merveilleuse.	214
CXIX.	Le roi apprend la mort de sa mère; duretés de la reine Blanche pour la reine Marguerite.	216
CXX.	Le roi décide son retour en France; entretien de Joinville et du légat.	217
CXXI.	Joinville conduit la reine à Sur. Embarquement du roi.	219
CXXII.	Le vaisseau du roi heurte contre un banc de sable	221
CXXIII.	Le roi refuse de quitter son vaisseau.	222
CXXIV.	Tempête sur les côtes de Chypre; vœu de la reine et de Joinville.	225
CXXV.	Profit à tirer des menaces de Dieu.	227
CXXVI.	De l'île de Lampedouse.	228
CXXVII.	De l'île de Pantalarée; sévérité de saint Louis.	229
CXXVIII.	Le feu prend dans la chambre de la reine.	231
CXXIX.	D'un miracle de la sainte Vierge.	232
CXXX.	Le roi se décide avec peine à débarquer à Hyères.	233
CXXXI.	Conseil donné à saint Louis par Joinville.	234
CXXXII.	Du frère Hugues, cordelier.	235
CXXXIII.	Conseils de Philippe Auguste à saint Louis.	237
CXXXIV.	Joinville se sépare du roi; il le retrouve plus tard à Soissons; mariage d'Isabelle de France avec Thibaut II, roi de Navarre.	238

CXXXV.	Habitudes et caractère de saint Louis; il repousse une demande injuste des évêques.	239
CXXXVI.	Autres exemples de la fermeté et de la justice de saint Louis.	242
CXXXVII.	Amour de saint Louis pour la paix.	244
CXXXVIII.	Horreur de saint Louis et de Joinville pour les blasphèmes.	246
CXXXIX.	Amour de saint Louis pour les pauvres; comment il instruisait ses enfants; de ses aumônes et de ses fondations; de ses scrupules dans la collation des bénéfices.	247
CXL.	Comment le roi corrigea ses baillis, ses prévôts, ses maires; et comment il établit de nouveaux établissements, et comment Étienne Boileau fut son prévôt de Paris.	249
CXLI.	Réforme de la prévôté de Paris.	254
CXLII.	Amour de saint Louis pour les pauvres; de ses aumônes et de ses fondations.	256
CXLIII.	Des ordres religieux qu'il établit en France.	259
CXLIV.	Saint Louis se croise pour la seconde fois	260
CXLV.	Saint Louis tombe malade; ses enseignements à son fils.	262
CXLVI.	Mort de saint Louis.	266
CXLVII.	Canonisation de saint Louis; son corps est levé de terre.	267
CXLVIII.	Joinville voit saint Louis en songe, et lui élève un autel.	269
CXLIX.	Conclusion.	270

CREDO DE JOINVILLE.

I-VI.	Introduction.	271
VII-VIII.	Je crois en Dieu le Père tout-puissant, le créateur du ciel et de la terre.	273
IX-X.	Et en Jésus-Christ, son Fils, Notre-Seigneur.	273
XI	Qui est conçu du Saint-Esprit.	274
XII.	Né de la Vierge Marie.	274
XIII-XVIII.	Qui souffrit sous Ponce-Pilate.	274
XIX-XXV.	Et fut crucifié et mort.	275
XXVI-XXVIII.	Et fut enseveli.	277
XXIX-XXX.	Il descendit en enfer.	278
XXXI-XXXVII.	Et au troisième jour ressuscita de la mort	278
XXXVIII-XL.	Il monta aux cieux.	281
XLI-XLIII.	Et il est assis à la droite du Père tout-puissant.	282
XLIV.	Et il viendra au jour du jugement juger les morts et les vivants.	282

TABLE DES CHAPITRES.

XLV-XLVII.	Je crois au Saint-Esprit, et aussi je crois en la sainte Église.	283
XLVIII-LI.	Et au pardon des péchés qui nous est fait par les Sacrements de la sainte Église.	283
LII-LIV.	Et aussi je crois à la résurrection de la chair.	284
LV-LVI.	Et à la vie éternelle. Amen.	285
LVII-LIX.	Conclusion.	286
Lettre de Jean, sire de Joinville, à Louis X.		289

ÉCLAIRCISSEMENTS.

1º Sur le système monétaire de saint Louis.	291
2º Sur le mot *nouvellement*.	293
3º Sur un des sens du mot *fief*.	294
4º Sur le personnage désigné par le nom de Nasac.	295
5º Sur la domesticité féodale.	296
6º Sur les Assassins et le Vieux de la Montagne.	298
7º Sur le titre d'empereur de Perse.	299
8º Sur l'archidiacre de Nicosie.	299
9º Sur quelques emprunts faits par Joinville à une chronique française.	300
10º Sur la date du *Credo* de Joinville.	302
11º Sur les miniatures du *Credo*.	303
Vocabulaire.	305
Table alphabétique des matières.	387

HISTOIRE

DE

SAINT LOUIS.

I. A* son¹ bon signour Looys², fil dou roy de France, par la grace de Dieu roy de Navarre, de Champaigne et de Brie conte palazin, Jehans sires de Joinville, ses seneschaus³ de Champaigne, salut et amour et honnour, et son servise appareillié.

Chiers* sires, je vous faiz à savoir que madame la royne vostre mère, qui mout m'amoit (à cui Diex bone merci face!), me pria si à certes comme elle pot, que je li feisse faire un livre⁴ des saintes paroles et* des bons faiz nostre roy saint Looys; et je le li oi en couvenant⁵, et à l'aide de Dieu li livres est assouvis en dous parties.

---

1. Ms. B, *A mon.* — 2. Louis X, surnommé le Hutin, fils de Philippe le Bel, était roi de Navarre et comte de Champagne et de Brie, du chef de sa mère Jeanne de Navarre, morte le 2 avril 1305. Ce livre lui fut dédié en 1309, cinq ans avant qu'il ne succédât à son père comme roi de France. — 3. B et L, *des seneschaulx*; A, *son seneschal.* — 4. C'est-à-dire que Joinville fit écrire le livre sous sa dictée. — 5. Ms. A, *et je les y oi en couvenant*; B et L, *et ie, sire, luy accordé.*

La* première partie si devise comment il se gouverna tout son tens selonc Dieu et selonc l'Eglise, et au profit de son règne.

La seconde partie dou livre si parle de ses granz chevaleries et de ses granz faiz d'armes.

Sires*, pour ce qu'il est escript : « Fai premier ce qui afiert à Dieu, et il te adrescera toutes tes autres¹ besoignes, » ai-je tout premier² fait escrire ce qui afiert aus trois choses desus dites; c'est à savoir ce qui afiert au profit des ames et des cors, et* ce qui affiert au gouvernement dou peuple.

Et ces autres choses³ ai-je fait escrire aussi à l'onnour dou vrai cors saint, pour ce que par ces choses desus dites on pourra veoir tout cler que onques hom lays de nostre temps ne vesqui si saintement* de tout son temps, dès le commencement de son règne, jusques à la fin de sa vie. A la fin de sa vie ne fu-je mie; mais li cuens Pierres d'Alançon ses fiz y fu, qui mout m'ama, qui me recorda la belle fin que il fist, que vous trouverez escripte en la fin de cest* livre⁴. Et de ce me semble-il que on ne li fist mie assez, quant on ne le mist ou nombre des martirs, pour les grans peinnes que il souffri ou pèlerinaige de la croiz, par l'espace de six anz que je fu en sa compaignie, et pour ce meismement que il ensui Nostre-Signour* ou fait de la croiz. Car se Diex morut en la croiz, aussi fist-il; car croisiez estoit-il quant il morut⁵ à Thunes.

---

1. A, *toutes ces autres*; B et L, *toutes aultres*. — 2. Les mots *tout premier* manquent dans A. — 3. C'est-à-dire les choses autres que les grands faits d'armes, celles qui font l'objet de la première partie. — 4. Voy. chap. CXLVI. — 5. A, *il fu*.

Li seconz livres vous¹ parlera de ses granz chevaleries et de ses granz hardemens, liquel sont tel*, que je li vi quatre foiz mettre son cors en avanture* de mort, aussi comme vous orrez ci-après, pour espargnier² le doumaige de son peuple.

II. Li premiers faiz là où il mist son cors en avanture de mort, ce fu à l'ariver que nous feimes devant Damiete³, là où touz ses consaus li loa, ainsi comme je* l'entendi, que il demourast en sa neif, tant que il veist que sa chevalerie feroit, qui aloit à terre. La raisons pour quoy on li loa ces choses si estoit teix, que, se il arivoit avec aus, et sa gent estoient occis et il avec, la besoigne seroit perdue; et se il demouroit en* sa neif, par son cors peust-il recouvrer à reconquerre la terre de Egypte. Et il ne vout nullui croire, ains sailli en la mer, touz armez, l'escu au col, le glaive ou poing, et fu des premiers à terre.

La* seconde foiz qu'il mist son cors en avanture de mort, si fu teix, que au partir qu'il fist de la Massourre⁴ pour venir à Damiete⁵, ses consaus li loa, si comme l'on me donna à entendre, que il s'en venist à Damiete en galies; et cis consaus li fu donnez, si comme* l'on dit, pour ce que, se il li meschéoit de sa gent, par son cors les peust delivrer de prison. Et especialment cis consaus li fu donnez pour le meschief de son cors où il estoit par plusours maladies qui estoient teix, car il avoit double tierceinne et menoison* mout fort, et la maladie de l'ost en la bouche et ès jambes. Il ne vout onques

---

1. A, *nous*. — 2. L, ajoute *et eviter*. — 3. Voy. chap. xxxv. — 4. A, *de l'Aumasourre*. — 5. Voy. chap. lxi.

nullui croire; ainçois dist que son peuple ne lairoit-il jà, mais feroit tel fin comme il feroient. Si li en avint ainsi, que par la menoison qu'il avoit, que il li couvint le* soir couper le font de ses braies¹, et par la force* de la maladie de l'ost se pasma-il² le soir par plusours foiz, aussi comme vous orrez ci-après.

La tierce foiz qu'il mist son cors en avanture de mort, ce fu quant il demoura quatre ans³ en la* sainte Terre, après ce que sui frère en furent venu⁴. En grant avanture de mort fumes lors; car quant li roys fu demourez en Acre, pour un home à armes que il avoit en sa compaignie, cil d'Acre en avoient bien trente, quant la ville fu prise⁵. Car je* ne sai autre raison pour quoy li Turc ne nous vindrent penre en la ville, fors que pour l'amour que Diex avoit au roy, qui la poour metoit ou cuer à nos ennemis, pour quoy il ne nous osassent venir courre sus. Et de ce est escript : « Se tu creins Dieu*, si te creindront toutes les riens qui te verront. » Et ceste demourée fist-il tout contre son consoil, si comme vous orrez ci-après. Son cors mist-il en avanture pour le peuple de la terre garantir, qui eust estei perdus dès lors, se il ne se fust lors remez⁶.

Li* quarz faiz là où il mist son cors en avanture de mort, ce fu quant nous revenismes d'outremer et venismes devant l'ille de Cypre, là où nostre neiz hurta si malement que la terre là où elle hurta, en-

---

1. A, *baicz;* B et L, *chausses.* La leçon *braies* se représente (chap. LXI) dans le ms. A. — 2. A, *se pena-il.* — 3. A, *un an.* — 4. Voy. chapitre LXXXVI. — 5. Les chrétiens d'Acre, quand la ville fut prise par les Sarrasins en 1291. — 6. Je ne crois pas qu'on puisse, avec M. Daunou, lire *reniez.* B et L portent *s'il en fut venu.*

porta trois toises dou tyson sur quoy nostre neiz estoit fondée¹. Après* ce li roys envoia querre quatorze maistres nothonniers, que de celle neif, que d'autres qui estoient en sa compaignie, pour li conseillier que il feroit; et tuit li loèrent, si comme vous orrez ci-après, que il entrast en une autre neif; car il ne véoient pas comment* la neiz peust soufrir les cos des ondes, pour ce* que li clou de quoy les planches de la neif estoient atachies estoient tuit eloschié. Et moustrèrent au roy l'exemplaire dou peril de la neif, pour ce que à l'aler que nous feismes outre mer, une neiz en semblable fait avoit estei perie; et je vi la femme et l'enfant chiez le* conte de Joyngny, qui seul de ceste nef eschapèrent.

A ce respondi li roys : « Signour, je voi que se je descent de ceste nef, que elle sera de refus, et voy que il* a céans huit cens persones et plus; et pour ce que chascuns aime autretant sa vie comme je faiz la moie, n'oseroit nulz demourer en ceste nef, ainçois demourroient en Cypre : par quoy, se Dieu plait, je ne metterai jà tant de gens comme il a céans en peril de* mort; ainçois demourrai céans pour mon peuple sauver. » Et demoura²; et Diex, à cui il s'atendoit, nous sauva en peril de mer bien dix semainnes, et venimes à bon port, si comme vous orrez ci-après. Or avint ainsi que Oliviers de Termes, qui bien et viguerousement* s'estoit maintenus outre mer, lessa le roy et demoura en Cypre, lequel nous ne veismes puis d'an et demi après. Ainsi³ destourna li

---

1. Voy. chap. cxxii et cxxiii. — 2. *Et demoura* omis dans A. — 3. A, *aussi*.

roys le doumaige de huit cens personnes qui estoient en la nef.

En* la darenière partie de cest livre parlerons de sa fin, comment il trespassa saintement.

Or di-je à vous, monsignour le roy de Navarre, que je promis à ma dame la royne vostre mère (à cui Diex bone merci face!), que je feroie cest livre; et pour* moy aquitier de ma promesse, l'ai-je fait. Et pour ce que je¹ ne voi nullui qui si bien le doie avoir comme* vous qui estes ses hoirs, le vous envoie-je, pource que vous et vostre frère et li autre qui l'orront, y puissent penre bon exemple, et les exemples mettre à œvre, par quoy Diex lour en sache² grei.

III. En* nom de Dieu le tout puissant, je, Jehans sires de Joinville, seneschaus de Champaigne, faiz escrire la* vie notre saint roy³ Looys, ce que je vi et oy par l'espace de sis anz, que je fu en sa compaignie ou pèlerinaige d'outre mer, et puis que nous revenimes. Et avant que je vous conte de ses grans faiz et de sa chevalerie, vous conterai-je ce que⁴ je vi et oy de ses saintes* paroles et de ses bons enseignemens, pour ce qu'il soient trouvei li uns après l'autre, pour edefier ceuz qui les orront.

Cis sainz hom ama Dieu de tout son cuer et ensuivi ses œuvres; et y apparut en ce que, aussi comme Diex morut* pour l'amour que il avoit en son peuple, mist-il son cors en avanture par plusours foiz pour l'amour que il avoit à son peuple, et s'en

---

1. *Je* omis dans A. — 2. B et L, *Dieu et Nostre Dame leur en saichent.* — 3. *Roy* omis dans A. — 4. A, *conterai-je que.*

fust bien soufers, se il vousist, si comme vous orrez ci-après. La grans amours¹ qu'il avoit à son peuple parut à ce qu'il dist à monsieur Loys², son ainsnei* fil, en une mout grant maladie que il ot à Fonteinne-Bliaut : « Biaus fiz, fist-il, je te pri que tu te faces amer au peuple de ton royaume; car vraiement je ameroie miex que uns Escoz venist d'Escosse et gouvernast le peuple dou royaume bien et loialment, que* tu le gouvernasses mal apertement. » Li sainz roys*³ ama tant veritei que neis aus Sarrazins ne vout-il pas mentir de ce que il lour avoit en convenant, si comme vous orrez ci-après⁴.

De la bouche fu-il si sobres, que onques jour de ma vie je ne li oy devisier nulles viandes, aussi comme maint* riche home font; ainçois manjoit pacientment ce que ses queus li appareilloit et mettoit on⁵ devant li. En ses paroles fu-il attrempez; car onques jour de ma vie je ne li oy mal dire de nullui, ne onques ne li oy nommer le dyable, liquex nons⁶ est bien espandus* par le royaume : ce que je croy qui ne plait mie à Dieu⁷. Son vin trempoit par mesure, selonc ce qu'il véoit que li vins le pooit soufrir. Il me demanda en Cypre pourquoy je ne metoie de l'yaue en mon vin, et je li diz que ce me fesoient li phisicien, qui me* disoient que j'avoie une grosse teste et une froide fourcelle, et que je nen avoie pooir de enyvrer. Et il me dist que il me decevoient; car, se je ne l'aprenoie en ma joenesce, et je le

---

1. A, *l'amour*. — 2. *Monsieur Loys*, omis dans A. — 3. *Roys* manque dans A. — 4. Voy. chap. LXXVI. — 5. A, *appareilloient*; B et L, *ce qu'on luy appareilloit* en ajoutant *et mettoit on* omis dans A. — 6. A, *nous*. — 7. Voy. chap. CXXXVIII.

vouloie temprer en ma vieillesce, les goutes et les
E maladies de fourcelle me penroient*, que jamais
n'auroie santei; et se je bevoie le vin tout pur en
ma vieillesce, je m'enyvreroie touz les soirs; et ce
estoit trop laide chose de vaillant home de soy
enyvrer.

Il me demanda se je vouloie estre honorez en ce
F siècle* et avoir paradis à la mort, et je li diz oyl. Et
il me dist : « Donques vous gardez que vous ne fai-
tes ne ne dites à vostre escient nulle riens, que se
touz li mondes le savoit, que vous ne peussiez con-
gnoistre : Je ai ce fait, je ai ce dit[1]. »

G   Il* me dist que je me gardasse que je ne dementisse
6 A ne* ne desdeisse nullui de ce que il diroit devant moy,
puis que je n'i auroie ne pechié ne doumaige ou souf-
frir, pour ce que des dures paroles meuvent les mel-
lées dont mil home sont mort.

Il disoit que l'on devoit son cors vestir et armer
B en tel* manière, que li preudome de cest siècle ne
deissent que il en feist trop, ne que li joene home
ne deissent que il feist pou[2]. Et ceste chose ramenti-
je[3] le père[4] le roy qui orendroit est, pour les cotes
brodées à armer que on fait hui et le jour; et li di-
C soie que* onques en la voie d'outremer là où je fu, je
n'i vi cottes brodées, ne les roy ne les autrui. Et il
me dist qu'il avoit tiex atours brodez de ses armes,
qui li avoient coustei huit cenz livres de parisis[5]. Et
je li diz que il les eust miex emploiés se il les eust

---

1. *Credo*, IV. — 2. Voy. chap. VI. — 3. A, *me ramenti;* B et L,
en ceste chose ramenti je. — 4. Philippe le Hardi, père de Philippe le
Bel. — 5. Environ 20 000 francs de notre monnaie. Voy. *Éclaircisse-
ments*, 1°.

donnez pour* Dieu, et eust fait ses atours de bon
cendal enforcié¹ de ses armes, si comme ses pères
faisoit.

IV. Il m'apela une foiz et me dist : « Je n'os
parler à vous pour le soutil senz dont vous estes, de
chose qui touche* à Dieu ; et pour ce ai-je appelei ces
dous² frères qui ci sont, que je vous vueil faire une
demande. » La demande fu teix : « Seneschaus, fist-
il, quex chose est Diex ? » Et je li diz : « Sire, ce est
si bone chose que mieudres ne puet estre. »—« Vraie-
ment, fist-il, c'est bien* respondu ; que ceste response
que vous avez faite, est escripte en cest livre que je
tieing en ma main. Or vous demant-je, fist-il, lequel
vous ameriés miex, ou que vous fussiés mesiaus, ou
que vous eussiés fait un pechié mortel ? » Et je, qui
onques ne li menti, li respondi* que je en ameroie
miex avoir fait trente, que estre mesiaus. Et quand li
frère s'en furent parti, il m'appela tout seul, et me
fist seoir à ses piez, et me dist : « Comment me
deistes-vous hier ce ? » Et je li diz que encore li di-
soie-je. Et il me dist : « Vous deistes* comme hastis
musarz, car vous devez savoir que³ nulle si laide me-
zelerie n'est comme d'estre en pechié mortel, pour
ce que l'ame qui est en pechié mortel est semblable
au dyable : par quoy nulle si laide meselerie ne puet
estre. Et bien est voirs que quant li hom meurt, il
est gueris* de la meselerie dou cors ; mais quant li
hom qui a fait le pechié mortel meurt, il ne sait pas
ne n'est certeins que il ait eu en sa vie⁴ tel repen-

---

1. B et L, *renforcé battu*. — 2. A, *ses* ; B et L, *ces deux*. — 3. A omet *vous devez savoir que*. — 4. A omet *en sa vie*.

tance que Diex li ait pardonnei; par quoy grant poour doit avoir que celle mezelerie li dure tant comme Diex yert en paradis*. Si vous pri, fist-il, tant comme je puis, que vous metés votre cuer à ce, pour l'amour de Dieu et de moy, que vous amissiez miex que touz meschiez avenist au cors, de mezelerie et de toute maladie, que ce que li pechiés mortex venist à l'ame de vous. »

Il* me demanda se je lavoie les piez aus povres le jour dou grant jeudi[1] : « Sire, dis-je, en maleur*! les piez de ces vilains ne laverai-je jà. » — « Vraiement, fist-il, ce fu mal dit; car vous ne devez mie avoir en desdaing ce que Diex fist pour nostre enseignement. Si* vous pri-je pour l'amour de Dieu, premier, et pour l'amour de moy, que vous les acoustumez à laver. »

V. Il ama tant toutes manières de gens qui Dieu créoient et amoient, que il donna la connestablie de* France à monsignour Gille le Brun qui n'estoit* pas dou royaume de France[3], pour ce qu'il estoit de grant renommée de croire Dieu et amer. Et je croy vraiement que teix fu-il.

Maistre Robert de Sorbon[4], pour la grant renommée que il avoit d'estre preudome, il le faisoit* mangier à sa table. Un jour avint que il manjoit delez moy, et devisiens[5] li uns à l'autre; et nous reprist et dist : « Parlés haut, fist-il, car vostre compaignon

---

1. Voy. chap. cxxxix. — 2. B, *Fy, fy! j'en ay mal au cueur*; L, *Fy, fis je, en mal eur*. — 3. Gilles de Trasegnies, dit le Brun, était originaire de Flandre. — 4. A, *Cerbone*. — Robert de Sorbon, fondateur du collége de Sorbonne. — 5. B et L, *et devisions*; ces mots manquent dans A.

cuident que vous mesdisiés d'aus. Se vous parlés ou mangier de chose qui nous¹ doie plaire*, si dites haut; ou, se ce non, si vous taisiés. » Quant li roys estoit en joie, si me disoit : « Seneschaus, or me dites les raisons pour quoy preudom vaut miex que beguins. » Lors si encommençoit la tençons de moy et de maistre Robert. Quant nous* aviens grant piesce desputei, si rendoit sa sentence et disoit ainsi : « Maistres Roberz, je vourroie bien² avoir le nom de preudome, mais que je le fusse, et touz li remenans vous demourast; car preudom est si grans chose et si bone chose, que, neis* au nommer, emplist-il la bouche. »

Au contraire, disoit-il que male chose estoit de penre de l'autrui; car li rendres estoit si griez, que, neis au nommer, li rendres escorchoit la gorge par les erres qui y sont, lesquiex senefient les ratiaus au * diable, qui touz jours tire ariere vers li ceus qui l'autrui chatel weulent rendre. Et si soutilment le fait li dyables, car aus grans usuriers et aus granz robeours les attice-il si que il lour fait donner pour Dieu ce que il deveroient rendre. Il me dist que je deisse* au roi Tibaut³ de par li, que il se preist garde à la maison des Preescheours de Provins que il faisoit, que il n'encombrast l'ame de li pour les granz deniers que il y metoit; car li saige home, tandis que il vivent, doivent faire dou lour aussi comme executour* en deveroient faire, c'est à savoir que li bon executour desfont premièrement les torfaiz au mort, et

---

1. A, *vous*. — 2. *Bien* omis dans A. — 3. Thibaut II, roi de Navarre, cinquième du nom comme comte de Champagne, gendre de saint Louis.

rendent l'autrui chatel, et dou remenant de l'avoir au mort font aumosnes.

VI. Li* sainz roys fu à Corbeil à une Penthecouste, là où il ot quatre-vins[1] chevaliers. Li roys descendi après mangier ou prael, desouz la chapelle, et parloit à l'uys de la porte au conte de Bretaigne[2], le père au duc qui ore est, que Diex gart ! Là me vint querre* maistres Roberz de Sorbon[3], et me prist par le cor de mon mantel et me mena au roy, et tuit li autre chevalier vindrent après nous. Lors demandai-je à maistre Robert : « Maistres Roberz, que me voulez-vous ? » Et me dist : « Je vous veil demander* se li roys se séoit en cest prael, et vous vous aliez seoir sur son banc plus haut que li, se on vous en deveroit bien blasmer. » Et je li diz que oil. Et il me dist : « Dont faites vous bien à blasmer, quant vous estes plus noblement vestus que li roys ; car vous vous* vestez de vair et de vert, ce que li roys ne fait pas. » Et je li diz : « Maistres Roberz, sauve vostre grace, je ne faiz mie à blasmer, se je me vest de vert et de vair ; car cest abit me lessa mes pères et ma mère ; mais vous faites à blasmer, car vous estes fiz* de vilain et de vilainne, et avez lessié l'abit vostre* père et vostre mère, et estes vestus de plus riche camelin que li roys n'est. » Et lors je pris le pan de son seurcot et dou seurcot[4] le roy, et li diz : « Or esgardez se je di voir. » Et lors li roys emprist à deffendre maistre Robert de paroles, de tout* son pooir.

---

1. B et L, *trois cents*. — 2. Jean Ier, comte de Bretagne, dont le fils Jean II porta le premier le titre de duc et mourut le 18 novembre 1305. — 3. A, *Cerbon*. — 4. Vêtement qui se mettait par-dessus la cotte. Voy. chap. CXXII.

Après ces choses, messires li roys appela monsignour Phelippe son fil, le père au roy qui ore* est, et le roi Tybaut¹, et s'asist à l'uys de son oratour et mist la main à terre, et dist : « Séez-vous ci bien près de moy, pour ce que on ne nous oie. » — « Ha! sire, firent-il, nous ne nous oseriens asseoir si² près de vous. » Et il me dist : « Seneschaus*, séez-vous ci. » Et si fiz-je, si près de li que ma robe touchoit à la seue; et il les fist asseoir après moy et lour dist : « Grant mal apert avez fait, quant vous estes mi fil, et n'avez fait au premier coup tout ce que je vous ai commandei, et gardés* que il ne vous avieingne jamais. » Et il dirent que non feroient-il. Et lors me dist que il nous avoit³ appelez pour li confesser à moy de ce que à tort avoit deffendu maistre Robert encontre⁴ moy. « Mais, fist-il, je le vi si esbahi, que il avoit bien* mestier que je li aidasse. Et toutes voiz ne vous tenez pas à chose que je en deisse pour maistre Robert deffendre; car, aussi comme li seneschaus dist, vous vous devez bien vestir et nettement, pour ce que vos femmes vous en ameront mieux, et vostre gent vous* en priseront plus. Car, ce dit li saiges : On se doit* assemer en robes et en armes en tel manière, que li preudome de cest siècle ne dient que on en face trop, ne les joenes gens de cest siècle ne dient que on en face pou⁵. »

VII. Ci-après* orrez un enseignement que il me fist en la mer, quant nous reveniens d'outremer. Il avint que nostre neis hurta devant l'ille de Cypre, par un

---

1. Thibaut II, roi de Navarre, marié à Isabelle fille de saint Louis. — 2. A, *ci*. — 3. *Avoit* manque dans A. — 4. A, *à mestre Robert et contre*. — 5. Voy. chap. III.

vent qui a non guerbin¹, qui n'est mie des quatre maistres venz². Et de ce coup que nostre neis prist, furent* li notonnier si desperei que il dessiroient lour robes et lour barbes. Li roys sailli de son lit touz deschaus (car nuit estoit), une cote, sanz plus, vestue, et se ala mettre en croiz devant le cors Nostre-Signour, comme cil qui n'atendoit que la mort*. L'endemain que ce nous fu avenu, m'apela li rois tout seul³, et me dist⁴ : « Seneschaus, ore nous a moustrei Diex une partie de son grant pooir; car uns de ces⁵ petiz venz, qui est si petiz que à peinne le sait-on nommer, deut avoir le roy de France, ses* enfans et sa femme et ses gens noiés. Or dit sainz Anciaumes que ce sont des menaces Nostre-Signour, aussi comme se Diex vousist dire : Or vous eussé-je bien mors, se je voussisse. Sire Diex, fait li sains, pourquoy nous menaces-tu? car ès menaces que tu nous faiz*, ce n'est pour ton preu ne pour ton avantaige; car se te nous avoies touz perdus, si ne seroies-tu jà plus povres, ne se tu nous avoies tous gaigniez tu n'en seroies jà⁶ plus riches. Donc n'est-ce pas pour ton preu la menace que tu nous as faite, mais pour nostre* profit, se nous le savons mettre à œuvre. A œuvre devons-nous mettre ceste menace que Diex nous a faite, en tel manière que, se nous sentons que nous aiens en nos cuers et en nos cors chose qui desplaise à Dieu, oster le devons hastivement; et* quanque nous cuiderons qui li plaise, nous nous de-

---

1. L, *garbin*; M, *garbun*. — 2. Voy. chap. cxxii. — 3. Voy. chapitre cxxv. — 4. A, *et m'apela*. — 5. A, B et L, *ses*; A omet auparavant *grant*, et plus loin *qui est si petit*. — 6. Les mots *se tu nous avoies tous gaignez tu n'en seroies jà* manquent dans A.

vons esforcier hastivement dou penre; et, se nous le faisons ainsinc, Nostre-Sires nous donra plus de bien en cest siècle et en l'autre, que nous ne sauriens devisier. Et se nous ne le faisons ainsi, il fera aussi* comme li bons sires doit faire à son mauvais sergant; car après la menace, quant li mauvais serjans ne se veut amender, li sires le¹ fiert ou de mort ou de autres greingnours meschéances, qui piz valent que mort. » Si y preingne garde li roys* qui ore est², car il est eschapez de aussi grant peril ou de plus que nous ne feimes : si s'amende de ses mesfais en tel manière que Diex ne fière en li ne en ses choses cruelment³.

VIII. Li* sainz roys se esforça⁴ de tout son pooir, par ses paroles, de moy faire croire fermement en la loi crestienne que Diex nous a donnée, aussi comme vous orrez ci-après. Il disoit que nous deviens croire si fermement les articles de la foy, que pour mort ne* pour meschief qui avenist au cors, que nous n'aiens nulle volentei d'aler encontre par parole ne par fait. Et disoit que li ennemis est si soutilz, que, quant les gens se meurent, il se travaille tant comme il puet que il les puisse faire mourir en aucune doutance* des poins de la foy; car il voit que les bones* œuvres que li hom a faites, ne li puet-il tollir, et voit aussi⁵ que il l'a perdu, se il meurt en vraie foy. Et pour ce se doit-on garder et en tel manière deffendre de cest agait, que on die à l'ennemi, quant il envoie tel temptacion : « Va-t'en, doit-on dire à

---

1. *Le* omis dans A. — 2. Philippe le Bel, à qui s'adressent les sévères paroles qui vont suivre. — 3. Cette phrase manque dans B, L et M. — 4. B, *efforçoit*. — 5. A omet *aussi*.

l'ennemi* ; tu ne me tempteras jà à ce que je ne croie fermement touz les articles de la foy; mais, se tu me fesoies touz les membres tranchier, si vueil-je vivre et morir en cesti point¹. » Et qui ainsi le fait, il vaint l'ennemi de son baston et de s'espée*², dont li ennemis le vouloit occirre.

Il disoit que foys et créance estoit une chose où nous deviens bien croire fermement, encore n'en fussiens-nous certein mais que par oïr dire. Sus ce point, il me fist une demande, comment mes pères avoit* non; et je li diz que il avoit non Symon. Et il me dist comment je le savoie; et je li diz que je en cuidoie estre certeins et le créoie fermement, pour ce que ma mère le m'avoit³ tesmoingnié⁴. Lors il me dist⁵ : « Donc devez-vous croire fermement touz les articles de la foy, lesquiex* li apostre tesmoingnent, aussi comme vous oez chanter au dymanche en la *Credo*⁶. »

IX. Il me dist que li evesques Guillaumes de Paris⁷ li avoit contei que uns grans maistres de divinitei estoit venus à li, et li avoit dit que il vouloit parler à li; et il* li dist : « Maistres, dites vostre volentei. » Et quant li maistres cuidoit parler à l'evesque, commença⁸ à plorer trop fort. Et li evesques li dist : « Maistres, dites, ne vous desconfortés pas; car nulz ne puet tant pechier que Diex ne puet plus pardonner*. » — « Et je vous di, sire, dist li maistres, je* n'en puis mais, se je pleur; car je cuit estre mes-

---

1. *Credo*, v et LVIII. — 2. A, *ses espées;* B et L, *son*. — 3. A, *l'avoit* — 4. *Credo*, II. — 5. A omet *lors il me dist*. — 6. B et L, *en saincte église*. — 7. Guillaume III, dit d'Auvergne, évêque de Paris de 1228 à 1248. — 8. A, *et commença*.

créans, pour ce que je ne puis mon cuer ahurter à ce que je croie ou sacrement de l'autel, ainsi comme sainte Esglise l'enseigne; et si sai bien que ce est des temptacions l'ennemi. » — « Maistres, fist li evesques*, or me dites, quant¹ li ennemis vous envoie ceste temptacion, se elle vous plait. » — Et li maistres dist : « Sire, mais m'ennuie tant comme il me puet ennuier. » — « Or vous demant-je, fist li evesques, se vous penriés ne or ne argent par quoy vous regéissiez* de vostre bouche nulle riens qui fust contre le sacrement de l'autel, ne contre les autres sains sacremens de l'Esglise. » — « Je, sire, fist li maistres, sachiez que il n'est nulle riens ou monde que j'en preisse, ainçois ameroie miex que on m'arachast touz* les membres dou cors, que je le regéisse. » — « Or vous dirai-je autre chose, fist li evesques. Vous savez que li roys de France guerroie au roy d'Engleterre, et savez que li chastiaus qui est plus en la marche de aus dous, c'est la Rochelle en Poitou*. Or vous vueil faire une demande, que, se li roys vous avoit baillié la Rochelle à garder, qui est en la male marche², et il m'eust baillié le chastel de Montleheri³ à garder, qui est ou cuer de France et en terre de pais, auquel li roys deveroit savoir meillour* grei en la fin de sa guerre, ou à vous qui averiés gardée la Rochelle sanz perdre, ou à moy qui li averoie gardé le chastiel de Montleheri sanz perdre. » — « En non Dieu, sire, fist li maistres, à moy qui averoie gardée la Rochelle sanz perdre. » —

1. A, *qua*. — 2. A, *la marche*. — 3. A, *Monlaon*, dans deux passages, et dans un troisième *Montleheri*, qui est fourni par B, L et M.

« Maistres*, dist li evesques, je vous di que mes cuers est* semblables au chastel de Montleheri ; car nulle temptacion ne nulle doute je n'ai dou sacrement de l'autel : pour laquel chose je vous di que pour un grei que Diex me sait de ce que je le croy fermement et en pais, vous en sait Diex quatre, pour ce que vous li* gardez vostre cuer en la guerre de tribulacion, et avez si bone volentei envers li, que vous pour nulle riens terrienne, ne pour meschief que on feist dou cors, ne le relenquiriés : dont je vous di que soiés tout à aise[1] ; que vostre estaz plait miex à Nostre-Signour* en ce cas, que ne fait li miens. » Quant li maistres oy ce, il s'agenoilla devant l'evesque et se tint bien pour paié[2].

X. Li sainz roys me conta que plusours gens des Aubigois vindrent au conte de Montfort, qui lors gardoit* la terre des Aubijois pour le roy, et li distrent que il venist veoir le cors Nostre-Signour, qui estoit devenuz en sanc et en char entre les mains au prestre. Et il lour dist : « Alez le veoir, vous qui ne[3] le créez ; car je le croi fermement, aussi* comme sainte Esglise nous raconte le sacrement[4] de l'autel. Et savez-vous que je y gaignerai, fist li cuens, de ce que je le croy en ceste mortel vie, aussi comme sainte Esglise le nous enseigne ? Je en averai une coronne ès ciex plus que li angre, qui* le voient face à face, par quoi il couvient que il le croient[5]. »

Il me conta que il ot une grant desputaison de

---

1. A, aese ; B et L, aise. — 2. A, bin pour poiez. — 3. Ne manque dans A. — 4. L, le nous enseigne ou sacrement. — 5. Credo, II.

clers et de Juis ou moustier de Clygni. Là ot un chevalier à qui li abbes avoit donnei le pain léens pour* Dieu, et requist à l'abbei que il li lessast dire la* première parole; et on li otria à peinne. Et lors il se leva et s'apuia sus sa croce, et dist que l'en li feist venir le plus grant clerc, et le plus grant maistre des Juis; et si firent-il; et li fist une demande qui fu teix : « Maistres, fist li chevaliers, je vous* demant se vous créez que la Vierge Marie, qui Dieu porta en ses flans et en ses bras, enfantast vierge, et que elle soit mère de Dieu. » Et li Juis respondi que de tout ce ne créoit-il¹ riens. Et li chevaliers li respondi que mout avoit fait* que fous, quand il ne la créoit ne ne l'amoit, et estoit entrez en son moustier et en sa maison. « Et vraiement, fist li chevaliers, vous le comparrez. » Et lors il hauça sa potence et feri le Juif lès l'oye et le porta par terre. Et li Juif tournèrent en fuie et* enportèrent lour maistre tout blecié; et ainsi demoura la desputaisons. Lors vint li abbes au chevalier, et li dist que il avoit fait grant folie. Et li chevaliers dist que encore avoit-il fait greingnour folie, d'assembler tel desputaison; car avant que la desputaisons* fust menée à fin, avoit-il céans² grant foison de bons crestiens, qui s'en fussent parti tuit mescréant, par ce que il n'eussent mie bien entendu les Juis. « Aussi vous di-je, fist li roys, que nulz, se il n'est très-bons clers, ne doit desputer à aus; mais li* hom lays³, quant il ot mesdire de la loy⁴ crestienne, ne doit pas desfendre la loy crestienne, ne mais de l'espée, de quoy il doit

---

1. A, *croit-il*. — 2. A, *sdans*. — 3. A, *loy*. — 4. A, *lay*.

donner parmi le ventre dedens, tant comme elle y puet entrer¹. »

XI. Li* gouvernemenz de sa terre fu teix, que touz les* jours il ooit à note ses heures, et une messe de *Requiem* sanz note, et puis la messe dou jour ou dou saint, se il y chéoit, à note. Touz les jours il se reposoit, après mangier, en son lit; et quant il avoit dormi et reposei, si disoit en sa chambre privéement*² des mors, entre li et un de ses chapelains, avant que il oyst³ ses vespres. Le soir, ooit ses complies.

Uns cordeliers⁴ vint à li ou chastel de Yères, là où nous descendimes de mer; et pour enseignier le roy*, dist en son sermon, que il avoit leu la Bible et les livres qui parlent des princes mescréans; et disoit que il ne trouvoit ne ès créans ne ès mescréans, que onques royaumes se perdist, ne chanjast de signourie à autre, mais que par defaute de droit. « Or* se preingne garde, fist-il, li roys qui s'en va en France, que il face bon droit et hastif à son peuple, par quoy Nostre-Sires li seuffre son royaume à tenir en pais tout le cours de sa vie. » On dit que cis preudom qui⁵ ce enseignoit le roy, gist à* Marseille là où Nostre-Sires fait pour li maint bel miracle; et ne vout onques demourer avec le roy, pour prière que il li seust faire, que une seule journée.

XII. Li roys n'oublia pas cest enseignement; ain-

---

1. Je dois faire observer que, loin de mettre cette théorie en pratique, saint Louis a converti beaucoup de Juifs par la persuasion, et se les est attachés par ses bienfaits. — 2. A, *premièrement*. — 3. A, *oït*. — 4. Hugues de Digne. Voy. chap. cxxxii. — 5. B et L, *ce preudhomme qui*, mots omis dans A.

çois gouverna* sa terre bien et loialment et selonc Dieu, si comme vous orrez ci-après. Il avoit sa besoigne atiriée en tel manière, que messires de Neelle¹ et li bons cuens de Soissons² et nous autre qui estiens entour li, qui aviens oïes nos messes, aliens oïr les plaiz* de la porte, que on appelle maintenant les requestes*. Et quant il revenoit dou moustier, il nous envoioit querre, et s'asséoit au pié de son lit, et nous fesoit touz asseoir entour li, et nous demandoit se il y en avoit³ nulz à delivrer que on ne peust delivrer sanz li ; et nous li nommiens, et il les faisoit envoier* querre, et il lour demandoit : « Pourquoy ne prenez-vous ce que nos gens vous offrent? » Et il disoient : « Sire, que il nous offrent pou. » Et il lour disoit en tel manière : « Vous deveriez bien ce penre que l'on vous voudroit faire⁴. » Et se travailloit* ainsi li sainz hom, à son pooir, comment il les metteroit en droite voie et en raisonnable⁵.

Maintes foiz avint que en estei il se⁶ alloit seoir ou* bois de Vinciennes après sa messe, et se acostoioit à un chesne et nous fesoit seoir entour li ; et tuit cil qui avoient afaire venoient parler à li, sanz destourbier de huissier ne d'autre. Et lors il lour demandoit de sa bouche : « A-il ci nullui qui ait partie*? » Et cil se levoient qui partie avoient, et lors il disoit : « Taisiés-vous tuit, et on vous deliverra l'un après l'autre. » Et lors il appeloit monsignour Per-

1. Simon, sire de Nesle, qui fut un des régents du royaume pendan la seconde croisade de saint Louis. — 2. Jean II de Nesle, dit le Bon et le Bègue, comte de Soissons, de 1237 à 1270. Il était cousin germain de Joinville. — 3. A, *il y avoit.* — 4. A, *bien ce prenre qui le vous voudroit faire ;* L, *bien prendre ce que l'on vous vouldra* (B, *vouldroit*) *faire.* — 5. B et L, *et en amour.* — 6. *Se* omis dans A.

ron de Fonteinnes et monsignour Geffroy de Villete[1], et disoit à l'un d'aus : « Delivrez*-moy ceste partie. » Et quant il véoit aucune chose à amender en la parole de ceus qui parloient pour li, ou en la parolle de ceus qui parloient pour[2] autrui, il-meismes l'amendoit de sa bouche. Je le vi aucune foiz en estei, que pour delivrer* sa gent, il venoit ou jardin de Paris, une cote de chamelot vestue, un seurcot de tyreteinne sanz manches, un mantel de cendal noir entour son col, mout bien pigniez et sanz coife, et un chapel de paon blanc[3] sus sa teste. Et fesoit estendre tapis pour* nous seoir entour li; et touz li peuples qui avoit afaire par devant li, estoit entour li en estant; et lors il les faisoit delivrer, en la manière que je vous ai dit devant dou bois de Vinciennes.

XIII. Je le revi une autre foiz à Paris, là où tuit li prelat* de France le mandèrent que il vouloient parler à li, et li roys ala ou palaiz pour aus oïr[4]. Et là estoit li evesques Guis d'Ausserre, qui fu fiz monsignour Guillaume de Mello; et dist au roy pour touz les prelaz en tel manière : « Sire, cist signour* qui ci sont, arcevesque, evesque, m'ont dit que je vous deisse que la crestienté qui deust estre gardée par vous se perit entre vos mains. » Li roys se seigna quant il oï la parole[5] et dist : « Or me dites comment ce est. » — « Sire, fist-il, c'est pour ce que on prise si pou les excommeniemens hui* et le jour,

---

1. L'un est célèbre comme jurisconsulte, l'autre fut bailli de Tours en 1261 et 1262. — 2. Les mots *li ou en* jusqu'à *pour* manquent dans A. — 3. En plumes de paon blanc. — 4. Voy. chap. cxxxv. — 5. *Qui deust estre gardée par vous*, et *quant il oï la parole* omis dans A.

que avant se laissent les gens morir excomeniés, que il se facent absodre, et ne veulent faire satisfaccion à l'Esglise. Si vous requièrent, sire, pour Dieu et pour ce que faire le devez, que vous commandez à vos prevoz et à vos baillis que touz* ceus qui se soufferront escommeniez an et jour, que on les contreingne par la prise de lour biens à ce que il se facent absoudre. »

A ce respondi li roys que il lour commanderoit volentiers* de touz ceus dont on le feroit certein que il eussent tort. Et li evesques dist que il ne le feroient à nul fuer, que il li devéissient la court de lour cause*¹. Et li roys li dist que il ne le feroit autrement ; car ce seroit contre Dieu et contre raison, se il contreignoit la gent à aus absoudre, quant li clerc lour feroient tort. « Et de ce, fist li roys, vous en doing-je un exemple dou conte de Bretaigne*, qui a plaidié sept ans aus prelaz de Bretaingne touz excommeniez ; et tant a esploitié que li apostoles les a condempnez touz. Dont se je eusse contraint le conte de Bretaingne la première année de li faire absoudre, je me fusse meffaiz envers Dieu* et vers li. » Et lors se soufrirent li prelat ; ne onques puis nen oy parler que demande fust faite des choses desus dites.

XIV. La* pais qu'il fist au roy d'Angleterre fist-il contre la volentei de son consoil², liquex li disoit : « Sire, il nous semble que vous perdés la terre que vous donnez au roy d'Angleterre, pour ce que il n'i a droit ; car ses pères la perdi par jugement. » Et à ce* respondi li roys que il savoit bien que li roys

---

1. L, *qu'ils luy dissent la cause de leur court.* — 2. Voy. chap. cxxxvii.

d'Angleterre n'i avoit droit; mais il y avoit raison par quoy il li devoit bien donner. « Car nous avons dous serours à femmes¹, et sont nostre enfant cousin germain²; par quoy il affiert bien que paiz y soit. Il m'est mout* grans honnours en la paiz que je faiz au roy d'Angleterre, pour ce que il est mes hom³, ce que il n'estoit pas devant. »

La léaultei dou roy peut l'on veoir ou fait de monsignour* Renaut de Trie, qui apporta⁴ au saint unes* lettres, lesquiex disoient que li roys avoit donnei aus hoirs la contesce de Bouloingne, qui morte estoit novellement⁵, la contée de Danmartin en Gouere. Li seaus de la lettre estoit brisiez, si que il n'i avoit de remenant fors que la moitié des jambes de l'ymaige* dou seel le roy, et l'eschamel sur quoy li roys tenoit ses piez. Et il le nous moustra à touz qui estiens de son consoil, et que nous li aidissiens à conseillier. Nous deismes trestuit, sanz nul descort, que il n'estoit de riens tenus à la lettre mettre à execution. Et lors il dist* à Jehan Sarrazin, son chamberlain, que il li baillast la lettre que il li avoit commandée⁶. Quant il tint la lettre, il nous dist : « Signour, véez ci le⁷ seel de quoy je usoie avant que je alasse outre mer, et voit-on cler par ce seel que l'empreinte dou seel brisié est* semblable au seel entier; par quoy je n'oseroie en bone conscience la-

---

1. Marguerite, femme de saint Louis, et Éléonore, femme de Henri III, roi d'Angleterre, étaient filles de Raimond Bérenger IV, comte de Provence. — 2. B et L, *et est nostre enfant cousin germain.* — 3. C'est-à-dire mon vassal. — 4. *Renaut* et *apporta* omis dans A. Joinville s'est trompé de nom; il devait dire *Mathieu de Trie.* — 5. Mahaut, comtesse de Boulogne, morte en janvier 1258. Voy. *Éclaircissements*, 2º. — 6. L ajoute *ce qu'il fist et la luy apporta.* — 7. A omet *le.*

dite contée retenir. » Et lors il appela monsignour Renaut de Trie et li dist : « Je vous rent la contée.»

XV. En* non de Dieu le tout-puissant, avons ci- arière escriptes partie de bones paroles et de bons enseignemens nostre saint roy Looys, pour ce que cil qui les orront les truissent les unes après les autres ; par quoi il en¹ puissent miex faire lour profit que ce que* elles fussent escriptes entre ses² faiz. Et ci après commencerons de ses faiz, en non de Dieu et en non de li.

Aussi comme je li oy dire, il fu nez le jour saint Marc euvangeliste après Pasques³. Celi jour porte l'on croiz* en processions⁴ en mout de lieus, et en France les* appelle l'on les croiz noires : dont ce fu aussi comme une prophecie de la grant foison de gens qui moururent en ces dous⁵ croisemens, c'est à savoir, en celi de Egypte, et en l'autre là où il mourut en Carthage ; que maint grant duel en furent en cest monde, et maintes grans* joies en sont en paradis, de ceus qui en ces dous⁶ pelerinaiges moururent vrai croisié.

Il fu coronez le premier dymanche des Advens⁷. Li commencemens de celi dymanche de la messe si est : *Ad* te levavi animam meam*, et ce qui s'ensuit après, et dit⁸ ainsi : « Biaus Sire Diex, je leveray m'amme à toy, je me fi en toy. » En Dieu ot mout grant fiance dès s'enfance⁹ jusques à la mort ; car là où il mouroit, en ses darrenières paroles recl.imoit-il*

---

1. A, *que cil qui les orront en.* — 2. A, *ces.* — 3. Le 25 avril 1214. — 4. A, *au processions.* — 5. A, *ce douz*; B et L, *ces deux.* — 6. A, *ce douz*; B et L, *ces deux.* — 7. 29 novembre 1226. — 8. A omet *dit.* — 9. *Dès s'enfance*, omis dans A ; B et L, *de son enfance.*

Dieu et ses sains, et especialment monsignour saint Jaque et madame sainte Geneviève.

XVI. Diex en qui il mist sa fiance, le gardoit touz jours dès s'enfance jusques à la fin; et especialment en s'enfance le garda-il là où il fu bien mestier, si comme* vous orrez ci-après. Comme à l'ame de li, le garda Diex par les bons enseignemens de sa mère[1], qui l'enseigna à Dieu croire et à amer, et li atraist entour li toutes gens de religion; et li faisoit, si enfes comme il estoit, toutes ses heures et les sermons* faire et oïr aus festes. Il recordoit que sa mère li avoit fait aucune foiz à entendre que elle ameroit miex que il fust mors, que ce que il feist un pechié mortel.

Bien li fu mestier que il eust en sa joenesce l'aide de Dieu*; car sa mère, qui estoit venue de Espaigne, n'avoit* ne parens ne amis en tout le royaume de France. Et pour ce que li baron de France virent le roy enfant et la royne sa mère femme estrange, firent-il dou conte de Bouloingne[2], qui estoit oncles le roy, lour chievetain, et le tenoient aussi comme pour signour. Après* ce que li roys fu coronez, il en y ot des barons qui requistrent à la royne granz terres que elle lour donnast, et pour ce que elle n'en vout riens faire, si s'assemblèrent tuit li baron à Corbeil[3]. Et me conta li sainz roys que il ne sa mère, qui estoient à Montlehéri*, ne osèrent revenir à Paris, jusques à tant que cil de Paris les vindrent querre à armes. Et me conta que dès Monlehéry

---

1. Blanche de Castille. — 2. Philippe, dit Hurepel, frère de Louis VIII. — 3. En 1227.

estoit li chemins pleins de gens à armes et sanz armes jusques à Paris, et que tuit crioient à Nostre-Signour que il li donnast bone vie* et longue, et le deffendist et gardast de ses ennemis. Et Diex si fist, si comme vous orrez ci-après.

A ce parlement que li baron firent à Corbeil, si comme l'en dist, establirent li baron qui là furent, que li bons chevaliers li cuens Pierres de Bretaigne se reveleroit* contre le roy; et acordèrent encore que lour cors iroient au mandement que li roys feroit contre le conte, et chascuns n'averoit avec li que dous chevaliers. Et ce firent-il pour veoir se li cuens de Bretaigne pourroit fouler la royne, qui estrange femme estoit, si* comme vous avez oy; et moult de gens dient que li cuens eust foulei la royne et le roy, se Diex n'eust aidié au roy à cel besoing, qui onques ne li failli. L'aide que Diex li fist, fu teix, que li cuens Tybaus de Champaigne, qui puis fu roys de Navarre, vint servir le roy atout* trois cens chevaliers, et par l'aide que li cuens fist au roy, couvint venir le conte de Bretaigne à la merci le roy : dont il lessa au roy, par pais faisant, la contée* de Ango, si comme l'en dist, et la contée dou Perche.

XVII. Pour* ce que il affiert à ramentevoir aucunes choses que vous orrez ci-après, me couvient[1] laissier un pou de ma matière. Si dirons aussi que li bons cuens Henris li Larges ot de la contesce Marie, qui fu suer au roy de France[2] et suer au roy Richart d'Angleterre, dous fiz*, dont li ainsnez ot non Henri

---

1. A, *couvint*. — 2. Philippe-Auguste, grand-père de saint Louis.

et li autres Thybaut. Cis Henris li ainsnez en ala croisiez en la sainte Terre en pelerinaige, quant li roys Phelippes et li roys Richars assegièrent Acre et la pristrent[1]. Si tost comme Acre fu prise, li roys Phelippes s'en revint en France, dont il en* fu mout blasmez ; et li roys Richars demoura en la sainte Terre et fist tant de grans faiz, que li Sarrazin le doutoient trop, si comme il est escript ou livre de la Terre sainte[2], que quant li enfant aus[3] Sarrazins braioient, les femmes les escrioient et lour disoient* : « Taisiez-vous, vez-ci le roy Richart ; » pour[4] aus faire taire. Et quant li cheval aus Sarrazins et aus Beduins avoient poour d'un bysson, il disoient à lour chevaus : « Cuides-tu que ce soit li roys Richars[5] ? »

Cis* roys Richars pourchassa tant que il donna au conte Henri de Champaingne, qui estoit demourez avec li, la royne de Jerusalem, qui estoit droite hoirs[6] dou royaume. De ladite royne ot li cuens Henris dous filles, dont la première fu royne de Cypre, et l'autre ot* messires Herars de Brienne, dont grans lignaiges est* issus, si comme il appert en France et en Champaingne. De la femme monsignour Erart de Brienne ne vous dirai-je ore riens ; ainçois vous parlerai de la[7] royne de Cypre[8], qui affiert maintenant à ma matière, et dirons ainsi.

XVIII. Après* ce que li roys ot foulei le conte Per-

---

1. 13 juillet 1191. — 2. Voy. chap. cviii. Ces traditions sont consignées dans l'*Histoire de Eracles empereur* (voy. *Historiens occidentaux des croisades*, t. II, p. 189). — 3. *Au* dans le ms. A. — 4. A, *et pour*. — 5. B et L, *que le roy Richart y soit*. — 6. A, *droit her*. — 7. *La* manque dans A. — 8. Alix, fille de Henri II, comte de Champagne, et d'Isabelle, héritière d'Amauri I, roi de Jérusalem, devint reine de Chypre par son mariage avec Hugues de Lusignan.

ron de Bretaingne, tuit li baron de France furent si troublei envers le conte Tybaut de Champaigne, que il orent* consoil de envoier querre la royne de Cypre, qui estoit fille de l'ainsnei fil de Champaingne, pour desheritier le conte Tybaut, qui estoit fiz dou secont fil de Champaingne. Aucun d'aus s'entremistrent d'apaisier le conte Perron audit conte Tybaut, et fu la chose* pourparlée en tel manière, que li cuens Tybaus promist que il penroit à femme la fille le conte Perron de Bretaingne¹. La journée fu prise que li cuens de Champaingne dut la damoiselle espouser, et li dut-on amener, pour espouser, à une abbaïe de Premoustrei*, qui est delez Chastel-Thierri, que on appelle Val-Secré, si comme j'entent. Li baron de France, qui estoient auques tuit parent le conte Perron, se penèrent de ce faire et amenèrent² la damoiselle à Val-Secré pour espouser, et mandèrent le conte de Champaingne* qui estoit à Chastel-Thierri, et endementières que li cuens de Champaingne venoit pour espouser, messires Geffroys de la Chapelle vint à li de par le roy, atout une lettre de créance, et dist ainsinc : « Sire cuens de Champaingne, li roys a entendu* que vous avez couvenances au conte Perron de Bretaingne* que vous penrez sa fille par mariaige. Si vous mande li roys que se vous ne voulez perdre quanque vous avez ou royaume de France, que vous ne le faites; car vous savez que li cuens de Bretaingne a pis fait au roy que nus hom qui vive. » Li cuens de* Champaingne, par le consoil que il avoit avec li, s'en retourna à Chastel-Thierry.

---

1. Elle se nommait Yolande. — 2. A, *de faire amener.*

Quant li cuens Pierres et li baron de France oïrent ce, qui l'atendoient à Val-Secré, il furent tuit* aussi comme desvei dou despit de ce que il lour avoit fait, et maintenant envoièrent querre la royne de Cypre; et si tost comme elle fu venue, ils pristrent un commun acort qui fut teix, que il manderoient ce que il pourroient avoir de gent à armes, et enterroient en* Brie et en Champaingne par devers France, et que li dus de Bourgoingne[1] qui avoit la fille au conte Robert de Dreues, ranterroit en la contée de Champaingne par devers Bourgoingne, et prindrent journée qu'il se assembleroient par devant la citei de Troyes[2] pour la* citei de Troies penre, se il pooient. Li dus manda quant que il pot avoir de gent; li baron mandèrent aussi ce que il en porent avoir. Li baron vindrent ardant et destruiant tout[3] d'une part, li dus de Bourgoigne d'autre; et li roys de France d'autre part, pour* venir combatre à aus. Li desconfors[4] fut teix au conte de Champaingne que il-meismes ardoit ses villes, devant la venue des barons, pour ce que il ne les trouvassent garnies. Avec les autres villes que li cuens de Champaingne ardoit, ardi-il Espargnay et Vertuz* et Sezenne.

XIX. Li*[5] bourgois de Troies, quant il virent que il avoient perdu le secours de lour signour, il mandèrent à Symon signour de Joingville, le père au signour de Joinville qui ore est, qu'i les venist secourre[6]. Et il, qui avoit mandei toute sa gent à armes,

---

1. Hugues IV, qui accompagna saint Louis à la croisade de 1248; il mourut en 1272. — 2. Les mots *et prindrent* jusqu'à *devant la citei de Troyes* manquent dans A. — 3. A omet *tout*. — 4. A, *descort*. — 5. A, *ces*. — 6. Joinville intervertit les faits : la guerre eut lieu en

mut de Joingville à* l'anuitier, si tost comme ces
nouvelles li vindrent, et vint à Troies ainçois que il
fust jour. Et par ce faillirent li baron à lour esme,
que il avoient de penre ladite citei; et pour ce, li
baron passerent par devant Troies sans autre chose
faire¹, et se alèrent logier en la praerie d'Isles² là où*
li dus de Bourgoingne estoit.

Li roys de France qui sot que il estoient là, il s'a-
dreça tout droit là pour combatre à aus; et li baron
li mandèrent et prièrent que il ses cors se vousist
traire* arières, et il se iroient combatre au conte de
Champaingne et au duc de Lorreinne, et à tout le
remenant de sa gent, à trois cens chevaliers moins
que li cuens n'averoit, ne li dus. Et li roys lour manda
que à sa gent ne se combateroient-il jà, que ses cors
ne fust* avec. Et il renvoyèrent³ à li et li mandèrent
que il feroient volentiers entendre la royne de Cypre
à paiz, se il li plaisoit. Et li roys lour manda que à
nulle paiz il n'entenderoit, ne ne soufferroit que li
cuens de Champaingne y entendist, tant que il eus-
sent vuidie la* contée de Champaigne. Et il la vui-
dièrent en tel manière que dès Isles⁴ là où il estoient,
il se⁵ alèrent logier dessous Juylli; et li roys se loja
à Isles, dont il les avoit chaciés. Et quant il seurent
que li roys fu alez là, il s'alèrent logier à Chaorse,
et n'osèrent le roy atendre*, et s'alèrent logier à Lain-
gnes, qui estoit au conte* de Nevers, qui estoit de
lour partie. Et ainsi li roys acorda le conte de⁶ Cham-

1230, deux ans avant l'arrivée de la reine de Chypre, et le projet de
mariage rompu. — 1. A omet *sans autre chose faire*. — 2. A, *delès*. —
3. A, *revindrent*. — 4. A, *Ylles*. — 5. *Se* omis dans A. — 6. *De* omis
dans A.

paingne à la royne de Chypre, et fu la paiz faite en tel manière, que lidiz cuens de Champaingne donna à la royne de Cypre entour dous mille livrées de terre, et quarante mille livres* que li roys paia pour le conte de Champaigne. Et li cuens de Champaigne vendi au roi, parmi les quarante mille livres, les fiez ci-après nommés : c'est à savoir, le fié de la contée de Bloiz, le fié de la contée de Chartres, le fié de la contée de Sanserre, le fié de la vicontée* de Chastel- dun[1]. Et aucunes gens si disoient que li roys ne te- noit ces devant diz fiez que en gaige; mais ce n'est mie voirs, car je le demandai nostre saint roy Looys outre-mer.

La* terre que li cuens Tybaus donna à la royne de Cypre, tiennent[2] li cuens de Brienne qui ore est, et li cuens de Joigny, pour ce que l'aïole le conte de Brienne fu fille à la royne de Cypre, et femme le grant* conte Gautier de Brienne[3].

XX. Pour ce que vous sachiez dont cist fié que li sires de Champaingne vendi au roy, vindrent, vous faiz-je à savoir que li grans cuens Tybaus[4] qui gist à Laingny, ot* trois fiz : li premiers ot non Henri, li secons ot non Tybaut, li tiers ot non Estienne. Cis Henris desus diz fu cuens de Champaingne et de Brie, et fu appelez li cuens Henris li Larges; et dut bien ainsi estre appelez, car il fu larges à Dieu et au siècle ; larges à Dieu, si comme* il appiert à l'esglise Saint-

---

1. Voy. *Éclaircissements*, 3°. — 2. A, *tint*. — 3. Gautier IV, dit le Grand, comte de Brienne et de Jaffa, dont Joinville parle plus loin (chap. cii et ciii), épousa Marie, fille d'Alix reine de Chypre; et de leur fils Hugues naquit Gautier V, qui fut comte de Brienne au moins depuis 1301 jusqu'en 1312. — 4. Thibaut II, de 1102 à 1152.

Estienne de Troies et* aus autres belles¹ eglises que il
fonda en Champaingne; larges au siècle, si comme
il apparut ou fait de Ertaut de Nongent et en mout
d'autres lieus que je vous conteroie bien, se je ne
doutoie à enpeeschier ma matière. Ertaus de Nogent
fu li bourgois dou monde que li cuens* créoit plus,
et fu si riches que il fist le chastel de Nogent-l'Er-
taut de ses deniers. Or avint chose que li cuens Hen-
ris descendi de ses sales de Troies pour aler oïr messe
à Saint-Estienne, le jour d'une Penthecouste. Aus piez
des degrez vint au devant de li uns povres cheva-
liers qui s'agenoilla devant li², et* li dist ainsi : «Sire,
je vous pri pour Dieu que vous me donnés dou vostre,
par quoy je puisse marier mes dous filles, que vous
véez ci. » Ertaus, qui aloit darière li, dist au povre
chevalier : « Sire chevaliers, vous ne faites pas que
courtois, de demander à monsignour; car* il a tant
donnei que il n'a mais que donner. » Li larges cuens
se tourna devers Ertaut, et li dist : « Sire vilains,
vous ne dites mie voir, de ce que vous dites que je
n'ai mais que donner; si ai vous-meismes. — Et te-
nez, sire chevaliers, car je le vous doing, et si le
vous garantirai*. » Li chevaliers ne fu pas esbahiz,
ainçois le prist par la chape, et li dist que il ne le
lairoit jusques à tant que il averoit finei à li; et avant
que il li eschapast, ot Ertaus finei à li de cinq cens
livres*.

Li* secons frères le conte Henri ot non Thibaut et
fu cuens* de Blois; li tiers frères ot non Estienne et

---

1. A omet *belles*. — 2. A, *aus piez des degrez s'agenoilla un povre che-
valier*.

fu cuens de Sancerre. Et cist dui frère tindrent dou conte Henri touz lour heritaiges et lour dous contées et lour apartenances[1]; et les tindrent après des hoirs le conte Henri qui tindrent Champaingne, jusques alors que[*] li roys Tybaus les vendi au roy de France, aussi comme il est devant dit.

XXI. Et revenrons à nostre matière, et disons ainsi que après ces choses tint li roys une grant court à Saumur en Anjo, et là fu-je, et vous tesmoing que ce fu la miex arée[*] que je veisse onques; car à la table le roy manjoit, emprès li, li cuens de Poitiers[2], que il avoit fait chevalier nouvel à une saint-Jehan; et après le conte de Poitiers, mangoit li cuens Jehan de Dreues, que il avoit fait chevalier nouvel aussi; après le conte de Dreues, mangoit[*] li cuens de la Marche; après le conte de la Marche, li bons cuens Pierres de Bretaigne. Et devant la table le roy, endroit le conte de Dreues, mangoit messires li roys de Navarre, en cote et en mantel de samit, bien parez de courroie, de fermail et de chapel d'or[*]; et je tranchoie devant li[3]. Devant le roy, servoit dou mangier li cuens d'Artoiz[4] ses frères[5]; devant le roy, tranchoit dou coutel li bons cuens Jehans de Soissons. Pour la table dou roi[6] garder, estoit messires Ymbers de Biaugeu, qui puis fu connestables de France, et messires[*] Engerrans de Coucy et messires Herchanbaus de Bourbon. Darière ces trois barons avoit bien

---

1. C'est-à-dire, les tinrent en fief, comme vassaux du comte de Champagne. — 2. Alfonse, frère de saint Louis. — 3. Voy. *Éclaircissements*, 5°. — 4. Robert I, qui était armé chevalier depuis 1237. — 5. L, *et ses frères lesquelz servoient ledit roy du manger*. — 6. *Dou roi* omis dans A.

trente de lour chevaliers, en cottes de drap de soie, pour aus garder; et darières ces chevaliers avoit grant plentei de sergans vestus des armes au conte de* Poitiers, batues sur cendal. Li roys avoit vestu une cotte* de samit ynde, et seurcot et mantel¹ de samit vermeil fourrei d'hermines, et un chapel de coton en sa teste, qui moult mal li séoit pour ce que il estoit lors joennes hom. Li roys tint cele feste ès hales de Saumur; et disoit l'on que li grans roys Henris d'Angleterre² les avoit* faites pour ses grans festes tenir. Et les hales sont faites à la guise des cloistres de ces moinnes blans³; mais je croi que de trop loing⁴ il n'en soit nuls si grans. Et vous dirai pourquoy il le me semble; car à la paroy dou cloistre où li roys mangoit, qui estoit environnez de chevaliers* et de serjans qui tenoient grant espace, mangoient encore⁵ à une table vingt que evesque que arcevesque, et encore après les evesques et les arcevesques mangoit encoste cele table la royne Blanche, sa mère, ou chief dou cloistre, de celle part là où li roys ne mangoit pas. Et* si servoit à la royne li cuens de Bouloingne, qui puis fu roys de Portingal⁶, et li bons cuens Hues⁷ de Saint-Pol, et uns Alemans de l'aage de dix-huit ans, que on disoit que il avoit estei fiz sainte Helizabeth de Thuringe; dont l'on disoit que la royne Blanche le besoit ou front par* devocion, pour ce que elle entendoit que sa mère l'i avoit maintes foiz besié.

---

1. Le manteau se mettait par-dessus le surcot. — 2. Henri II, fils de Geoffroy Plantagenet, comte d'Anjou. — 3. Moines de l'ordre de Citeaux. — 4. A omet *loing*. — 5. A omet *encore*. — 6. Alfonse, neveu de la reine Blanche; il avait épousé Mahaut, comtesse de Boulogne, veuve de Philippe Hurepel. — 7. A omet *Hues*.

66 F   Ou* chief dou cloistre d'autre part estoient les cuisines, les bouteilleries, les paneteries et les despenses; de celi chief servoit l'on¹ devant le roy et devant la royne, de char, de vin et de pain. Et en toutes
G les autres eles et* eu prael d'en milieu mangoient de
68 A chevaliers si grans* foisons, que je ne soy les nombrer; et distrent² mout de gens que il n'avoient onques veu autant de seurcoz ne d'autres garnemens de drap d'or et de soie³ à une feste, comme il ot là; et dist on⁴ que il y ot bien trois mille chevaliers.

B   XXII. Après* celle feste mena li roys le conte de Poytiers à Poitiers, pour repenre ses fiez⁵. Et quant li roys vint à Poytiers, il vousist bien estre arières à
C Paris; car il* trouva que li cuens de la Marche⁶, qui ot mangié à sa table le jour de la saint-Jehan, ot assemblei tant de gent à armes à Lusignan⁷ delez Poitiers comme il pot avoir⁸. A Poitiers fu li roys près de quinzeinne, que onques ne s'osa partir tant
D que il fu acordez au* conte de la Marche, ne je ne sai comment. Plusours foiz, vi venir le conte de la Marche parler au roy à Poitiers de Lusignan⁹, et touz jours amenoit avec li la royne d'Angleterre sa femme, qui estoit mère au roy d'Angleterre¹⁰. Et disoient
E mout de gens que* li roys et li cuens de Poitiers avoient fait mauvaise paiz au conte de la Marche.

---

1. A, *de celi cloistre servoient.* — 2. A, *je ne scé le nombre, et dient.* — 3. *Et de soie* omis dans A. — 4. A, *dient.* — 5. C'est-à-dire pour recevoir l'hommage de ses vassaux, qui avouaient tenir de lui leurs fiefs. Voy. *Éclaircissements*, 3º. — 6. Hugues X, dit le Brun. — 7. A, *ilec joignant.* — 8. *Comme il pot* (L, *peust*) *avoir* omis dans A. — 9. A, *delez joignant.* — 10. Isabelle d'Angoulême, veuve de Jean sans Terre et mère de Henri III. Elle s'était remariée en 1217 avec Hugues X.

Après ce que li roys fu revenus de Poitiers, ne tarja pas grantment après ce que li roys d'Angleterre vint en Gascoingne pour guerroier le roy de France. Nostre* sainz roys, à quanque il pot avoir de gent, chevaucha pour combatre à li. Là vint li roys d'Angleterre et li cuens de la Marche, pour combatre devant un chastel que on appelle Taillebourc, qui siet sus une male rivière que l'on appelle Carente¹, là où on ne puet* passer que à un pont de pierre mout estroit. Si tost comme li roys vint à Taillebourc, et li host virent li uns l'autre, nostre gent qui avoient le chastel devers aus, se esforcièrent à grant meschief, et passèrent perillousement par neis et par pons, et coururent sur les* Anglois, et conmença li poingnayz forz et grans. Quand li roys vit ce, il se mist ou peril avec les autres; car pour un home que li roys avoit quant il fu passez devers les Anglois, li Anglois en avoient bien vingt². Toutevoiz avint-il, si comme Diex vout, que* quant li Anglois virent le roy passer, il se desconfirent et mistrent dedens la citei de Saintes, et plusour de nos gens entrèrent en la citei mellei avec aus³ et furent pris.

Cil* de nostre gent qui furent pris à Saintes, recordèrent que il oïrent un grant descort naistre entre le roy d'Angleterre et le conte de la Marche; et disoit li roys que li cuens de la Marche l'avoit envoié querre, car* il disoit que il trouveroit grant aide en France. Celi soir meïsmes, li roys d'Angleterre mut de Saintes et s'en ala en Gascoingne.

1. A, B et L, *Tarente.* — 2. Leçon de B; dans A, *avoient mil;* L, M et R, *bien cent.* — 3. *Avec aus* omis dans A.

XXIII. Li cuens de la Marche, comme cil qui ne le pot amender*, s'en vint en la prison le roy, et li amena en sa prison sa femme et ses enfans : dont li roys ot, par la paiz fesant, grant coup de la terre le conte; mais je ne sai pas combien, car je ne fu pas à celi fait, car je n'avoie onques lors hauberc vestu¹; mais j'oy dire que, avec* la terre que li roys emporta, li quita li cuens de* la Marche dix mille livres² de parisis que il avoit en ses cofres, et chascun an autant³.

Quant nous fumes à Poitiers, je vi un chevalier qui avoit non monsignour Gieffroy de Rancon, qui⁴ pour* un grant outraige que li cuens de la Marche li avoit fait, si comme l'on disoit, avoit⁵ jurei sur sains que il ne seroit jamais roingniez en guise de chevalier, mais porteroit grève, aussi comme les femmes fesoient, jusques à tant que il se verroit vengiez dou* conte de la Marche, ou par lui ou par autrui. Et quant messires Geffroys vit le conte de la Marche, sa femme et ses enfans, agenoilliez devant le roy, qui li crioient merci, il fist aporter un tretel et fist oster sa grève, et se fist roingnier tout à coup⁶ en la presence dou roy, dou conte* de la Marche et de ceus qui là estoient. Et en cel ost contre le roy d'Angleterre et contre les barons, li roys donna⁷ de grans dons, si comme je l'oy dire à ceus qui en vindrent.

1. Le haubert était la cotte d'armes réservée aux chevaliers. On peut conclure de ce passage qu'en 1242 Joinville n'avait pas vingt et un ans, qui était l'âge où l'on pouvait être armé chevalier. — 2. A, *avec la terre le roys emporta x m. livres.* — 3. Cette rente était alors réduite à 5000 livres tournois, ou 101 319 francs. — 4. A, *que.* — 5. A, *et avoit.* — 6. A omet *tout à coup.* — 7. A, *en donna.*

Ne pour dons, ne pour despens que l'on feist en cel host, ne autres de çà¹ mer ne de là*, li roys ne requist ne ne prist onques aide des siens barons, n'à ses chevaliers, n'à ses homes, ne à ses bones villes, dont on se² plainsist. Et ce n'estoit pas de merveille; car ce fesoit-il par le consoil de la bone mère qui estoit avec li, de cui consoil il ouvroit, et* des preudhomes qui li estoient demourei dou tens son père et dou temps son ayoul.

XXIV. Après ces choses desus dites avint, ainsi comme Diex vout*, que une grans maladie prist le roy à Paris, dont* il fu à tel meschief, si comme on³ le disoit, que l'une des dames qui le gardoit, li vouloit traire le drap sus le visaige, et disoit que il estoit mors. Et une autre dame qui estoit à l'autre part dou lit, ne li souffri mie; ainçois disoit que il avoit encore l'ame ou cors*. Et comme il oyt⁴ le descort de ces dous dames, Nostre-Sires ouvra en li et li envoia santei tantost, car il estoit esmuyz et ne pouoit parler. Et si tost qu'il fu en estat pour parler⁵, il requist que on li donnast la croiz, et si fist-on. Lors la royne sa mère oy dire que la parole li estoit revenue, et elle en fist* si grant joie comme elle pot plus. Et quant elle sot que il fu croisiez, ainsi comme il meismes le contoit, elle mena aussi grant duel comme se elle le veist mort.

Après ce que il fu croisiez, se croisièrent Robers li cuens* d'Artois, Auphons cuens de Poitiers, Charles cuens d'Anjou, qui puis fu roys de Cezile, tuit troi

---

1. A, *sa*. — 2. A, *ce*. — 3. A, *il*. — 4. B et L, *oyst*; A, *comment que il oïst*. — 5. *Et si tost* jusqu'à *parler* omis dans A.

frère le roy; et se croisa Hugues dus de Bourgoingne, Guillaumes cuens de Flandres, frères le conte Guion de Flandres, nouvellement mort¹; li bons Hues cuens de Saint-Pol*, messires Gauchiers ses niez, qui mout bien se maintint outre-mer et mout eust valu, se il eust vescu. Si i furent li cuens de la Marche et messires Hugues li Bruns ses fiz; li cuens de Salebruche; messires Gobers d'Apremont ses frères, en cui compaingnie*, je, Jehans sires de Joinville, passames la mer en une nef que nous louames, pour ce que nous estiens cousin; et passames de là atout vint chevaliers, dont il estoit li disiesme et je moy disiesme².

XXV. A* Pasques, en l'an de grace que³ li miliaires couroit par mil dous cenz quarante et huit, mandai-je mes homes et mes fievez à Joinville; et la vegile de ladite Pasque, que toute cele gent que je avoie mandei estoient venu, fu nez Jehans mes fiz sires de Ancerville*⁴, de ma première femme, qui fu suer le conte de Grantprei⁵. Toute celle semainne fumes en festes et en quarolles, que mes frères li sires de Vauquelour et li autre riche home qui là estoient, donnèrent à mangier chascuns li uns après l'autre, le lundi, le mardi, le* mercredi et le jeudi⁶.

Je lour diz le vendredi : « Signour, je m'en voi outre-mer, et je ne sai se je revenrai. Or venez avant; se je vous ai de riens mesfait, je le vous des-

---

1. Gui de Dampierre mourut le 7 mars 1305. Voy. *Éclaircissements*, 2º. — 2. C'est-à-dire que le comte de Sarrebruck et Joinville étaient chefs chacun de neuf chevaliers. — 3. A, *qui*. — 4. A, *Acerville*. — 5. Alix, sœur de Henri VI, comte de Grandpré. — 6. A omet *et le jeudi*.

ferai l'un par¹ l'autre, si comme je ai acoustumei, à touz ceus qui* vourront riens demander ne à moy ne à ma gent. » Je lour desfiz par l'esgart de tout² le commun de ma terre; et pour ce que je n'eusse point d'emport, je me levai³ dou consoil, et en ting quanque il raportèrent, sanz debat.

Pour* ce que je n'en vouloie porter nulz deniers à tort, je alai lessier à Mez en Lorreinne grant foison de ma terre en gaige; et sachiez que, au jour que je parti de nostre païz pour aler en la Terre sainte, je ne tenoie pas mil livrées⁴ de terre⁵, car madame ma mère⁶ vivoit encore*; et si y alai, moy disiesme de chevaliers et moy tiers de banières⁷. Et ces choses vous ramantoif-je, pour ce que, se Diex ne m'eust aidié, qui onques ne me failli, je l'eusse souffert à peinne par si lonc tems, comme par l'espace de six ans que je demourai en la Terre* sainte.

En* ce point que je appareilloie pour mouvoir, Jehans sires d'Apremont et cuens de Salebruche de par sa femme⁸, envoia à moy et me manda que il avoit sa besoigne arée pour aler outre-mer, li disiesme de chevaliers; et me manda que se je vousisse, que nous loïssiens* une nef entre li et moy; et je li otroiai : sa gent et la moie louèrent une nef à Marseille.

XXVI. Li roys manda tous⁹ ses barons à Paris, et lour fist faire serement que foy et loiautei porteroient

---

1. B et L, *après*. — 2. B et L ajoutent *ung chacun et*. — 3. A, *levoie*. — 4. Environ 20 000 francs de notre monnaie. — 5. B et L, *douze cents livres de revenu*. — 6. Béatrix, fille d'Étienne III, comte d'Auxonne, et de Béatrix, comtesse de Chalon-sur-Saône. — 7. Il était un des trois chevaliers portant bannière. — 8. Elle se nommait Laurette. — 9. A omet *tous*.

78 C à ses enfans, se aucune* chose avenoit de li en la voie. Il le me demanda; maiz je ne voz faire point de serement, car je n'estoie pas ses hom¹. Endementres que je venoie, je trouvai trois homes mors sur une charrette, que uns clers avoit tuez, et me dist-on D que on les menoit au roy. Quant je oy* ce, je envoiai un mien escuier après, pour savoir comment ce avoit estei. Et conta mes escuiers que je y envoiai, que li roys, quand il issi de sa chapelle, ala au perron pour veoir les mors, et demanda au prevot de Paris comment ce avoit estei. Et li prevoz li E conta que li* mort estoient troi de ses serjans dou Chastelet, et li conta que il aloient par les rues forainnes pour desrober la gent; et dist au roy que « il trouvèrent ce² clerc que vous véez ci, et lui tollirent toute sa robe. Li clers s'en ala en pure sa che- F mise en son hostel, et prist s'arbalestre* et fist aporter à un enfant son fauchon. Quant il les vit, il les escria et lour dist que il y mourroient. Li clers tendi s'arbaleste et trait et en feri l'un parmi le cuer, et li dui touchièrent à fuie; et li clers prist le fauchon G que li enfes tenoit, et les ensui à la lune, qui* estoit 80 A belle et clère. Li uns en cuida passer parmi une* soif en un courtil, et li clers fiert dou fauchon, fist li prevoz, et li trancha toute la jambe, en tel manière que elle ne tient³ que à l'estival, si comme vous véez. Li clers rensui l'autre, liquex cuida descendre

---

1. Joinville n'était alors l'homme ou le vassal que du comte de Champagne; mais il devint aussi dans la suite l'homme de saint Louis (voy. chap. cxxxvi). Ce fut pendant la croisade, lorsque le roi lui conféra une rente à titre de fief. Voy. *Éclaircissements*, 3°. — 2. A, *se*. — 3. A, *tint*.

en une estrange maison là où la gent¹ veilloient encore; et li clers* le² feri dou fauchon parmi la teste, si que il le fendi jusques ès dens, si comme vous poez veoir, fist li prevoz au roy. Sire, fist-il, li clers moustra son fait aus voisins³ de la rue, et puis si s'en vint mettre en vostre prison; sire, et je le vous amein, si en ferez* vostre volentei, et véez-le ci. » — « Sire clers, fist li roys, vous avez perdu à estre prestre par vostre proesce, et pour vostre proesce je vous retieing à mes gaiges, et en venrez avec moy outre-mer. Et ceste chose vous faiz-je encore à savoir⁴, pour ce que je vueil bien que ma* gent voient que je ne les soustenrai en nulles de lour mauvestiés. » Quant li peuples, qui là estoit assemblez, oy ce, il se escrièrent à Nostre Signour, et li prièrent que Diex li donnast bone vie et longue, et le ramenast à joie et à santei.

XXVII. Après* ces choses, je reving en nostre païs, et atirames*, li cuens de Salebruche et je, que nous envoieriens nostre harnois à charettes à Ausonne, pour mettre ilec en la rivière de Saonne, pour aler jusques à Alle depuys la Sone⁵ jusques au Rone.

Le jour que je me parti de Joinville, j'envoiai querre l'abbei* de Cheminon, que on tesmoingnoit au plus preudome* de l'ordre blanche. Un tesmoingnaige li oy porter à Clerevaus, le jour d'une⁶ feste Nostre-Dame, que li sainz roys i estoit, à un moinne qui le moustra, et me demanda se je le cognoissoie. Et je li diz pourquoy il le me demandoit. Et il me

1. A, *là où gent.* — 2. A omet *le.* — 3. A, *au prevost voisins.* — 4. A omet *à savoir.* — 5. A omet *pour aller* jusqu'à *Sone.* — 6. A, *de.*

82 B respondi : « Car je* entent que c'est li plus preudom qui soit en toute l'ordre blanche. Encore sachiez, fist-il, que j'ai oy conter à un preudome qui gisoit ou dortour là où li abbes de Cheminon dormoit : et avoit li abbes descouvert sa poitrine pour la grant[1]

C chalour que il avoit ; et vit cis preudom*, qui gisoit ou dortour où li abbes de Cheminon dormoit, la Mère Dieu qui ala au lit l'abbei, et li retira sa robe sur son piz, pour ce que li venz ne li feist[2] mal. »

D Cis* abbes de Cheminon si me donna m'escharpe et mon bourdon : et lors je me parti de Joinville, sanz rentrer ou chastel jusques à ma revenue, à pié, deschaus et en langes ; et ainsi alai à Blehecourt[3] et à Saint-Urbain, et autres cors sains qui là sont. Et

E endementières* que je aloie à Blehecourt et à Saint-Urbain, je ne voz onques retourner mes yex vers Joinville, pour ce que li cuers ne me attendrisist dou biau chastel que je lessoie et de mes dous enfans.

F Je*[4] et mi compaingnon mangames à la Fonteinne l'Arcevesque devant Dongieuz, et illecques l'abbes Adans de Saint-Urbain (que Diex absoille !) donna grant foison de biaus juiaus à moy et à neuf[5] chevaliers que j'avoie[6]. Dès la nous alames an Ausone[7],

84 A et* en alames atout nostre hernoiz, que nous aviens fait mettre ès neis, dès Ausone jusques à Lyon contreval la Sone ; et encoste les neis menoit-on les grans destriers.

1. A, *la chaleur*. — 2. B et L, *les raiz ne lui feissent*. — 3. A, *Blechicourt* ; B et L, *Alchecour*, mais plus bas *Blehecourt*. — 4. A, B, L, *moy*. — 5. A, *à mes*. — 6. Voy., au chap. LXXXVII, un autre exemple de l'usage où l'on était de donner des joyaux au moment d'un départ. — 7. A, B, L, *à Nausone*.

A Lyon entrames ou Rone pour aler à Alles le Blanc*; et dedans le Rone trouvames un chastel que l'on appelle Roche de Glin¹, que li roys avoit fait abatre, pour ce que Rogiers, li sires dou chastel, estoit criez de desrober les pelerins et les marchans.

XXVIII. Au* mois d'aoust entrames en nos neis à la Roche de Marseille. A celle journée que nous entrames en nos neis, fist l'on ouvrir la porte de la nef, et mist l'on touz nos chevaus ens, que nous deviens mener outre-mer; et puis reclost l'on la porte et l'enboucha l'on bien, aussi comme* l'on naye un tonnel, pour ce que, quant la neis est en la grant mer², toute la porte est en l'yaue. Quant li cheval furent ens, nostre maistres notonniers escria à ses notonniers, qui estoient ou bec de la nef, et lour dist : « Est arée vostre besoigne? » Et il respondirent : « Oïl*³, sire; vieingnent avant li clerc et li provère. » Maintenant que il furent venu, il lour escria : « Chantez, de par Dieu! » Et il s'escrièrent tuit à une voix: *Veni creator Spiritus.* Et il escria à ses⁴ notonniers : « Faites voille, de par Dieu! » Et il si* firent. Et en brief tens li venz se feri ou voile et nous ot tolu la veue de la terre, que nous ne veismes que ciel et yaue; et chascun jour nous esloigna li venz des païs où nous aviens estei nei. Et ces choses vous moustré-je que cil est bien fol hardis, qui se ose mettre en tel* peril, atout autrui chatel ou en pechié mortel; car l'on se dort le soir là où

---

1. A, *Gluy.* — 2. *Est et grant* omis dans A. — 3. *Et il respondirent oïl* (L, *oy*) omis dans A. — 4. A, *escria ses.*

on ne sait se l'on se trouvera ou font de la mer au matin[1].

En la mer nous avint une fière merveille, que nous trouvames une montaigne toute ronde qui estoit devant* Barbarie. Nous la trouvames entour l'eure de vespres, et najames tout le soir, et cuidames bien avoir fait plus de cinquante lieues, et l'endemain nous nous trouvames devant icelle meismes montaigne; et ainsi nous avint par dous foiz ou par trois. Quant* li marinier virent ce, ils furent tuit esbahi, et nous distrent que nos neis estoient en grant peril; car nous estiens devant la terre aus Sarrazins de Barbarie. Lors nous dist uns preudom prestres que on appeloit doyen de Malrut, car il n'ot onques persecucion* en paroisse, ne par defaut d'yaue, ne de trop pluie, ne d'autre persecucion, que aussi tost comme il avoit fait trois processions par trois samedis, que Diex et sa Mère ne le[2] delivrassent[3]. Samedis estoit; nous feismes la première procession entour les dous maz de* la nef : je-meismes m'i fiz porter par les braz, pour ce que je estoie grief malades. Onques puis nous ne veismes la montaigne, et venimes en Cypre le tiers samedi.

XXIX. Quant nous venimes en Cypre, li roys estoit jà en Cypre*, et trouvames grant foison de la pourvéance le roy : c'est à savoir, les celiers le roy et les deniers et les garniers. Li celier le roy estoient tel, que sa gent avoient fait en mi les champs, sur la rive de la mer, grans moyes de tonniaus de vin,

---

1. *Au matin* omis dans A. — 2. *Le* omis dans A ; B et L, *luy aydissent*. — 3. Voy. chap. xxxviii.

que il avoient achetei* de dous ans devant que li
roys venist, et les avoient* mis les uns sus les autres,
que quant l'on les véoit devant, il sembloit que ce
fussent granches. Les fourmens et les orges il les ra-
voient mis par monciaus en mi les champs; et
quant on les véoit, il sembloit que ce fussent mon-
taignes ; car la pluie qui avoit batu* les blez de lonc
temps, les avoit fait germer par desus, si que il n'i
paroit que l'herbe vert. Or avint ainsi que, quant
on les vot mener en Egypte¹, l'on abati les crotes
de desus atout l'erbe vert, et trouva l'on le four-
ment et l'orge aussi frez comme se² l'on l'eust* main-
tenant batu.

Li roys fust mout volentiers alez avant, sans ares-
ter, en Egypte, si comme je li oï dire en Surie³, se
ne fussent sui baron qui li loèrent à atendre sa gent
qui n'estoient pas* encore tuit venu.

En ce point que li roys sejournoit en Cypre, en-
voia li grans roys des Tartarins ses messaiges à li, et
li manda mout de bonnes et honnestes⁴ paroles.
Entre les autres, li manda que il estoit prez de li ai-
dier à conquerre* la Terre sainte, et de delivrer Jhe-
rusalem de la main aus Sarrazins. Li roys reçut mout
debonnairement ses messaiges, et li renvoia les siens,
qui demourèrent dous ans avant que il revenissent à
li. Et par les messaiges, envoia li roys au roy des
Tartarins une tente* faite en la guise d'une chapelle,
qui mout cousta ; car elle fut toute faite de bone es-
carlate finne. Et li roys, pour veoir se il les pourroit

---

1. B et L, *Surie*. — 2. *Se* omis dans A. — 3. A omet *en Surie*. —
4. A, *moult debonnairement*.

atraire à nostre créance, fist entaillier en ladite chapelle, par ymaiges, l'Anonciacion Nostre-Dame et touz les autres poins de* la foy¹. Et ces choses lour envoia-il par dous frères preescheours qui savoient le sarrazinnois, pour aus moustrer et enseignier comment il devoient croire. Il revindrent au roi li dui frère, en ce point que li frère au roy revindrent en France; et trouvèrent le roy* qui estoit partis d'Acre, là où sui frère l'avoient lessié, et estoit venus à Cesaire² là où il la fermoit, ne n'avoit ne paiz ne trèves aus Sarrazins. Comment li messaige le roy de France furent receu vous dirai-je, aussi comme il-meismes le contèrent au roy³; et en ce que* il raportèrent au roy, pourrez oïr mout de merveilles⁴, lesquex je ne vueil pas conter, pour ce que il me convenroit derompre ma matière que j'ai commencie, qui est teix.

Je, qui n'avoie pas mil livrées de terre, me chargai, quant* j'alai outre-mer, de moy disiesme de chevaliers et de dous chevaliers banières portans; et m'avint ainsi que, quant je arrivai en Cypre, il ne me fu demourei de remenant que douze vins livres de tournois, ma nef païe; dont aucun de mes chevaliers me mandèrent que* se je ne me pourvéoie de deniers, que il me lairoient. Et Diex, qui onques ne me failli, me pourveut en tel manière que li roys, qui estoit à Nichocie, m'envoia querre et me retint, et me mist huit cens livres en mes cofres; et lors oz-je plus de deniers que il ne me* couvenoit.

XXX. En ce point que nous sejournames en Cy-

1. Voy. chap. xcIII. — 2. A, *Sezaire*. — 3. Voy. chap. xcIII à xcv. — 4. A, *nouvelles*.

pre, me manda l'empereris de Constantinnoble¹ que elle estoit arivée à Baphe, une citei de Cypre, et que je l'alasse querre* je² et messires Erars de Brienne. Quant nous venimes* là, nous trouvames que uns forz venz ot rompues les cordes des ancres de sa nef et en ot menei la nef en Acre; et ne li fu demourei de tout son harnois que sa chape que elle ot vestue, et un seurcot à mangier. Nous l'amenames à Limeson³, là où li roys et la royne et* tuit li baron de France et de l'ost⁴ la reçurent mout honorablement. L'endemain, je li envoiai drap pour faire une robe et la pane de vair avec, et li envoyai une tiretaine⁵ et cendal pour fourrer la robe. Messires Phelippes⁶ de Nanteil, li bons chevaliers, qui estoit entour⁷ le roy, trouva* mon escuier qui aloit à l'empereis. Quant li preudom vit ce, il ala au roy et li dist que grant honte avoie⁸ fait à li et aus autres barons, de ces robes que je li avoie envoié, quant il ne s'ent estoient avisié avant. L'empereris vint querre secours au roy pour* son signour, qui estoit en Constantinnoble demourez, et pourchassa tant que elle emporta cent paire de lettres et plus, que de moy que des autres amis qui là estoient; ès⁹ quiex lettres nous estiens tenu par nos sairemens, que, se li roys ou li¹⁰ legaz vouloient envoier* trois cens chevaliers en Constantinnoble, après ce que li roys seroit partis d'outre-mer, que nous y estiens tenu d'aler par nos sairemens. Et je, pour

1. Marie, fille de Jean d'Acre ou de Brienne, femme de Beaudouin II. — 2. *Je* omis dans A; B et L, *moy*. — 3. A, *la meson*. — 4. A omet *de France et de l'ost*. — 5. *Pour faire* jusqu'à *tiretaine* omis dans A. — 6. B et L, *Jehan*. — 7. A, *encore*. — 8. A, *avoit*. — 9. A, *et*. — 10. A, *les*.

mon sairement aquitier, requis le roy, au departir que nous feismes, par devant le conte d'Eu[1] dont j'ai la lettre, que se il y* vouloit envoier trois cens chevaliers, que je iroie pour mon sairement aquitier. Et li roys me respondi que il n'avoit de quoy, et que il n'avoit si bon tresor dont il ne fust à la lie. Après ce que nous fumes arivei en Egypte, l'emperis s'en ala en France, et* emmena avec li monsignour Jehan d'Acre, son frère, lequel elle maria à la contesce de Montfort[2].

XXXI. En ce point que nous venimes en Cypre, li soudans dou Coyne estoit li plus riches roys de toute la paennime. Et avoit faite une merveille; car il avoit fait fondre grant* partie[3] de son or en poz de terre là où l'on met vin outre mer, qui tiennent bien troys muis ou quatre de vin[4], et fist brisier les poz; et les masses d'or estoient demourées à descouvert en mi un sien chastel, que chascuns qui entroit ou chastel y pooit touchier et veoir*; et en y avoit bien six ou sept. Sa grant richesce apparut en un paveillon que li roys d'Ermenie envoia au roy de France, qui valoit bien cinq cens livres; et li manda li roys de Hermenie que uns ferrais au soudanc dou Coyne li avoit donnei. Ferrais est cil qui tient les paveillons* au soudanc et qui li nettoie ses maisons.

Li roys d'Ermine, pour li delivrer dou servaige au soudanc dou Coine, en ala au roy des Tartarins, et

---

1. *D'Eu* omis dans A. — 2. Jean d'Acre, frère de l'impératrice Marie, épousa en 1251 Jeanne de Châteaudun, veuve de Jean, comte de Montfort, mort en Chypre en 1249. Il avait épousé en premières noces Marie de Coucy, veuve d'Alexandre II, roi d'Écosse. — 3. A, *parti.* — 4. *Là où* jusqu'à *de vin* omis dans A.

se mist en lour servaige pour avoir lour aide; et amena si grant* foison de gens d'armes que il ot pooir de combatre au soudanc dou Coyne; et dura grant pièce la bataille, et li tuèrent li Tartarin tant de sa gent, que l'on n'oy puis nouvelles de li. Pour la renommée, qui estoit grans en Cypre, de la bataille qui devoit estre, passèrent* de nos gens serjans en Hermenie pour gaaingnier et pour estre en la bataille; ne onques nulz d'aus n'en revint.

Li soudans de Babiloinne[1], qui attendoit le roy qu'il venist en Egypte au nouvel temps, s'apensa que il iroit confondre* le soudanc de Hamant[2], qui estoit ses ennemis* mortex[3], et l'ala assegier dedans[4] la citei de Hamant. Li soudans de Hamant ne se sot comment chevir dou soudanc de Babiloinne; car il véoit bien que se il vivoit longuement, que il le confonderoit. Et fist tant barguignier[5] au ferrais le soudanc de Babiloinne, que li* ferrais l'empoisonna[6]. Et la manière de l'empoisonnement fu teix, que li ferrais s'avisa que li soudans venoit touz jours jouer aus eschez, après relevée, sus les nates qui estoient au pied[7] de son lit; laquel natte sur quoy il sot que li soudans s'asséoit touz les jours, il* l'envenima. Or avint ainsi que li soudans, qui estoit deschaus, se tourna sus une escorcheure que il avoit en la jambe; tout maintenant li venins se feri ou vif,

---

1. Cette Babylone, dont il sera souvent parlé dans la suite du récit, est celle d'Égypte, aujourd'hui le grand Caire. Le soudan, dont il est question ici, se nommait Malek-Saleh Nagem-eddin Ayoub. — 2. Malek-Nacer Youssof, prince d'Alep, qui s'était emparé d'Émesse, ville de Syrie située sur l'Oronte et dépendant de l'Égypte. — 3. A omet *mortex*. — 4. A, *devant*. — 5. A, *bagingner*. — 6. A, *les ferrais l'empoisonnèrent*. — 7. A, *piez*.

et li tolli tout le pooir de la moitié dou cors de celle part dont il estoit entrez ; et toutes les foys que li venins le* poingnoit¹ vers le cuer, il estoit bien dous jours qu'il ne bevoit, ne ne manjoit, ne ne parloit². Le soudanc de Hamant lessièrent en paiz, et le menèrent sa gent en Egypte.

XXXII. Maintenant* que mars entra, par le commandement le roy, li roys et li baron et li autre pelerin commandèrent que les neis refussent chargies de vins et de viandes, pour mouvoir quant li roys le commanderoit*. Dont il avint ainsi que, quant li rois vit que³ la chose fu bien arée, li roys et la royne se requeillirent en lour neis, le vendredi⁴ devant Penthecouste, et dist li roys à ses barons que il alassent après li en lour neis droit vers Egypte. Le samedi fist li roys voile, et tuit li autre vessel* aussi, qui mout fut belle chose à veoir ; car il sembloit que toute la mers, tant comme l'on pooit veoir à l'ueil, fust couverte de touailles des voiles des vessiaus, qui furent nombrei à dix-huit cens vessiaus, que granz* que petiz. Li roys ancra ou bout d'un tertre⁵ que l'on appele la pointe de Limeson, et tuit li autre vessel entour li. Li roys descendi à terre, le jour de la Pentecouste. Quant nous eumes oy la messe, uns venz griez et forz qui venoit de vers Egypte, leva en tel manière que de dous mille et huit cens chevaliers que* li roys mena en Egypte, ne l'en demoura que sept cens que li venz ne les eust dessevrés de la compaignie le roy, et menez en Acre et en autres terres

---

1. *Dont il estoit* jusqu'à *poingnoit* omis dans A. — 2. A, *fu, but, manja, parla*. — 3. A omet *li rois vit que*. — 4. Le 21 mai 1249. — 5. A, *entra ou bout d'une terre*.

estranges, qui puis ne revindrent au roy de grant pièce.

L'andemain* de la Penthecouste li venz fu cheus; li roys et nous qui estiens avec li demourei, si comme Diex vout, feismes voile derechief, et encontrames le prince de la Morée et le duc de Bourgoingne qui* avoit sejournei en la Morée. Le jeudi après Penthecouste ariva li roys devant Damiete, et trouvames là tout le pooir dou soudanc sur la rive de la mer, moult beles gens à regarder; car li soudans porte les armes d'or, là où li solaus feroit, qui fesoit les armes* resplendir. La noise que il menoient de lour nacaires et de lour cors sarrazinnoiz, estoit espouentable à escouter.

Li roys manda ses barons pour[1] avoir consoil que il feroit. Mout de gens li loèrent que il atendist tant que* ses gens fussent revenu, pour ce que il ne li estoit pas* demourei la tierce partie de ses gens; et il ne les en vout onques croire. La raisons pourquoy, que il dist que il en donroit cuer à ses ennemis; et meismement que en la mer devant Damiete n'a point de port là où il peust sa gent atendre, pour ce que uns forz venz nes preist* et les menast en autres terres, aussi comme li autre avoient, le jour de la Penthecouste.

XXXIII. Acordei fu que li roys descenderoit à terre le vendredi devant la Trinitei, et iroit combatre aus Sarrazins, se en aus ne demouroit. Li roys commanda à monsignour* Jehan de Biaumont que il feist baillier une galie à monsignour Erart de Brienne

---

1. A, *et pour.*

et à moy, pour nous descendre et nos chevaliers, pour ce que les grans neis n'avoient pooir de venir jusques à terre. Aussi comme Diex vout, quant je reving à ma nef, je trouvai une* petite nef que madame de Baruch, qui estoit cousinne germainne le conte de Monbeliart et la nostre, m'avoit donnée, là où il avoit huit de mes chevaus. Quant vint au vendredi, entre moy et monsignour Erart, tuit armei alames au roy pour la galie demander*, dont messires Jehans de Biaumont nous respondi que nous n'en averiens point.

Quant nos gens virent que nous n'averiens point de galie, il se lessièrent cheoir de la grant nef en la barge de* cantiers, qui plus plus, qui miex miex, tant que la barge se vouloit enfondrer[1]. Quant li marinnier virent que la barge de cantiers se esfondroit pou à pou, il s'enfuirent en la grant nef et lessièrent mes chevaliers en la barge de cantiers. Je demandai au maistre combien il* i[2] avoit trop de gens; et il me dist vingt homes à armes*[3]; et si li demandai se il menroit bien nostre gent à terre, se je le dechargoie de tante gent; et il me respondi : « Oyl; » et je le deschargai en tel manière que par trois foiz il les mena en ma nef où mi cheval estoient. Endementres que je menoie ces gens*, uns chevaliers qui estoit à monsignour Erart de Brene, qui avoit à non Plonquet, cuida descendre de la grant nef en la barge de cantiers[4], et la barge esloigna, et chéi en la mer et fu noyez.

---

1. *Tant que* jusqu'à *enfondrer* omis dans A. — 2. A, *il li*. — 3. *Et il* jusqu'à *armes* omis dans A. — 4. A, *cartiers*.

Quant je reving à ma nef, je mis en ma petite barge un* escuier que je fiz chevalier, qui ot à non monsignour Huon de Wauquelour, et dous mout vaillans bachelers, dont li uns avoit non monsignour Villain de Versey, et li autres monsignour Guillaume de Danmartin, qui estoient¹ en grief courine li uns vers l'autre*, ne nulz n'en pooit faire la paiz, car il s'estoient entrepris par les cheveus à la Morée; et lour fiz pardonner lour maltalent et besier l'un l'autre, par ce que lour jurai sur sains que nous n'iriens pas à terre atout lour maltalent. Lors nous esmeumes pour aler à* terre, et venimes par delez la barge de cantiers de la grant nef le roy, là où li roys estoit; et sa gent me commencièrent à escrier, pour ce que nous aliens plus tost que il ne fesoient, que je arivasse à l'ensaigne Saint-Denis qui en aloit en un autre vaissel devant le roy*; mais je ne les en cru pas: ainçois nous fiz ariver devant une grosse bataille de Turs, là où il avoit bien sis mille homes à cheval. Si tost comme il nous virent à terre, il vindrent, ferant des esperons, vers nous. Quant nous les veismes venir, nous fichames les pointes de* nos escus ou sablon, et le fust de nos lances ou sablon et les pointes vers aus. Maintenant que il les virent ainsi* comme pour aler par mi les ventres², il tournèrent ce devant darières et s'en fouirent.

XXXIV. Messires Baudouins de Reins, uns preudom qui estoit descendus à terre, me manda par son escuier que je l'atendisse; et je li mandai que si

---

1. A, *estient.* — 2. B et L, *à l'heure qu'ilz vindrent ainsi comme pour nous passer par dessus le ventre;* A, *maintenant que il virent;* je supplée *les.*

feroie-je mout* volentiers, que teix preudom comme il estoit, devoit bien estre atendus à un tel besoing; dont il me sot bon grei toute sa vie. Avec li nous vindrent mille chevalier; et soiés certains que, quant je arivai, je n'oz ne escuier, ne chevalier, ne varlet que je eusse amenei* avec moy de mon pays.; et si ne m'en lessa pas Diex à aidier.

A nostre main senestre ariva li cuens de Japhe, qui estoit cousins germains le conte de Monbeliart, et dou lignaige de Joinville[1]. Ce fu cil qui plus noblement ariva*; car sa galie ariva toute peinte dedens mer et dehors, à escussiaus de ses armes, lesquex armes sont d'or, à une croiz de gueules patée : il avoit bien trois cens nageours en sa galie, et à chascun de ses nageours avoit une targe de ses armes, et à chascune targe avoit un* pennoncel de ses armes batu à or. Endementières que il venoient, il sembloit que la galie volast, par les nageours qui la contreingnoient aus avirons, et sembloit que foudre cheist des ciex, au bruit que li pennoncel menoient, et que li nacaire, li tabour et* li cors sarrazinnois menoient, qui estoient en sa galie. Si tost comme la galie fu ferue ou sablon si avant comme l'on l'i pot mener, et il et sui chevalier saillirent de la galie moult bien armei et moult bien atirié, et se vindrent arangier de coste nous.

Je* vous avoie oublié à dire que, quant li cuens de Japhe fu descendus, il fist tantost tendre ses trez et ses paveillons[2]; et si tost comme li Sarrazin les vi-

---

1. Jean d'Ibelin, seigneur de Baruth et comte de Jaffa, était fils de Balian d'Ibelin et d'Eschive de Montbéliard. Il était, selon du Cange, allié par les femmes à la famille de Joinville. — 2. A, *fist tendre ses paveillons.*

rent tendus, il se vindrent tuit assembler devant nous, et revindrent, ferant des esperons, ainsi comme[1] pour nous courre sus; et quant il* virent que nous ne fuiriens pas, il s'en ralèrent tantost arières.

A nostre main destre, bien le trait à une grant arbalestrée, ariva la galie là où l'enseigne Saint-Denis estoit; et ot un Sarrazin, quant il furent arivei, qui* se vint ferir entre aus, ou pour ce que il ne pot son cheval tenir, ou pour ce que il cuidoit que li autre le deussent suivre; mais il fu touz decopez.

XXXV. Quant li roys oy dire que l'enseigne Saint-Denis estoit* à terre, il en ala grant pas par mi son vessel, ne onques pour le legat qui estoit avec li, ne le vout lessier et sailli en la mer[2], dont il fu en yaue jusques aus esseles; et ala l'escu au col et le heaume en la teste[3] et le glaive en la main, jusques à sa gent qui estoient sur* la rive de la mer. Quant il vint à terre et il choisi les Sarrazins, il demanda quex gent c'estoient[4]; et on li dist que c'estoient Sarrazin; et il mist le glaive desous s'esselle et l'escu devant li, et eust couru sus aus Sarrasins, se sui preudome qui estoient avec li, li eussent* souffert.

Li Sarrazin envoièrent au soudanc par coulons messagiers par trois foiz, que li roys estoit arivez; que onques messaige n'en orent, pour ce que li soudans estoit* en sa maladie; et quant il virent ce, il cuidièrent que* li soudans fust mors et lessièrent Damiete. Li roys y envoia savoir par un messagier chevalier. Li chevaliers s'en vint au roy, et dist que il

---

1. A omet *ainsi comme*. — 2. Voy. chap. II. — 3. B et L, *ou chef*. — 4. A, *s'estoient*.

avoit estei dedans les maisons au soudanc, et que c'estoit voirs. Lors envoia querre li roys le legat et touz les prelas de l'ost, et* chanta l'on hautement : *Te Deum laudamus.* Lors monta li roys et nous tuit, et nous alames logier devant Damiete. Mal apertement se partirent li Turc de Damiete, quant il ne firent coper le pont qui estoit de neis, qui grant destourbier nous eust fait ; et grant doumaige* nous firent ou partir, de ce que il boutèrent le feu en la fonde, là où toutes les marcheandises estoient et touz li avoirs de poiz : aussi avint de ceste chose comme qui averoit demain boutei le feu (dont Diex le gart !) à Petit-Pont de Paris[1].

Or* disons donc² que grant grace nous fist Diex li touz puissans, quant il nous deffendi de mort et de peril, à l'ariver là où nous arivames à pié, et courumes* sus à nos ennemis, qui estoient à cheval. Grant grace nous fist Nostre Sires, de Damiete que il nous delivra, laquel nous ne deussiens pas avoir prise sanz affamer ; et ce poons-nous veoir tout cler, pour ce que par affamer la prist li roys Jehans³ ou tens de nos* pères.

XXXVI. Autant puet dire Nostre Sires de nous, comme il dist des fiz Israel, là où il dist : *Et pro nichilo habuerunt terram desiderabilem.* Et que dist-il⁴ après ? il dist que il oublièrent Dieu, qui sauvez les avoit* ; et comment nous l'oubliames vous dirai-je ci-après.

Je vous penrai premierement au roy, qui manda

---

1. *De Paris* omis dans A. — Il y avait alors beaucoup de boutiques sur le Petit-Pont, à Paris. — 2. A, *dont*. — 3. Jean de Brienne, roi de Jérusalem, prit Damiette en 1219. — 4. *Il* manque dans A.

querre ses barons, les clers et les laiz, et lour requist
que il li aidassent à conseillier comment l'on depar-
tiroit* ce que l'on avoit gaaingnié en la ville. Li pa-
triarches fu li premiers qui parla, et dist ainsi :
« Sire, il me semble que il iert bon que vous retenez
les formens et les orges et les ris¹, et tout ce de quoy
on puet vivre, pour la ville garnir ; et face l'on crier
en l'ost*, que tuit li autre mueble fussent aportei en
l'ostel au legat, sur peinne de escommeniement. »
A ce consoil s'acordèrent tuit li autre baron. Or
avint ainsi que tuit li mueble que l'on apporta à
l'ostel le legat, ne montèrent que à sis mille livres.

Quant* ce fu fait, li roys et li baron mandèrent
querre monsignour Jehan de Waleri le preudome,
et li distrent ainsi : « Sire de Waleri, dist li roys,
nous avons acordei que li legas vous baillera les sis
mille livres, à departir là où vous cuiderés que il
soit miex*. » — « Sire, fist li preudom, vous me fai-
tes grant honour, la vostre merci ; mais ceste honour
et ceste offre que vous me faites, ne penrai-je pas,
se Dieu plait ; car je desferoie les bones coustumes
de la sainte Terre, qui sont tex ; car, quant l'on
prent les cités des ennemis*, des biens que l'on treuve
dedans, li roys en doit avoir le tiers, et li pelerin en
doivent avoir les dous pars. Et ceste coustume tint
bien li roys Jehans, quant il prist Damiete ; et ainsi
comme li ancien dient, li roy de Jerusalem qui fu-
rent devant le roy Jehan*, tindrent bien ceste cous-
tume. Et se il vous plait que* vous me vueilliez bail-
lier les dous pars des fourmens et des orges, des ris

---

1. B et L, *les vins*.

et des autres vivres, je me entremetterai volentiers pour departir aus pelerins. » Li roys n'ot pas consoil dou faire; et ainsi demoura la besoigne, dont mainte gent se tindrent mal apaié de ce* que li roys deffit les bones coustumes anciennes.

Les gens le roy qui deussent debonnairement les gens[1] retenir, lour loèrent les estaus pour vendre lour danrées aussi chier, si comme l'on disoit, comme il porent; et pour ce la renommée couru en estranges terres* : dont maint marcheant lessièrent à venir en l'ost. Li baron qui deussent garder le lour pour bien emploier en lieu et en tens, se pristrent à donner les grans mangiers et les outrageuses viandes. Li communs peuples se prist aus foles femmes, dont il avint que* li roys donna congié à tout plein de ses gens, quant nous revenimes de prison; et je li demandai pour quoi il avoit ce fait; et il me dist que il avoit trouvei de certain que au giet d'une pierre menue, entour son paveillon tenoient cil lour bordiaus à cui il* avoit donnei congié, et ou temps dou plus grant meschief que li os eust onques estei.

XXXVII. Or revenons à nostre matière et disons ainsi, que un pou après ce que nous eussiens pris Damiete, vindrent devant* l'ost toute la chevalerie au soudanc, et assistrent nostre ost par devers la terre. Li roys et toute la chevalerie s'armèrent. Je, touz armez, alai parler au roy, et le trouvai tout armei séant sus une forme, et des preudomes chevaliers qui estoient de sa bataille, avec li[2] touz* armés. Je li

---

1. *Les gens* omis dans A. — 2. B et L, *estoient assis sur selles*, au lieu de *avec li*.

requis qu'il vousist¹ que je et ma gent alissiens jusques hors de l'ost, pour ce que li Sarrazin ne se ferissent en nos heberges. Quant messires Jehans de Biaumont oy ma requeste, il m'escria mout fort, et me commanda, de par le roy, que je ne me partisse de ma herberge jusques à tant que li roys le me commenderoit.

Les preudomes chevaliers qui estoient avec le roy vous ai-je ramenteu, pour ce que il en y avoit avec li huit, touz bons chevaliers qui avoient eu pris d'armes de çà² mer et de là ; et tiex chevaliers soloit l'on appeler bons chevaliers³. Li non de ceus qui estoient chevalier entour le roy sont tel : messires Geffroys de Sargines, messires Mahis de Marley, messires Phelippes de Nanteul, messires Ymbers de Biaujeu, connestables de France, qui n'estoit pas là ; ainçois estoit au dehors de l'ost, entre li et le maistre des arbalestriers, atout le plus des serjans à armes le roy, à garder nostre ost, que li Turc n'i feissent doumaige.

Or avint que messires Gauchiers d'Autreche se fist armer en son paveillon de touz poins, et quant il fu montez sus son cheval, l'escu au col, le hyaume en la teste, il fist lever les pans de son paveillon et feri des esperons pour aler aus Turs ; et au partir que il fist de son paveillon, touz seux, toute sa mesnie escria à haute voiz⁴ : *Chasteillon!* Or avint ainsi que, avant que il venist aus Turs, il chaï, et ses chevaus li vola parmi le cors, et s'en ala li chevaus couvers de

1. A omet *qu'il vousist.* — 2. A, *sa.* — 3. A, *appeler chevalier.* — 4. A omet *à haute voix.*

ses armes à nos ennemis, pour ce que le plus des Sarrazins estoient montei sur jumens, et* pour ce trait li chevaus aus Sarrazins. Et nous contèrent*' cil qui le virent, que quatre Turc vindrent par le signour Gauchier qui se gisoit par terre; et, au passer que il fesoient par devant li, li donnoient grans cos de lour maces là où il gisoit. Là le rescourent li connestables de France et plusour des sergans le roy avec* li, qui le ramenèrent par les bras jusques à son paveillon. Quant il vint là, il ne pot parler; plusour des cyrurgiens et des phisiciens de l'ost alèrent à li; et pour ce que il lour sembloit que il n'i avoit point de peril de mort, il le firent seignier des¹ dous bras. Le soir, tout* tart, me dist messires Aubers de Narcy que nous l'alissiens veoir, pour ce que nous ne l'aviens encore veu, et estoit hom de grant non et de grant valour. Nous entrames en son paveillon, et ses chamberlans nous vint à l'encontre pour ce que nous alissiens belement, et* pour ce que nous ne esveillissiens son maistre. Nous le trouvames gisant sus couvertours de menu vair, et nous traimes tout souef vers li, et le trouvames mort. Quant on le dist au roy, il respondi que il n'en vourroit mie avoir tiex mil, puis que il ne voussissent ouvrer* de son commandement aussi comme il avoit fait.

XXXVIII. Li Sarrazin à pié entroient toutes les nuiz en l'ost, et occioient les gens, là où il les trouvoient dormans : dont il avint que il occistrent la gaite au signour* de Courtenay, et le lessièrent gisant sur une table, et li copèrent la teste et l'emportè-

---

1. A, *de.*

rent; et ce firent-il pour ce que li soudans donnoit de chascune teste des chrestiens un besant d'or. Et ceste persecucions avenoit pour ce que les batailles guetoient, chascune à son* soir, l'ost, à cheval; et, quant li Sarrazin vouloient entrer en l'ost, il atendoient tant que les fraintes¹ des* chevaus et des batailles estoient passées; si se metoient en l'ost par darières les dos des chevaus, et rissoient avant que jours fust. Et pour ce ordena² li roys que les batailles qui soloient guietier à cheval, guietteroient³ à pié; si que touz li os estoit asseurs de* nos gens qui guietoient, pour ce que il estoient espandu en tel manière que li uns touchoit à l'autre.

Après ce que ce fu fait, li roys ot consoil que il ne partiroit de Damiete, jusques à tant que ses⁴ frères, li cuens de Poitiers, seroit venus, qui amenoit l'arière-ban* de France; et pour ce que li Sarrazin ne se ferissent par mi l'ost à cheval, li roys fist clorre tout l'ost de grans fossés, et sus les fossés gaitoient arbalestrier touz les soirs, et serjant, et aus entrées de l'ost aussi.

Quant* la saint Remy fu passée, que on n'oy nulles nouvelles dou conte de Poitiers (dont li roys et tuit cil de l'ost furent à grant mesaise, car il doutoient que aucuns meschiez ne li fust avenus), lors je ramentu le legat comment li diens de Malrut nous avoit fait faire⁵ trois* processions en la mer, par trois samedis, et devant le tiers samedi nous arivames en Cypre⁶. Li legas me crut et fist crier les trois proces-

---

1. A, *les frains*; B et L, *la fraincte*. — 2. B et L, *attira*. — 3. A, *guietoient*. — 4. A, *sont*. — 5. *Faire* omis dans A. — 6. Voy. chapitre XXVIII.

sions en l'ost par trois samedis. La première processions commença en l'ostel dou legat, et alèrent au moustier Nostre-Dame* en la ville; liquex moustiers estoit fais en la mahommerie des Sarrazins, et l'avoit li legas dedié en l'onnour de la Mère Dieu. Li legas fist le sermon par dous samedis. Là fu li roys, et li riche home de l'ost, ausquiex li legas donna grant pardon.

Dedans* le tiers samedi vint li cuens de Poitiers, et ne fu pas mestier que il fust avant venus; car dedans les trois samedis fu si grans baquenas en la mer devant Damiete, que il y ot bien douze vins vessiaus, que grans que petiz, brisiez et perdus, atout les* gens qui estoient dedans, noyez et perdus; dont, se li cuens de Poitiers fust avant venus, et il et sa gent eussent estei tuit confondu.

Quant li cuens de Poitiers fu venus, li roys manda touz* ses barons de l'ost, pour savoir quel voie il tenroit, ou en Alixandre, ou en Babiloine; dont il avint ainsi que li bons cuens Pierres de Bretaingne et le plus des barons de l'ost s'acordèrent que li roys alast assegier Alixandre, pour ce¹ que devant la ville avoit* bon port, là où les neis ariveroient, qui aporteroient² les viandes en l'ost. A ce fu li cuens d'Artois contraires, et dist ainsi que il ne s'acorderoit jà qué on alast³ mais que en Babiloine, pour ce que c'estoit li chiez de tout le royaume d'Egypte; et* dist ainsi que qui vouloit tuer premier⁴ la serpent, il li devoit esquachier le chief. Li roys lessa touz les au-

---

1. *Pour ce* omis dans A. — 2. A, *arrivent qui aportent.* — 3. A *en l'alast.* — 4. B et L reportent *premier* après *devoit.*

tres conseus de ses barons, et se tint au consoil de son frère.

XXXIX. En l'entrée des advens se esmut li roys et li os pour aler* vers Babiloine, ainsi comme li cuens d'Artois l'avoit loei. Assez près de Damiete trouvames un flum qui issoit de la grant rivière; et fu ainsi acordei que li os sejournast un jour pour bouchier ledit braz, par quoy on peust passer. La chose fu faite assez legierement*; car l'on boucha ledit bras rez à rez de la grant rivière, en sorte que l'yaue se tourna assez legierement avec la grant rivière[1]. A ce flum passer envoia li soudans cinq cens de ses chevaliers, les miex montez que il pot trouver en tout son host, pour* hardier[2] l'ost le roy, pour delaier nostre alée.

Le jour de la saint-Nicholas[3], commenda li roys que il s'atirassent pour chevauchier, et deffendi que nulz ne fust si hardis que il poinsist à ces Sarrazins qui venu estoient. Or avint que, quant li os s'esmut pour chevauchier*, et li Turc virent que l'on ne poindroit[4] pas à aus, et sorent par lour espies que li roys l'avoit deffendu, il s'enhardirent et assemblèrent aus Templiers, qui avoient la première bataille; et li uns des Turs porta un chevalier dou Temple à terre, tout* devant les piez dou cheval frère Renaut de Vichiers[5] qui estoit lors marechaus dou Temple. Quant il vit ce, il escria à ses frères : « Or à aus, de par Dieu! car ce ne pourroie-je plus soufrir. » Il

---

1. *En sorte* jusqu'à *rivière* omis dans A. — 2. A, *aidier*; L, *haydier*; M et R, *secourir*; B, *troubler*, équivalent de *hardier*. — 3. Le 6 décembre 1249. — 4. A, *poindrent*. — 5. Les manuscrits portent ici *Bichiers*, et plus loin *Vichiers*, qui est le véritable nom.

feri des esperons et touz li os aussi : li cheval à nos* gens estoient frez, et li cheval aus Turs estoient jà foulei; dont je oy recorder que nus n'en y avoit eschapei, que tuit ne fussent mort; et plusour d'aus en estoient entrei ou flum et furent noyé.

XL. Il* nous couvient premierement parler dou flum qui vient par[1] Egypte et de Paradis terrestre; et ces choses vous ramentoif-je pour vous faire entendant aucunes* choses qui affièrent à ma matière. Cis fleuves est divers de toutes autres rivières; car quant plus[2] viennent les autres rivières aval, et plus y chiéent de petites rivières et de petiz ruissiaus; et en ce flum n'en chiet nulles : ainçois avient ainsi que il vient touz* en un chanel jusques en Egypte, et lors giete de li sept[3] branches qui s'espandent parmi Egypte. Et quant ce vient après la saint-Remy, les sept rivières s'espandent par le païs et cuevrent les terres pleinnes; et quant elles se retraient, li gaaingnour vont* chascuns labourer en sa terre à une charue sanz rouelles; de quoy il tornent[4] dedens la terre les fourmens, les orges, les comminz, le ris, et viennent[5] si bien que nulz n'i sauroit qu'amender; ne ne sait l'on dont celle creue[6] vient, mais que de la* volentei Dieu; et, se ce n'estoit, nul bien ne venroient ou païs, pour la grant chalour dou soleil qui arderoit tout, pour ce que il ne pluet nulle foiz ou pays. Li fluns est touzjours troubles, dont cil dou païs, qui boire en vuelent, vers le soir le prennent et* esquachent quatre amendes ou quatre fèves; et

---

1. A, *de*. — 2. *Plus* omis dans A; B et L, *tant plus*. — 3. A et L, *ses*. — 4. A, *treuvent*. — 5. A, *vivent*. — 6. A, *treuve*

l'endemain est si bone à boire que riens n'i faut. Avant que li fluns entre en Egypte, les gens qui ont acoustumei à ce faire, gietent lour roys desliées parmi le flum, au soir; et, quant ce vient au matin, si* treuvent en lour royz cel avoir de poiz que l'on aporte en ceste terre, c'est à savoir gingimbre, rubarbe, lignaloecy et canele; et dit l'on que ces choses viennent de Paradis terrestre, que li venz abat des arbres qui sont en Paradis, aussi comme li venz abat en* la forest en cest païs le bois sec; et ce qui chiet dou bois sec ou flum, nous vendent li marcheant en ce païz. L'yaue dou flum est de tel nature, que quant nous la pendiens en poz de terre blans que l'en fait ou païs, aus cordes de nos paveillons, l'yaue devenoit ou* chaut dou jour aussi froide comme de fonteinne. Il disoient ou païs que li soudans de Babiloine avoit mainte foiz essaié dont li fluns venoit, et y envoioit gens qui portoient une manière de pains que l'on appelle becuis, pour ce que il sont cuit par dous foiz, et* de ce pain vivoient tant que il revenoient arières au soudanc; et raportoient que il avoient cerchié le flum, et que il estoient venu à un grant tertre de roches taillies, là où nulz n'avoit pooir de monter. De ce tertre chéoit li fluns, et lour sembloit que il y eust* grant foison d'arbres en la montaigne en haut; et disoient que il avoient trouvei merveilles de diverses bestes sauvaiges et de diverses façons, lyons, serpens, oliphans, qui les venoient regarder dessus la rivière de l'yaue, aussi comme il aloient amont.

Or* revenons à nostre première matière et disons ainsi que, quant li fluns vient en Egypte, il giete ses branches aussi comme je ai¹ jà dit devant. L'une de ses branches va en Damiete, l'autre en Alixandre; la tierce à Tenis², la quarte à Raxi³ ; et à celle branche* qui va à Rexi vint li roys de France atout son ost; et si se logea entre le flum de Damiette et celui de Rexi; et toute la puissance dou soudanc se logièrent sur le flum de Rexi d'autre part⁴, devant nostre ost, pour nous deffendre le passaige : laquel chose* lour estoit legière à faire⁵ ; car nulz ne pooit passer ladite yaue par devers aus, se nous ne la passiens à nou.

XLI. Li roys ot consoil que il feroit faire une chaucie par mi la rivière pour passer vers les Sarrazins. Pour garder ceus qui ouvreroient à la chaucie, fist⁶ faire li* roys dous beffrois que l'on appelle chas-chastiaus⁷ ; car il avoit dous chastiaus devant les chas et dous massons darrières les chastiaus, pour couvrir ceus qui guieteroient, pour les cos des engins aus Sarrazins, liquel avoient seize engins touz drois. Quant nous venimes* là, li roys fist faire dix-huit engins, dont Jocelins de Cornaut estoit maistres engingnierres. Nostre engin getoient aus lour, et li lour aus nostres; mais onques n'oy dire que li nostre feissent biaucop. Li frère le roy guietoient⁸ de jour, et nous li autre* chevalier guietiens de nuit les chaz. Nous venimes la semainne devant Nouël.

1. *Ai* manque dans A. — 2. A, *à Atenes*. — 3. Cette branche du Nil part de Mansourah, et les Arabes la nomment Aschmoun-Thenah. — 4. A, *par*. Les quarante-trois mots qui précèdent *d'autre part*, depuis *et à celle* jusqu'à *flum* (B et L, *fleuve*) *de Rexi*, manquent dans A. — 5. A omet *à faire*. — 6. A, *ouvroient à la chauciée, et fist*. — 7. On appelait *chats* des galeries couvertes où les hommes pouvaient cheminer à l'abri. Comme on avait construit des châteaux devant ces galeries, on donnait au tout le nom de *chats-châteaux*. — 8. A, *guitoient*.

Maintenant que li chat furent fait, l'on emprist à faire la chaucie, pour¹ ce que li roys ne vouloit que li Sarrazin* blesassent ceus qui portoient la terre, liquel traioient à nous de visée parmi le flum. A celle chaucie faire furent aveuglei li roys et tuit li baron de l'ost; car pour ce que il avoient bouchié l'un des bras dou flum, aussi comme je vous ai dit devant* (lequel il² firent legierement, pour ce que il pristrent à bouchier là où il partoit dou grand flum); et par cesti fait cuidièrent-il bouchier le flum de Raxi, qui estoit jà partis dou grant fleuve bien demie lieue aval. Et pour destourber la chaucie que li roys fesoit, li* Sarrazin fesoient faire caves en terre par devers lour* ost; et si tost comme li fluns venoit aus caves, li fluns se flatissoit ès caves dedens, et refaisoit une grant fosse; dont il avenoit ainsi que tout ce que nous aviens fait en trois semainnes, il nous deffesoient tout en un jour, pour ce que tout ce que nous bouchiens dou flum devers* nous, il relargissoient devers aus, pour les caves que il fesoient.

Pour le soudanc qui estoit mors, et de la maladie que* il prist devant Hamant la citei, il avoient fait chievetain d'un Sarrazin qui avoit à non Scecedin³ le fil au Seic. L'on disoit que li emperieres Ferris l'avoit fait chevalier. Cil manda à une partie de sa gent que il venissent assaillir nostre ost par devers Damiete*, et il si firent; car il alèrent passer à une ville qui est sur le flum de Rixi, qui a non Sormesac. Le

---

1. A, B et L, *et pour*. — 2. A omet *il*. — 3. Ce Scecedin paraît être le même personnage que l'émir Fakr-eddin, fils du scheick Sadreddin.

jour Noël¹, je et mi chevalier mangiens avec monsignour Perron d'Avalon. Tandis que nous mangiens, il vindrent, ferant des esperons, jusques à nostre ost*, et occistrent plusours povres gens qui estoient alei aus chans à pié. Nous nous alames armer. Nous ne seumes onques si tost revenir que nous ne trouvissiens² monsignour Perron, nostre oste, qui estoit au dehors de l'ost, qui en fu alez après les Sarrazins : nous ferimes* des esperons après, et le³ rescousismes aus Sarrazins, qui l'avoient tirié à terre ; et li et son frère, le signour dou Val, arrières en remenames en l'ost. Li Templier, qui estoient venu au cri, firent l'arière-garde bien et hardiement. Li Turc nous* vindrent hardoiant jusques en nostre ost : pour ce* commanda li roys que l'on clousist⁴ nostre ost de fossés par devers Damiete, depuis le flum de Damiete⁵ jusques au flum de Rexi.

XLII. Scecedins, que je vous ai devant nommei li chievetains* des Turs, si estoit li plus prisiés de toute la paennime. En sa banière⁶ portoit les armes l'empereour⁷ qui l'avoit fait chevalier ; sa banière estoit bandée ; en l'une⁸ des bandes estoient les armes l'empereour qui l'avoit fait chevalier ; en l'autre estoient les armes le* soudanc de Halape⁹ ; en l'autre bande estoient les au Soudanc de Babiloine. Ses nons estoit Secedin le fil Seic ; ce vaut autant à dire comme le veil le fil au veil. Celuy¹⁰ non tenoient-il à mout grant chose en la paiennime ; car ce sont les gens ou monde

---

1. Le 25 décembre 1249. — 2. A, *nous trouvames*. — 3. A, *les*. — 4. A, *coussit* ; L, *cloist*. — 5. *Depuis le flum de Damiete* omis dans A. — 6. A, *ses banières*. — 7. Frédéric II. — 8. A, *et une*. — 9. A, *Haraphe*. — 10. A, *son*.

qui* plus honneurent gens anciennes, puis que il est
ainsi que Diex les ait¹ gardés de vilain reproche jusques en lour vieillesce. Secedins, cis vaillans² Turs,
aussi comme les espies le roy le raportèrent, se vanta
que il mangeroit, le jour de la feste saint Sebastien,
ès* paveillons le roy.

Li roys, qui sot ces choses, atira son host en tel
manière que li cuens d'Artois, ses frères, garderoit
les chaz et les engins; li roys et li cuens d'Anjou,
qui puis fu roys de Secile, furent establi à garder
l'ost par devers* Babiloinne; et li cuens de Poitiers
et nous, de Champaingne, garderiens l'ost par devers
Damiete. Or avint ainsi que li princes des Turs devant nommez fist passer sa gent en l'ille qui est entre
le flum de Damiete et le flum de Rexi, là où nostre
os estoit logiez*; et fist rangier ses batailles dès l'un
des fleuves jusques à l'autre. A celle gent assembla li
roys de Sezile et les desconfist. Mout en y ot de noiez
en l'un fleuve et en l'autre³; et toutesvoies en demoura il grant partie ausquiex on n'osa assembler,
pour ce que* li engin des Sarrazins getoient parmi les
dous fleuves. A l'assembler que li roys de Sezile fist
aus Turs, li cuens Guis de Forez tresperça l'ost des
Turs à cheval, et assembla il et sui chevalier à une
bataille de Sarrazins serjans qui le portèrent à terre,
et ot la jambe* brisie; et dui de ses chevaliers le ramenèrent par les bras. A grant peinne firent traire le
roy de Sezile dou peril là où il estoit, et moult fu
prisiez de celle journée.

---

1. A, *les a*. — 2. A, *vilein*. — 3. B et L, *tant en y éut*, etc., *que on n'en sçavoit le compte*.

Li* Ture vindrent au conte de Poitiers et à nous, et nous lour courumes sus et les chassames grant piesce; de lour gens y ot occis, et revenimes sanz perdre.

XLIII. Un soir avint, là où nous guietiens les chas-chastiaus de* nuit, que il nous avièrent un engin que l'on appèle perrière[1], ce que il n'avoient encore fait, et mistrent le feu gregoiz en la fonde de l'engin. Quant messires Gautiers d'Escuiré[2], li bons chevaliers, qui estoit avec moy, vit ce, il nous dist ainsi : « Signour, nous* sommes ou plus grant peril que nous fussiens onques mais; car, se il ardent nos chastiaus et nous demourons[3], nous sommes perdu et ars; et, se nous lessons nos deffenses que l'on nous a baillies à garder, nous soumes honni; dont nulz de cest peril ne nous puet* deffendre fors que Dieu. Si vous lo et conseil que* toutes les foiz que il nous geteront le feu, que nous nous metons à coutes et à genouz, et prions Nostre Signour que il nous gart[4] de ce peril. » Si tost comme il getèrent le premier cop, nous nous meismes à coutes et à genouz ainsi comme il nous avoit enseignié*. Li premiers cos que il jetèrent vint entre nos dous chas-chastiaus, et chaï en la place devant nous que li os avoit faite pour bouchier le fleuve. Nostre esteingnour furent appareillié pour estaindre le feu; et pour ce que li Sarrazin ne pooient traire à aus, pour les dous* eles des paveillons que li roys y avoit fait faire, il traioient tout droit vers les nues, si que li pylet lour chéoient

---

1. Cet engin, comme son nom l'indique, servait ordinairement à lancer des pierres; mais les Sarrasins l'employèrent alors à lancer le feu grégeois. — 2. A, *du Cureil.* — 3. A, *et nos demeures.* — 4. A, *gete*; B et L, *garde.*

tout droit vers aus. La manière dou feu gregois estoit teix, que il venoit bien devant aussi gros comme uns tonniaus de verjus, et la queue dou feu qui partoit* de li, estoit bien aussi grans comme uns grans glaives. Il faisoit tel noise ou venir, que il sembloit que ce fust la foudre dou ciel; il sembloit un dragon qui volast par l'air. Tant getoit grant clartei, que l'on véoit aussi clair[1] parmi l'ost comme se[2] il fust jours, pour la grant* foison dou feu qui getoit la grant clartei. Trois foiz nous getèrent le feu gregois, celi soir, et le nous lancièrent quatre foiz à l'arbalestre à tour. Toutes les foiz que nostre sains roys ooit que il nous getoient le feu grejois, il s'en estoit[3] en son lit et tendoit ses mains vers* Nostre Signour, et disoit en plourant : « Biaus Sire Diex, gardez-moy ma gent; » et je croi vraiement que ses prières nous orent bien mestier ou besoing. Le soir, toutes les foiz que li feus estoit cheus, il nous envoioit un de ses chamberlans pour savoir en quel* point nous estiens, et se li feus nous avoit fait point* de doumaige. L'une des foiz que il nous getèrent, si chéi encoste le chat-chastel que les gens monsignour de Courtenay gardoient, et feri en la rive dou flum. A tant ès-vous un chevalier qui avoit non l'Aubigoiz : « Sire, fist-il à moy, se vous ne nous aidiés, nous* soumes tuit ars, car li Sarrazin ont tant trait de lour pylés, que il a aussi comme une grant haye qui vient ardans vers nostre chastel. » Nous saillimes sus et alames là, et trouvames que il disoit voir. Nous esteingnimes le feu, et avant que nous l'eussiens estaint*, nous chargièrent

---

1. A omet *aussi clair*. — 2. A, *ce*. — 3. A et B, *se vestoit*; L, *se mectoit*.

li Sarrazin touz de pylés que il traioient ou travers dou flum.

XLIV. Li* frère le roy gaitoient les chas-chastiaus de jour et montoient ou chastel¹ en haut, pour traire aus Sarrazins des arbalestres de quarriaus qui aloient par mi l'ost aus Sarrazins. Or avoit li roys ainsi attirié que, quant li roys de Sezile guietoit de jour les chas-chastiaus*, et nous les deviens guietier de nuit. Celle journée que li roys de Sezile² guieta de jour, et nous deviens guietier la nuit, et nous estiens en grant mesaise de cuer, pour ce que li Sarrazin avoient tout confroissié nos chas-chastiaus; li Sarrazin amenèrent la perrière* de grant jour, ce que il n'avoient encore fait que de nuit, et getèrent le feu gregois en nos chas-chastiaus. Lour engins avoient si acouplez aus chaucies que li os avoit faites pour bouchier le flum, que nulz n'osoit aler aus chas-chastiaus, pour les engins qui getoient* les grans pierres, et chéoient en la voie; dont* il avint ainsi que nostre dui chastel furent ars : dont li roys de Sezile estoit si hors dou sens, que il se vouloit aler ferir ou feu pour estaindre; et se³ il en fu courouciez, je et mi chevalier en loames Dieu; car, se nous eussiens guietié le soir, nous eussiens estei tuit* ars.

Quant li roys vit ce, il envoia querre touz les barons de l'ost⁴, et lour pria que chascuns li donnast dou merrien de ses neis, pour faire un chat pour bouchier le flum; et lour moustra que il véoient bien que il n'i avoit boiz dont on* le peust faire, se

---

1. *De jour* jusqu'à *chastel* omis dans A. — 2. A omet *de Sezile*. — 3. A, *ce*. — 4. A omet *de l'ost*.

ce n'estoit dou merrien des neis qui avoient amenei nos harnois amont. Il en donnèrent ce que chascuns vout; et quant cis chas fu fais, li merriens fu prisiez à dix mille livres et plus.

Li* roys atira[1] aussi que l'on ne bouteroit le chat avant en la chaucie jusques à tant que li jours venroit que li roys de Sezile devoit guietier[2], pour restorer la meschéance des autres chastiaus qui furent ars à son guiet. Ainsi comme l'on l'ot atirié, ainsi fu fait; car si* tost comme li roys de Sezile fu venus à son gait, il fist bouter le chat jusques au lieu là où li dui autre chat-chastel avoient estei ars. Quant li Sarrazin virent ce, il atirièrent que tuit lour seize engin geteroient sur la chaucie là où li chas estoit venus. Et quant* il virent que nostre gent redoutoient à aler au chat, pour les pierres des engins qui chéoient sur la chaucie par où li chas estoit venus, il amenèrent la perrière, et getèrent le feu grejois ou chat et l'ardirent tout. Ceste grant courtoisie fist Diex à moy et à mes chevaliers*; car nous eussiens le soir guietié en grant peril*, aussi comme nous eussiens fait à l'autre guiet, dont je vous ai parlei devant.

XLV. Quant li roys vist ce, il manda touz ses barons pour avoir consoil. Or acordèrent entre aus que il n'averoient pooir de faire chaucie, par quoy il peussent passer* par devers les Sarrazins, pour ce que nostre gent ne savoient tant bouchier d'une part comme il en desbouchoient d'autre. Lors dist li connestables messires Hymbers de Biaujeu au roy,

1. A, *vit.* — 2. A, *guitier.*

que uns Beduyns estoit venus, qui li avoit dit que il enseigneroit* un bon guei, mais que l'on li donnast cinq cens besans. Li roys dist¹ que il s'acordoit que on li donnast, mais que il tenist veritei de ce que il prometoit. Li connestables en parla au Beduyn, et il dist que il nen enseigneroit² jà guei, se l'on ne li donnoit les deniers* avant. Acordei fu que l'on les li bailleroit, et donnei li furent.

Li roys atira que li dus de Bourgoingne et li riche home d'outre mer qui estoient en l'ost, guieteroient l'ost, pour ce que l'on n'i feist doumaige; et que* li roys et sui troi frère passeroient ou guei là où li Beduyns devoit enseignier. Ceste chose fu emprise et atiriée³ à passer le jour de quaresme-prenant⁴, à laquel journée nous venimes au guei le Beduyn. Aussi comme l'aube dou jour apparoit, nous nous atirames de* touz poins; et quant nous fumes atirié, nous en alames ou flum, et furent nostre cheval à nou. Quant nous fumes alei jusques en mi le flum, si trouvames terre, là où nostre cheval pristrent pié; et sur la rive dou flum trouvames bien trois cens Sarrazins touz montez* sur lour chevaus. Lors diz-je à ma gent : « Signour, ne regardez qu'à main senestre, pour ce que chascuns i tire; les rives sont moillies, et li cheval lour chiéent sur les cors et les noient. » Et il estoit bien voirs que il en y ot des noiés au passer, et entre* les autres fu naiez messires Jehans d'Orliens, qui portoit banière à la voivre. Nous acordames en tel manière que nous tournames

---

1. *Dist* omis dans A. — 2. La seconde moitié du mot *enseigneroit* manque dans A. — 3. A, *ceste emprise fu emprise, fu attirée*; B et L, *ceste chose fut entreprinse et appareillée*. — 4. Le 8 février 1250.

encontremont l'yaue et trouvames la voie essuyée, et passames en tel manière, la merci Dieu, que onques nuls de nous n'i chéi; et* maintenant que nous fumes passei, li Turc s'enfouirent.

L'on avoit ordenei que li Temples feroit l'avantgarde, et li cuens d'Artois averoit la seconde bataille après le Temple. Or avint ainsi que si tost comme li* cuens d'Artois ot passei le flum, il et toute sa gent ferirent aus Turs qui s'enfuioient devant aus. Li Temples li manda que il lour fesoit grant vileinnie, quant il devoit aler après aus et il aloit devant; et li prioient que il les lessast aler devant, aussi comme il* avoit estei acordei[1] par le roy. Or avint ainsi que li cuens d'Artois ne lour osa respondre, pour monsignour Fourcaut dou Merle qui le tenoit par le frain; et cis Fourcaus dou Merle, qui mout estoit bons chevaliers, n'oioit chose que li Templier deissent au conte*, pour ce que il estoit sours[2], et escrioit: « Or à aus, or à aus! » Quant li Templier virent ce, il se pensèrent que il seroient honni, se il lessoient le conte d'Artois aler devant aus; si ferirent des esperons, qui plus plus et qui miex miex, et chacièrent* les Turs, qui s'enfuioient devant aus tout parmi* la ville de la Massoure jusques aus chans par devers Babiloine. Quant il cuidièrent retourner arières, li Turc lour lancièrent trez et merrien parmi les rues, qui estoient estroites. Là fu mors li cuens d'Artois, li sires de Couci que l'on apeloit Raoul, et tant* des autres chevaliers que il furent esmei à trois cens. Li Temples, ainsi comme li maistres le me dist de-

1. A, *il avoient accordé*. — 2. A, *seurs*.

puis¹, y perdi quatorze vins homes armés et touz à cheval.

XLVI. Je et mi chevalier acordames que nous iriens sus courre à plusours Turs qui chargoient lour harnois à main* senestre en lour ost, et lour courumes sus. Endementres que nous les chaciens parmi l'ost, je resgardai un Sarrazin qui montoit sur son cheval : uns siens chevaliers li tenoit le frain. Là où il tenoit ses dous mains à sa selle pour monter, je li donnai de mon glaive* par desous les esseles et le getai mort; et, quant ses chevaliers vit ce, il lessa son signour et son cheval, et m'apoia, au passer que je fis, de son glaive entre les dous espaules, et me coucha sur le col de mon cheval, et me tint si pressei que je ne pouoie traire m'espée que j'avoie* ceinte; si me couvint traire l'espée qui estoit à mon cheval : et quant il vit que j'oz m'espée traite, si tira son glaive à li et me lessa.

Quant* je et mi chevalier venimes hors de l'ost aus Sarrazins, nous trouvames bien six mille Turs par esme, qui avoient lessies lour herberges et se estoient trait aus chans. Quant il nous virent, il nous vindrent sus courre et occistrent monsignour Huon de Trichastel*, signour de Conflans, qui estoit avec moy à banière*. Je et mi chevalier ferimes des esperons et alames rescourre monsignour Raoul de Wanou² qui estoit avec moy, que il avoient tirié à terre. Endementières que je en revenoie, li Turc m'apuièrent de lour glaives; mes chevaus s'agenoilla³ pour le fais

---

1. A, *l'en me dit*; B et L, *le maistre le me dist depuis*. — 2. A, *Raoul Wanon*; plus loin *de Vaunou* et *de Wanou*; B et L, *de Vernon, de Varnou*. — 3. B et L, *tellement qu'il convint à mon cheval s'agenoiller*.

que il senti*, et je en alai outre parmi les oreilles dou cheval, et me resdreçai, au plus tost que je peu¹, mon escu à mon col et m'espée en ma main; et messires Erars de Severey (que Diex absoille!) qui estoit entour moy, vint à moy et nous dist que nous nous treissiens emprès une maison deffaite*, et illec atenderiens le roy qui venoit. Ainsi comme nous en aliens à pié et à cheval, une grans route de Turs vint hurter à nous, et me portèrent à terre, et alèrent par dessus moy, et firent voler² mon escu de mon col; et quant il furent outre passei, messires* Erars de Syverey revint sur moi et m'emmena, et en alames jusques aus murs de la maison deffaite; et illec revindrent à nous messires Hugues d'Escoz³, messires Ferris de Loupey, messires Renaus de Menoncourt. Illec li Turc nous* assailloient de toutes pars; une partie d'aus entrèrent en la maison deffaite, et nous piquoient de lour glaives par desus⁴. Lors me dirent mi chevalier que je les preisse par les frains, et je si fis pour ce que li cheval ne s'enfouissent; et il se deffendoient* des Turs si viguerousement, car il furent loei de touz les preudomes de l'ost, et de ceus qui virent le fait et de ceus qui l'oïrent dire. Là fu navrez messires Hugues d'Escoz de trois glaives ou visaige*, et messires Raous et messires Ferris de Loupey d'un glaive parmi les espaules; et fu la plaie si large que li sans li venoit dou cors aussi comme li bondons d'un tonnel. Messires Erars de Syverey fu ferus d'une espée parmi le visaige, si

---

1. A, *et resdrecai*, en omettant *au plus tost que je peu*. — 2. A, *volèrent*. — 3. B et L, *de Cirey*. — 4. B et L, *par dessoubs*.

que li nez* li chéoit sus le lèvre. Et lors il me souvint de monsignour saint Jaque, que je requis : « Biaus sire sains Jacques[1], aidiés-moy et secourez à ce besoing. » Maintenant que j'oi faite ma prière, messires Erars de Syverey me dist : « Sire, se vous cuidiés que je ne* mi hoir n'eussiens reprouvier, je vous iroie querre secours au conte d'Anjou, que je voi là en mi les chans. » Et je li dis : « Messire Erars, il me semble que vous feriés vostre grant honour, se vous nous aliés querre aide pour nos vies sauver, car la vostre est* bien en avanture. » Et je disoie bien voir, car il fu mors de celle bleceure. Il demanda consoil à touz nos chevaliers qui là estoient, et tuit li louèrent ce que je li avoie loei ; et quant il oy ce, il me pria que je li lessasse aler son cheval que je li tenoie par le frain avec* les autres, et je si fiz. Au conte d'Anjou vint et li requist que il me venist secourre moy et mes chevaliers. Uns riches hom qui estoit avec li, li desloa ; et li cuens d'Anjou li dist que il feroit ce que mes chevaliers li requeroit : son frain tourna pour* nous venir aidier, et plusour de ses serjans ferirent des esperons. Quant li Sarrazin les virent, si nous lessièrent. Devant ces sergans vint messires Pierres de Alberive, l'espée ou poing ; et quant il vit[2] que li Sarrazin nous orent lessiés, il courut sur* tout plein de Sarrazins qui tenoient monsignour Raoul de Vaunou, et le rescoy mout blecié.

XLVII. Là* où je estoie à pié et mi chevalier, aussi bleciez comme il est devant dit, vint li roys à toute sa bataille, à grant noyse et à grant bruit de trom-

---

1. A, *S. Jaque* : « *Biau sire S. Jaque, que j'ai requis.* » — 2. A, *virent*.

pes et nacaires, et se aresta sur un chemin levei ; mais onques si bel armei¹ ne vi, car il paroit desur* toute sa gent dès les espaules en amont, un heaume dorei en son chief, une espée d'Alemaingne en sa main. Quant il fu là arestez, sui bon chevalier que il avoit en sa bataille, que je vous ai avant nommez, se lancièrent entre les Turs, et plusour* des vaillans chevaliers qui estoient en la bataille le roy. Et sachiés que ce fu uns très biaus fais d'armes ; car nulz n'i traioit ne d'arc ne d'arbalestre, ainçois estoit li fereis de maces et d'espées, des Turs et de nostre gent, qui tuit estoient mellei. Uns* miens escuiers qui s'en estoit fuis atout ma banière et estoit revenus à moy, me bailla un mien roncin flament² sur quoy je montai, et me trais vers le roy touz coste à coste.

Endementres* que nous estiens ainsi, messires Jehans de Waleri li preudom vint au roy, et li dist que il looit que il se traisist à main destre sur le flum, pour avoir l'aide dou duc de Bourgoingne et des autres qui gardoient l'ost, que nous aviens lessié*, et pour ce que sui serjant eussent à boire, car li chaus estoit jà grans levez. Li roys commanda à ses serjans que il li alassent querre ses bons chevaliers que il avoit entour li de son consoil, et les nomma touz par lour non. Li serjant les alèrent* querre en la bataille, où li hutins estoit grans d'aus et des Turs. Il vindrent au roy, et lour demanda* consoil ; et il distrent que messires Jehans de Waleri le conseilloit mout bien ; et lors commanda li roys au gonfanon Saint-Denis et à ses banières qu'il se traisissent à

---

1. A, *armé;* B et L, *armée.* — 2. A omet *flament.*

main destre vers le flum. A l'esmouvoir l'ost le roy, rot grant noise de trompes*, de nacaires¹ et de cors sarrazinnois. Il n'ot guières alei quant il ot plusours messaiges dou conte de Poitiers son frère, dou conte de Flandres et de plusours autres riches homes qui illec avoient lour batailles, qui tuit li prioient que il ne se meust; car il estoient si* pressei des Turs que il ne le pooient suivre. Li roys rapela touz ses preudomes chevaliers de son consoil, et tuit li loèrent que il atendist; et un pou après messires Jehans de Waleri revint, qui blasma le roy et son consoil de ce que il estoient en* demeure. Après, touz ses consaus li loa que il se traisist sur le flum, aussi comme li sires de Waleri li avoit loei. Et maintenant li connestables messires Hymbers de Biaujeu vint à li, et li dist que li cuens d'Artois ses frères se deffendoit en une maison* à la Massoure, et que il l'alast secourre. Et li roys li dist : « Connestables, alés devant, et je vous suivrai. » Et je dis au connestable que je seroie ses chevaliers, et il m'en mercia mout. Nous nous meismes à la voie pour aler à la Massourre. Lors vint* uns serjans à mace au connestable, touz effraez, et li dist que li roys estoit arestez, et li Turc s'estoient mis entre li et nous. Nous nous tornames, et veimes que il en y avoit bien mil et plus entre li et nous, et nous n'estiens que six. Lors dis je au connestable* : « Sire, nous n'avons² pooir d'aler au roy parmi ceste gent; maiz alons amont et metons* cest fossei que vous véez devant vous, entre nous et aus, et ainsi pourrons revenir au roy. »

---

1. A omet *de nacaires*. — 2. A, *n'avon*.

Ainsi comme je le louai, li connestables le fist. Et sachiez que, se il se fussent pris garde de nous, il nous eussent touz mors; mais il entendoient au roy et* aus autres grosses batailles, par quoy il cuidoient que nous fussiens¹ des lour.

XLVIII. Tandis que nous reveniens aval pardesus le flum, entre le ru et le flum, nous veimes que li roys estoit venus sur le flum, et que li Turc en amenoient les* autres batailles le roy, ferant et batant de maces et d'espées; et firent flatir toutes les autres batailles avec les batailles le roy sur le flum. Là fu la desconfiture si grans, que plusour de nos gens recuidièrent passer à nou par devers le duc de Bourgoingne* : ce que il ne porent faire; car li cheval estoient lassei et li jours estoit eschaufez, si que nous voiens, endementières que nous veniens² aval, que li fluns estoit couvers de lances et de escus, et de chevaus et de gens qui se noioient et perissoient*. Nous venimes à un poncel qui estoit parmi le ru, et je dis au connestable que nous demourissiens pour garder ce poncel; « car se nous le lessons, il ferront sus le roy par deçà; et, se nostre gent sont assailli de dous pars, il pourront bien* perdre. » Et nous le feismes ainsinc. Et dist l'on que nous estiens trestuit perdu dès celle journée, se³ li cors le roy ne fust. Car li sires de Courtenay et messires Jehans de Saillenay me contèrent que sis Turc estoient venu au frain le roy et* l'emmenoient pris; et il, tous seuz, s'en delivra aus grans cos que il lour donna de s'espée⁴. Et quant sa* gent virent que li roys metoit

1. A, feusson. — 2. A, venion. — 3. A, ce. — 4. A, l'espéc.

deffense en li, il pristrent cuer, et lessièrent le passaige dou flum plusour d'aus¹, et se trestrent vers le roy pour li aidier.

A nous tout droit qui gardiens le poncel² vint li cuens Pierres de Bretaingne, qui venoit tout droit * de vers la Massoure, et estoit navrez d'une espée parmi le visaige, si que li sans li chéoit en la bouche. Sus un bas³ cheval bien fourni séoit; ses rènes avoit getées sur l'arçon de sa selle et le⁴ tenoit à ses dous mains, pour ce que sa gent qui estoient* darières, qui mout le pressoient, ne le getassent dou pas. Bien sembloit que il les prisast pou; car quant il crachoit le sanc de sa bouche, il disoit mout souvent : « Voi! par⁵ le Chief Dieu, avez veu de ces ribaus? » En la fin de sa bataille venoit li cuens de* Soissons et messires Pierres de Noville, que l'on appeloit Caier⁶, qui assez avoient souffert de cos celle journée. Quant il furent passei, et li Turc virent que nous gardiens le pont, il les lessièrent, et⁷ quant il virent que nous aviens tournez les visaiges* vers aus. Je ving au conte de Soissons, cui cousine germainne j'avoie espousée, et li dis : « Sire, je croi que vous feriés bien, se vous demouriés à ce poncel garder; car, se nous lessons le poncel, cist Turc que vous véez ci devant vous, se ferront jà* parmi, et ainsi iert li roys assaillis par derière et par devant. » Et il demanda, se il demouroit, se je demourroie; et je li respondi : « Oïl, mout volentiers. » Quant li connestables oy ce, il me dist que

---

1. *Plusour d'aus* omis dans A. — 2. *Qui gardiens le poncel* omis dans A. — 3. B et L, *beau*. — 4. A, *les*. — 5. B et L, *voyez par;* A, *disoit : Voi, pour*. — 6. B et L, *Cayet*. — 7. *Et* omis dans A.

je ne partisse de là tant que il revenist, et il nous iroit* querre secours.

XLIX. Là* où je demourai ainsi sus mon roncin, me demoura li cuens de Soissons à destre, et messires Pierres de Noville à senestre. A tant ès vous¹ un Turc qui vint de vers la bataille le roy, qui² darière nous estoit; et feri par darières monsignour Pierre* de Noville d'une mace, et le coucha sus le col de son cheval dou cop que il li donna, et puis se feri outre le pont et se lança entre sa gent. Quant li Turc virent que nous ne lairiens pas le poncel, il passèrent le ruissel et se mistrent entre le ruissel et* le flum, ainsi comme nous estiens venu aval; et nous nous traismes encontre³ aus en tel manière, que nous estiens tuit appareillié à aus sus courre, se il vousissent passer vers le roy et se il vousissent passer le poncel.

Devant* nous avoit dous serjans le roy, dont li uns avoit non Guillaume de Boon et li autres Jehan de Gamaches, à cui li Turc qui s'estoient mis entre le flum et le ru, amenèrent tout plein de vileins à pié, qui lour getoient motes de terres. Onques ne* les porent mettre sur nous. Au darrien il amenèrent un vilain à pié, qui lour geta trois foiz feu gregois. L'une des foiz requeilli Guillaumes de Boon le pot de feu gregoiz à sa roelle; car se il se fust pris à riens sur li, il eust estei touz⁴ ars. Nous estiens* tuit couvert de pylés, qui eschapoient des sergens. Or avint ainsi que je trouvai un gamboison d'estoupes

---

1. A, *et vous;* B et L, *voyci.* — 2. *Qui* manque dans A. — 3. A, *entre.* — 4. A omet *touz.*

à un Sarrazin. Je tournai le fendu devers moy, et
fis escu dou gamboison, qui m'ot grant mestier; car
je ne fu pas bleciez de lour pylés* que en cinc lieus,
et mes roncins en quinze lieus*. Or avint encore
ainsi que uns miens bourjois de Joinville m'aporta
une banière de mes armes, à un¹ fer de glaive; et
toutes les foiz que nous voiens que il pressoient les
serjans, nous lour couriens sus et il s'enfuioient.

Li* bons cuens de Soissons, en ce point là où
nous estiens, se moquoit à moy et me disoit : « Se-
neschaus, lessons huer ceste chiennaille; que, par la
Quoife Dieu! (ainsi comme il juroit,) encore en par-
lerons-nous entre vous et moi² de ceste journée ès
chambres des* dames. »

L. Le soir, au soleil couchant, nous amena li con-
nestables les arbalestriers le roy à pié, et s'arangiè-
rent devant nous. Et quant li Sarrazin nous virent
mettre pié en l'estrier des arbalestes³, il s'enfuirent*
et nous laissièrent⁴; et lors me dist li connesta-
bles : « Seneschaus, c'est bien fait. Or vous en alez
vers le roy, si ne le lessiés huimais, jusques à tant
que il iert descendus en son paveillon. » Sitost
comme je ving au roy, messires Jehans de Waleri
vint à li* et li dist: « Sire, messires de Chasteillon
vous prie que vous li donnez l'arière-garde. » Et li
roys si fist mout volentiers, et puis si se mist au
chemin. Endementières que nous en veniens, je li
fis oster son hyaume et li baillai mon chapel de fer

---

1. *De mes armes* omis dans A; B et L, *et ung*. — 2. A omet *entre vous et moi*. — 3. A, *en estrier des arbalestriers*. — Certaines arbalètes étaient munies d'un étrier qui permettait de les tendre avec le pied. — 4. A omet *et nous laissièrent*.

pour* avoir le vent. Et lors vint frères Henris de Ronnay, prevoz de l'Ospital¹, à li, qui avoit passei la rivière, et li besa la main toute armée. Et il li demanda se il savoit nulles nouvelles dou conte d'Artois, son frère; et il li dist que il en savoit* bien nouvelles, car estoit certeins que ses frères* li cuens d'Artois estoit en paradis : « Hé! sire, dist li prevoz², vous en ayés bon reconfort, car si grans honnours n'avint onques à roy³ de France comme il vous est avenu; car pour combatre à vos ennemis avez passei une rivière à nou, et les avez desconfiz et* chaciez dou champ, et gaaingniés lour engins et lour heberges, là où vous gerrés encore ennuit. » Et li roys respondi que Diex en fust aourez de tout⁴ ce que il li donnoit; et lors li chéoient les lermes des yex mout grosses.

Quant* nous venimes à la heberge, nous trouvames que li Sarrazin à pié tenoient les cordes d'une tente que il avoient destendue⁵, d'une part, et nostre menue gent, d'autre. Nous lour courumes sus, li maistres dou Temple et je⁶; et il s'enfuirent, et la tente demoura à nostre* gent.

En celle bataille ot mout de gens, et⁷ de grant bobant, qui s'en vindrent mout honteusement fuiant parmi le poncel dont je vous ai avant parlei, et s'enfuirent effréement; ne onques n'en peumes nul arester delez* nous : dont je en nommeroie bien desquiex je me soufferrai; car mort sont.

Mais de monsignour Guion Malvoisin ne me souf-

1. A omet *prevoz de l'Ospital*. — 2. A omet *dist li prevoz*. — 3. A, *au roy*. — 4. A omet *tout*. — 5. A, *estendue*, en omettant *les cordes de*. — 6. A, B et L, *moy*. — 7. *Et* omis dans A.

ferrai-je mie, car il en vint de la Massoure honora-
164 F blement*; et bien toute la voie que li connestables et
je en alames amont, il revenoit aval. Et en la ma-
nière que li Turc amenèrent le conte de Bretaingne
et sa bataille, en ramenèrent-il monsignour Guion
Malvoisin et sa bataille, qui ot grant los, il et sa
G gent, de* celle jornée. Et ce ne fu pas de merveille
166 A se il et sa* gent se prouvèrent bien celle journée ; car
l'on me dist, icil qui bien savoient[1] son couvine,
que toute sa bataille, n'en failloit guères, estoit toute
de chevaliers de son linnaige et de chevaliers qui
estoient sui home-lige.

B Quant* nous eumes desconfiz les Turs et chaciés
de lour herberges, et que nul de nos gens ne furent
demourei en l'ost, li Beduyn se ferirent en l'ost des
Sarrazins, qui moult estoient grans gens. Nulle chose
dou monde il ne lessièrent[2] en l'ost des Sarrazins,
C que* il n'emportassent tout ce que li Sarrazin avoient
lessié; ne je n'oy onques dire que li Beduyn, qui
estoient sousjet aus Sarrazins, en vausissent pis de
chose que il lour eussent tolue ne robée, pour ce
que lour coustume est teix et lour usaiges, que il
D courent tousjours* sus aus plus febles.

LI. Pour ce que il affiert à la matère, vous dirai-
je quex gens sont li Beduyn. Li Beduyn ne croient
point en Mahommet, ainçois croient en la loy Haali,
qui fu oncles Mahommet[3]; et aussi y croient li Vieil
E de la Montaigne*, cil qui nourrissent[4] les Assacis. Et
croient que quant li om meurt pour son signour,

---

1. A, *le savoient*. — 2. A, *lessoient*. — 3. Voy. *Éclaircissements*, 6°.
— 4. A, *et ainsi ils croient le vieil de la Montaigne, cil qui nourrit*.

ou en aucune bone entencion, que l'ame d'aus en va en meillour cors¹ et en plus aaisié que devant; et pour ce ne font force li Assacis, se l'on les occist quant il* font le conmandement dou Vieil de la Montaigne². Dou Vieil de la Montaigne nous tairons orendroit, si dirons des Beduyns.

Li Beduyn ne demeurent en villes, ne en cités, n'en* chastiaus, mais gisent adès aus chans; et lour mesnies*, lour femmes, lour enfans fichent le soir de nuit, ou de jour quant il fait mal tens, en unes manières de herberges que il font de cercles de tonniaus loiés à perches, aussi comme li cher³ à ces dames sont; et sur ces cercles giètent piaus de moutons que* l'on appelle piaus de Damas, conrées⁴ en alun. Li Beduyn meismes en ont⁵ grans pelices, qui lour cuevrent tout le cors, lour jambes et lour piés. Quant il pleut le soir et fait mal tens de nuit, il s'encloent dedens lour pelices, et ostent les frains à* lour chevaus et les lessent paistre delez aus. Quant ce vient l'endemain, il restendent lour pelices au soleil et les frotent⁶ et les conroient, ne jà n'i perra chose que elles aient estei moillies le soir. Lour créance est teix, que nus ne puet morir que à son* jour, et pour ce ne se veulent-il armer; et quant il maudient lour enfans, si lour dient : « Ainsi soies-tu maudis⁷, comme li Frans qui s'arme pour poour de mort⁸! » En bataille il ne portent riens que l'espée et le glaive. Presque tuit sont vestu de seurpeliz, aussi comme* li prestre; de touailles sont entorteillies

---

1. A, *cours*. — 2. Voy. encore *Éclaircissements*, 6°. — 3. A, *les chers*. — 4. B et L, *conroiées*. — 5. A, *on*. — 6. *Et les frotent* omis dans A — 7. B et L, *honny*. — 8. Voy. chap. xc.

lour testes, qui lour vont par desous le menton : dont laides gens et hydeuses sont à regarder, car li chevel des testes et des barbes sont tuit noir. Il vivent dou lait de lour bestes, et achiètent les pasturaiges ès berries aus* riches homes, de quoy lour bestes vivent. Le nombre d'aus ne sauroit nulz nommer; car il en a ou réaume de Egypte, ou réaume de Jerusalem et en toutes les autres terres des Sarrazins et des mescréans, à qui il rendent grans tréus chascun an.

J'ai* veu en cest païs, puis que je reving d'outremer, aucuns desloiaus crestiens qui tenoient la loy des Beduyns, et disoient que nulz ne pouoit morir qu'à son jour; et lour créance est si desloiaus, qu'il vaut autant à dire comme Diex n'ait pouoir de nous aidier* : car il seroient fol cil qui serviroient Dieu, se nous ne cuidiens que il eust pooir de nous eslongier nos vies et de nous garder de mal et de meschéance; et en li devons-nous croire, que il est poissans de toutes choses faire.

LII. Or* disons ainsi que à l'anuitier revenimes de la perillouse bataille desus dite, li roys et nous, et nous lojames ou lieu dont nous aviens chacié nos ennemis. Ma gent, qui estoient demourei en nostre ost dont nous estiens parti, m'aportèrent une tente que li Templier* m'avoient donnée, et la me tendirent devant les engins que nous aviens gaingniés aus Sarrazins; et li roys fist establir serjans pour garder les engins. Quant¹ je fu couchiés en mon lit, là où je eusse bien mestier de reposer pour les bleceures

---

1. B et L, *quant ce vint que.*

que j'avoie eu * le jour devant, il ne m'avint pas ainsi ;
car, avant que il fust bien jours, l'on escria en nostre ost : Aus armes ! aus armes ! Je fiz lever mon
chamberlain qui¹ gisoit devant moy, et li diz que il
alast veoir que c'estoit. Et il revint touz effraez, et
me dist : « Sire, or sus ! or* sus ! que vez-ci les Sarrazins qui sont venu à pié et à cheval ; et ont desconfit les serjans le roy qui gardoient les engins, et
les ont mis dedans les cordes de nos paveillons. » Je
me levai et jetai un gamboison en mon dos et un
chapel de fer en ma teste *, et escriai à nos serjans :
« Par saint Nicholas ! ci* ne demourront-il pas. » Mi
chevalier me vindrent² si blecié comme il estoient ;
et reboutames les serjans aus Sarrazins hors des engins, jusques devant une grosse bataille de Turs à
cheval, qui estoient tuit rez à rez des engins que
nous aviens gaaigniés *. Je mandai au roy que il nous
secourust ; car je ne mi chevalier n'aviens pouoir de
vestir haubers, pour les plaies que nous aviens eues ;
et li roys nous envoya monsignour Gauchier de Chasteillon, liquex se loga³ entre nous et les Turs, devant*
nous.

Quant li sires de Chasteillon ot reboutei arière les
serjans aus Sarrazins à pié, il se retraistrent sus une
grosse bataille de Turs à cheval, qui estoit rangie
devant nostre ost, pour garder que nous ne seurpreissiens* l'ost aus Sarrazins, qui estoit logiez darière
aus. De celle bataille de Turs à cheval estoient⁴ descendu à pié huit de lour chievetains mout bien ar-

---

1. *Qui* manque dans A. — 2. A, *virent*. — 3. B et L, *lequel et ses gens se logèrent.* — 4. A, *qui estoient.*

mei, qui avoient fait un hourdéis de pierres taillies, pour ce que nostre arbalestrier ne les bleçassent; cist* huit Sarrazin traioient à la volée parmi nostre ost, et blecièrent plusours de nos gens et de nos chevaus. Je et mi¹ chevalier nous meismes ensemble et acordames, quant il seroit anuitié, que nous enporteriens les pierres dont il se hourdoient. Uns miens prestres, qui* avoit à non monsignour Jehan de Voyssei² fu à ce³ consoil, et n'atendi pas tant; ainçois se parti de nostre ost touz seus, et s'adreça vers les Sarrazins, son gamboison vestu, son chapel de fer en sa teste, son glaive (trainant le fer) desouz l'essele, pour ce que li* Sarrazin ne l'avisassent. Quant il vint près des Sarrazins*, qui riens ne le prisoient, pour ce que il le véoient tout seul, il lança son glaive de sous s'essele et lour courut sus. Il n'i ot nul des huit qui y meist deffense; ainçois tournèrent tuit en fuie. Quant cil à cheval virent que lour signour s'en venoient fuiant*, il ferirent des esperons pour aus rescourre, et il saillirent bien de nostre ost jusques à cinquante serjans; et cil à cheval vindrent ferant des esperons et n'osèrent assembler à nostre gent à pié, ainçois ganchirent par devant⁴ aus. Quant il orent ce* fait ou dous foiz ou trois, uns de nos serjans tint son glaive parmi le milieu, et le lança à un des Turs à cheval, et li en donna parmi les costes, et emporta cil qui frappez estoit le glaive trainant dont il avoit le fer parmy les costes⁵. Quant li Turc virent* ce, il n'y osèrent puis aler ne venir, et nostre serjant em-

---

1. A, *nos*. — 2. B et L, *Vassey*. — 3. A, *à son*. — 4. A, *par devers*. — 5. *Et emporta* jusqu'à *parmy les costes* omis dans A.

portèrent les pierres. Dès illec en avant fu mes prestres bien cogneus en l'ost, et le moustroient li uns à l'autre, et disoient : « Vez-ci le prestre monsignour de Joinville, qui a les huit Sarrazins desconfiz. »

LIII. Ces* choses avindrent le premier jour de quaresme[1]. Ce jour meismes, uns vaillans Sarrazins, que nostre ennemi avoient fait chievetain pour Scecedin[2] le fil au Seic, que il avoient perdu en la bataille le jour de quaresme-pernant, prist la cote le conte d'Artois qui avoit* estei mors en celle bataille, et la moustra à tout le peuple des Sarrazins, et lour dist que c'estoit la cote le roy à armer, qui mors estoit. « Et ces choses vous moustré-je, pour ce que cors sanz chief ne vaut riens à redouter, ne gent sanz roy : dont, se[3] il vous plait*, nous les assaurons vendredi[4], et vous y devez* acorder, si comme il me semble; car nous ne deverons pas faillir que nous les prenons touz, pour ce que il ont perdu lour chievetein. » Et tuit s'acordèrent que il nous venroient assaillir vendredi.

Les espies le roy qui estoient[5] en l'ost des Sarrasins*, vindrent dire au roy ces nouvelles. Et lors commanda li roys à touz les chieveteins des batailles que il feissent lour gent armer dès la mie nuit, et se traisissent hors des paveillons jusques à la lice, qui estoit teix que il y avoit lons merriens, pour ce que li Sarrazin* ne se ferissent parmi l'ost; et estoient atachié en terre en tel manière, que l'on pooit passer

---

1. Le 9 février 1250. — 2. A, *Secedic*. — 3. A, *ce*. — 4. A, *samedi, vendredi*; B et L, *samedi*. — 5. A, *qui y estoient*.

parmi le merrien à pié. Et ainsi comme li roys l'ot commandei il fu fait.

A soleil levant tout droit, li¹ Sarrazins devant nommez* de quoy il avoient fait lour chievetain, nous amena bien quatre mille Turs à cheval, et les fist rangier touz entour nostre ost et li², dès le flum qui vient de Babiloine jusques au flum qui se partoit de nostre ost, et en aloit vers une ville que l'on appele* Risil. Quant il orent ce fait, il nous ramenèrent si grant foison de Sarrazins à pié, que il nous environnèrent tout nostre ost, aussi comme il avoient des gens à cheval. Après ces dous batailles que je vous cont, firent rangier tout le pooir au soudanc de Babiloine* pour aus aidier, se mestier lour fust. Quant il orent ce fait, li chievetains touz seus³ vint veoir le couvine de nostre ost, sur un petit roncin; et selonc ce que il véoit que nos batailles estoient plus grosses en un lieu que en un autre, il raloit querre de sa gent et renforçoit* ses batailles contre les nostres. Après ce, fist-il* passer les Beduyns, qui bien estoient trois mille, par devers l'ost que li dus de Bourgoigne gardoit qui estoit entre⁴ les dous rivières; et ce fist-il pour ce que il cuidoit que li roys eust envoié au duc de sa gent pour li aidier contre les Beduyns*, par quoy li os le roy en fust plus febles.

LIV. En ces choses aréer mist-il jusques à midi⁵; et lors il fist sonner ses tambours, que l'on appelle *nacaires*, et lors nous coururent sus et à pié et à cheval. Tout premier, je vous dirai dou roy de Se-

---

1. A et L, *les*. — 2. A, *et il*; B et L, *et luy*. — 3. A omet *touz seus*. — 4. *L'ost* jusqu'à *entre* omis dans A. — 5. Le 11 février 1250.

zile, qui lors estoit cuens d'Anjou*, pour ce que c'estoit li premiers par devers Babiloine. Il vindrent à li en la manière que l'on jeue aus eschiez; car il li firent courre sus à lour gent à pié, en tel manière que cil à pié li getoient le feu grejois. Et les pressoient tant cil à cheval et cil* à pié, que il desconfirent le roy de Sezile, qui estoit entre ses chevaliers à pié; et l'on vint au roy et li dist l'on¹ le meschief où ses frères estoit. Quant il oy ce, il feri des esperons parmi les batailles son frère, l'espée ou poing, et se feri entre les Turs si avant* que il li empristrent la colière² de son cheval de feu grejois; et par celle pointe que li roys fist, il secouri le roy de Sezile et sa gent, et enchacièrent les Turs de lour ost.

Après la bataille au roy de Sezile, estoit la bataille des* barons d'outre-mer, dont messires Guis d'Ibelin³ et messires Baudoins, ses frères, estoient chievetein. Après lour bataille estoit la bataille monsignour Gautier de Chateillon, pleinne de preudomes et de bone chevalerie. Ces dous batailles se deffendirent si viguerousement, que onques* li Turc ne les porent ne percier ne rebouter.

Après* la bataille monsignour Gautier estoit frères Guillaumes de Sonnac, maistres dou Temple, atout ce pou de frères qui li estoient demourei de la bataille dou mardi; il ot fait faire deffense endroit li des engins aus Sarazins que nous aviens gaaingniés. Quant li* Sarrazin le vindrent assaillir, il getèrent le feu grejois ou hordis que il y avoit fait faire, et li

---

1. B et L, *et s'en vint au roy ung sergent qui luy dist.* — 2. B, *crouppière*; L, *cropière*. — 3. Manuscrits, *Guibelin*.

feus s'i prist de legier, car li Templier y avoient fait mettre grant quantitei de¹ planches de sapin. Et sachiez que li Turc n'atendirent pas que li feus fust touz ars, ains alèrent* sus courre aus Templiers parmi le feu ardant. Et à celle bataille, frères Guillaumes, li maistres dou Temple, perdi l'un des yex, et l'autre avoit-il perdu le jour de quaresme-pernant, et en fu mors lidiz sires, que Diex absoille! Et sachiez que il avoit bien un* journel de terre darière les Templiers, qui estoit si chargiez de pylés que li Sarrazin lour avoient lanciés, que il n'y paroit point de terre pour la grant foison de pylés.

Après la bataille dou Temple estoit la bataille monsignour* Guion Malvoisin, laquel bataille li Turc ne porent onques vaincre; et toutevois avint ainsi que li Turc couvrirent monsignour Guion Malvoisin de feu grejois, que à grant peinne le porent esteindre sa gent.

LV. De* la bataille monsignour Guion Malvoisin descendoit la lice qui clooit nostre ost, et venoit vers le flum bien le giet d'une pierre poingnant². Dès illec si s'adreçoit la lice par devant l'ost le conte Guillaume, et s'estendoit jusques au flum qui s'en aloit³ vers* la mer. Endroit celi qui venoit de vers monsignour* Guion Malvoisin, estoit la nostre bataille; et pour ce que la bataille le conte Guillaume de Flandres lour estoit encontre lour visaiges, il n'osèrent venir à nous : dont Diex nous fist grant courtoisie; car je ne mi chevalier n'aviens ne haubers ne escus*⁴,

---

1. A omet *quantitei de*. — 2. B et L, *de plein poing*. — 3. A, *s'estendoit*. — 4. B et L, *nulz haubers vestuz*.

pour ce que nous estiens tuit bleciés de la bataille dou jour de quaresme-prenant.

Le conte de Flandres coururent sus moult aigrement et viguerousement, et à pié et à cheval. Quant je vi ce, je commandai à nos arbalestriers que il traisissent* à ceus à cheval. Quant cil à cheval virent que on les bleçoit par devers nous, cil à cheval touchièrent à la fuie; et quant les gens le conte virent ce, il lessièrent l'ost et se fichièrent par desus la lice, et coururent sus aus Sarrasins à pié et les desconfirent. Plusours* en y ot de mors, et plusours de lour targes gaaingnies. Là se prouva viguerousement Gautiers de la Horgne, qui portoit la banière monsignour d'Apremont.

Après la bataille le conte de Flandres, estoit la bataille* au conte de Poitiers, le frère le roy; laquex bataille dou conte de Poitiers estoit à pié, et il touz seus estoit à cheval; laquel bataille dou conte li Turc desconfirent tout à net, et enmenoient le conte de Poitiers pris. Quant li bouchier et li autre home* de l'ost et les femmes qui vendoient les danrées oïrent ce, il levèrent le cri en l'ost, et, à l'aide de Dieu, il secoururent le conte et chacièrent de l'ost les Turs.

Après la bataille le conte de Poitiers, estoit la bataille* monsignour Jocerant de Brançon, qui estoit venus* avec le conte en Egypte, li uns des meillours chevaliers qui fust en l'ost. Sa gent avoit si arée que tuit sui[1] chevalier estoient à pié; et il estoit à cheval, et ses fiz messires Henris et li fiz monsignour

---

1. A, *ces.*

Jocerant de Nantum¹; et ceus retint à cheval*, pour ce que il estoient enfant. Par plusours fois li desconfirent li Turc sa gent. Toutes les foiz que il véoit sa gent desconfire, il feroit des esperons et prenoit les Turs par derière; et ainsi lessoient li Turc sa gent par plusours foiz pour li courre sus. Toutevoiz* ce² ne lour eust riens valu que li Turc ne les eussent touz mors ou champ, se ne fust messires Henris de Coonne³, qui estoit en l'ost le duc de Bourgoingne, saiges chevaliers et preus et apensez; et toutes les foiz que il véoit⁴ que li Turc venoient courre* sus à monsignour de Brancion, il fesoit traire les arbalestriers le roy aus Turs parmi la rivière. Et ainsi⁵ eschapa li sires de Brancion dou meschief de celle journée, que de vint chevaliers que il avoit entour li, il en perdi douze, sanz l'autre gent* d'armes, et il meismes fu si malement atournez, que onques puis sus ses piez n'aresta, et fu mors de celle bleceure ou servise Dieu.

Dou signour de Brancion vous dirai: il avoit estei, quant il mourut, en trente-six batailles et poingnéis, dont* il avoit portei pris d'armes. Je le vi en un ost le conte de Chalon, cui cousins il estoit; et vint à moy et à mon frère, et nous dist le jour d'un grant vendredi: « Mi neveu, venés à moy aidier, et vous et vostre gent; car li Alemant brisent le moustier. » Nous* alames avec li et lour courumes sus, les espées traites, et à grant peinne et à grant hutin les chassames dou moustier. Quant ce fu fait, li preudom

---

1. B et L, *Nanton*. — 2. *Ce* omis dans A. — 3. B, *Caonne*; L *Crionne*; M, *Cone*; R, *Coué*. — 4. A et L, *véoient*. — 5. A, *et toutevoiz*.

s'agenoilla devant l'autel, et cria merci¹ à Nostre-Seignour à haute voiz, et dist : « Sire, je te pri que il te preingne* pitié de moy, et m'ostes de ces guerres entre crestiens, là où j'ai vescu grant piesce; et m'otroies que je puisse mourir en ton servise, par quoy je puisse avoir ton règne de paradis. » Et ces choses vous ai-je ramenteu, pour ce que je croi que Diex li otroia, si comme* vous pouez avoir veu ci-devant.

Après la bataille le premier vendredi de quaresme, manda li roys touz ses barons devant li, et lour dist : « Grant grace, fist-il, devons à Nostre-Signour de ce qu'il nous a fait tiex dous honnours en ceste semainne*, que mardi, le jour de quaresme-prenant, nous les chassames de lour herberges, là où nous sommes logié; ce vendredi prochain, qui passez est, nous nous sommes deffendu à aus, nous à pié et il à cheval. » Et mout d'autres beles paroles lour dist *² pour aus reconforter.

LVI. Pour ce que il nous couvient poursuivre nostre matière, laquel il nous couvient un pou entrelacier, pour faire entendre comment li³ soudanc tenoient lour gent* ordenéement et aréement. Et est voirs que le plus de lour chevalerie il avoient fait de gens estranges, que marcheant prenoient en estranges terres pour vendre; et il les achetoient mout volentiers et chièrement. Et ces gens que il menoient en Egypte prenoient en Orient*, parce que quant li uns des roys d'Orient avoit* desconfit l'autre, si prenoit les povres gens que il avoit conquis, et les ven-

---

1. *Merci* omis dans A. — 2. *Lour dist* omis dans A. — 3. A, B et L, *le*.

doit¹ aus marcheans, et li marcheant les revenoient vendre en Egypte.

La chose estoit si ordenée, que les enfans jusques à tant que barbe lour venoit, li soudans les nourrissoit* en sa maison en tel manière que, selonc ce que il estoient, li soudans lour fesoit faire ars à lour point; et si tost comme il enforçoient, il getoient lour foibles² ars en l'artillerie au soudanc, et li maistres artilliers lour bailloit ars si fors comme il les pooient³* teser. Les armes au soudanc estoient d'or; et tiex armes comme li soudans portoit, portoient celle joene gent; et estoient appelei bahariz⁴.

Maintenant que les barbes lour venoient, li soudans les fesoit chevaliers. Et portoient les armes au* soudanc, fors que tant que il y avoit difference⁵, c'est à savoir ensignes vermeilles, roses, ou bendes vermeilles, ou oisiaus, ou autres enseignes que il metoient sus armes d'or, tex comme il lour plaisoit. Et ceste gent que je vous nomme, appeloit l'on *de la Haulequa**⁶, car li beharis gesoient dedans les tentes au soudanc. Quant li soudans estoit en l'ost, cil de la Haulequa estoient logié entour les heberges le soudanc, et establi pour le cors le soudanc garder. A la porte de la heberge le soudanc estoient logié en une petite* tente li portier le soudanc, et sui menestrier, qui avoient cors sarrazinnois et tabours et nacaires. Et fesoient telle noise au point dou jour et à l'anuitier,

---

1. A, B et L, *vendoient*. — 2. *Foibles* omis dans A. — 3. A, *pooit*. — 4. C'est-à-dire *maritimes*, du mot *bahr*, mer ou fleuve; ils occupaient une caserne sur les bords du Nil, dans l'île de Rauda, en face du Caire. — 5. La *différence* ou *brisure* consistait dans une pièce accessoire ajoutée aux armoiries principales. — 6. Ou *halca*, mot arabe qui signifie *cercle*, et par extension *garde*.

que cil qui estoient delez aus ne pooient entendre li uns l'autre; et clèrement les oioit l'on parmi l'ost, ne li menestrier* ne fussent jà si hardi que il sonnassent lour estrumens* de jour, ne mais que par le maistre de la¹ Haulequa : dont il estoit ainsi, que quant li soudans vouloit chargier, il envoioit querre le maistre de la Haulequa et li fesoit son commandement; et lors li maistres fesoit sonner les estrumens au soudanc, et lors* touz li os venoit pour oïr le commandement au soudanc. Li maistres de la Hauleca le disoit, et touz li os le fesoit.

Quant* li soudans se conbatoit, les chevaliers de la Hauleca, selonc ce que il se prouvoient bien en la bataille, li soudans en fesoit amiraus, et lour bailloit en lour compaingnie dous cens chevaliers ou trois cens; et comme miex le fesoient et plus lour donnoit li* soudans.

Li pris qui est en lour chevalerie si est tex, que quant il sont si preu et si riche que il n'i ait que dire, et li soudans a poour que il ne le tuent ou que il ne le desheritent, si les fait penre et mourir en sa prison, et à lour* femmes tolt ce que elles ont². Et ceste chose fist li soudans de ceus qui pristrent le conte de Monfort et le conte de Bar³, et autel fist Boudendars de ceus qui avoient⁴ desconfit le roy de Hermenie⁵; car, pour ce que il cuidoient avoir bien,

---

1. *La* manque dans A. — 2. A, *femme;* B et L, *et ont leurs femmes et enfans tout ce qu'ilz ont.* — 3. Le comte de Montfort et le comte de Bar furent faits prisonniers en 1239, dans un combat livré à Gaza. Ils faisaient partie de la croisade dont Thibaut I*er*, roi de Navarre, était le chef. — 4. A, *avoit.* — 5. Il s'agit probablement de Bibars Bondocdar, soudan d'Égypte, qui fit la guerre en 1265 à Haiton, roi de la Petite-Arménie.

il descendirent à pié* et l'alèrent saluer là où il chaçoit aus bestes sauvaiges. Et il lour respondi : « Je ne vous salu pas; » car il li avoient destourbée sa chace. Et lour fist les testes coper.

LVII. Or revenons à nostre matière et disons ainsi, que li soudans* qui mors estoit, avoit un sien fil de l'aage de vint-cinq* ans, saige et apert et malicieus; et, pour ce que il doutoit que il ne le desheritast, li donna un réaume que il avoit en Orient. Maintenant que li soudans fu mors, li amiral l'envoièrent querre; et sitost comme il vint en Egypte, il osta et tolli au seneschal son* père, et au connestable, et au mareschal les verges d'or[1], et les donna à ceus qui estoient venu avec li d'Orient. Quant il virent ce, il en orent si grant despit, et tuit li autre aussi qui estoient dou consoil le père, pour la deshonour[2] que il lour avoit faite; et pour ce* que il doutoient que il ne feist autel d'aus comme ses pères[3] avoit fait à ceus qui avoient pris le conte de Bar et le conte de Monfort, ainsi comme il est devant dit, il pourchacièrent tant à ceus de la Halequa, qui sont devant nommei, qui le cors dou soudanc* devoient garder, que il lour orent couvent que à lour requeste il lour occirroient le soudanc[4].

LVIII. Après les dous batailles devant dites, commencièrent à venir li grant meschief en l'ost; car au chief* de neuf jours li cors de nos gens que il avoient tuez vindrent au desus de l'yaue (et dit l'on que c'estoit pour ce que li fiel en estoient pourri), vin-

---

1. Insignes de la puissance militaire et judiciaire. — 2. A, *le despit*. — 3. A et B, *aïeul;* L, *père*. L'aïeul de Touran-Schah n'existait plus en 1239. — 4. Voy. chap. LXIX.

drent flotant jusques au pont qui estoit entre nos dous os, et ne porent passer, pour ce que li pons joingnoit à l'yaue*. Si¹ grant foison en y avoit, que touz li fluns estoit pleins de mors dès l'une rive jusques à l'autre, et de lonc bien le giet d'une pierre menue. Li roys avoit loez cent ribaus, qui bien y furent huit jours. Les cors aus Sarrazins, qui estoient retaillié, getoient d'autre* part dou pont et laissoient² aler d'autre part l'yaue*, et les crestiens fesoient mettre en grans fosses les uns avec les autres³. Je y vi les chamberlans au conte d'Artois et mout d'autres, qui queroient lour amis entre les mors; ne onques n'oy dire que nulz y fust retrouvez.

Nous* ne mangiens nulz poissons en l'ost tout le quaresme, mais que bourbetes⁴; et les bourbetes manjoient les gens mors, pour ce que ce sont glout poisson. Et pour ce meschief et pour l'enfermetei dou païs, là où* il ne pleut nulle foiz goute d'yaue, nous vint la maladie de l'ost, qui estoit tex que la chars de nos jambes sechoit toute, et li cuirs de nos jambes devenoit tavelés de noir et de terre, aussi comme une vieille heuse; et à nous qui aviens tel maladie venoit chars* pourrie ès gencives, ne nulz ne eschapoit de celle maladie que mourir ne l'en couvenist. Li signes de la mort estoit tex, que là où li nez seignoit il couvenoit mourir. A la quinzeinne après, li Turc, pour nous affamer, dont mout de gent se merveillièrent, prirent plusours* de lour galies desus nostre ost, et les firent treinner par terre

---

1. *Si* omis dans A. — 2. A, *lessièrent*. — 3. A, *l'un avec l'autre*. — 4. B et L, *barbotes*.

et metre ou flum qui venoit de Damiete, bien une lieue desous nostre ost; et ces galies nous donnèrent famine, que nus ne nous osoit venir de Damiete pour aporter garnison, contremont l'yaue, pour* lour galies. Nous ne seumes onques nouvelles de ces choses jusques à tant que uns vaisselez au conte de Flandres, qui eschapa d'aus par force d'yaue, le nous dist, et que[1] les galies dou soudanc avoient bien gaaingnié quatre-vins de nos galies qui estoient venues de vers[2] Damiete*, et tuées les gens qui estoient dedans.

Par* ce avint si grans chiertés en l'ost, que tantost que la Pasque fu venue, uns bues valoit en l'ost quatre-vins livres, et uns moutons trente livres, et uns pors trente livres, et uns oes douze deniers, et uns muis de vin dix livres[3].

LIX. Quant* li roys et li baron virent ce, il s'acordèrent que li roys feist passer son ost par devers Babiloinne en l'ost le duc de Bourgoingne, qui estoit sus le flum qui aloit à Damiete. Pour requerre sa gent plus sauvement, fist li roys faire une barbaquane devant le pont qui* estoit entre nos dous os, en tel manière que l'on pooit entrer de dous pars en la barbaquane à cheval. Quant la barbacane fu arée, si s'arma touz li os le roy, et y ot grant assaut de Turs à l'ost le roy. Toutevoiz ne se mut li roys ne ses gens[4], jusques à tant que touz* li harnois fu portez outre; et lors passa li roys et sa bataille après li, et tuit li autre baron après, fors que monsignour

---

1. A, *force le nous dit que.* — 2. A, *venus vers.* — 3. Dix livres tournois valaient à peu près 202 francs de notre monnaie. — 4. A, *l'ost ne la gent.*

Gautier de Chasteillon qui fist l'arière-garde. Et à l'entrer en la barbacane, rescout messires Erars¹ de Walery monsignour Jehan, son frère*, que li Turc enmenoient pris.

Quant touz li os fu entrez² dedans, cil qui demourèrent en la barbacane furent à grant meschief; car la* barbacane n'estoit pas haute, si que li Turc lour traioient de visée à cheval, et li Sarrazin à pié lour getoient les motes de terre enmi les visaiges. Tuit estoient perdu, se ce ne fust li cuens d'Anjou, qui puis fu roys de Sezile, qui les ala rescourre et les enmena* sauvement. De celle journée enporta le pris messires* Geffroys de Mussanbourc³, le pris de touz ceus qui estoient en la barbacane.

La vegile de quaresme-pernant, vi une merveille que je vous vueil raconter; car ce jour meismes fu mis en * terre messires Hues de Landricourt, qui estoit avec moy à banière. Là où il estoit en bière en ma chapelle, six de mes chevaliers estoient apuié sus plusours saz pleins d'orge; et pour ce que il parloient haut en ma chapelle et que il faisoient noise au prestre*, je lour alai dire que il se teussent, et lour dis que vileinne chose estoit de chevaliers et de gentizhomes qui parloient tandis que l'on chantoit la messe. Et il me commencièrent à rire, et me distrent en riant que il li remarioient⁴ sa femme. Et je les enchoisonnai* et lour dis que tiex paroles n'estoient ne bones ne beles, et que tost avoient oublié lour compaingnon. Et Diex en fist tel vengance que

---

1. A, *monseigneur Erart;* B et L, *messire Everard.* — 2. A, *quant toute l'ost fu entrée.* — 3. L, Misambort; B, Misambart. — 4. A, *remarieroient.*

l'endemain fu la grans bataille dou quaresme-prenant, dont il furent mort ou navrei à mort, par quoy il couvint* lour femmes remarier toutes six.

LX. Pour les bleceures que j'oi le jour de quaresme-prenant, me prist la maladie de l'ost, de la bouche et des jambes, et une double tierceinne, et une reume si grans en la teste que la reume me filoit de la teste parmi* les nariles; et pour lesdites maladies acouchai ou lit malades en la mi-quaresme : dont il avint ainsi que mes prestres me chantoit la messe devant mon lit en mon paveillon, et avoit la maladie que j'avoie. Or avint ainsi que en son sacrement il se pasma. Quant je vi* que il vouloit cheoir, je, qui avoie ma cote vestue, sailli* de mon lit touz deschaus, et l'embraçai, et li deis que il feist tout à trait et tout belement son sacrement; que je ne le lairoie tant que il l'averoit tout fait. Il revint à soi, et fist son sacrement et parchanta sa messe tout entièrement, ne onques puis ne chanta.

Après* ces choses, prist li consaus le roy et li consaus le soudanc journée d'aus acorder. Li traitiés de l'acorder fu tex, que l'on devoit rendre au soudanc Damiete, et li soudans devoit rendre au roy le réaume de Jerusalem; et li dut garder li soudans les malades qui* estoient à Damiete et les chars salées, pour ce que il ne mangoient point de porc, et les engins le roy, jusques à tant que li roys pourroit renvoier querre toutes ces choses. Il demandèrent au consoil le roy quel seurtei il donroient par quoy il reussent Damiete. Li* consaus le roy lour offri que il detenissent un des frères le roy tant que il reussrent Damiete, ou le conte d'Anjou, ou le conte de

Poitiers. Li Sarrazin distrent que il n'en feroient riens, se on ne lour lessoit le cors le roy en gaige; dont messires Geffrois de Sergines*, li bons chevaliers, dist que il ameroit miex que li Sarrazin les eussent touz mors et pris, que ce que il lour fust reprouvei que il eussent lessié le roy en gaige. La maladie commença à engregier en l'ost en tel manière, que il venoit tant de char morte ès gencives* à nostre gent, que il couvenoit que barbier¹ ostassent la char morte, pour ce que il peussent la viande maschier et avaler aval. Grans pitiés estoit d'oïr braire les gens parmi l'ost, ausquiex l'on copoit la char morte; car il bréoient aussi comme femmes qui traveillent* d'enfant.

LXI. Quant* li roys vit que il n'avoit pooir d'ilec demourer que mourir ne le couvenist, li et sa gent, il ordena et atira que il mouveroit le mardi² au soir à l'anuitier, après les octaves de Pasques, pour revenir à Damiete. Il fist parler aus marronniers qui avoient les galies comment* il lour couvenoit recueillir tous les malades et les mener à Damiette³. Li roys commanda à Josselin de Cornaut⁴ et à ses frères et aus autres engingnours, que il copassent les cordes qui tenoient les pons entre nous et les Sarrazins; et riens n'en firent. Nous* nous requeillimes le mardi après diner de relevée, et dui de mes chevaliers que je avoie de remenant et ma mesnie⁵. Quant ce vint que il commença à anuitier, je dis à mes

---

1. Autrefois les barbiers faisaient certaines opérations de chirurgie. — 2. Le 5 avril 1250. — 3. *Il fist* jusqu'à *Damiette* omis dans A. — 4. A, *Cornant*, mais plus haut *Cornaut*. — 5. A, *de ma mesniée;* B et L, *et mes autres serviteurs.*

mariniers que il tirassent lour ancre et que nous en alissiens aval; et il distrent que il n'oseroient*, pour ce que les galies au soudanc, qui estoient entre nous et Damiete, nous occirroient. Li marinier avoient fait grans feus pour requeillir les malades dedans lour galies, et li malade s'estoient[1] trait sur la rive dou flum. Tandis que je prioie les mariniers*[2] que nous en alissiens, li Sarrazin entrèrent en l'ost; et vi à la clartei dou feu que il occioient les malades sus la rive. Endementres que il tiroient lour ancre, li marinier qui devoient mener les malades coupèrent les cordes de lour ancres et de lour galies, acoururent* par à coste nostre petit vaissel[3], et nous enclorrent li un d'une part[4] et li autre d'autre part, que à pou se ala que il ne nous afondrèrent en l'yaue. Quant nous fumes eschapei de ce peril, et nous en aliens contreval* le flum, li roys, qui avoit la maladie de l'ost et menoison mout fort, se fust bien garantis ès galies, se il vousist; mais il dist que, se Dieu plaisoit[5], il ne lairoit jà son peuple[6]. Le soir se pasma par plusours foiz; et, pour la fort menuison que il avoit, li couvint coper* le font de ses braies toutes les foiz que il descendoit pour aler à chambre. L'on escrioit à nous qui nagiens par l'yaue, que nous atendissiens le roy; et quant nous ne le vouliens atendre, l'on traioit à nous de quarriaus : par quoy il nous couvenoit arester tant* que il nous donnoient congié de nagier.

LXII. Or vous lairai[7] ici, si vous dirai comment li

---

1. A, c'estoient. — 2. A, le marinier. — 3. A, en nos petiz vessiaus. — 4. A, par. — 5. A, plest. — 6. Voy. chap. II. — 7. A, dirai; la syllabe di est effacée; la correction a été oubliée.

roys fu pris, ainsi comme il-meismes le me conta. Il me dist que il avoit lessie la seue bataille et s'estoit¹ mis entre li et monsignour Geffroy de Sargines en² la bataille* monsignour Gautier de Chasteillon, qui fesoit l'arière-garde. Et me conta li roys que il estoit montez sur un petit roncin, une houce de soye vestue, et dist que darière li ne demoura de touz chevaliers ne de touz serjans, que messires Geffroys de Sergines, liquex* amena le roy jusques au quazel³, là où li roys fu pris, en tel manière que li roys me conta que messires Geffroys de Sergines le deffendoit des Sarrazins, aussi comme li bons vallez deffent le hanap son signour des mouches; car toutes les foiz que li Sarrazin* l'aprochoient, il prenoit son espié, que il avoit mis entre li et l'arçon de sa selle, et le metoit desous s'essele, et lour recouroit sus et les chassoit en sus dou roy. Et ainsi mena le roy jusques au kasel, et le descendirent en une maison, et le couchièrent ou giron d'une* bourjoise de Paris aussi comme tout mort, et cuidoient que il ne deust jà veoir le soir. Illec vint messires Phelippes de Monfort, et dist au roy que il véoit⁴ l'amiral à qui il avoit traitié de la trève; que se il vouloit, il iroit à li pour la treuve refaire en la* manière que li Sarrasin vouloient. Li roys li pria que il y alast et que il le vouloit bien. Il ala au Sarrazin, et li Sarrazins avoit ostée sa touaille de sa teste, et osta son anel de son doy pour asseurer que il tenroit la trève.

1. A, *c'estoit.* — 2. A, B et L, *et en.* — 3. On trouve ici deux fois à Quazel, à Kasel, au lieu de *au quazel, au kasel*; mais ce mot se présente plus loin comme non commun (chap. LXXVII et C). — 4. B et L, *venoit de.*

Dedans ce, avint une si grans meschéance à nostre*
gent, que uns traitres serjans, qui avoit à non Marcel[1], commença à crier à nostre gent : « Signour
chevalier, rendés-vous, que li roys le vous mande;
et ne faites pas occirre le roy. » Tuit cuidièrent que
li roys lour eust mandei, et rendirent lour espées
aus Sarrazins*. Li amiraus vit que li Sarrazin amenoient nostre gent prins. Li amiraus dist à monsignour Phelippe que il n'aferoit pas que il donnast à
nostre gent trèves, car il véoit bien que il estoient
pris. Or avint ainsi à[2] monsignour Phelippe que
toute nostre gent estoient* pris, et il ne le fu pas,
pour ce que il estoit messagiers. Or a une autre
mauvaise manière ou païs en la paiennime, que
quant li roys envoie ses messaiges au soudanc, ou li
soudans au roy, et li roys meurt ou li soudans
avant que li messaige revieingnent, li messaige* sont
prison et esclave, de quelque part que il soient, ou
Crestien ou Sarrazin[3].

LXIII. Quant celle meschéance avint à nos gens
que il furent pris à terre, aussi avint à nous qui fumes prins en* l'yaue, ainsi comme vous orrez ci-après; car li vens nous* vint de vers Damiete, qui
nous toli le courant de l'yaue, et li chevalier que li
roys avoit mis en ses courciers pour nos malades
deffendre, s'enfouirent. Nostre marinier perdirent le
cours dou flum et se mistrent en une noe, dont il
nous couvint retourner arières vers* les Sarrasins.

Nous qui aliens par l'yaue, venimes un pou de-

---

1. B, *sergent de Paris qui avoit nom Martel.* — 2. A, *ainsi que.* —
3. Voy. chap. LXXI.

vant ce que l'aube crevast, au passaige là où les galies au soudanc estoient, qui nous avoient tolu à venir les viandes de vers Damiete¹. Là ot grant hutin; car il* traioient à nous et à nostre gent qui estoient sus la rive de l'yaue, à cheval, si grant foison de pylés atout le feu grejois, que il sembloit que les estoiles dou ciel chéissent².

Quant nostre marinier nous orent ramenez dou bras dou* flum là où il nous orent enbatus, nous trouvames les courciers le roy que li roys nous avoit establiz pour nos malades deffendre, qui s'en venoient fuiant vers Damiete. Lors leva uns vens qui venoit de vers Damiete si fors, que il nous toli le cours de l'yaue. A* l'une des rives dou flum et à l'autre, avoit si grant foison de vaisselés à nostre gent qui ne pooient aler aval, que li Sarrazin avoient pris et arestez; et tuoient les gens et les getoient en l'yaue, et traihoient les cofres et les harnois des neis que il avoient gaaingnies* à nostre gent. Li Sarrazin qui estoient à cheval sus la rive traioient à nous de pylés, pour ce que nous ne vouliens aler à aus. Ma gent m'orent vestu un haubert à tournoier, pour que³ li pylet qui chéoient en nostre vessel ne me blecassent. En* ce point, ma gent, qui estoient en la pointe dou vessel* aval, m'escrièrent : « Sire, sire, vostre marinier, pour ce que li Sarrazin les menacent, vous vuelent mener à terre. » Je me fiz lever par les bras, si fèbles comme je estoie, et trais m'espée sur aus, et lour diz que je

---

1. A, *à Damiete*. — 2. B et L, *cheussent du ciel à terre*. — 3. A omet *que* après *pour*, et ajoute avant *lequel j'avoie vestu*.

les occirroie se il me menoient à terre ; et il me respondirent que je preisse lequel que je vourroie : ou il me menroient à terre, ou il me ancreroient en mi le flum jusques à tant que li vens fust chois. Et je lour dis que j'amoie miex que il m'ancrassent en mi le flum, que ce que il me menassent[1] à terre, là où je véoie nostre occision ; et il m'ancrèrent.

Ne tarda guères que nous veismes venir quatre galies dou soudanc, là où il avoit bien mil homes. Lors j'appelai mes chevaliers et ma gent, et lour demandai que il vouloient que nous feissiens, ou de nous rendre aus galies le soudanc, ou de nous rendre à ceus qui estoient à terre. Nous acordames tuit que nous amiens miex que nous nous randissiens aus galies le soudanc, pour ce que il nous tenroient touz[2] ensemble, que ce que nous nous randissiens à ceus qui estoient[3] à terre, pour ce que il nous esparpilleroient et venderoient aus Beduyns. Lors dist uns miens celeriers, qui estoit nés de Doulevens[4] : « Sire, je ne m'acort pas à cest consoil. » Je li demandai auquel il s'acordoit, et il me dist : « Je m'acort que nous nous lessons touz tuer ; si nous en irons tuit en paradis. » Mais nous ne le creumes pas.

LXIV. Quant vi que penre nous escouvenoit, je prins mon escrin et mes joiaus, et les getai ou flum, et mes reliques aussi. Lors me dist uns de mes mariniers : « Sire, se vous ne me lessiés dire que vous soiés cousins au roy, l'on vous occirra touz, et nous avec. » Et je diz que je vouloie bien que il deist ce

1. A, menacent. — 2. A omet touz. — 3. A, sont. — 4. B et L, Doulevant, Doullevant.

que il vourroit. Quant la première galie, qui venoit vers nous pour nous hurter nostre vessel en travers, oyrent ce, il getèrent lour ancres près de nostre vessel. Lors m'envoia Diex* un Sarrazin qui estoit de la terre l'empereour¹, vestu de unes brayes de toille escrue, et en vint noans parmi le flum² jusques à nostre vessel, et m'embraça par les flans et me dist : « Sire, vous estes perdus, se vous ne metés consoil en vous; car il vous convient saillir de vostre* vessel sur le bec qui est tisons de celle galie. Et se vous sailliés³, il ne vous regarderont jà; car il entendent au gaaing de vostre vessel. » Il me getèrent une corde de la galie; et je sailli sur l'estoc, ainsi comme Diex vout. Et sachiez que je chancelai tellement*⁴ que, se il ne fust saillis après moy pour moy soustenir, je fusse cheus en l'yaue.

Il me mistrent⁵ en la galie, là où il avoit bien quatorze-vins⁶ homes de lour gens, et il me tint touzjours embracié. Et lors il me portèrent à terre et me saillirent* sur le cors pour moy coper la gorge; car cil qui m'eust occis cuidast estre honorez. Et cis Sarrazins me tenoit touzjours embracié, et crioit : « Cousin le roi! » En tel manière me portèrent dous foiz par terre, et une à genoillons; et lors je senti le coutel à la gorge*. En ceste persecucion me sauva Diex par l'aide dou Sarrazin, liquex me mena jusques ou chastel⁷ là où li chevalier sarrazin estoient.

1. Frédéric II, empereur d'Allemagne, avait des possessions en Orient. (Voy. chap. LXV.) — 2. A, *lors envoya* en omettant *vestu* jusqu'à *escrue*, puis *parmi le flum*. — 3. A, *faillés*. — 4. *Tellement* omis dans A. — 5. B et L, *il me tira*. — 6. A, *quatre-vins*. — 7. Il y avait sur les vaisseaux des espèces de petits châteaux disposés pour abriter les combattants.

Quant je ving entre aus, il m'ostèrent mon hauberc; et pour la pitié qu'il orent de moy, il getèrent sur moy un mien couvertour* de escarlate fourrei de menu vair, que madame ma* mère m'avoit donnei; et li autres m'aporta une courroie blanche; et je me ceingny sur mon couvertour, ouquel je avoie fait un pertuis et l'avoie vestu; et li autres m'aporta un chaperon, que je mis en ma teste. Et lors, pour la poour que je avoie, je commençai à trembler* bien fort, et pour la maladie aussi. Et lors je demandai à boire, et l'on m'aporta de l'yaue en un pot; et sitost comme je la mis à ma bouche pour envoier aval, elle me sailli hors par les narilles. Quant je vi ce, je envoiai querre ma gent et lour dis que* je estoie mors, que j'avoie l'apostume en la gorge; et il me demandèrent comment je le savoie; et je lour moustrai[1], et tantost que il virent que l'yaue me sailloit[2] par la gorge et par les narilles, il pristrent à plorer. Quant li chevalier sarrazin qui là estoient virent* ma gent plorer, il demandèrent au Sarrazin qui sauvez nous avoit, pourquoy il ploroient; et il respondi que il entendoit que j'avoie l'apostume en la gorge, par quoy je ne pouoie eschaper. Et lors uns des chevaliers sarrazins dist à celi qui nous avoit garantiz*, que il nous reconfortast; car il me donroit tel chose à boivre, de quoy je seroie gueriz dedans dous jours; et si fist-il.

Messires Raous de Wanou qui estoit entour moy*, avoit estei esjaretez à la grant bataille dou qua-

---

1. *Et je lour moustrai* omis dans A; B et L, *monstray*. — 2. A, *tantost ils virent que l'yaue li sailloit*.

resme-prenant, et ne pooit ester sur ses piés; et sachiez que uns viex Sarrazins chevaliers qui estoit en la galie, le portoit aus chambres privées à son col.

LXV. Li* grans amiraus des galies m'envoia querre, et me* demanda se je estoie cousins le roy; et je li dis que nanin, et li contai[1] comment et pourquoy li mariniers avoit dit que je estoie cousins le roy. Et il dist que j'avoie fait que saiges; car autrement eussiens-nous estei tuit mort. Et il me demanda se je tenoie riens de lignaige* à l'empereour Ferri d'Allemaingne, qui lors vivoit; et je li respondi que je entendoie que madame ma mère estoit sa cousine germainne; et il me dist que de tant m'en amoit-il[2] miex. Tandis que nous mangiens, il fist venir un bourgois de Paris devant nous. Quant li* bourgois fu venus, il me dist : « Sire, que faites-vous? » — « Que faiz-je donc? » feiz-je. — « En non Dieu, fist-il, vous mangiez char au vendredi! » Quant j'oï ce, je boutai m'escuele arières. Et il demanda à mon Sarrazin pourquoy je avoie ce fait, et il li dist; et* li amiraus li respondi que jà Diex ne m'en sauroit mal grei, puisque je ne l'avoie fait à escient. Et sachiez que ceste response me fist li legas, quant nous fumes hors de prison; et pour ce ne lessai-je pas que je ne jeunasse touz les vendredis de quaresme après, en pain et* en yaue : dont li legas se courrouça mout forment à moy, pour ce que il n'avoit demourei avec le roy de riches homes que moy.

Le dymanche après, li amiraus me fist descendre

---

1. A, conta. — 2. A, que tant m'amoit-il.

et tous les autres prisonniers qui avoient estei pris en l'yaue*, sur la rive dou flum. Endementières que¹ on trehoit monsignour Jehan, mon bon prestre, hors de la soute de la galie, il se pausma, et on le tua et le geta l'on ou flum. Son clerc, qui se pasma aussi pour la maladie de l'ost que il avoit, l'on li geta un mortier sus* la teste et fu mors, et le geta l'on ou flum. Tandis que* l'on descendoit les autres malades des galies où il avoient estei en prison, il y avoit gens sarrazins apparelliés, les espées toutes nues, que ceus qui chéoient, il les occioient et getoient touz ou flum. Je lour fis dire à mon Sarrazin, que il me sembloit que* ce n'estoit pas bien fait; car c'estoit contre les enseignemens Salehadin, qui dit que l'on ne devoit² nul home occire, puis que on³ li avoit donnei à mangier de son pain et de son sel. Et il me respondi que ce n'estoient pas home qui vausissent riens, pour ce que* il ne se pooient aidier pour les maladies que il avoient. Il me fist amener mes mariniers devant moy, et me dist que il estoient tuit renoié, et je li dis que il n'eust jà fiance en aus; car aussitost comme il nous avoient lessiez, aussitost les lairoient-il, se il véoient* ne lour point ne lour lieu. Et li amiraus me fist response tel, que il s'acordoit à moy; que Salehadins disoit que on ne vit onques de mauvais⁴ Crestien bon Sarrazin, ne de mauvais Sarrazin bon Crestien.

Et après ces choses il me fist monter sus un palefroy, et* me menoit encoste de li. Et passames un

---

1. *Que* manque dans A. — 2. A, *doit*. — 3 A, *en ne*. — 4. A, *de bon*, et à ligne suivante, *ne de bon*.

pont de neis, et alames à la Masourre, là ou li roys et sa gent estoient pris ; et venimes à l'entrée d'un grant paveillon là où li escrivain le soudanc estoient, et firent illec escrire mon non. Lors me dist mes Sarrazins* : « Sire, je ne vous suivrai plus, car je ne puis ; mais je vous pri, sire, que cest enfant que vous avez avec vous, que vous le tenez touzjours par le poing, que li Sarrazin ne le vous toillent. » Et cis enfes avoit non Berthelemin, et estoit fiz au signour de Monfaucon* de baat¹. Quant mes nons fu mis en escrit, si* me mena li amiraus dedans le paveillon là où li baron estoient², et plus de dix mille personnes avec aus. Quant je entrai léans, li baron firent tuit si grant joie que on ne pooit goute oïr; et en louoient Nostre-Signour, et disoient que il me cuidoient avoir* perdu.

LXVI. Nous n'eumes guères demourei illec, quant on fist lever l'un des plus riches homes qui là fust³, et nous mena l'on⁴ en un autre paveillon⁵. Mout de chevaliers et d'autres gens tenoient li Sarrazin⁶ pris* en une court qui estoit close de mur de terre. De ce clos où il les avoient mis les fesoient traire l'un après l'autre, et lour demandoient : « Te veus-tu renoier ? » Ceus qui ne se vouloient renoier, on les fesoit mettre d'une part et coper les testes ; et ceus qui se renoioient*, d'autre part. En ce point nous envoia li soudans son consoil pour parler à nous ; et deman-

---

1. Voy. chap. LXXX. — 2. *Credo*, XXXV. — 3. B et L, *deux des....*
feussent. — 4. *L'on* omis dans A. — 5. Pour ce récit, voy. *Credo*, XXXVI
et XXXVII. — 6. Les manuscrits portent ici *les Sarrazins*; mais sans aucun doute il devait y avoir dans l'original *li Sarrazin* au nominatif pluriel, ce qui ôtait l'équivoque.

dèrent à cui il diroient ce que li soudans nous mandoit. Et nous lour deismes que il le deissent au bon conte Perron de Bretaingne. Il avoit gens illec qui savoient* le sarrazinnois et le françois, que l'on apele drugemens, qui enromançoient le sarrazinnois au conte Perron. Et furent les paroles teix : « Sire, li soudans nous envoie à vous pour savoir se vous vourriés estre delivre? » Li cuens respondi : « Oïl. » — « Et* que vous donrriés au soudanc pour vostre delivrance ? » — « Ce que nous pourriens faire et souffrir par raison, » fist li cuens. « Et donriés-vous, firent-il, pour vostre delivrance, nulz des chastiaus aus barons d'outre-mer? » Li cuens respondi que il n'i avoit* pooir; car on les tenoit de l'empereor d'Alemaingne, qui lor vivoit[1]. Il demandèrent se nous renderiens nulz des chastiaus dou Temple ou de l'Ospital pour nostre delivrance. Et li cuens respondi que ce ne pooit estre; que, quant l'on y metoit les chastelains*, on lour fesoit jurer sur sains, que pour delivrance de cors de home, il ne renderoient nulz des chastiaus. Et il nous respondirent que il lour sembloit que nous n'aviens talent d'estre delivrez, et que il s'en iroient et nous envoieroient ceus qui joueroient* à nous des espées, aussi comme il avoient[2] fait aus autres. Et s'en alèrent.

Maintenant que il s'en furent alei, se feri en nostre paveillon une grans tourbe de joenes Sarrazins, les espées çaintes, et amenoient avec aus un home de grant* vieillesce, tout chanu, liquex nous fist deman-

---

1. Voy. chap. LXIV. — 2. B et L, *jouoient des espées; et ainsi leur respondit le conte comme il avoit.*

der se c'estoit voirs que nous créiens en un Dieu qui avoit estei pris pour nous, navrez et mors pour nous, et au tiers jour resuscitez. Et nous respondimes : « Oyl. » Et lors nous dist que nous ne nous deviens pas * desconforter, se nous aviens soufertes ces persecucions pour li; « car encore, dist-il, n'estes-vous pas mort pour li, ainsi comme il fu mors pour vous ; et, se il ot¹ pooir de li resusciter, soiés certein que il vous deliverra, quant li plaira. » Lors s'en ala et tuit * li autre joene gens après li, dont je fu mout liés ; car je cuidoie certeinnement que il nous fussent venu les testes tranchier. Et ne tarja guères après quant les gens le soudanc vindrent, qui nous distrent que li roys nous² avoit pourchacie nostre delivrance.

Après * ce que li viex hom s'en fu alez, qui nous ot * reconfortez, revint li consaus le soudanc à nous, et nous dirent que li roys nous avoit pourchacie nostre delivrance, et que nous envoissiens quatre de nos gens à li pour oyr comment il avoit fait. Nous y envoiames monsignour Jehan de Waleri le preudome, monsignour * Phelippe de Monfort, monsignour Baudouin d'Ibelin ³ seneschal de Cypre, et monsignour Guion d'Ibelin ⁴ conestable de Cypre, l'un des miex entechiez chevaliers que je veisse onques, et qui plus amoit les gens de cest pays. Cist quatre nous raportèrent * la manière comment li roys nous avoit pourchacie nostre delivrance ; et elle fu tex.

LXVII. Li consaus au soudanc essaièrent le roy en la manière que il nous avoient essaiés, pour veoir se

---

1. Lacune du ms. L jusqu'au bas de la page 286. — 2. A omet *nous*. — 3. A, *dit Belin*, mais plus loin *Ybelin* (comme B) et *Ibelin*; M, *d'Ebelin*; R, *de Belun*. — 4. B, *Guyon son frère*.

224 D li roys lour* vourroit promettre à delivrer nulz des chastiaus dou Temple ne de l'Ospital, ne nulz des chastiaus aus barons dou païs; et ainsi comme Diex vout, li roys lour respondi tout en la manière que nous aviens respondu; et il le menacièrent et li dis-
E trent que puisque il* ne le vouloit faire, que il le feroient mettre ès bernicles. Bernicles est li plus griez tourmens que l'on puisse soufrir; et sont dui tison ploiant, endentei ou chief, et entrent[1] li uns en l'autre, et sont lié à fors corroies de buef ou chief. Et
F quant il weulent mettre* les gens dedans, si les couchent sus lour costez et lour mettent les jambes parmi les chevilles dedans; et puis si font asseoir un home sur les tisons, dont il advient ainsi qu'il[2] ne demourra jà demi pié entier de os qu'il ne soit touz
226 A debrisiés. Et pour faire au pis que* il peuent, ou chief de trois jours que les jambes sont enflées, si remettent les jambes enflées dedans les bernicles et rebrisent tout derechief. A ces menaces lour respondi li roys, que il estoit lour prisonniers, et que il pouoient faire de li lour volentei.
B   Quant* il virent que il ne pourroient vaincre le bon roy par menaces, si revindrent à li et li demandèrent combien il vourroit donner au soudanc d'argent, et avec ce lour rendist[3] Damiete. Et li roys
C lour respondi* que se li soudans vouloit penre raisonnable somme de deniers de li, que il manderoit à la royne[4] que elle les paiast pour lour delivrance. Et il distrent : « Comment est-ce que vous ne nous vou-

---

1. A, entre. — 2. A omet advient ainsi qu'il. — 3. A, leur rendit; B, luy rendist. — 4. B, la roine sa mère.

lez dire que vous ferez ces choses? » Et ly roys respondi que il ne savoit* se la royne le vourroit faire, pour ce que elle estoit sa dame. Et lors li consaus s'en rala parler au soudanc ; et raportèrent au roy que se la royne vouloit paier dix cens mile besans d'or, qui valoient cinc cens mile livres[1], que il deliverroit le roy. Et li roys lour demanda* par lour seremens se li soudans les deliverroit pour tant, se la royne le vouloit faire. Et il ralèrent parler au soudanc ; et ou revenir firent le serement au roy, que il le deliverroient ainsi. Et maintenant que il orent jurei, li roys dist et promist aus amiraus* que il paieroit volentiers les cinc cens mille livres pour la delivrance de sa gent, et Damiete pour la delivrance de son cors ; car il n'estoit pas tex que il se deust desraimbre à deniers. Quant li soudans oy ce, il dist : « Par ma foy[2] ! larges est li Frans quant il* n'a pas barguignié sur si grant somme de deniers. Or* li alés dire, fist li soudans, que je li doing cent mile livres pour la reançon paier. »

LXVIII. Lors fist entrer[3] li soudans les riches homes en quatre galies, pour mener vers Damiete. En la galie là où je fu mis, fu li bons cuens Pierres de Bretaingne, li* cuens Guillaumes de Flandres, li bons cuens Jehans de Soissons, messires Imbers de Biaugeu, connestables de France ; li bons chevaliers messires Baudoins[4] d'Ybelin et messires Guis, ses frères, i furent mis. Cil qui nous conduisoient en la galie,

---

1. Environ dix millions cent trente-deux mille francs de notre monnaie, en supposant, comme cela est probable, qu'il s'agit de livres tournois. — 2. B, *loy*. — 3. A, *estre*. — 4. B et M, *Bauldoyn ;* par erreur A porte ici *Jehan* ; mais plus loin *Baudouyn*.

228 C nous arivèrent devant* une herberge que li soudans avoit fait tendre sur le flum, de tel manière comme vous orrez. Devant celle herberge avoit une tour de parches de sapin et close entour de toile tainte, et la porte estoit de la herberge ; et dedans celle porte
D estoit uns paveillons tendus*, là où li amiral, quant il aloient parler au soudanc, lessoient lour espées et lour harnois. Après ce paveillon ravoit une porte comme la première, et par celle porte entroit l'on en un grant paveillon qui estoit la sale au soudanc.
E Après la sale avoit une tel tour comme* devant, par laquel l'on entroit en la chambre le soudanc. Après la chambre le soudanc, avoit un prael, et enmi le prael avoit une tour plus haute que toutes les autres, là où li soudans aloit veoir tout le pays et tout
F l'ost. Dou prael movoit une alée qui aloit au* flum, là où li soudans avoit fait tendre en l'yaue un paveillon pour aler baignier. Toutes ces¹ herberges estoient closes de treillis de fust, et par dehors estoient li treillis couvert de toilles yndes, pour ce que cil qui estoient dehors ne peussent veoir de-
G dans ; et* les tours toutes quatre estoient couvertes de toille.

230 A Nous* venimes le jeudi² devant l'Ascencion en ce lieu là où ces herberges estoient tendues. Les quatre galies là où entre nous estiens en prison, ancra l'on ou³ devant de la herberge le soudanc. En un paveillon qui estoit assez près des herberges le soudanc,
B descendi-on* le roy. Li soudans avoit ainsi atirié,

---

1. A et B, *ses*. — 2. 28 avril 1250. — 3. A, *entra ou*; B, *et ancra l'on devant la*.

que le samedi devant l'Ascension on li renderoit Damiete, et il renderoit le roy.

LXIX. Li amiral que li soudans avoit ostei de son consoil pour mettre les siens que il ot amenez d'estranges terres*, pristrent consoil entre aus¹; et dist uns saiges hom Sarrazins en tel manière : « Signour, vous véez la honte et la deshonour que li soudans nous fait, que il nous oste de l'onnour là où ses pères nous avoit mis. Pour laquel chose nous devons estre certein* que, s'il se treuve dedans la forteresce de Damiete, il nous fera penre et mourir en sa prison, aussi comme ses aious² fist aus amiraus qui pristrent le conte de Bar et³ le conte de Monfort; et pour ce vaut-il miex, si comme il me semble, que nous* le façons occirre, avant qu'il nous parte des mains.

Il alèrent à ceus de la Halequa, et lour requistrent que il occeissent le soudanc, sitost comme il averoient mangié avec le soudanc qui les en avoit semons. Or avint* ainsi que, après ce qu'il orent mangié, et li soudans s'en aloit en sa chambre et ot pris congié de ses amiraus, uns des chevaliers de la Halequa qui portoit l'espée au soudanc, feri le soudanc de s'espée meismes parmi la main entre les quatre dois, et li fendi* la main jusques au bras. Lors li soudans se retourna* à ses amiraus qui ce li avoient fait faire, et lour dist : « Signour, je me pleing à vous de ceus de la Hauleca qui me vouloient occirre, si comme vous le pouez veoir. » Lors respondirent

---

1. Voy. chap. LVII. — 2. Ou plutôt *son père*. Voy. p. 192 c, n. 3. — 3. *Et* manque dans A.

li chevalier de la Haulequa à une voiz au soudanc, et distrent ainsi : « Puisque* tu diz que nous te voulons occirre, il nous vaut miex que nous t'occions que tu nous occies[1]. »

Lors firent sonner les nacaires, et touz li os vint demander que li soudans vouloit. Et il lour respondirent* que Damiete estoit prise et que li soudans aloit à Damiete, et que il lour mandoit que il alassent après li. Tuit s'armèrent et ferirent des esperons vers Damiete. Et quant nous veismes que il en aloient vers Damiete, nous fumes à grant meschief de cuer, pour* ce que nous cuidiens que Damiete fust perdue. Li soudans, qui estoit joenes et legiers, s'enfui en la tour que il avoit fait faire, avec trois de ses evesques[2], qui avoient mangié avec li ; et estoit la tours darière sa chambre, aussi comme vous avés oy ci-devant. Cil* de la Haleca, qui estoient cinq cens à cheval, abatirent les paveillons au soudanc, et l'assegièrent entour et environ dedans la tour qu'il avoit[3] fait faire, avec trois de ses evesques qui avoient mangié avec li, et li escrièrent[4] qu'il descendist. Et lors dist* que si feroit-il, mais que il l'asseurassent. Et il distrent que il le feroient descendre à force, et que il n'estoit mie dedans Damiete. Il li lancièrent le feu grejois, qui se prist en la tour, qui estoit faite de planches de sapin et de toille de coton. La tours s'esprist hastivement*, que onques si biau feu ne vi, ne si droit. Quant* li soudans vit ce, il descendi hastivement et s'en vint fuians vers le

---

1. A, *t'occion que tu nous occies* ; B, *te occire que tu nous occises*. — 2. De ses imans. — 3. A, *avoient*. — 4. A, *escrirent*.

flum, toute la voie dont je vous ai avant parlei. Cil de la Halequa avoient toute la voie rompue à lour espées. Et ou passer que li soudans fist pour aler vers le flum, li uns d'aus li donna* d'un glaive parmi les costes, et li soudans s'enfui ou flum, le glaive trainant; et il descendirent là, jusques à nou¹, et le vindrent occirre ou flum, assez près de nostre galie là où nous estiens. Li uns des chevaliers, qui avoit à non Faraquataye, le fendi de s'espée* et li osta le cuer dou ventre; et lors il en vint au roy, sa main toute ensanglantée, et li dist : « Que me donras-tu; que je t'ai occis ton ennemi, qui t'eust mort, se il eust vescu? » Et li roys ne li respondi onques riens.

LXX. Il* en vindrent bien trente, les espées toutes nues ès mains, à nostre galie, et au col² les haches danoises. Je demandai à monsignour Baudouin d'Ibelin, qui savoit bien le sarrazinnois, que celle gent disoient; et* il me respondi que il disoient que il nous venoient les testes tranchier. Il y avoit tout plein de gens qui se confessoient à un frère de la Trinitei, qui avoit nom Jehan et³ estoit au conte Guillaume de Flandres. Mais endroit de moy ne me souvint onques de* pechié que j'eusse fait; aincois m'apensai que, quant plus me deffenderoie et plus me ganchiroie, et pis me vauroit. Et lors me seignai et m'agenoillai aus piés de l'un d'aus, qui tenoit une hache danoise à charpentier, et dis : « Ainsi mourut sainte⁴ Agnès. » Messires* Guis d'Ybelin, connestables de Chypre, s'agenoilla* encoste moy et se con-

---

1. B et M, *neuf*. — 2. Les mots *au col* sont fournis par l'édition de Ménard. — 3. *Avoit nom Jehan et* omis dans A. — 4. A, *saint*.

fessa à moy; et je li dis : « Je vous asol de tel pooir que Diex m'a donnei. » Mais quant je me levai d'ilec, il ne me souvint onques de chose que il m'eust dite ne racontée.

Il nous firent lever de là où nous estiens, et nous mistrent* en prison en la sente de la galie; et cuidièrent mout de nostre gent que il l'eussent fait, pour ce que il ne nous vouloient[1] pas assaillir touz ensemble, mais pour nous tuer l'un après l'autre. Leans fumes à tel meschief, le soir, tout soir[2] que nous gisiens si à* estroit que mi pié estoient endroit le bon conte Perron de Bretaingne, et li sien estoient endroit le mien visaige. L'endemain nous firent traire li amiral de la prison là où nous estiens, et nous dirent ainsi lour messaige, que nous alissiens parler aus* amiraus, pour renouveler les couvenances que li soudans avoit eues à[3] nous; et nous dirent que nous fussiens certein que, se li soudans eust vescu, il eust fait coper la teste au roy et à nous touz aussi. Cil qui y porent aler y alèrent; li cuens de Bretaingne et* li connestables et je, qui estiens grief malade, demourames. Li cuens de Flandres, li cuens Jehans de Soissons, li dui frère d'Ibelin, et li autre qui se porent aidier, y alèrent.

Il acordèrent aus amiraus en tel manière, que, sitost* comme on lour averoit delivrée Damiete, il deliverroient le roy et les autres riches homes qui là estoient; car le menu peuple en avoit fait mener li soudans vers Babiloine, fors que ceus que il avoit fait tuer. Et ceste chose avoit-il faite contre les cou-

---

1. A, *voudroient*. — 2. B, *toute la nuyt*. — 3. A, *avoit avec*.

venances* que il avoit au roy : par quoy il semble
bien que il nous eust fait tuer aussi, sitost comme il*
eust eu Damiete. Et li roys lour devoit jurer aussi à
lour faire grei de dous cens mille livres, avant que
il partisist dou flum, et dous cens mille livres en
Acre. Li Sarrazin, par les couvenances qu'il avoient
au roy, devoient garder les malades qui estoient en
Damiete*, les arbalestres, les armeures, les chars sa-
lées et les angins¹ jusques à tant que li roys les en-
voieroit querre.

LXXI. Li sairement que li amiral devoient faire
au roy furent devisié et furent tel, que se il ne te-
noient au* roy les couvenances, que il fussent aussi
honni comme cil qui par son pechié aloit en peleri-
naige à Mahomet, à Maques, sa teste descouverte;
et fussent aussi honni comme cil qui lessoient lour
femmes et les reprenoient après. De ce cas ne peuent
lessier lour femmes*, à la loi de Mahommet, que ja-
mais la puissent ravoir, se il ne voit un autre homme
gesir à li, avant que il la puisse ravoir. Li tiers sai-
remens fu tex, que se il ne tenoient les couvenances
au roy, que il fussent aussi honni comme li Sarra-
zins qui manjue la* char de porc. Li roys prist les
sairemens desus diz des amiraus à grei², parce que
maistres Nicholes d'Acre, qui savoit le sarrazinnois,
dist que il ne les pooient³ plus forz faire selonc lour
loi.

Quant* li amiral orent jurei, il firent mettre en es-
crit le sairement que il vouloient avoir dou roy,

---

1. A, *arbalestriers* et *armeuriers*, en omettant *les angins*. — 2. A omet
à grei. — 3. A, *pooit*.

qui¹ fu tex, par le consoil des provères qui s'estoient² renoié devers aus; et disoit li escris ainsi : que se li roys ne tenoit les couvenances aus amiraus, que il fust* aussi honnis comme li Crestiens qui renie Dieu et sa Mère, et privez³ de la compaingnie de ses douze compaingnons, de touz les sains et de toutes les saintes. A ce s'acordoit bien li roys. Li dareniers poins dou sairement fu tex, que se il ne tenoit les couvenances aus* amiraus, que il fust aussi honnis comme li Crestiens qui renoie Dieu et sa loy, et qui en despit⁴ de Dieu crache sur la croiz et marche desus. Quant li roys oy ce, il dist que⁵, se Dieu plait, cesti sairement ne feroit-il jà. Li amiral envoièrent maistre Nichole*, qui savoit le sarazinnois, au roy, qui dist au roy tiex paroles : « Sire, li amiral ont grant despit de ce que il ont jurei quanque vous requeistes, et vous ne voulez jurer ce que il vous requièrent; et soiés certeins que, se vous ne le jurez, il vous feront la teste* coper, et à toute vostre gent. » Li roys respondi que il en pooient faire lour volentei; car il amoit miex mourir bons Crestiens, que ce que il vesquist ou courrous Dieu et sa Mère⁶.

Li patriarches de Jerusalem, viex hom et anciens de* l'aage de quatre-vins ans, avoit pourchacié asseurement des Sarrazins, et estoit venus vers le roy pour li aidier à pourchacier sa delivrance. Or est tex la coustume entre les Crestiens et les Sarrazins, que, quant li roys ou li soudans meurt, cil qui sont en messagerie*, soit en paennime ou en crestientei,

---

1. *Qui* omis dans A. — 2. A, *qu'il s'estoit*. — 3. *Privez* omis dans A, ainsi que *saintes* à la fin de la phrase. — 4. A, *est despit*. — 5. *Que* omis dans A. — 6. B ajoute *et de ses sainctz*.

sont prison et esclave; et pour ce que li soudans qui avoit donnei la seurtei au patriarche fu mors, li diz patriarches¹ fu prisonniers aussi comme nous fumes². Quant li roys ot faite sa response, li uns des amiraus dist que ce consoil li avoit donnei* li patriarches, et dist aus paiens : « Se vous me voulés* croire, je ferai le roy jurer; car je li ferai la teste dou patriarche voler en son geron. » Il ne le vorent pas croire, ainçois pristrent le patriarche et le levèrent de delez le roy, et le lièrent à une perche d'un paveillon les mains darières le dos, si estroitement* que les mains li furent aussi enflées et aussi grosses comme sa teste, et que li sans li sailloit parmi les ongles³. Li patriarches crioit au roy : « Sire, pour Dieu⁴, jurez seurement; car je en pren tout le⁵ pechié sus l'ame de moy, dou sairement que vous ferez, puisque vous le béez* bien à tenir. » Je ne sai pas comment li sairemens fu atiriez; mais li amiral⁶ se tindrent bien apaié dou sairement le roy et des autres riches homes qui là estoient.

LXXII. Dès que li soudans fu occis, on fist venir les estrumens* au soudanc devant la tente le roy, et dist-on au roy que li amiral avoient eu grant vouloir et⁷ consoil de li faire soudanc de Babiloine. Et il me demanda se je cuidoie que il eust pris le royaume de Babiloine, se il li eussent presentei. Et je li dis que il eust mout fait* que fous, à ce que il avoient lour signour occis; et il me dist que vraiement il ne l'eust mie refusei. Et sachiez que on dist⁸ que il ne

---

1. A omet *li diz patriarches*. — 2. Voy. chap. LXII. — 3. A, *mains*. — 4. A omet *pour Dieu*. — 5. A, *je prends le*. — 6. A, *l'amiral*; B, *les Sarrazins*. — 7. A omet *vouloir et*. — 8. A omet *que on dist*.

demoura pour autre chose, que pour ce que il disoient que li roys estoit li plus fermes Crestiens que on peust trouver. Et cest exemple en moustroient*, à ce que quant il se partoit¹ de la heberge, il prenoit sa croiz à terre et seignoit tout son cors. Et disoient que, se Mahommez lour eust tant de meschief soufert à faire, il ne le creussent jamais; et disoient que, se celle gent fesoient soudanc de li, il* les occirroit touz, ou il devenroient Crestien.

Après que les couvenances furent acordées dou roy et* des amiraus et jurées, fu acordei que il nous deliverroient l'endemain² de l'Ascension, et que sitost comme Damiete seroit delivrée aus amiraus, on deliverroit le cors le roy et les riches hommes qui avec li estoient, aussi comme il est devant dit. Le jeudi*³ au soir, cil qui menoient nos quatre galies vindrent ancrer⁴ en mi le flum, devant le pont de Damiete, et firent tendre un paveillon devant le pont, là où li roys descendi.

Au soleil levant, messires Geffroys de Sergines ala* en la ville, et fist rendre la ville aus amiraus. Sur les tours de la ville mistrent les enseignes au soudanc. Li chevalier sarrazin se mistrent en la ville et commencièrent à boivre des vins, et furent maintenant tuit yvre : dont li uns d'aus vint à nostre galie* et trait s'espée toute ensanglantée, et dist que endroit de li il⁵ avoit tuei six de nos gens. Avant que Damiete fust rendue, avoit l'on recueilli la royne en nos neis, et toute nostre gent qui estoient en Da-

---

1. A, *partoient*. — 2. A omet *l'endemain*. — 3. Le jour de l'Ascension, 5 mai 1250. — 4. A, *ancrer nos quatre galies*. — 5. A omet *il*.

miete, fors que les malades qui estoient en Damiete*. Li Sarrazin les devoient garder par lour sairement : il les tuèrent touz. Les engins le roy, que il devoient garder aussi, il les decopèrent par pièces. Et les chars salées[1] que il devoient garder, pour ce que il ne manjuent point de porc, il ne les gardèrent pas ; ainçois* firent un lit des engins[2], un lit de bacons et un autre de gens mors, et mistrent le feu dedans ; et y ot si grant feu que il dura le vendredi, le samedi et le dymanche.

LXXIII. Le roy et nous que il durent delivrer dès le soleil levant*, il nous tindrent jusques à soleil couchant ; ne* onques ne[3] mangames, ne li amiral aussi ; ainçois furent en desputoison tout le jour. Et disoit uns amiraus pour ceus qui estoient de sa partie : « Signour, se vous me voulez croire, moy et ceus qui sont ci de ma partie, nous occirons le roy et ces* riches homes qui ci sont ; car de çà quarante ans n'avons mais garde ; car lour enfant sont petit, et nous avons Damiete devers nous, par quoy nous le poons faire plus seurement. » Uns autres Sarrazins qui avoit non Sebreci, qui estoit nez de Morentaigne[4], disoit* encontre et disoit ainsi : « Se nous occions le roy, après ce que nous avons occis le soudanc, on dira que li Egypcien sont les plus mauvaises gens et les plus desloiaus qui soient ou monde. » Et cil qui vouloit que on nous occeist, disoit encontre : « Il est bien* voirs que nous nous[5] sommes trop malement deffait de nostre soudanc

---

1. A, *pors salés*. — 2. A omet *un lit des engins*. — 3. A, *ni*. — 4. Leçon de M ; A, *Mortaig* ; B, *Mortaing*. — 5. A, *que nous*.

que nous avons tuei; car nous sommes alei contre le commandemant Mahommet, qui nous commande que nous gardons le nostre signour aussi comme la prunelle de nostre œil : et vezci* en cest livre le commandement tout escrit. Or escoutez, fait-il, l'autre commandemant Mahommet qui vient après. » Il lour tournoit un foillet ou livre que il tenoit, et lour moustroit l'autre commandemant Mahommet, qui estoit tex : « En l'asseurement* de la foy, occi l'ennemi de la loy. » Or gardez comment nous avons mesfait contre les commandemans Mahommet, de ce que nous avons tuei nostre signour; et encore ferons-nous pis se nous ne tuons le roy, quelque asseurement que nous li aiens donnei; car c'est* li plus forz ennemis que la loys paiennime ait[1]. » Nostre* mors fu presque acordée : dont il avint ainsi, que uns amiraus qui estoit nostre adversaires, cuida que on nous deust touz occire, et vint sus le flum, et commença à crier en sarrazinnois à ceus qui les galies menoient, et osta sa touaille de sa teste et lour fist* un signe de sa touaille. Et maintenant il nous desancrèrent, et nous remenèrent bien une grant lieue arière vers Babiloine. Lors cuidames-nous estre tuit perdu, et y ot maintes lermes plorées.

LXXIV. Aussi comme Diex vout, qui n'oublie pas les siens, il* fu acordei, entour soleil couchant, que nous seriens delivrei. Lors nous ramena l'on, et mist l'on nos quatre galies à terre. Nous requeismes que on nous lessast aler. Il nous dirent que non fe-

---

1. A, *est;* B, *payenne ait.*

roient jusques¹ à ce que nous eussiens mangié : « Car ce seroit honte aus amiraus*, se vous partiés de nos prisons à jeun. » Et nous requeismes que on nous donnast la viande, et nous mangeriens ; et il nous distrent que on l'estoit alei querre en l'ost. Les viandes que il nous donnèrent, ce furent begniet de fourmaiges² qui estoient roti au* soleil, pour ce que li ver n'i venissent, et œf dur cuit de quatre jours ou de cinc; et, pour honnour de nous, on les avoit fait peindre par dehors de diverses colours.

On nous mist à terre et en alames vers le roy, qu'il amenoient* dou paveillon là où il l'avoient tenu vers le flum ; et venoient bien vint mille Sarrazin, les espées ceintes, tuit après li, à pié. Ou flum devant le roy avoit une galie de Genevois, là où il ne paroit que uns seus hom desur. Maintenant que il vit le roy sur* le flum, il sonna un siblet; et au son dou siblet saillirent* bien de la sente de la galie quatre-vins arbalestrier bien apparellié, les arbalestres montées, et mistrent maintenant les carriaus en coche. Tantost comme li Sarrazin les³ virent, il touchièrent en fuie aussi comme brebis; que onques n'en demoura* avec le roy, fors que dous ou trois. Il getèrent une planche à terre pour requeillir le roy et le conte d'Anjou, son frère, et monsignour Geffroy de Sergines, et monsignour Phelipe de Annemos, et le marechal de France que on appeloit dou⁴ Meis, et* le maistre de la Trinitei et moy. Le conte

---

1. A, *juesques*. — 2. A, *begues de fourmages*; B, *bignetz de fromaige*. — 3. A, *le*. — 4. A, *don*; le nom du marechal est omis dans B.

de Poitiers il retindrent en prison jusques à tant que li roys lour eust fait paier les dous cens mille livres que il lour devoit faire paier, avant que il partisist dou flum, pour lour rançon.

Le* samedi¹ après² l'Ascension, liquex samedis est l'endemain que nous fumes delivrei, vindrent penre congié dou roy li cuens de Flandres³ et li cuens de Soissons, et plusour des autres riches homes qui furent pris ès galies. Li roys lour dist ainsi, que il li sembloit* que il feroient bien se il atendoient jusques à ce que li cuens de Poitiers, ses frères, fust delivrés. Et il distrent que il n'avoient pooir; car les galies estoient toutes appareillies. En lour galies montèrent et s'en vindrent en France, et en amenèrent avec aus le* bon conte Perron de Bretaingne, qui estoit si malades que il ne vesqui puis que troiz semainnes, et mourut sus mer.

LXXV. L'on commença à faire le paiement le samedi au matin, et y mist l'on au paiement faire le samedi et le* dymanche toute jour jusques à la nuit; que on les paioit* à la balance, et valoit chascune balance dix mille livres. Quant ce vint le dymanche au vespre, les gens le roy qui fesoient le paiement, mandèrent au roy que il lour failloit bien encore⁴ trente mille livres. Et⁵ avec le roy n'avoit que le roy de Sezile et le marechal* de France, le menistre de la Trinitei et moy; et tuit li autre estoient au paiement faire. Lors dis-je au roy que il seroit bon que il envoiast querre le commandeour et le marechal

---

1. Le 7 mai 1250. — 2. A, *devant*. — 3. Joinville se trompe; car il cite plus loin (chap. LXXXII et LXXXIII) le comte de Flandre comme étant à Acre avec le roi. — 4. A omet *encore*. — 5. A, *que* au lieu de *et*.

dou Temple, car li maistres estoit mors; et que il lour requeist que il* li prestassent les¹ trente mile livres pour delivrer son frère. Li roys les envoia querre, et me dist li roys que je lour deisse. Quant je lour oy dit, frères Estiennes d'Otricourt, qui estoit commanderres dou Temple, me dist ainsi : « Sire de Joinville, cis consaus que vous donnés* au roi² n'est ne bons ne raisonnables ; car vous savés que nous recevons les commandes en tel manière, que par nos sairemens nous ne les poons delivrer mais que à ceus qui les nous baillent. » Assés y ot de dures paroles et de felonnesses entre moy et li. Et lors parla frères* Renaus de Vichiers, qui estoit marechaus dou Temple, et dist ainsi : « Sire, lessiés ester la tençon dou signour de Joinville et de nostre commandeour; car, aussi comme nostre commanderres dit, nous ne pourriens riens baillier que nous ne fussiens parjure. Et* de ce que li seneschaus vous loe que, se³ nous ne vous en voulons prester, que vous en preigniés, ne dit-il pas mout grans merveilles⁴ et vous en ferés vostre⁵ volentei; et se vous prenez dou nostre, nous avons bien tant dou vostre en Acre, que vous nous* desdomagerés bien. »

Je* dis au roy que je iroie, se il vouloit; et il le me commenda. Je m'en alai en une des galies dou Temple, en la maistre galie; et quant je vouz descendre en la sente de la galie, là où li tresors estoit, je demandai au commandeour dou Temple que il venist veoir ce que je* penroie; et il n'i dein-

---

1. A omet *les*. — 2. A omet *au roi*. — 3. A, *ce*. — 4. B, *ne dict pas mal*. — 5. A omet *vostre*.

gna onques venir. Li marechaus dist que il venroit veoir la force que je li feroie. Sitost comme je fu avalez là où li tresors estoit, je demandai au tresorier dou Temple, qui là estoit, que il me baillast les clez d'une huche qui estoit devant moy*; et il, qui me vit mègre et descharnei de la maladie, et en l'abit que je avoie estei en prison, dist que il ne m'en bailleroit nulles. Et je regardai une coignie qui gisoit illec, si la levai et dis que je feroie la clef le roy. Quant li marechaus vit ce, si me prist par le poing* et me dist : « Sire, nous véons bien que c'est force que vous nous faites, et nous vous ferons baillier les clez. » Lors commanda au tresorier que on les me baillast; ce qu'il fist[1]. Et quant li marechaus ot dit au tresorier qui je estoie, il en fu mout esbahis. Je trouvai que celle huche* que je ouvri, estoit à Nichole de Choysi[2], un serjant le roy. Je getai hors ce d'argent que je y trouvai, et me alay seoir[3] ou chief de nostre vessel qui m'avoit amenei. Et pris le marechal de France et le lessai avec l'argent, et sur la galie mis le menistre* de la Trinitei. Sus la galie li marechaus tendoit l'argent au menistre, et li menistres le me bailloit ou vessel là où je estoie. Quant nous venimes vers la galie le roy, je commençai à huchier au roy : « Sire, sire, esgardés comment je sui garniz. » Et li sainz hom me vit* mout volentiers et mout liement. Nous baillames à ceus qui fesoient le paiement, ce que j'avoie aportei.

LXXVI. Quant* li paiemens fu fais, li consaus le roy qui le paiement avoit fait, vint à li, et li dis-

---

1. A omet *ce qu'il fist*. — 2. B, *Serysy*. — 3. A, *me lessoient*.

trent que li Sarrazin ne vouloient delivrer son frère jusques à tant que il eussent l'argent par devers aus. Aucun dou consoil y ot qui ne louoient mie le roy que il lour delivrast* les deniers jusques à tant que il reust son frère. Et li roys respondi que il lour deliverroit, car il lour avoit couvent; et il li retenissent les seues couvenances, se il cuidoient bien faire. Lors dist messires Phelipes de Nemoes[1] au roy, que on avoit forcontei* aus Sarrazins une balance de dix mile livres. Et li roys se courrouça trop fort, et dist que il vouloit que on lour rendist les dix mile livres pour ce que il lour avoit couvent à paier les dous cens mile livres, avant que il partisist dou flum. Et lors je passai monsignour* Phelipe sus le pié, et dis au roy qu'il ne le creust pas, car il ne disoit pas voir; car li Sarrazin estoient li plus saige conteour[2] qui fussent ou monde. Et messires Phelippes dist que je disoie voir, car il ne le disoit que par moquerie[3]. Et* li roys dist que male encontre eust tex moquerie : « Et vous commant, dist li roys à monsignour Phelippe, sur la foy que me devez, comme mes hom que vous estes, que se les dix mile livres ne sont païes, que vous les facez paier sans nulle faute[4]. »

Mout* de gens avoient louei au roy que il se traisist en sa nef qui l'atendoit en mer, pour li oster des mains aus Sarrazins. Onques li roys ne vout nullui croire, ainçois disoit que il ne partiroit dou flum, aussi* comme il l'avoit couvent, tant que il

---

1. A, *Damoes;* B et M, *Montfort;* Conf. de la reine Marg. *Nemox.* — 2. A, *les plus forconteurs.* — 3. B, *goderie.* — 4. A omet *sans nulle faute.* — Voy. chap. III.

258 A lour eust paié* dous cens mille livres. Sitost comme li paiemens fu fais, li roys, sanz ce que nulz ne l'en prioit, nous dist que desoremais estoit ses sairemens quitiez, et que nous nous partissiens de là, et alissiens en la nef qui estoit en la mer. Lors s'esmut
B nostre galie, et alames bien* une grant lieue avant que li uns ne parlast à l'autre, pour la mesaise que nous aviens de la prison[1] dou conte de Poitiers. Lors vint messires Phelippes de Monfort en un galion, et escria au roy : « Sire, sire, parlés à vostre
C frère le conte de Poitiers, qui est en cel autre* vessel. » Lors escria li roys : « Alume, alume ! » et si fist l'on. Lors fu la joie si grans comme elle pot estre plus entre nous.

Li roys entra en sa nef, et nous aussi. Uns povres
D pechierres* ala dire à la contesse de Poitiers qu'il avoit veu le conte de Poitiers delivre, et elle li fist donner vint livres de parisis.

LXXVII. Je ne vueil pas oublier aucunes besoignes qui avindrent en Egypte tandis que nous y
E estiens. Tout premier*, je vous dirai de monsignour Gauchier de Chasteillon, que uns chevaliers qui avoit non monsignour Jehan de Monson, me conta que il vit monsignour de Chasteillon en une rue qui estoit ou kasel là où li roys fu pris ; et passoit celle
F rue toute droite parmi* le kasel, si que on véoit les chans d'une part et d'autre. En celle rue estoit messires Gauchiers de Chasteillon, l'espée ou poing toute nue. Quant il véoit que li Turc se metoient parmi celle rue, il lour couroit sus, l'espée ou

---

1. A omet *de la prison*.

poing, et les flatoit hors dou casel*; et au fuir que li
Turc faisoient devant li, il, qui traioient aussi bien
devant comme darière, le couvrirent* tuit de pylez.
Quant il les avoit chaciez hors dou kasel, il se desflichoit de ces pylés qu'il avoit sur li, et remetoit sa
cote à armer desus¹ li, et se dressoit sus ses estriers
et estendoit les bras atout l'espée, et crioit : « Chasteillon, chevalier! où sont mi preudome*? » Quant il
se retournoit et il véoit que li Turc estoient entrei
par l'autre chief, il lour recouroit sus, l'espée ou
poing, et les enchaçoit; et ainsi fist par trois foiz en
la manière desus dite. Quant li amiraus des galies
m'ot amenei devers ceus qui furent* pris à terre, je
enquis à ceus qui estoient entour li; ne onques ne
trouvai qui me deist comment il fu pris, fors que
tant que messires Jehans Fouinons², li bons chevaliers, me dist que, quant on l'amenoit pris vers la
Massourre, il trouva un Turc qui* estoit montez sur
le cheval monsignour Gauchier de Chasteillon, et
estoit la culière toute sanglante dou cheval. Et il li
demanda que il avoit fait de celi à cui li chevaus
estoit, et li respondi que il li avoit copei la gorge
tout à cheval, si comme il apparut à* la culière qui
en estoit ensanglantée dou sanc.

Il avoit un mout vaillant home en l'ost, qui avoit
à non monsignour Jaque de Castel, evesque de Soissons³. Quant il vit que nos gens s'en revenoient⁴
vers Damiete, il, qui avoit grant desirier de aler à
Dieu*, ne s'en vout pas revenir en la terre dont il

---

1. A, *desous*. — 2. B, *de Foumons;* Ville-Hardoin cite *Jehans Fuisnons*
ou *Foisnons*, chevalier champenois. — 3. Son véritable nom est Gui
de Château-Porcien. — 4. A, *revenoit*.

estoit nez; ainçois se hasta d'aler avec Dieu. Et feri des esperons et assembla aus Turs touz seus, qui à lour espées l'occistrent et le mistrent en la compaingnie Dieu, ou nombre des martirs.

Endementres* que li roys atendoit le paiement que sa* gent fesoient aus Turs pour la delivrance de son frère le conte de Poitiers, uns Sarrazins mout bien atiriés et mout biaus[1] hom de cors, vint au roy et li presenta lait pris en pos et flours de diverses colours et[2] manières, de par les enfans le Nasac[3], qui avoit estei* soudans de Babiloine, et li fist le present en françois. Et li roys li demanda où il avoit apris françois, et il dist que il avoit estei crestians; et li roys li dist : « Alez-vous-en, que à vous ne parlerai-je plus. » Je le trais d'une part et li demandai son couvine; et il me* dist qu'il avoit estei nez de Provins, et que il estoit venus en Egypte avec le roy Jehan, et que il estoit mariez en Egypte et grans riches hom. Et je li diz : « Ne savez-vous pas bien que se vous mouriés en ce point, que vous seriez damnez[4] et iriez en enfer? » Et il dist : « Oyl (car* il estoit certeins que nulle loys[5] n'estoit si bone comme la crestienne); mais je dout, se je aloie vers vous, la povretei là où je seroie et le reproche. Toute jour me diroit l'on : Véez ci le renoié! Si aim miex vivre riche et aise, que je me meisse en tel point comme* je voi[6]. » Et je li dis que li reproches seroit plus grans ou jour dou jugement là où chascuns verroit

---

1. A, *leal*. — 2. A omet *coulours et*. — 3. B, *du vassat*. — Probablement *Al-Malek an-Nacer Dawoud*, qui prétendit au titre de soudan de Babylone. Voy. Éclaircissements, 4°. — 4. A omet *seriez damnez et*. — 5. A omet *loys*. — 6. B, *je vous dis*.

son mesfait, que ne seroit ce que il me contoit. Mout de bones paroles li diz, qui guères ne valurent. Ainsi se departy de moy, n'onques plus ne le vi.

LXXVIII. Or* avez oy ci-devant les grans persecucions que li roys et nous souffrimes, lesquiex persecucions la royne n'en eschapa pas, si comme vous orrez ci-après. Car* trois jours devant ce que elle acouchast, li vindrent* les nouvelles que li roys estoit pris; desquiex nouvelles elle fu si effrée, que, toutes les fois que elle se dormoit en son lit, il li sembloit que toute sa chambre fust pleinne de Sarrazins, et s'escrioit : « Aidiés, aidiés! » Et pour ce que li enfes ne fust periz*, dont elle estoit grosse, elle fesoit gesir devant son lit un chevalier ancien de l'aage de quatre-vins¹ ans, qui la tenoit par la main. Toutes les fois que la royne s'escrioit, il disoit : « Dame, n'aiés garde; car je sui ci. » Avant qu'elle fust accouchie, elle* fist vuidier hors toute sa chambre, fors que le chevalier, et s'agenoilla devant li et li requist² un don; et li chevaliers li otroia par son sairement, et elle li dist : « Je vous demant, fist-elle, par la foy que vous m'avez baillie, que se li Sarrazin prennent ceste ville, que* vous me copez la teste avant qu'il me preignent. » Et li chevaliers respondi : « Soiés certeinne que je le ferai volentiers; car je l'avoie jà bien enpensei que vous occiroie, avant qu'il nous eussent pris. »

La royne acoucha d'un fil, qui ot à non Jehan; .et* l'appeloit l'on³ Tritant, pour la grant dolour là

---

1. A omet le chiffre *XX*. — 2. B ajoute *qu'il luy donnast*. — 3. B, *et l'appela à surnom*.

où il fu nez. Le jour meisme que elle fu acouchie, li dist l'on que cil de Pise et de Gênes s'en vouloient fuir, et les autres communes. L'endemain que elle fu acouchie, elle les manda touz devant son lit, si que la* chambre fu toute pleinne, et lour dist[1] : « Signour, pour Dieu merci, ne lessiés pas ceste ville ; car vous véés que messires li roys seroit perdus et tuit cil qui sont pris, se elle estoit perdue ; et s'i ne vous plait, si[2] vous preingne pitié de ceste chietive qui ci gist, que* vous atendés[3] tant que je soie relevée. » Et il respondirent* : « Dame, comment ferons-nous ce? que nous mourons de[4] fain en ceste ville. » Et elle lour dist que jà par famine ne s'en iroient ; « Car je ferai acheter toutes les viandes en ceste ville, et vous retieing touz dès orendroit aus despens dou roy. » Il* se conseillièrent et revindrent à li, et li otroièrent que il demourroient volentiers ; et la royne (que Diex absoille !) fist acheter toutes les viandes de la ville, qui li coustèrent trois cens et soixante mille livres et plus. Avant son terme la couvint relever, pour la citei* que il couvenoit rendre aus Sarrazins. En Acre s'en vint la royne, pour atendre le roy.

LXXIX. Tandis que li roys atendoit la delivrance son frère, envoia li roys frère Raoul, le frère preescheour, à un amiral qui avoit à non Faracataie, l'un des plus loiaus* Sarrazins que je veisse onques. Et li manda[5] que il se merveilloit mout comment il et li autre amiral soufrirent comment on li avoit ses

---

1. A omet *et lour dist*. — 2. B, *si vous prie qu'il*. — 3. B, *me attendez au moins*. — 4. *De* manque dans A. — 5. A, *demanda*.

trèves si villeinnement rompues, car on li avoit tuei les malades que il devoient garder¹, et fait² dou merrien* de ses engins, et avoient ars les malades et les chars salées de porc que il devoient garder aussi. Faracataie respondi à frère Raoul et dist : « Frères Raous, dites au roy que par ma loy je n'i puis mettre consoil, et ce poise moy; et li dites, de par moy, que il* ne face nul semblant que il li anuie, tandis que il est en nostre main, car mors seroit. » Et li loa que sitost comme il venroit en Acre, que il li en souvieingne.

Quant li roys vint en sa nef, il ne trouva onques que sa gent li eussent riens appareillié, ne lit, ne robes; ainçois* li couvint gesir, tant que nous fumes en Acre*, sur les materas que li soudans li avoit bailliez, et vestir³ les robes que li soudans li avoit fait baillier et taillier, qui estoient⁴ de samit noir, forrei de vair et de griz, et y avoit grant foison de noiaus touz d'or⁵.

Tandis* que nous fumes en la mer⁶ par six jours, je, qui estoie malades, me séoie touzjours decoste le roy. Et lors me conta il comment il avoit estei pris, et comment il avoit pourchacie sa reançon et la nostre, par l'aide de Dieu; et me fist conter comment je avoie estei* pris en l'yaue. Et après il me dist que je devoie grant grei savoir à Nostre-Signour, quant il m'avoit delivrei de si grans perilz. Mout regretoit la mort dou conte d'Artois son frère, et di-

---

1. A, *garder aussi*. — 2. Je supplée *fait*; le mot *découppé* du ms. B répond à *fait du merrien*. — 3. A, *vesti*. — 4. A, *estoit*. — 5. B, *et y avoit entour les dicts habitz grant nombre de nouetz tout de fin or*. — 6. *En la mer* omis dans A et B.

soit que mout envis se fust tant¹ souffers de li venir veoir, comme li cuens de* Poitiers, que il ne le fust venir veoir ès galies.

Dou conte d'Anjou, qui estoit en sa nef, se pleingnoit aussi à moy, que² nulle compaingnie ne li tenoit. Un jour demanda que li cuens d'Anjou faisoit, et on li dist* que il jouoit aus tables à monsignour Gautier d'Anemoes³. Et il ala là touz chancelans pour la flebesce de sa maladie, et prist les dez et les tables et les geta en la mer, et se courouça mout fort à son frère de ce que il s'estoit sitost pris à jouer* aus deiz; mais messires Gautiers en fu li miex paiez, car il geta touz les deniers qui estoient sus le tablier (dont il y avoit grant foison) en son geron, et les emporta.

LXXX. Ci après orrez de plusours persecucions et tribulacions* que j'oy en Acre, desquiex Diex, à cui je* m'atendoie et à cui je m'atent, me delivra. Et ces choses ferai-je⁴ escrire, pour ce que cil qui les orront aient fiance en Dieu en lour persecucions et tribulacions; et Diex lour aidera aussi comme il fist moy.

Or* disons donc que, quant li roys vint en Acre, toutes les processions d'Acre li vindrent à l'encontre recevoir jusques à la mer à mout grant joie. L'on me amena⁵ un palefroi. Si tost comme je fu montez sus, li cuers me failli; et je dis à celi qui le* palefroy m'avoit amenei, que il me tenist que je ne chéisse. A grant peinne me monta l'on les degrez

---

1. A omet *tant.* — 2. A, *qui.* — 3. B, *Gaulcher de Nemours.* — 4. B, *ay-je fait.* — 5. A, *l'en amena.*

de la sale le roy. Je me assis à une fenestre, et uns enfes delez moi, et avoit entour dix ans de aage, qui avoit à non Berthelemin, et estoit fiz bertars à monsignour Ami de Monbeliart, signour de Monfaucon[1]. Endementres que je séoie illec là où nus ne se prenoit garde de moy, là me vint uns vallez[2] en une cote vermeille à dous roies jaunes; et me salua et me demanda se je le cognoissoie, et je li dis nanin. Et il me dist que il estoit d'Oiselair, le chastel mon oncle. Et je li demandai à cui il estoit; et il me dist que il n'estoit à nullui, et que il demourroit avec moy, se je vouloie; et je dis que je le vouloie mout bien. Il m'ala maintenant querre coifes blanches et me pingna mout bien. Et lors m'envoia querre li roys pour mangier avec li; et je y alai à tout le corcet que l'on m'avoit fait en la prison, des rongneures de mon couvertour; et mon couvertour lessai à Berthelemin l'enfant, et quatre aunes de camelin que l'on m'avoit donnei pour Dieu en la prison. Guillemins, mes nouviaus varlez, vint trenchier devant moy, et pourchassa de la viande à l'enfant tant comme nous mangames.

Mes vallez noviaus me dist que il m'avoit pourchacié un hostel tout delez les bains, pour moy laver de l'ordure et de la suour que j'avoie aportée de la prison. Quant ce vint le soir que je fu ou baing, li cuers me failli et me pasmai, et à grant peinne m'en trait l'on hors dou baing jusques à mon lit. L'endemain uns viex chevaliers qui avoit non monsignour Perron de Bourbonne, me vint

1. Voy. chap. LXV. — 2. *Éclaircissements*. 5º.

veoir, et je le reting entour moy; il m'apleja¹ en la ville ce qu'il me failli pour vestir et pour moy atourner. Quant je me fu aréez, bien quatre² jours après ce que nous fumes venu, je alai veoir le roy, et m'enchoisonna* et me dist que je n'avoie pas bien fait quant je avoie tant tardei à li veoir, et me commenda si chière comme j'avoie s'amour, que mangasse avec li adès et au soir et au main, jusques à tant que il eust aréei que nous feriens, ou d'aler en* France ou de demourer.

Je dis au roy que messires Pierres de Courtenay³ me devoit quatre cens livres de mes gaiges, lesquiex il ne me vouloit paier. Et li roys me respondi que il me feroit bien paier des deniers que* il devoit au signour de Courtenay; et si fist-il. Par le consoil monsignour Perron de Bourbone, nous preismes quarante livres pour nos despens, et le remenant commendames à garder au commandeour dou palais dou Temple. Quant ce vint que j'oi despendu* les quarante livres, je envoiai le père Jehan* Caym de Sainte-Manehost, que je avoie retenu outre-mer, pour querre autres⁴ quarante livres. Li commenderres li respondi que il n'avoit denier dou mien, et que il ne me congnoissoit. Je alai à frère Renaut de Vichiers, qui estoit maistres dou Temple* par l'aide dou roy, pour la courtoisie que il avoit faite au roy⁵ en la prison, dont je vous ai parlei, et me plainz à li dou commandeour dou palais, qui mes deniers ne me vouloit rendre que je li avoie com-

---

1. B, *me appareilla*. — 2. B, *trois*. — 3. A, *Courcenay* ici et plus bas. — 4. A, *autre*. — 5. A omet *au roy*.

mandez. Quant il oy ce, il s'esfréa fort, et me dist* : « Sire de Joinville, je vous aim mout; mais soiés certeins que, se vous ne vous voulez soufrir de ceste demande, je ne vous aimerai jamais; car vous voulés faire entendant aus gens que nostre frère sont larron. » Et je li dis que je ne me soufferroie jà*, se Dieu plait. En ceste mesaise de cuer je fu quatre jours, comme cil qui n'avoit plus de touz deniers pour despendre. Après ces quatre jours, li maistres vint vers moy touz rians, et me dist que il avoit retrouvei mes deniers. La manière comment il* furent trouvei, ce fu pour ce que il avoit changié le commendeour dou palais, et l'avoit envoié à un cazel que on appelle le Saffran[1]; et cil me rendi mes deniers.

LXXXI. Li evesques d'Acre qui lors estoit, qui avoit estei nez de Provins*, me fist prester la maison au curei de Saint-Michiel. Je avoie retenu Caym[2] de Sainte-Manehot, qui mout bien me servi dous ans, miex que hom que j'eusse onques entour moy ou pays, et plusours gens avoie retenus avecques moy[3]. Or estoit ainsi*, que il avoit une logète à mon chevet, par* où l'on entroit ou moustier. Or avint ainsi que une contenue me prist, par quoy j'alai au lit, et toute ma mesnie aussi. Ne onques un jour toute jour je n'oy onques qui me peust aidier ne lever, ne je n'atendoie que la mort, par un signe qui m'estoit* delez l'oreille; car il n'estoit nus jours que l'on n'aportast bien vingt mors ou plus ou mous-

---

1. B, les Saffrans. — 2. B, ung serviteur nommé Chayn. — 3. Et plusours jusqu'à moy omis dans A.

tier; et de mon lit, toutes les foiz que on les aportoit, je ouoie chanter : *Libera me, Domine.* Lors je plorai et rendi graces à Dieu, et li dis¹ ainsi : « Sire *, aourez soies-tu de ceste soufraite que tu me fais, car mains bobans ai eus à moy couchier² et à moy lever. Et te pri, Sire, que tu m'aides et me delivres de ceste maladie. » Et aussi fist-il³, moy et ma gent.

Après ces choses je requis à Guillemin, mon nouvel * escuier, qu'il me rendist conte⁴, et si fist-il; et trouvai⁵ que il m'avoit bien doumagié de dix livres de tournois et de plus. Et me dist, quant je li demandai, que il les me renderoit, quant il pourroit. Je li donnai congié, et li dis que * je li donnoie ce que il me devoit, car il l'avoit bien deservi. Je trouvai par les chevaliers de Bourgoingne, quant il revindrent de prison (que il l'avoient⁶ amenei en lour compaignie), que c'estoit li plus courtois lierres qui onques fust; car, quant il failloit * à aucun chevalier coutel ou courroie, gans ou esperons, ou autre chose, il l'aloit enbler et puis si li donnoit.

En ce point que li roys estoit en Acre, se prirent li frère le roy à jouer aus deiz; et jouoit li cuens de * Poitiers si courtoisement, que quant il avoit gaaingnié *, il fesoit ouvrir la sale et fesoit appeler les gentishomes et les gentisfemmes, se nulz en y avoit, et donnoit à poingnies aussi bien les siens deniers comme il fesoit ceus que il avoit gaingniés. Et quant il avoit perdu, il achetoit par esme les deniers à ceus à * cui il avoit joué, et à son frère le

---

1. B, *ploroye et rendoyr.... disoye.* — 2. A, *eulz à moi chaucier.* — 3. A omet *et aussi fist-il.* — 4. A omet *qu'il me rendist conte.* — 5. B, *ce qu'il fist bien mal, car je trouvai.* — 6. B, *qui l'avoient.*

conte d'Anjou et aus autres; et donnoit tout, et le sien et l'autrui.

LXXXII. En ce point que nous estiens en Acre, envoia li roys querre ses frères et le conte de Flandres et les autres riches homes, à un dymanche, et lour dist ainsi* : « Signour, madame la royne ma mère m'a mandei et prié tant comme elle puet, que je m'en voise en France; car mes royaumes est en grant peril; car je n'ai ne paiz ne trèves au roy d'Angleterre. Cil de ceste terre à cui j'en ai[1] parlei m'ont dit* que[2], se je m'en voi, ceste terre est perdue; car il s'en venront tuit en Acre après moy[3], pour ce que nulz n'i osera demourer à si pou de gent. Si vous pri, fist-il, que vous y pensez; et pour ce que la besoingne est grosse, je vous donne respit de* moy respondre ce que bon vous semblera, jusques à d'ui en huit jours. » Dedans ces huit jours vint li legas à moy[4], et me dist ainsi, que il n'entendoit mie comment li roys eust pooir de demourer, et me proia mout à certes que je m'en vousisse revenir*[5] en sa nef. Et je li respondi que je n'en avoie pooir; car je n'avoie riens, ainsi comme il le savoit, pour ce que j'avoie tout perdu en l'yaue là où j'avoie estei pris. Et ceste response ne li fis-je pas pour ce que je ne fusse mout volentiers alez avec li*, mais que pour une parole que messires de Bollainmont*[6], mes cousins germains (que Diex ab-

---

1. A, *j'ai*. — 2. *Que* omis dans A. — 3. Ce passage est plus clair dans le manuscrit *B* où les mots *en Acre* sont omis; mais on peut les conserver si par *ils s'en viendront en Acre* on entend *ils s'en viendront s'embarquer en Acre*. — 4. *Dedans* jusqu'à *moy* omis dans A. — 5. A, *venir*. — 6. Plus loin, *Boulaincourt* (p. 286 b); B, *Borlemont*.

soille!) me dist, quant je m'en alai outre-mer :
« Vous en alez outre-mer, fist-il, or vous prenés
garde au revenir; car nulz chevaliers, ne povres ne
riches, ne puet revenir que il ne soit honniz[1] se il
laisse en la main* des Sarrazins le peuple menu
Nostre-Signour, en laquel compaingnie il est alez. »
Li legas se courouça à moy, et me dist que je ne le
deusse pas avoir refusei.

LXXXIII. Le dymanche après revenimes devant
le roy; et lors demanda li roys à ses frères et aus
autres barons et au conte* de Flandres, quel consoil
il li donroient, ou de s'alée ou de sa demourée. Il
respondirent tuit que il avoient chargié à monsi-
gnour Guion Malvoisin le consoil que il vouloient
donner au roy. Li roys li commanda que il deist ce
que il li avoient chargié; et il dist ainsi : « Sire*,
vostre frère et li riche home qui ci sont, ont re-
gardei à vostre estat, et ont veu que vous n'avez
pooir de demourer en cest païs, à l'onnour de vous
ne de vostre règne; que de touz les chevaliers qui
vindrent en vostre compaingnie, dont vous en ame-
nates en* Cypre dous mille et huit cens, il n'en a pas
en ceste ville cent de remenant. Si vous loent-il,
sire, que vous en alez en France, et pourchaciés
gens et deniers, par quoy vous puissés hastivement
revenir en cest païs vous vengier des ennemis Dieu,
qui vous ont tenu en* lour prison. » Li roys ne se
vout pas tenir à ce que messires Guis Malvoisin
avoit dit; ains demanda au conte d'Anjou, au conte
de Poitiers et au conte de Flandres, et à plusours

---

1. A, *scet honni*; B, *sans deshonneur*.

autres riches homes qui séoient emprès aus; et tuit s'acordèrent à monsignour Guion Malvoisin*. Li legas demanda au conte Jehan de Japhe*, qui séoit emprès aus, que il li sembloit de ces choses. Li cuens de Japhe li proia qu'il se soufrist de celle demande : « Pour ce, fist-il, que mes chastiaus est¹ en marche; et, se je looie² au roy la demourée, l'on cuideroit que ce fust pour mon proufit. » Lors li demanda* li roys, si à certes comme il pot, que il deist ce que il li en sembloit. Et il li dist que se il pooit tant faire que il peust³ herberge tenir aus chans dedans un an, que il feroit sa grant honnour, se il demouroit. Lors demanda li legas à ceus qui séoient après le conte* de Japhe; et tuit s'acordèrent à monsignour Guion Malvoisin.

Je estoie bien li quatorzièmes assis encontre le legat. Il me demanda que il m'en sembloit; et je li respondi que je m'acordoie bien au conte de Japhe. Et li legas me* dist touz courouciez, comment ce pourroit estre que li roys peust tenir heberges à si pou de gens comme il avoit. Et je li respondi aussi comme courouciez, pour ce que il me sembloit que il le disoit pour moy atteinner : « Sire, et je le vous dirai, puisque il vous plait*. L'on dit, sire (je ne sai ce c'est voirs), que li roys n'a encore despendu nulz de ses deniers, ne mais que des deniers aus clers⁴. Si mette li roys ses deniers en despense, et envoit li roys querre chevaliers en la Morée et outre-mer; et quant l'on orra nouvelles que li roys* donne bien et⁵

1. A, *mes chastiaus sont;* B, *mon chasteau est.* — 2. A, *loe.* — 3. A, *pooit.* — 4. La subvention du clergé pour la croisade. — 5. *Et* omis dans A.

largement, chevalier li venront de toutes pars, par quoy il pourra tenir heberges dedans un an, se Dieu plait. Et par sa demourée seront delivrei li povre prisonnier qui ont estei pris ou servise Dieu et ou sien, qui jamais n'en istront, se li roys* s'en va. »

Il n'avoit nul illec qui n'eust de ses prochains* amis en la prison; par quoy nulz ne me reprist, ainçois se pristrent tuit à plorer. Après moy, demanda li legas à monsignour Guillaume de Biaumont, qui lors estoit marechaus de France, son semblant[1]; et il dist que j'avoie mout bien dit*; « et vous dirai, dist-il[2], raison pourquoy. » Messires Jehans de Biaumont, li bons chevaliers, qui estoit ses oncles et avoit grant talent de retourner en France, l'escria mout felonnessement, et li dist : « Orde longaingne[3], que voulez-vous dire? Raséez-vous* touz quoys! » Li roys li dist : « Messires Jehans, vous faites mal, lessiés-li dire. » — « Certes, sire, non ferai. » Il le couvint taire; ne nulz ne s'acorda onques puis à moy, ne mais que li sires de Chatenai.

Lors nous dist li roys : « Signour, je vous ai bien oys*, et je vous responderai de ce que il me plaira à faire, de hui en huit jours. »

LXXXIV. Quant nous fumes parti d'illec, et li assaus me commença[4] de toutes pars : « Or est fous, sire de Joinville, li roys, se il ne vous croit contre tout le consoil dou royaume* de France. » Quant les tables furent mises, li roys me fist seoir[5] delez li au mangier, là où il me fesoit touzjours seoir se sui

---

1. *Son semblant* omis dans A. — 2. *Dist-il* omis dans A. — 3. B, *langue*. — 4. A, *l'assaut me commence;* B, *les assaulx me commencèrent.* — 5. *Seoir* omis dans B; *me fist seoir* omis dans A.

frère n'i estoient. Onques ne parla à moy tant comme li mangiers dura : ce que il n'avoit pas acoutumei, que il ne gardast touzjours à moy en mangant*. Et je cuidoie vraiement que il fust courrouciez à moy, pour ce que je dis que il n'avoit encore despendu nulz de ses deniers, et que il despendist¹ largement. Tandis que li roys oy ses graces, je alai à une fenestre ferrée qui estoit en une reculée devers le chevet dou lit le roy*; et tenoie mes bras parmi les fers de la fenestre, et pensoie que se li roys s'en venoit en France, que je m'en iroie vers le prince d'Antioche² (qui me tenoit pour parent, et qui m'avoit envoyé querre), jusques à tant que une autre alée me venist ou pays, par quoy li prisonnier * fussent delivre, selonc le conseil que li sires de Boulaincourt³ m'avoit donnei.

En ce point que je estoie illec, li roys se vint apuier à mes espaules, et me tint ses dous mains sur la teste. Et je cuidai que ce fust messires Phelippes d'Anemos*, qui trop d'ennui m'avoit fait le jour pour le consoil que je li avoie donnei; et dis ainsi : « Lessiés-moy en paiz, messire Phelippes. » Par male avanture, au tourner que je fiz ma teste, la mains le roy me chéi parmi le visaige; et cognu que c'estoit li roys, à une * esmeraude que il avoit en son doy. Et il me dist : « Tenez-vous touz quoys; car je vous vueil demander comment vous fustes si hardis que vous, qui estes un joennes hons, m'osastes loer ma demourée, encontre touz les grans homes et les sai-

---

1. A, *despendeit*. — 2. Boémond V. (Voy. chap. cɪ.) — 3. Plus haut (p. 280 a) *Bollainmont* et *Borlemont*.

286 E ges de France qui me looient* m'alée. » — « Sire, fis-je, se j'avoie¹ la mauvestié en mon cuer, si ne vous loeroie-je à nul fuer que vous la feissiés. » — « Dites-vous, fist-il, que je feroie que mauvaiz se je m'en aloie ? » — « Si m'aïst Diex, sire, fis-je, oyl. »

F Et il me dist : « Se je demeur, demourrez-vous* ? » Et je li dis que oyl, se je puis ne dou mien ne de l'autruy. » — « Or soiés touz aises, dist-il, car je vous sai mout bon grei de ce que vous m'avez loei ; mais ne le dites à nullui, toute celle semainne. » Je fu plus aises de celle parole, et me deffendoie plus

G hardiement² contre* ceus qui m'asailloient. On ap-
288 A pelle les païsans dou* païs, *poulains*; dont messires Pierres d'Avallon, qui demouroit à Sur, oy dire que on me appeloit poulain pour ce que j'avoie conseillié au roy sa demourée avecques les poulains³. Si me manda messires Pierres d'Avalon que je me deffen-

B disse vers ceus qui m'apeloient* poulain, et lour deisse que j'amoie miex estre poulains que roncins recreus, aussi comme il estoient.

LXXXV. A l'autre dymanche, revenimes tuit de-
C vant le roy*; et quant li roys vit que nous fumes tuit venu, si seigna sa bouche, et nous dist ainsi (après ce que il ot appelei l'aide dou Saint-Esperit, si comme je l'entent ; car madame ma mère me dist que toute fois que je vourroie dire aucune chose, que je

D appelasse l'aide dou Saint-Esperit*, et que je seignasse ma bouche). La parole le roy fut tex : « Signour, fist-il, je vous merci mout à touz ceus qui

---

1. A, *fis-je, avoie*. — 2. Fin de la première lacune du manuscrit L. — 3. *Dont messires* jusqu'à *avecques les poulains*, omis dans A.

m'ont loei m'alée en France, et si rent graces aussi à ceus qui m'ont loei ma demourée; mais je me sui avisiez que, se je demeur, je n'i voy point de* peril que mes royaumes se perde; car madame la royne a bien gent pour le deffendre. Et ai regardei aussi que li baron de cest païs dient, se je m'en voi, que li royaumes de Jerusalem est perdus; que nulz n'i osera demourer après moy. Si ai regardei que à nul feur* je ne lairoie le royaume de Jerusalem perdre, lequel je sui venus pour garder et pour conquerre; si est mes consaus tex, que je sui demourez, comme à orendroit. Si di-je à vous, riche home qui ci estes, et à touz autres chevaliers qui vourront demourer avec moy*, que vous veignez parler à moy hardiement; et je vous* donrai tant, que la coulpe n'iert pas moie, mais vostre, se vous ne voulez demourer. » Mout en y ot qui oïrent ceste parole, qui furent esbahi; et mout en y ot qui plorèrent.

LXXXVI. Li roys ordena, si comme l'on dist, que sui frère retourneroient*[1] en France. Je ne sai se ce fu à lour requeste, ou par la volentei dou roy. Ceste parole que li roys dist de sa demourée, ce fu entour la saint-Jehan. Or avint ainsi que le jour de la saint Jaque[2], quel pelerins je estoie et qui mainz[3] biens m'avoit fait, li roys* fu revenus en sa chambre de la messe; et appela son consoil, qui estoit demourez avec li : c'est à savoir, monsignour Perron le Chamberlain, qui fu li plus loiaus hom et li plus droituriers que je veisse onques en hostel de roy; monsignour Geffroy de Sergines, le bon* chevalier et le

---

1. A, *retournèrent*. — 2. Le 25 juillet 1250. — 3. A, *maint*.

preudome, monsignour Gilon le Brun, et bon chevalier et preudome, cui li roys avoit donnei la connestablie de France après la mort monsignour Hymbert de Biaugeu le preudome. A ceus parla le roy en tel manière tout haut, aussi comme en couroussant* : « Signour, il a jà un moys¹ que l'on sait ma demourée, ne je n'ai encore oy nouvelles que vous m'aiés retenu nulz chevaliers. » — « Sire, firent-il, nous n'en poons mais; car chascuns se fait si chier, pour ce que il s'en vuelent aler en lour païs, que nous ne lour* oseriens donner ce que il demandent. » — « Et qui, fist li roys, trouverés-vous² à meillour marchié? » — « Certes, sire, firent-il, le seneschal de Champaingne; mais nous ne li oseriens donner ce qu'il demande. » Je estoie à l'instant³ enmi la chambre le roy, et oy ces paroles. Lors dist* li roys : « Appelez-moy le seneschal? » Je alai à li et* m'agenoillai devant li; et il me fist seoir, et me dist ainsi : « Senechaus, vous savés que je vous ai mout amei, et ma gent me dient que il vous treuvent dur. Comment est-ce? » — « Sire, fis-je, je n'en puis mais; car vous savez que je fu pris en l'yaue, et ne me demoura onques* riens que je ne perdisse tout ce que j'avoie. » Et il me demanda que je demandoie; et je dis que je demandoie dous mille livres jusques à Pasques⁴ pour les dous pars de l'année. « Or me dites⁵, fist-il, avez-vous barguignié nulz chevaliers?» Et je dis : « Oyl, monsignour* Perron de Pontmolain, li tiers à banière, qui coustent quatre cens li-

---

1. A, *un an*. — 2. A omet *vous*. — 3. A omet *à l'instant*. — 4. Jusqu'à Pâques de l'an 1251. (Voy. chap. xcviii.) — 5. A, *dite*.

vres jusques à Pasques. » Et il conta par ses doiz. « Ce sont, fist-il, douze cens livres que vostre nouvel[1] chevalier cousteront. » — « Or regardez, sire, fis-je, se il me couvenra bien huit cens livres pour moy monter et pour moy armer, et pour mes chevaliers donner à mangier ; car vous ne voulés pas que nous mangiens en vostre ostel. » Lors dist à sa gent : « Vraiement, fist-il, je ne voi ci point d'outraige ; et je vous retieng, » fist-il à moy.

LXXXVII. Après ces choses atirièrent li frère au roy lour navie, et li autre riche home qui estoient en Acre. Au partir que il firent d'Acre, li cuens de Poitiers empronta joiaus à ceus qui ralèrent en France ; et à nous qui demourames en donna bien et largement. Mout me prièrent li uns frères et li autres que je me preisse garde dou roy, et me disoient que il n'i demouroit nullui en cui il s'atendissent tant. Quant li cuens d'Anjou vit que requeillir le couvenroit en la nef, il mena tel deul que tuit s'en merveillièrent ; et toutevoiz s'en vint-il en France.

Il ne tarda pas grantmant après ce que li frère le roy furent parti d'Acre, que li messaige l'empereour Ferri vindrent au roy et li apportèrent lettres de créance, et dirent au roy que li emperieres les avoit envoiés pour nostre delivrance. Au roy moustrèrent lettres que li emperieres envoioit au soudanc qui mors estoit (ce que li emperieres ne cuidoit pas) ; et li mandoit li emperieres que il creust ses messaiges de la delivrance le roy. Mout de gens distrent que il ne nous fust pas mestier que li messaige nous eus-

---

1. A, *vos nouviaus*; B et L, *voz neuf*.

sent trouvez en la prison; car l'on cuidoit que li emperieres eust envoié* ses messaiges plus pour nous encombrer que pour nous delivrer. Li messaige nous trouvèrent delivres; si s'en alèrent.

Tandis que li roys estoit en Acre, envoia li soudans de Damas ses messaiges au roy, et se plainst mout à li des amiraus* de Egypte, qui avoient son cousin le soudanc tuei; et promist au roy que se il li vouloit aidier, que il li deliverroit le royaume de Jerusalem, qui estoit en sa main. Li roys ot consoil que il feroit response au soudanc de Damas par ses messaiges propres, lesquiex il* envoya au soudanc. Avec les messaiges qui là alèrent, ala frères Yves li Bretons de l'ordre des frères Preescheours, qui savoit le sarrazinnois. Tandis que il aloient de lour hostel à l'ostel dou soudanc, frères Yves vit une femme vieille qui traversoit parmi la rue*, et portoit en sa main destre une escuellée pleinne de feu, et en la senestre une phiole pleinne d'yaue. Frères Yves li demanda : « Que veus-tu de ce faire? » Elle li respondi* qu'elle vouloit dou feu ardoir paradis, que jamais n'en fust point[1], et de l'yaue esteindre enfer, que jamais n'en fust point. Et il li demanda : « Pourquoy veus-tu ce faire? » — « Pour ce que ce je ne vueil que nulz face jamais bien pour le guerredon de paradis avoir*, ne pour la poour d'enfer; mais proprement pour l'amour de Dieu avoir, qui tant vaut, et qui tout le bien nous puet faire. »

LXXXVIII. Jehans li Ermins, qui estoit artilliers le roy, ala lors à Damas pour acheter cornes et glu

1. *Que jamais n'en fust point* omis dans A.

pour faire arbalestres*, et vit un vieil home mout ancien seoir sus les estaus de Damas. Cis viex hom l'appela et li demanda se il estoit crestiens; et il li dist oyl. Et il li dist : « Mout vous devez haïr entre vous crestiens; que j'ai veu tel fois que li roys Baudouins de Jerusalem, qui fu mesiaus*, desconfist Salehadin, et n'avoit que trois cens homes à armes, et Salehadins trois milliers : or estes tel menei par vos pechiés, que nous vous prenons aval les chans comme bestes. » Lors li dist Jehans li Ermins que il se devoit bien taire des pechiez aus crestiens, pour* les pechiez que li Sarrazin fesoient, qui mout sont plus grant. Et li Sarrazins respondi que folement avoit respondu. Et Jehans li demanda pourquoy. Et il li dist que il li diroit; mais il li feroit avant une demande. Et li demanda se il avoit nul enfant. Et il li* dist : « Oyl, un fil. » Et il li demanda douquel il li anuieroit plus, se on lui donnoit une bufe, ou de li ou de son fil[1]; et il li dist que il seroit plus courouciez de son fil, se il le feroit, que de li. « Ore te faiz, dist li Sarrazins, ma response en tel manière; que, entre vous*, crestien, estes fil de Dieu, et de son non de Crist* estes appelei crestian; et tel courtoisie vous fait que il vous a bailliez ensignours, par quoy vous congnoissiés quant vous faites le bien et quant vous faites le mal : dont Diex vous sait pejor grei d'un petit pechié, quant vous le faites, que il ne fait à nous d'un grant*, qui n'en congnoissons point, et qui soumes si[2] aveugle que nous cuidons estre quite de touz nos pechiez, se nous nous poons laver en

---

1. A, *une bufe ou à son filz.* — 2. *Si* omis dans A.

yaue avant que nous mouriens, pour ce que Mahommez nous dit à la mort que par yaue seriens sauf. »

Jehans* li Ermins estoit en ma compaingnie, puis que je reving d'outre-mer, que je m'en aloie à Paris. Aussi comme nous mangiens ou paveillon, une grans tourbe de povres gens nous demandoient pour Dieu, et fesoient grant noise. Uns de nos gens, qui là estoit, commanda et* dist à un de nos vallez : « Lieve sus, et chace hors ces povres. » — « A! fist Jehans li Ermins, vous avez trop mal dit; car se li roys de France nous envoioit maintenant par ses messaiges à chascun cent mars d'argent, nous ne les chaceriens pas hors; et vous chaciés ceus envoiez qui* vous offrent qu'i vous dourront quanque l'on vous puet donner : c'est à savoir que il vous demandent que vous lour donnez pour Dieu; c'est à entendre que vous lour donnez dou vostre, et il vous dourront Dieu. Et Diex le dist de sa bouche, que il ont[1] pouoir de li donner* à nous; et dient li saint que li povre nous peuent acorder à li, en tel manière que, ainsi comme l'yaue estaint le feu, l'aumosne estaint le pechié. Si ne vous avieigne jamais, dist Jehans, que vous chaciés les povres ainsi[2]; mais donnés-lour, et Diex vous* donra. »

LXXXIX. Tandis* que li roys demouroit en Acre, vindrent li messaige au Vieil de la Montaingne[3] à li. Quant li roys revint de sa messe, il les fist venir devant li. Li roys les fist asseoir en tel manière, que il y avoit un amiral devant, bien vestu et bien atournei, et darières son* amiral avoit un bachelier bien

---

1. A, *ot*. — 2. A, *ensus*. — 3. Voy. chap. LI.

atournei, qui tenoit trois coutiaus en son poing, dont li uns entroit ou manche de l'autre; pour ce que, se li amiraus eust estei refusez, il eust presentei au roy ces trois coutiaus pour li deffier. Darière celi qui tenoit les trois coutiaus, avoit un* autre qui tenoit un bouqueran entorteillié entour son bras, que il eust aussi presentei au roy pour li ensevelir, se il eust refusée la requeste au Vieil de la Montaigne.

Li roys dist à l'amiral que il li deist sa volentei; et li amiraus* li bailla unes lettres de créance, et dist ainsi : « Mes sires m'envoie[1] à vous demander se vous le cognoissés. » Et li roys respondi que il ne le congnoissoit point, car il ne l'avoit onques veu; mais il avoit bien oy parler de li. « Et, quant vous avez oy parler de* monsignour, dist li amiraus[2], je me merveil mout que vous ne li avez envoié tant dou vostre que vous l'eussiez retenu à ami, aussi comme l'emperieres d'Alemaingne, li roys de Honguerie, li soudans de Babiloinne et li autre li font touz les ans; pour ce que* il sont certein que il ne peuent vivre mais que tant comme il plaira à monsignour. Et se ce ne vous plait à faire, si le faites aquitier dou tréu que il doit à l'Ospital et au Temple, et il se tenra apaiez de vous. » Au Temple et à l'Ospital il rendoit lors tréu, pour ce que* il ne doutoient riens les Assacis, pour ce que li Viex* de la Montaingne n'i puet riens gaaignier, se il fesoit tuer le maistre dou Temple ou de l'Ospital; car il savoit bien que, se il en feist un tuer, l'on y remeist tantost un autre aussi bon; et pour ce ne vouloit-il pas perdre les Assacis en lieu

---

1. A, *mes sire envoie.* — 2. *Dist li amiraus* omis dans A.

là où il ne puet riens gaaingnier*. Li rois respondi à l'amiral que il revenist¹ à la relevée.

Quant li amiraus fu revenus, il trouva que li rois séoit en tel manière, que li maistres de l'Ospital li estoit d'une part, et li maistres dou Temple d'autre. Lors li dist li* roys que il li redeist ce que il li avoit dit au matin; et il dist que il n'avoit pas consoil dou redire, mais que devant ceus qui estoient au matin avec le roy. Lors li distrent² li dui maistre : « Nous vous commandons que vous le dites. » Et il lour dist que il le diroit, puis que* il le commandoient. Lors li³ firent dire li dui maistre, en sarrazinnois, que il venist l'endemain parler à aus en l'Ospital; et il si fist.

Lors li firent dire li dui maistre que mout estoit hardis ses⁴ sires, quant il avoit osei mander au roy* si dures paroles; et li firent dire que se⁵ ne fust pour l'honour⁶ dou roy, en quel messaige il estoient venu, que il les feissent noier en l'orde mer d'Acre, en despit de lour signour : « Et vous commandons que vous en ralez vers vostre signour, et dedens quinzainne vous soiés* ci-arière, et apportez au roy tiex lettres et tiex joiaus, de par vostre signour, dont li roys se tieingne apaiez et que il vous en sache bon grei. »

XC. Dedans* la quinzeinne revindrent li messaige le Vieil* en Acre, et apportèrent au roy la chemise dou Vieil; et distrent au roy, de par le Vieil⁷, que c'estoit senefiance que aussi comme la chemise est

---

1. A, *venist.* — 2. A, *ditrent.* — 3. A omet *li.* — 4. A, *leur.* — 5. A, B et L, *ce.* — 6. A, *l'amour.* — 7. A, *de par le roy.*

plus près dou cors que nus autres vestemens, aussi veut li Viex tenir le roy plus près à amour que nul autre roy. Et il* li envoia son anel, qui estoit de mout fin or, là où ses nons estoit escris, et li manda que par son anel respousoit-il le roy ; que il vouloit que dès lors en avant fussent tuit un. Entre les autres joiaus que il envoia au roy, li envoia[1] un oliphant de cristal mout bien* fait, et une beste que l'on appelle orafle, de cristal aussi, pommes[2] de diverses manières de cristal, et jeuz de tables et de eschiez ; et toutes ces choses estoient fleuretées de ambre, et estoit li ambres liez sur le cristal à beles vignetes de bon or fin. Et sachiez que sitost comme* li messaige ouvrirent lour escrins là où ces choses estoient, il sembla que toute la chambre fust embausmée, si souef floroient[3].

Li roys renvoia ses[4] messaiges au Vieil, et li renvoia grant foison de joiaus, escarlates, coupes d'or et frains d'argent* ; et avecques les messaiges, y envoia frère Yve le Breton, qui savoit le sarrazinnois. Et trouva que li Viex de la Montaingne ne créoit pas en Mahommet, ainçois créoit en la loy de Haali, qui fu oncles Mahommet. Cis Haalis mist Mahommet en l'onnour* là où il fu ; et quant Mahommez se[5] fu mis en la signourie dou peuple, si despita[6] son oncle, et l'esloingna de li ; et Haalis, quant il vit ce, si trait à li dou peuple ce que il pot avoir, et lour aprist une autre créance que[7] Mahommez n'avoit enseignie : dont encore* il est ainsi, que tuit cil qui croient en

---

1. A, envoi. — 2. A, peint. — 3. A, flervoient. — 4. A, ces. — 5. A, ce. — 6. A, desputa. — 7. A, que à.

la loy Haali*, dient que cil qui croient en la loy Mahommet sont mescréant; et aussi tuit cil qui croient en la loy Mahommet, dient que tuit cil qui croient en la loy Haali sont mescréant.

Li uns des poins de la loy Haali est que quant uns hom* se fait tuer pour faire le commandemant son signour, que l'ame de li en va en plus aisié cors qu'elle n'estoit devant; et pour ce ne font force li Assacis d'aus faire tuer, quant lour sires lour commande, pour ce que il croient que il seront assez plus aise* quant il seront mort, que il n'estoient devant[1].

Li autres poins si est tex, que il croient[2] que nulz ne puet mourir que jeusques au jour que il li est jugié; et ce ne doit nulz croire, car Diex a pooir d'alongier* nos vies et d'acourcir. Et en cesti point croient li Beduin[3], et pour ce ne se weulent armer quant il vont ès batailles; car il cuideroient faire contre le commendemant de lour loy. Et quant il maudient lour enfans, si lour dient : « Ainsi* maudis soies-tu comme li Frans, qui s'arme pour paour de mort[4]! »

Frères Yves trouva un livre ou chevet dou lit au Vieil, là où il avoit escript plusours paroles que Nostre-Sires dist à saint Père, quant il aloit par* terre. Et frères Yves li dist : « Ha! pour Dieu, sire, lisiés souvent ce livre; car ce sont trop bones paroles. » Et il dist que si fesoit-il : « Car j'ai mout chier monsignour saint Père; car, en l'encommencement

---

1. Voy. chap. LI, p. 166. — 2. A, *il ne croient.* — 3. A, *Beduys.* — 4. Voy. chap. LI, p. 168.

dou monde, l'ame de Abel, quant il fu* tuez, vint
ou cors de Noé; et quant Noés fu mors*, si revint ou
cors de Habraham; et dou cors Habraham, quant il
morut, vint ou cors saint Père quant Diex vint en
terre. » Quant frères Yves oy ce, il li moustra que
sa créance n'estoit pas bonne, et li enseigna mout
de bones paroles; mais* il ne le vout croire. Et ces
choses moustra frères Yves au roy, quant il fu reve-
nus à nous. Quant li Viex chevauchoit, il avoit un
criour devant li qui portoit une hache danoise à
lonc manche tout couvert d'argent, atout plein de
coutiaus* ferus ou manche, et crioit : « Tournés-vous
de devant celi qui porte la mort des roys entre ses
mains[1]. »

XCI. Je vous avoie oublié à dire la response que
li roys fist au soudanc de Damas, qui fu tex, que il
n'avoit* consoil d'aler à li, jusques à tant que il seust
se li amiral de Egypte li adresseroient[2] sa trève que
il avoient rompue; et il en envoieroit à aus, et se il
ne vouloient adrecier la trève que il li avoient rom-
pue, il li aideroit à vengier volentiers de son cousin*
le soudanc de Babiloinne, que il li avoient tuei.

Tandis que li roys estoit en Acre, il envoia mon-
signour Jehan de Valenciennes en Egypte, liquex
requist aus amiraus que les outraiges que il avoient*
faiz au roy et les doumaiges, que il les rendissent.
Et il li distrent que si feroient-il mout volentiers,
mais que li roys se vousist alier à aus contre le sou-
danc de Damas. Messires Jehans de Valenciennes les
blasma mout des grans outraiges* que il avoient faiz

---

1. Voy. *Éclaircissements*, 6º. — 2. A, *acorderoient*.

au roy, qui sont devant nommei; et lour loa que bon seroit que pour le cuer le* roy adebonnairir devers aus, que il li envoiassent touz les chevaliers que il tenoient en prison. Et il si firent; et d'abondant li envoièrent touz les os le conte Gautier de Brienne, pour mettre en terre benoite. Quant messires Jehans de Valenciennes fu* revenus en Acre atout dous cens chevaliers que il ramena de prison, sanz l'autre peuple, madame de Soiete[1], qui estoit cousine le conte Gautier et suer monsignour Gautier signour de Rinel, cui fille Jehans, sires de Joinville, prist puis à femme[2] que* il revint d'outre-mer; laquelle dame de Soiette prist les os au conte Gautier et les fist ensevelir à l'Ospital en Acre. Et fist faire le servise en tel manière, que chascuns chevaliers offri un cierge et un denier d'argent, et li roys offri un cierge et un besant* d'or[3], tout des deniers madame de Soiete. Dont l'on se merveilla mout quant li roys fist ce, car l'on ne l'avoit[4] onques veu offrir que de ses deniers; mais il le fist par sa courtoisie.

XCII. Entre les chevaliers que messires Jehans de Valenciennes* ramena, je en y trouvai bien quarante de la cort de Champaingne. Je lour fiz taillier cotes et hargaus de vert, et les menai devant le roy, et li priai que il lour[5] vousist tant faire que il demourassent avec li. Li roys oy que il demandoient, et* il se tut. Et uns chevaliers de son consoil dist que je ne fesoie pas bien quant je aportoie tiex nouvelles au roy, là où il avoit bien sept mille livrées d'outraige.

---

1. Marguerite de Reynel. — 2. Alix de Reynel, nièce de Marguerite de Reynel. — 3. A omet *d'or*. — 4. A, *l'en n'avoit*. — 5. A omet *lour*.

Et je li dis que par male avanture en peust-il parler, et que entre nous de Champaingne aviens* bien perdu trente-cinq chevaliers, touz banière* portans, de la cort de Champaingne; et je dis : « Li roys ne fera pas bien, se il vous en croit, ou besoing que il a de chevaliers. » Après celle parole je commensai mout forment à plorer; et li roys me dist que je me teusse, et il lour donroit quant* que je li avoie demandei. Li roys les retint¹ tout aussi comme je voz, et les mist en ma bataille.

Li roys respondi aus messagiers d'Egipte² que il ne feroit nulles trèves à aus, se il ne li envoioient toutes les testes des Crestiens qui pendoient entour les* murs dou Kaire³, dès le tens que li cuens de Bar et li cuens de Monfort furent pris; et se il ne li envoioient encore touz les enfans qu'il avoient qui⁴ avoient estei pris petit et estoient renoié, et se il ne li quitoient les dous cens mille livres que il lour devoit* encore. Avec les messaiges aus amiraus d'Egypte, envoia li roys monsignour Jehan de Valenciennes, vaillant home et saige.

A l'entrée⁵ de quaresme s'atira li roys atout ce que il ot de gent pour aler fermer Sezaire, que li Sarrazin* avoient abatue, qui estoit à douze lieues d'Acre⁶ par devers Jerusalem. Messires Raous de Soissons, qui estoit demourez en Acre malades, fu avec le roy fermer Cesaire. Je ne sai comment ce fu, ne mais que par la volentei Dieu, que onques ne* nous firent li Sarrazin⁷ nul doumaige toute l'année.

1. A, receut. — 2. A omet *aus messagiers d'Égipte*. — 3. A, *d'Acre* — 4. A, *envoient touz les enfans qui*. — 5. En 1251, le carême commença le 1ᵉʳ mars. — 6. A omet *d'Acre*. — 7. A omet *li Sarrazin*

Tandis que li roys fermoit Cesaire, nous revindrent li messagier des Tartarins, et les nouvelles que il nous aportèrent vous dirons-nous.

XCIII. Aussi comme je vous diz devant[1], tandis que li roys* sejornoit en Cypre, vindrent li messaige des Tartarins* à li, et li firent entendant que il li aideroient à conquerre le royaume de Jerusalem sur les Sarrazins. Li roys lour renvoia ses messaiges, et par ses messaiges que il lour envoia, lour envoia une chapelle que il lour fist faire d'escarlate. Et pour aus atraire* à nostre creance, il lour fist entaillier en la chapelle toute nostre creance, l'Annonciacion de l'angre, la Nativitei, le bauptesme dont Diex fu baptiziez, et toute la Passion et l'Ascension et l'avènement dou Saint-Esperit; calices, livres et tout ce que il couvint à messe* chanter, et dous frères Preescheours pour chanter les messes devant aus. Li messagier le roy arivèrent au port d'Anthioche; et dès Anthyoche jusques à lour grant roy trouvèrent bien un an d'aleure, à chevauchier dix lieues le jour. Toute la terre trouvèrent* sougiette à aus, et plusours citez que il avoient destruites, et grans monciaus d'os de gens mors.

Il enquistrent comment il estoient venu en tel auctoritei, par quoy il avoient tant de gens mors et confondus; et la manière fu tex aussi comme il le* raportèrent au roy : que il estoient venu[2] et concrééi d'une grant berrie de sablon, là où il ne croissoit nul bien. Celle berrie commensoit à unes très-grans roches merveillouses, qui sont en la fin dou monde

---

1. Voy. chap. XXIX. — 2. *Estoient* manque dans A.

devers Orient, lesquiex roches nulz hons* ne passa F 314
onques, si comme li Tartarin le tesmoignent; et disoient que léans estoit enclos li peuples Got et Margoth, qui doivent venir en la fin dou monde, quant Antecriz venra pour tout destruire. En celle berrie estoit li peuples des Tartarins*, et estoient sougiet à G
prestre Jehan¹ et à l'empereour* de Perce², cui terre A 316
venoit après la seue, et à plousours autres roys mescréans, à cui il rendoient tréu et servaige chascun an pour raison dou pasturaige de lour bestes; car il ne vivoient d'autre chose. Cis prestres Jehans et li emperieres de Perce et li autre* roy tenoient³ en tel B
despit les Tartarins, que quant il lour aportoient lour rentes, il ne les vouloient recevoir devant aus, ains lour tournoient les dos. Entre aus out un saige home, qui cercha toutes les berries; et parla aus saiges homes des berries* et des lieus, et lour moustra le C
servaige là où il estoient, et lour pria à touz que il meissent consoil comment il ississent dou servaige là où on⁴ les tenoit. Tant fist que il les assembla trestous ou chief de la berrie, endroit la terre prestre Jehan, et lour moustra* ces choses; et il li res- D
pondirent que il devisast, et il feroient. Et il dist ainsi, que il n'avoient pooir de esploitier, se il n'avoient un roy et un signour sur aus; et il lour enseigna la manière comment il averoient roy, et il le creurent. Et la manière* fu tex, que de cinquante- E
dous⁵ generacions que il y avoit, chascune genera-

---

1. Le nom de *prêtre Jean* désigne un prince d'Asie, chrétien nestorien, qui fut détrôné par Gengis-Khan. — 2. Voy. *Éclaircissements*, 7º. — 3. A, *les tenoient*. — 4. A, *il*. — 5. A L, et plus loin *LII*.

cions li aportast une saiete¹ qui fussent seignies de lour nons; et par l'acort de tout le peuple fu ainsi acordei que l'on meteroit ces cinquante-dous devant un* enfant de cinc ans; et celle que li enfes penroit premier, de celle generacion feroit l'on roy. Quant li enfes ot levée une des seetes, li saiges hons fist traire arière toutes les autres generacions; et fu establi en tel manière, que la generacions dont l'on* devoit faire roy, esliroient entre lour² cinquante-dous* des plus saiges homes et des meillours que il averoient. Quant il furent esleu, chascuns y porta une saiete seignie de son non : lors fu acordei que la saiete que li enfes leveroit, de celle feroit l'on roy. Et li enfes en leva une, d'icelui saige home* qui ainsi les avoit enseigniez³; et li peuples en furent si lié que chascuns en fist grant joie. Il les fist taire, et lour dist : « Signour, se vous voulez que je soie vostre roys, vous me jurerez par Celi qui a fait le ciel et la terre, que vous tenrés mes commandemens*. » Et il le jurèrent.

Li establissement que il lour donna, ce fu pour tenir le peuple en paix; et furent tel, que nus n'i ravist autrui chose, ne que li uns ne ferist l'autre, se il ne vouloit le poing perdre; ne que nulz n'eust compaingnie* à autrui femme ne à autrui fille, se il ne vouloit perdre le poing ou la vie. Mout d'autres bons establissemens lour donna pour pais avoir.

1. B et L, *cedulle*. — Le mot *saiete* ou *seete* du manuscrit *A* est remplacé à tort par *cédulle* dans les manuscrits *B* et *L*; mais il y a d'ailleurs accord dans le récit, qui semble, selon l'observation de M. Daunou, se rapporter à l'élévation de Gengis-Khan. — 2. B et L, *entre eulx*; A, *entre leur*; on disait *leur* pour *eux*. — 3. M seul donne *d'icelui*, etc.

XCIV. Après ce que il les ot ordenez et aréez, il lour dist* : « Signour, li plus forz ennemis que nous aiens, c'est prestres Jehans. Et je vous commant que vous soiés demain tuit appareillié pour li courre sus ; et se il est ainsi que il nous desconfise (dont Diex nous gart!), face chascuns le miex que il porra*. Et se nous le¹ desconfisons, je commant que la chose dure trois jours et trois nuis, et que nulz ne soit si hardis que il mette main à nul² gaaing, mais que à gens occirre ; car après ce que nous averons eu victoire, je vous departirai le gaing si bien et* si loialment, que chascuns s'en tenra apaiez. » A ceste chose il s'acordèrent tuit.

L'endemain* coururent sus lour ennemis, et, ainsi comme Diex vout, les desconfirent. Touz ceus que il trouvèrent en armes deffendables, occistrent touz ; et ceus que il trouvèrent en abit de religion, les prestres et les autres religions, n'occistrent pas. Li* autre peuple de la terre prestre Jehan, qui ne furent pas en la bataille, se mistrent tuit en lour subjection.

Li uns des princes de l'un des peuples³ devant nommez, fu bien perdus trois moys, que onques l'on* n'en sot nouvelles ; et quant il revint, il n'ot ne fain ne soif, que il ne cuidoit avoir demourei que un soir au plus. Les nouvelles que il en raporta⁴ furent tex, que il avoit montei à un⁵ trop haut tertre, et là-sus avoit trouvei grant nombre de gens⁶ les plus beles gens* que il eust⁷ onques veues, les miex vestus, les miex parés ; et ou bout dou tertre vit seoir un roy

---

1. A, *les*. — 2. Autre lacune de L. — 3. A, *l'un des peuples de l'un des princes*. — 4. A, *raportèrent*. — 5. A, *trouvé un*. — 6. A omet *gr. nombre de gens*. — 7. A, *eussent*.

plus bel des autres, miex vestu et miex parei, en un throne d'or. A sa dextre séoient six roy couronnei, bien parei à pierres preciouses, et à sa senestre[1] autant*. Près de li, à sa destre main, avoit une royne agenoillie, qui li disoit et prioit que il pensast de son peuple. A sa senestre avoit agenoillié[2] un mout bel home, qui avoit dous èles resplendissans aussi comme li solaus; et entour le roy avoit grant foison* de beles gens à èles. Li roys appela celi prince, et li dist : « Tu es venus de l'ost des Tartarins. » Et il respondi : « Sire, ce[3] sui mon. » — « Tu en iras à ton roy[4], et li diras que tu m'as veu, qui sui Sire dou ciel et de la terre; et li diras que il* me rende graces de la victoire que je li ai donnée* sus prestre Jehan et sur sa gent. Et li diras encore, de par moy, que je li doing poissance de mettre en sa subjection toute la terre. » — « Sire, fist li princes, comment me croira-il? » — « Tu li diras que il te croie, à tex enseignes que tu iras combatre à l'empereour* de Perse, atout trois cens homes sanz plus de ta gent; et pour ce que vostre grans roys croit que je sui poissans de faire toutes choses, je te donrai victoire de desconfire l'empereour de Perse, qui se combatera à toy atout trois cens mile hommes et plus à* armes. Avant que tu voises combatre à li, tu requerras à vostre roy que il te doint les provaires et les gens de religion que il a pris en la bataille; et ce que cil te tesmoingneront, tu croiras fermement et touz tes peuples. » — « Sire, fist-il, je ne m'en saurai aler,

---

1. A, à senestre. — 2. A omet agenoillié. — 3. A, B, se. — 4. A, à li.

se* tu ne me faiz conduire. » Et li roys se tourna devers grant foison de chevaliers, si bien armez que c'estoit merveille dou regarder; et appela l'un¹, et dist : « Georges, vien çà. » Et cil i vint et s'agenoilla. Et li roys li dist : « Liève sus, et me meinne cesti à sa *² herberje sauvement. » Et si fist-il en un point dou jour. Sitost comme ses peuples le virent, il firent si grant³ joie et touz li os aussi, que nulz ne le⁴ pourroit raconter. Il demanda les provaires au grant roy, et il les li⁵ donna; et cis princes et touz ses peuples* reçurent lour enseignemens si debonnairement, que il furent tuit baptizié. Après ces choses il prist trois cenz homes à armes, et les fist confesser et appareillier, et s'en ala combatre à l'empereour de Perse, et le desconfist et chassa de son royaume; liquex s'en vint* fuyans jusques ou royaume de Jerusalem; et ce fu cil emperieres qui desconfist nostre gent et prist le conte Gautier de Brienne, si comme vous orrez après⁶.

XCV. Li* peuples à ce prince crestien estoit si grans, que li messagier le roy nous contèrent que il avoient en lour ost huit cens chapelles sus chers. La manière de lour vivre estoit tex, car il ne mangoient point de pain, et vivoient de char et de lait. La mieudres* chars que il aient, c'est de cheval, et la mettent gesir⁷ en souciz et sechier après, tant que il la trenchent aussi comme pain noir. Li mieudres bevraiges que il aient et li plus forz, c'est de lait de jument⁸ confit en herbes. L'on presenta au grant*

---

1. A omet l'un. — 2. A, à la. — 3. A, moult grant. — 4. A omet le. — 5. A, les y. — 6. Voy. chap. cii. — 7. B, couchent. — 8. A, jugement.

roy des Tartarins un cheval chargié de farine, qui estoit venus¹ de trois mois d'aleure loing, et il la donna aus messagiers le roy.

Il ont mout de peuples crestiens, qui croient en la loy des Griex, et cil dont nous avons parlei et d'autres*. Ceus envoient sur les Sarrazins quant il veulent guerroier à aus; et les Sarrazins envoient sus les Crestiens, quant il ont afaire à aus. Toutes manières de femmes qui n'ont enfans, vont en la bataille avec aus; aussi bien donnent-il soudées aus* femmes comme aus hommes, selonc ce que elles sont plus viguerouses. Et contèrent li messagier le roy que li soudaier et les soudaières manjuent ensemble ès hostiex des riches homes à cui il estoient; et n'osoient li home touchier aus femmes en nulle manière*, pour la loy que lour premiers roys lour avoit donnée. Toutes manières de chars qui meurent en lour ost², il manjuent toutes³. Les femmes qui ont lour enfans les⁴ conroient, les gardent, et atournent la viande à ceus qui vont en la bataille. Les* chars crues il mettent entre lour selles⁵ et* lour paniaus; quant li sans en est bien hors, si la manjuent toute crue. Ce que il ne peuvent mangier jètent en un sac de cuir; et quant il ont fain, si oevrent le sac, et manguent touz jours la plus vieille devant : dont je vi un Coremyn qui fu des gens l'empereour de* Perse, qui nous gardoit en la prison, que quant il ouvroit son sac nous nous bouchiens, que nous ne poviens durer, pour la puneisie qui issoit dou sac.

---

1. A, *venu*. — 2. A, *il menèrent....* B, *qui mouroient.... hostelz.* — 3. A, *tout*. — 4. *Les* omis dans A. Ce passage est altéré dans B. — 5. A, *celles*.

Or revenons à nostre matière et disons ainsi, que quant li grans roys des Tartarins ot receu les messaiges* et les presens, il envoia querre par asseurement plusours roys qui n'estoient pas encore venu à sa merci; et lour fist tendre la chapelle, et lour dist en tel manière : « Signour, li roys de France est venus en nostre merci et¹ sugestion, et vezci le tréu que il nous* envoie; et se vous ne venez en nostre merci, nous l'envoierons querre pour vous confondre. » Assés en y ot de céus qui, pour la poour dou roy de France, se mistrent en la merci de celi roy.

Avec les messaiges le roy vindrent li lour, et aportèrent* lettres² de lour grant roy au roy de France, qui disoient ainsi : « Bone chose est de pais; quar en terre de pais manguent cil qui vont à quatre piez, l'erbe pesiblement³. Cil qui vont à dous, labourent la terre (dont li bien viennent) paisiblement*⁴. Et ceste chose te mandons-nous pour toy avisier; car tu ne peus avoir pais se tu ne l'as à nous. Car prestres Jehans se leva encontre nous⁵, et tex roys et tex (et mout en nommoient); et touz les avons mis à l'espée. Si te mandons que tu nous envoies* tant de ton or et de ton argent chascun an, que tu nous retieignes à amis; et se tu ne le fais, nous destruirons toy et ta gent aussi comme nous avons fait ceus que nous avons devant nommez. » Et sachiez qu'il se repenti fort quant il y envoia.

XCVI. Or* revenons à nostre matière, et disons ainsi, que tandis que li roys fermoit Cezaire, vint en

---

1. A omet *merci et*. — 2. A, *si leur aportèrent lettres*; B, *vindrent les leur lettres*. — 3. B, *l'herbe paissant*. — 4. A, *passiblement*. — 5. *Car prestres* jusqu'à *nous* omis dans A.

l'ost messires Alenars de Senaingan[1], qui nous conta que il avoit fait sa nef ou réaume de Noroe[2], qui est en la fin dou monde devers Occident*; et au venir que il fist vers le roy, environna toute Espaingne, et le couvint passer par les destroiz de Marroch. En grant peril passa avant qu'il venist à nous. Li roys le retint, li disiesme de chevaliers. Et nous conta que en la terre de Noroe que les nuiz estoient* si courtes en l'estei, que il n'estoit nulle nuis que l'on ne veist la clartei dou jour à l'anuitier, et la clartei de l'ajournée. Il se prist, il et sa gent, à chacier aus lyons, et plusours en pristrent mout perillousement; car il aloient traire aus lyons en ferant* des esperons tant comme il pooient. Et quant il avoient trait, li lyons mouvoit à aus; et maintenant les eussent attains et devorez, se[3] ne fust ce que il lassoient cheoir aucune piesce de drap mauvais. Et li lyons s'arestoit desus, et dessiroit* le drap et devoroit; que il cuidoit tenir un home. Tandis que il dessiroit ce drap, et li autres raloit traire à li, et li lyons lessoit le drap et li aloit courre sus; et sitost comme cil lessoit cheoir une piesce de drap, li lyons rentendoit au drap. Et en ce* faisant il occioient les lyons de lour saietes.

XCVII. Tandis que li roys fermoit Cezaire, vint à li messires* Nargoes de Toci. Et disoit li roys que il estoit ses cousins; car il estoit descendus d'une des serours le roy Phelippe, que li emperieres meismes ot à femme[4]. Li roys le retint, li disiesme de che-

---

1. B, *Everard de Sanniguan*. — 2. A, *Nozoe*; B, *Neronne*. — 3. A, *ce*.
— 4. Philippe de Toucy (que Joinville confond avec Narjot de Toucy,

valiers, un an; et lors s'en parti, si s'en rala en Constantinnoble* dont il estoit venus¹. Il conta au roy que li emperieres de Constantinnoble², il et li autre riche home qui estoient en Constantinnoble lors, s'estoient³ alié à un peuple que l'on appeloit Commains, pour ce que il eussent lour aide encontre Vatache, qui* lors estoit emperieres des Griex; et pour ce que li uns aidast l'autre de foy, couvint que li emperieres et li autre riche home qui estoient avec li, se seingnissient et meissent de lour sanc en un grant hanap d'argent. Et li roys des Commains et li autre* riche home qui estoient avec li, refirent ainsi et mellèrent lour sanc avec le sang de nostre gent, et trempèrent en vin et en yaue, et en burent et nostre gent aussi; et lors si distrent que il estoient frère de sanc. Encore firent passer un chien entre nos* gens et la lour, et descopèrent le chien de lour espées, et nostre gent aussi; et distrent que ainsi fussent-il decopei, se il failloient li uns à l'autre.

Encore nous conta une grant merveille, qu'il vit⁴ tandis que il estoit en lour ost : que uns riches chevaliers* estoit mors, et li avoit l'on fait une grant fosse et large⁵ en terre, et l'avoit l'on assis mout noblement et parei en une chaere; et li mist l'on avec li le meillour cheval que il eust et le meillour sergent tout vif. Li serjans, avant que il fust mis en

---

son père) était petit-fils de la sœur de Philippe Auguste, Agnès, et de Branas ou Vranas, seigneur grec, qu'elle avait épousé en secondes noces, étant veuve d'Andronic, empereur de Constantinople. — 1. A, *revenus*. — 2. Baudouin II, empereur français de Constantinople. — 3. A, *lors estoient*. — 4. A omet *qu'il vit*. — 5. A, *fosse large*.

la fosse* avec son signour, il print congié au roy¹ des*Commains et aus autres riches signours; et au penre congié que il fesoit à aùs, il li metoient en escharpe grant foison d'or et d'argent, et li disoient : « Quant je venrai en l'autre siècle, si me renderas ce que je te bail. » Et il disoit : « Si ferai-je bien volentiers*. » Li grans roys des Commains li bailla unes lettres qui aloient à lour premier roi; que il li mandoit que cil² preudom avoit mout bien vescu et que il l'avoit mout bien servi, et que il li guerredonnast son servise. Quant ce fu fait, il le* mistrent en la fosse avec son signour et avec le cheval tout vif³; et puis lancièrent sus le pertuis de⁴ la fosse planches bien chevillies, et touz li os courut à pierres et à terre; et avant que il dormissent orent-il fait, en remembrance de ceus que il avoient enterrei, une* grant montaingne sur aus.

XCVIII. Tandis que li roys fermoit Cezaire, j'alai en sa heberge pour le veoir. Maintenant que il me vit entrer* en sa chambre, là où il parloit au legat, il se leva et me trait d'une part, et me dist : « Vous savez, fist li roys, que je ne vous reting que jusques à Pasques⁵; si vous pri que vous me dites que je vous donrai pour estre avecques moy de⁶ Pasques en* un an. » Et je li dis que je ne vouloie que il me donnast plus de ses deniers, que ce que il m'avoit donnei; mais je vouloie faire un autre marchié à li : « Pour ce, fis-je, que vous vous courrouciés quant

---

1. A, *avec le*, au lieu de *il print congié au.* — 2. B, *iceluy;* A omet *cil* et *iceluy.* — 3. A, *vit.* — 4. A omet *le pertuis de.* — 5. L'engagement de Joinville était fait jusqu'à Pâques de l'an 1251. (Voy. chapitre LXXXVI.) — 6. A, *donra de.*

l'on vous requiert aucune chose, si vueil-je que vous m'aiés* couvenant que, se je vous requier aucune chose toute* ceste année, que vous ne vous courrouciés pas; et se vous me refusés, je ne me courroucerai pas. » Quant il oy ce, si commença à rire mout clerement, et me dist que il me retenoit par tel couvenant; et me prist par la main¹ et me mena par* devers le legat et vers son consoil, et lour recorda le marchié que nous aviens fait; et en furent mout lié, pour ce que je estoie li plus riches qui fust en l'ost².

Ci après vous dirai comment je ordenai et atirai* mon afaire en quatre ans que je y demourai, puis que li frère le roy en furent venu. Je avoie dous chapelains avec moy, qui me disoient mes hores; li uns me chantoit ma messe sitost comme l'aube dou jour apparoit, et li autres atendoit tant que* mi chevalier et li chevalier de ma bataille estoient levei. Quant je avoie oy ma messe, je m'en aloie avec le roy. Quant li roys vouloit chevauchier, je li fesoie compaingnie. Aucune foiz estoit que li messaige venoient à li, par quoy il nous couvenoit besoignier* à la matinée.

Mes lis estoit fais en mon paveillon en tel manière, que nus ne pooit entrer ens, que il ne me veist gesir en mon lit; et ce fesoie-je pour oster toutes mescréances de femmes. Quant ce vint contre la* saint-Remy, je fesoie acheter ma porcherie de pors et ma bergerie de mes chastris, et farine et

---

1. A, *et me prist par tel couvenant.* — 2. La fin du chapitre manque dans le manuscrit B.

vin pour la garnison de l'ostel tout yver; et ce e-
soie-je pour ce que les danrées enchierissent en
yver, pour la mer qui est plus felonnesce en yver
que* en estei. Et achetoie bien cent tonniaus de vin,
et* fesoie touzjours boire le meillour avant; et fesoie
tremprer le vin aus vallez d'yaue, et ou vin des
escuiers moins d'yaue. A ma table, servoit l'on, de-
vant mes chevaliers, d'une grant phiole de vin et
d'une grant phiole d'yaue; si le temproient si
comme* il vouloient.

Li roys m'avoit baillié en ma bataille cinquante
chevaliers : toutes les foiz que je mangoie, je avoie
dix chevaliers à ma table avec les miens dix; et
mangoient li uns devant l'autre, selonc la coustume
dou* païs, et séoient sur nates à terre. Toutes les fois
que l'on crioit aus armes, je y envoioie cinquante-
quatre chevaliers que on appeloit diseniers, pour ce
que il estoient lour disiesmes. Toutes les fois que
nous chevauchiens armei, tuit li cinquante chevalier*
manjoient en mon ostel au revenir. Toutes les festes
annex je semonnoie touz les riches homes de l'ost;
dont il couvenoit que li roys empruntast aucune
foiz de ceus que j'avoie semons.

XCIX. Ci après, orrez les justices et les jugemens que
je vis* faire à Cezaire, tandis que li roys y sejournoit.

Tout premier vous dirons d'un chevalier qui fu
pris ou bordel, auquel l'on parti un jeu, selonc les
usaiges dou païs. Li jeus partis fu tex : ou que la
ribaude* le menroit par l'ost en chemise, une corde
liée aus genetaires, ou il perderoit son cheval et s'ar-
meure, et le chaceroit l'on de l'ost. Li chevaliers
lessa son cheval au roy et s'armeure, et s'en ala de

l'ost. Je alai prier au roy que il me donnast le cheval* pour un povre gentilhome qui estoit en l'ost. Et li roys me respondi que ceste prière n'estoit pas raisonnable, que li chevaus valoit encore quatre-vins livres*. Et je li respondi[1] : « Comment m'avés-vous les couvenances rompues, quant vous vous courouciés de ce que vous ai requis? » Et il me dist tout en riant : « Dites quant que vous vourrez, je ne me courouce pas. » Et toutevoies n'oi-je pas le cheval* pour le povre gentilhome.

La seconde justice fu tex, que li chevalier de nostre bataille chassoient une beste sauvaige que l'on appelle gazel, qui est aussi comme uns chevreus. Li frère de l'Ospital s'embatirent sur aus, et boutèrent et chacièrent* nos chevaliers. Et je me pleinz au maistre de l'Ospital; et li maistres de l'Ospital me respondi que il m'en feroit le droit à[2] l'usaige de la Terre sainte, qui estoit tex que il feroit les frères qui l'outraige avoient faite, mangier sur lour mantiaus, tant* que cil les en leveroient à cui l'outraige avoit estei faite. Li maistres lour en tint bien couvenant; et quant nous veismes que il orent mangié une piesce sur lour mantiaus, je alai au maistre et le trouvai manjant, et li priai que il feist lever les frères* qui manjoient sur lour mantiaus devant li; et li chevalier aussi ausquiex l'outraige avoit estei faite, l'en prièrent. Et il me respondi que il n'en feroit nient; car il ne vouloit pas que li frère feissent vileinnie à ceus qui venoient[3] en pelerinaige en* la Terre sainte. Quant je oy ce, je m'assis

---

1. *Et je li respondi* omis dans A. — 2. A, *droit et.* — 3. A, *venroient.*

avec les frères et commençai à mangier avec aus, et li dis que je ne me leveroie tant que li frère se leveroient. Et me dist que c'estoit force, et m'otroia ma requeste; et me fist, moy et mes chevaliers qui estoient* avec moy, mangier avec li; et li frère alèrent mangier avec les autres à haute table.

Li* tiers jugemens que je vi rendre à Cezaire, si fu tex : que uns serjans le roy qui avoit à non le Goulu, mist main à un chevalier de ma bataille. Je m'en alai pleindre au roy. Li roys me dist que je m'en pooie bien souffrir, ce¹ li sembloit; que il* ne l'avoit fait que bouter. Et je li dis que je ne m'en soufferroie jà; et se il ne m'en fesoit droit, je lairoie son servise, puisque sui serjant boutoient² les chevaliers. Il me fist faire droit, et li drois fu tex selonc les usaiges dou païs, que li serjans vint en ma herberje* deschaus, en chemise³ et en braies, sanz plus, une espée toute nue en sa main, et s'agenoilla devant le chevalier, print l'espée par la pointe et tendi le plommel au chevalier⁴, et li dist : « Sire, je vous ament ce que je mis main à vous; et vous ai* aportée ceste espée pour ce que vous me copez le poing, se il vous plait. » Et je priai au chevalier que il li pardonnast son maltalent; et si fist-il.

La quarte amende fu tex, que frères Hugues de Joy, qui estoit marechaus dou Temple, fu envoiez au soudanc* de Damas de par le maistre dou Temple, pour pourchacier commant li soudans de Damas s'acordast que une grant terre que li Temples soloit

---

1. A et B, *se*. — 2. A, *bateroient*. — 3. A omet *en chemise*. — 4. A omet *print* jusqu'à *chevalier*.

tenir, que li soudans vousist que li Temples en eust la moitié et il l'autre. Ces couvenances furent faites en* tel manière, se li roys s'i acordoit. Et amena frères Hugues un amiral de par le soudanc de Damas, et aporta les couvenances en escript, que on appeloit monte-foy[1]. Li maistres dist ces choses au roy : dont li roys fu forment effraez, et li dist que mout estoit hardis* quant il avoit tenu nulles couvenances ne paroles* au soudanc, sanz parler à li; et vouloit li roys que il li fust adrecié. Et li adrecemens fu tex, que li roys fist lever les pans de trois de ses paveillons, et là fu touz li communs de l'ost qui venir y vout; et là vint li maistres dou Temple et touz li couvens* touz deschaus parmi l'ost, pour ce que lour heberge estoit dehors l'ost. Li roys fist asseoir le maistre dou Temple devant li et le messaige au soudanc, et dist li roys au maistre tout haut : « Maistres, vous direz au messaige le soudanc que ce vous poise* que vous avez fait nulles trèves à li sanz parler à moy; et pour ce que vous n'en aviés parlei à moy, vous le quitiés de quanque il vous ot couvent et li rendés toutes ses couvenances. » Li maistres prist les couvenances et les bailla à l'amiral*, et lors dist li maistres : « Je vous rent les couvenances que j'ay mal faites; dont ce poise moy[2]. » Et lors dist li roys au maistre que il se levast et que il feist lever touz ses frères; et si fist-il. « Or vous agenoilliés et m'amendés ce que vous* y estes alei contre ma volentei. »

1. *Monte-foy* est un mot composé qui signifie littéralement *vaut-foi* : car le verbe *monter* avait souvent le sens de *valoir* : il s'agit donc d'un écrit *faisant foi* en justice. — 2. *Et lors* jusqu'à *poise moy* omis dans A.

Li maistres s'agenoilla et tendi le chief de son mantel au roy, et abandonna au roy quanque il avoient à penre pour s'amende, tel comme il la vourroit devisier : « Et je di¹, fist li roys, tout premier, que frères Hugues qui* a faites les couvenances, soit bannis de tout le royaume de Jerusalem. » Li maistres qui estoit² compères le roy dou conte d'Alençon³, qui fu nez à Chastel-Pelerin, ne onques la royne, ne⁴ autre, ne porent aidier frère Hue, que il ne li couvenist vuidier* la Terre sainte et dou royaume de Jerusalem.

C. Tandis* que li roys fermoit la citei de Cezaire, revindrent li messaige d'Egypte à li, et li aportèrent la trève, tout ainsi comme il est devant dit que li roys l'avoit devisie. Et furent les couvenances tex dou roy et d'aus, que li roys dut aler, à* une journée qui fu nommée, à Japhe; et à celle journée que li roys dut aler à Japhe, li amiral d'Egypte devoient estre à Gadre par lour seremens, pour delivrer au roi⁵ le royaume de Jerusalem. La trive, tel comme li messaige l'avoient aportée, jura* li roys et li riche home de l'ost, et que par nos sairemens nous lour deviens aidier encontre le soudanc de Damas.

Quant li soudans de Damas sot que nous nous estiens alié à ceus d'Egypte, il envoia bien quatre mille*⁶ Turs bien atiriés à Gadres, là où cil d'Egypte devoient venir; pour ce que il sot bien que se il pooient⁷ venir jusques à nous, que il y pourroit⁸ bien perdre. Toutevoiz ne lessa pas li roys que il ne

---

1. B, *je devise*. — 2. A, *et frère Hugue* au lieu de *qui estoit*. — 3. Comme parrain du comte d'Alençon. — 4. *Ne* omis dans A. — 5. A omet *au roi*. — 6. B, *vingt mille*. — 7. A, *pooit;* B, *se ceulx d'Egypte povoient*. — 8. A et B, *pourroient*.

se meust pour aler à Jaffe¹. Quant li cuens* de Japhe
vit que li roys venoit, il atira son chastel en tel manière que ce sembloit bien estre ville deffendable ;
car à chascun des carniaus, dont il y avoit bien cinq
cens, avoit une targe de ses armes et un panoncel ;
laquex chose fu bele à regarder*, car ses armes estoient d'or à une croiz de gueles patée. Nous nous
lojames entour le chastel, aus chans, et environnames le chastel qui siet sur la mer, dès l'une mer
jusques à l'autre. Maintenant se prist li roys à fermer
un nuef bourc tout entour le* vieil chastiau, dès l'une
mer jusques à l'autre ; le* roy meismes y vis-je mainte
foiz porter la hote aus fossés, pour avoir le pardon.

Li amiral d'Egypte nous faillirent des² couvenances que il nous avoient promises ; car il n'osèrent
venir à Gadres, pour les gens au soudanc de Damas*
qui y estoient. Toutevoiz nous tindrent-il couvenant,
en tant que il envoièrent au roy toutes les testes aus
crestiens, que il avoient pendues aus murs dou chastel de Kayre³ dès que li cuens de Bar et li cuens de
Monfort furent pris⁴ ; lesquiex li roys fist mettre* en
terre benoite. Et li envoièrent aussi les enfans qui
avoient estei pris quant li roys fu pris ; laquel chose
il firent envis, car il s'estoient jà renoié. Et avec
ces choses envoièrent au roy un oliphant, que li
roys envoia en France⁵.

Tandis* que nous sejourniens à Japhe, uns ami-

1. C'est en 1252, vers le mois de mai, que saint Louis quitta Césarée pour se rendre à Jaffa, où il resta jusqu'au 29 juin 1253. (Voy. chap. cx.) — 2. A, *de*. — 3. A, *Chaare*. — 4. Voy. chap. lvi. — 5. Un compte de l'an 1256, publié dans le tome XXI du Recueil des historiens de France, mentionne (p. 355) un don de vingt sols fait par saint Louis au gardien d'un éléphant.

raus qui estoit de la partie au soudanc de Damas, vint faucillier blez à un kasel à trois lieues de l'ost. Il fu acordei que nous li courriens sus. Quant il nous senti venans, il toucha en fuie. Endementres que il* s'en fuioit, uns joennes vallez gentis hom se mist à li chacier, et porta dous de ses chevaliers à terre sans sa¹ lance brisier; et l'amiral feri en tel manière, que il li brisa le glaive ou cors.

Li messaige² aus amiraus d'Egypte prièrent le roy* que il lour donnast une journée par quoy il peussent venir vers le roy, et il y venroient³ sanz faute. Li roys ot consoil que il ne le refuseroit pas, et lour donna journée; et il li orent couvent, par lour sairement, que il à celle journée seroient à* Gadres.

CI. Tandis* que nous atendiens celle journée que li roys ot donnée aus amiraus d'Egypte, li cuens d'Eu⁴, qui estoit escuyers⁵, vint en l'ost, et amena avec li monsignour Ernoul de Guinnes⁶, le bon chevalier, et ses dous frères, li dixiesme. Il demoura* ou servise le roy, et li roys⁷ le fist chevalier.

En ce point revint li princes d'Anthyoche⁸ en l'ost, et la princesse sa mère, auquel li roys fist grant honnour, et le fist chevalier mout honorablement. Ses* aages n'estoit pas de plus que seize ans; mais onques si saige enfant ne vi. Il requist au roy que il

---

1. A, *la*. — 2. A, *ce message*; B, *les messagiers*. — 3. A, *envoierent*. — 4. Jean, fils d'Alphonse de Brienne et de Marie, comtesse d'Eu. Ce jeune seigneur devint bientôt l'ami de Joinville. (Voy. chap. CXIII.) — 5. A, *chevalier*. — 6. A, *Guminée*; B, *Genyenne*. — 7. A. *et au sien le roy*. — 8. Boémond VI, prince d'Antioche et comte de Tripoli, fils de Boémond V, mort en 1251, et de Lucie, fille du comte Paul de Rome. Joinville a parlé plus haut (chap. LXXXIV) de Boémond V, et il reparlera bientôt (chap. CXVIII) de Boémond VI.

l'oïst parler devant sa mère; li roys li otroia. Les paroles que il dist au roy devant sa mère, furent tex : « Sire, il est bien voirs que ma mère me doit encore* tenir quatre ans en sa mainbournie; mais pour ce n'est-il pas drois que elle doie lessier ma terre perdre ne decheoir; et ces choses, sire, di-je, pour ce que la cités d'Anthioche se pert entre ses mains. Si vous pri, sire, que vous li priez que elle me* baille de l'argent et des gens[1], par quoy je puisse aler secourre ma gent qui là sont, et aidier. Et, sire, elle le doit bien faire; car se je demeur en la citei de Tyrple avec li, ce n'iert pas sanz grans despens, et la grans despense[2] que je ferai si yert* pour nyent faite. » Li roys l'oy mout volentiers, et pourchassa de tout son pooir à sa mère comment elle li baillast tant comme li roys pot traire de li. Sitost comme il parti dou roy, il s'en ala en Anthioche, là où il fist mout son avenant. Par* le grei dou roy il escartela ses armes, qui sont vermeilles*, aus armes[3] de France, pour ce que li roys l'avoit fait chevalier.

Avec le prince vindrent troi menestrier de la grant Hyermenie; et estoient frère, et en aloient en* Jerusalem en pelerinaige, et avoient trois cors, dont les voiz des cors lour venoient parmi les visaiges. Quant il encommençoient à corner, vous deissiez que ce sont les voiz des cynes qui se partent de l'estanc; et fesoient les plus douces melodies et les* plus graciouses, que c'estoit merveille de l'oyr. Il fesoient trois merveillous saus; car on lour metoit une touaille desous les piez et tournoient tout en estant, si que

---

1. *Et des gens* omis dans A. — 2. A, *les grans despens.* — 3. A, *aus autres.*

lour pié revenoient tout en estànt sur la touaille ; li dui tournoient les testes arières, et li* ainsnez aussi. Et quant on li fesoit tourner la teste devant, il se seignoit; car il avoit paour que il ne se brisast le col ou tourner.

CII. Pour ce que bone chose est que la memoire¹ dou* conte de Brienne, qui fu cuens de Jaffe, ne soit oubliée, vous dirons nous cy après de li, pour ce qu'il tint Jaffe² par plusours années, et par sa vigour il la deffendi grant temps; et vivoit grant partie de ce que il gaaingnoit sus les Sarrazins et sur* les ennemis de la foy. Dont il avint une foiz que il desconfist une grant quantitei de Sarrazins qui menoient grant foison de dras d'or et de soie, lesquiex il gaaingna touz; et quant il les ot amenez³ à Jaffe, il departi tout à ses chevaliers, que onques* riens ne li en demoura. Sa manière estoit tex*, que quant il estoit partis⁴ de ses chevaliers, il s'enclooit en sa chapelle, et estoit longuement en oroisons avant que il⁵ alast le soir gesir avec sa femme, qui mout fu bone dame et saige, et suer au roy de Cypre⁶.

Li* emperieres de Perse, qui avoit non Barbaquan⁷, que li uns des princes des Tartarins⁸ avoit desconfit, si comme j'ai dit devant⁹, s'en vint atout son¹⁰ ost ou royaume de Jerusalem; et prist le chastel de Tabarie que messires Huedes de Monbeliart li connestables* avoit fermei, qui estoit sires de Tabarie de par

---

1. A, *manière*. — 2. *Ne soit oubliée* jusqu'à *Jaffe* omis dans A. — 3. A, *gaaignés*. — 4. B, *parti le soir*. — 5. Ici reprend le texte du manuscrit de Lucques, dont la seconde lacune a commencé plus haut (p. 318 f) au mot *gaaing*. — 6. Marie, sœur de Henri Iᵉʳ, roi de Chypre. — 7. Voy. *Éclaircissements*, 7º. — 8. *Des Tartarins* omis dans A. — 9. Voy. chap. xciv. — 10. *Son* omis dans A.

sa femme. Mout grant doumaige firent à nostre gent ; car il destruist quant que il trouvoit hors Chastel-Pelerin, et dehors Acre, et dehors le Saffar¹, et dehors Jaffe aussi. Et quant il ot fait ces doumaiges, il* se trait à Gadres, encontre le soudanc de Babiloine, qui là devoit venir, pour grever et nuire à nostre gent. Li baron dou pays orent consoil et li patriarches, que il se iroient combatre² à li, avant que li soudans de Babiloinne deust venir. Et pour aus aidier, il* envoièrent querre le soudanc de la Chamelle, l'un des meillours chevaliers qui fust en toute paiennime, auquel il firent si grant honnour en Acre que il li estendoient les dras d'or et de soie par où il devoit aler. Il en vindrent jusques à Jaffe, nostre gent et li soudans* avec aus. Li patriarches tenoit escommenié le conte Gautier, pour ce que il ne li vouloit rendre une tour que il avoit en Jaffe, que l'on appeloit la tour le patriarche. Nostre gent prièrent le conte Gautier que il* alast avec aus pour combatre à l'empereour de Perse ; et il dist que si feroit-il volentiers, mais que li patriarches l'absousist jusques à lour revenir. Onques li patriarches n'en vout riens faire ; et toutevoiz s'esmut li cuens Gautiers et en ala avec aus. Nostre gent firent* trois batailles, dont li cuens Gautiers en ot une, li soudans de la Chamelle l'autre, et li patriarches et cil de la terre l'autre ; en la bataille au conte de Brienne furent li Hospitalier.

Il chevauchièrent tant que il virent lour ennemis aus yex*. Maintenant que nostre gent les virent, il s'a-

---

1. B et L, *le Saffat, le Saphat*. — 2. *Combatre* omis dans A.

restèrent, et li ennemi¹ firent trois batailles aussi. Endementres que li Corvin aréoient lour batailles, li cuens Gautiers vint à nostre gent, et lour escria : « Signour, pour Dieu alons à aus ; que nous lour donnons* temps² pour ce que nous nous sommes arestei. » Ne onques n'i ot nul qui l'en³ vousist croire. Quant li cuens Gautiers vist ce, il vint au patriarche et li requist absolucion en la manière desusdite ; onques li patriarches n'en vout riens faire. Avec* le conte de Brienne avoit un vaillant clerc qui estoit evesques de Rames, qui maintes beles chevaleries avoit faites en la compaingnie le conte. Et dist au conte : « Ne troublés pas vostre conscience quant li patriarches ne vous absout ; car il a tort, et vous* avés droit ; et je vous absoil en non dou Père et dou Fil et dou Saint-Esperit. Alons à aus. » Lors ferirent des esperons et assemblèrent à la bataille l'empereour de Perse, qui estoit la darenière. Là ot trop grant foison de gens mors d'une part et d'autre*, et là fu pris li cuens Gautiers ; car toute nostre* gent s'enfuirent si laidement, que il en y ot plusours qui de desesperance se noièrent en la mer⁴. Ceste desesperance lour vint pour ce que une des batailles l'empereour de Perse assembla au soudanc la Chamelle, liquex se deffendi tant à aus, que de dous* mille Turs que il y mena, il ne l'en demoura que quatorze-vins quant il se parti dou champ.

CIII. Li emperieres prist consoil que il iroit assegier le soudanc dedans le chastel de la Chamelle⁵,

---

1. A, *et cil et les ennemis* ; les mots *et cil* ne sont pas dans les deux autres manuscrits. — 2. A, *sens*. — 3. A, *me* au lieu de *l'en*. — 4. Cette bataille de Gaza fut livrée en 1244. — 5. A, *de Chamelle*.

pour ce que il lour sembloit que il ne se deust pas longuement tenir à sa* gent que il avoit perdue. Quant li soudans vit ce, il vint à sa gent et lour dist que il se iroit combatre à aus; car se il se lessoit assegier, il seroit perdus. Sa besoingne atira en tel manière que toute sa gent, qui estoient mal armei, il les envoia par une valée couverte*¹; et sitost comme il oïrent ferir les tabours le soudanc, il se ferirent en l'ost l'empereour par darières, et se pristrent à occirre les femmes et les enfans. Et sitost comme li emperieres, qui estoit issus aus chans pour combatre au soudanc que il véoit aus* yex, oy le cri de sa gent, il retourna en son host pour secourre lour femmes et lour enfans; et li soudans lour courut sus, il et sa gent : dont il avint si bien, que de vint-cinq mille que il estoient, il ne lour demoura home ne femme, que tuit ne fussent mort* et livrei à l'espée².

Avant que li emperieres de Perse alast devant la Chamelle, il amena le conte Gautier devant Jaffe; et le pendirent par les bras à unes fourches, et li dirent que il ne le despenderoient point, jusques à tant* que il averoient le chastel de Jaffe. Tandis que il* pendoit par les bras, il escria à ceus dou chastel que pour mal que il li feissent, que il ne rendissent la ville, et que se il la rendoient, il-meismes les occirroit.

Quant li emperieres vit ce, il envoya le conte Gautier* en Babiloinne et en fist present au soudanc, et dou maistre de l'Ospital, et de plusours prison-

---

1. A, *mal couverte*. — 2. *Que tous* jusqu'à *l'espée* omis dans A. Le ms. B ajoute *qui fut merveille*.

niers que il avoit pris. Cil qui menèrent le conte en Babiloinne, estoient bien trois cens, et ne furent pas occis quant li emperieres fu mors devant la Chamelle. Et* cist Coremin assemblèrent à nous le vendredi que il nous vindrent assaillir à pié¹. Lour banières estoient vermeilles et estoient endantées² juesques vers les lances; et sur lour lances avoient testes faites de cheveus³ qui sembloient testes de dyables⁴.

Plusour* des marcheans de Babiloinne crioient après le soudanc, que il lour feist droit dou conte Gautier, des grans doumaiges que il lour avoit faiz; et li soudans lour abandonna que il s'alassent vengier de* li. Et il l'alèrent occirre en la prison et martyrier : dont nous devons croire que il est ès ciex ou nombre des martirs.

Li soudans de Damas prist sa gent qui estoient à Gadres, et entra en Egypte. Li amiral se vindrent* combatre à li. La bataille dou soudanc desconfist les amiraus à cui il assembla, et l'autre bataille des amiraus d'Egypte desconfist l'arière-bataille dou soudanc de Damas. Aussi s'en vint li soudans de Damas arrière à Gadres, navrez en la teste* et en la main. Et avant que il se partist⁵ de Gadres*, envoièrent li amiral d'Egypte lour messaiges et firent paiz à li, et nous faillirent de toutes nos couvenances; et fumes de lors en avant que nous n'eumes ne trèves ne

---

1. Voy. chap. LIV. Les Corasmins étaient une tribu de Turcs qui, après avoir traversé la Perse, d'où ils furent chassés par les Tartares, avaient pénétré en Syrie. (Voy. chap. XCIII.) — 2. A, *endoncées.* — 3. B et L, *chevaulx.* — 4. B ajoute *tant estoient hideuses à voir.* — 5. A, *ainsi avant que il se partirent.*

paiz à ceus de Damas ne à ceus de Babiloine. Et sachiez que quant nous estiens le plus* de gens à armes, nous n'estiens nulle foiz plus de quatorze cens.

CIV. Tandis que li roys estoit en l'ost devant Jaffe, li maistres de Saint-Ladre ot espié delez Rames, à trois grans lieues, bestes et autres choses, là où il cuidoit faire* un grant gaaing; et il qui ne tenoit nul conroy en l'ost, ainçois fesoit sa volentei en l'ost, sanz parler au roy ala là. Quant il ot aqueillie sa praie, li Sarrazin li coururent sus et le desconfirent en tel manière, que de toute sa gent que il avoit avec li en* sa bataille, il n'en eschapa que quatre. Sitost comme il entra en l'ost, il commença à crier aus armes. Je m'alai armer, et priai au roy que il me lessast aler là; et il m'en donna congié, et me commanda que je menasse avec moy le Temple et l'Ospital. Quant nous* venimes là, nous trouvames que autre Sarrasin estrange estoient embatu en la valée là où li maistres de Saint-Ladre avoit estei desconfiz. Ainsi comme cist Sarrazin estrange regardoient ces mors, li maistres des arbalestriers le roy lour courut[1] sus*; et avant que nous venissiens là, nostre gent les orent desconfiz et plusours en occirent.

Uns serjans le roy et uns des Sarrazins s'i portèrent à terre li uns l'autre de cop de lance. Uns autres[2] serjans le roy quant il vit ce, il prist les dous chevaus et les* emmenoit pour embler; et pour ce que l'on ne le veist, il se mist parmi les murailles[3]

---

1. A, *les mestre.... coururent.* — 2. A omet *autres.* — 3. A, *mirales.*

de la citei de Rames*. Tandis que il les enmenoit, une vieille citerne sur quoi il passa, li fondi desous; li troi cheval et il alèrent au font, et on le me dist. Je y alai veoir, et vi que la citerne fondoit encore sus[1] aus, et que il ne failloit guères que il ne fussent tuit couvert*. Ainsi en revenimes sanz riens perdre, mais que ce que li maistres de Saint-Ladre y avoit perdu.

CV. Sitost comme li soudans de Damas fu apaisiés à ceus d'Egypte, il manda sa gent qui estoient à Gadres, que il en revenissent vers li. Et si firent-il, et* passèrent par-devant nostre ost à moins[2] de dous lieues; ne onques ne nous osèrent courre sus, et si estoient bien vint mile Sarrazin et dix mile Beduyn. Avant que il venissent endroit nostre ost, les gardèrent li maistres des arbalestriers le roy et* sa bataille trois jours et trois nuis, pour ce que il ne se ferissent en nostre ost despourveuement.

Le jour de la saint-Jehan[3] qui estoit après Pasques, oy li roys son sermon. Tandis que l'on sermonnoit*, uns serjans dou maistre des arbalestriers entra en la chapelle le roy touz armez, et li dist que li Sarrazin avaient enclos le maistre arbalestrier. Je requis au roy que il m'y lessast aler, et il le m'otria, et me dist que je menasse avec moy jusques à* quatre cens ou cinq cens homes d'armes, et les me nomma[4] ceus que il vout que je menasse[5]. Sitost comme nous issimes de l'ost, li Sarrazin qui estoient mis entre le

---

1. A. *sous*. — 2. A, *moys*. — 3. Le 6 mai 1253, jour de la fête de saint Jean devant la porte Latine. — 4. L, *m'envoya*. — 5. B, *et me bailla quatre ou cinq cens hommes d'armes telz comme il luy pleut me bailler.*

maistre des arbalestriers et l'ost¹, s'en alèrent à un amiral qui estoit en un* tertre devant le maistre des arbalestriers atout bien mil homes à armes. Lors commença li hutins entre les Sarrazins et les serjans au maistre des arbalestriers, dont il y avoit bien quatorze vins; car à l'une des fois que li amiraus véoit que sa gent estoient pressei*², il lour envoioit secours et tant de gent, que il metoient nos serjans jusques en la bataille au maistre. Quant li maistres véoit que sa gent estoient pressei³, il lour envoioit cent ou six vins homes d'armes, qui les remetoient jusques en la bataille* l'amiral.

Tandis que nous estiens là, li⁴ legas et li baron dou pays, qui estoient demourei avec le roy, distrent au roy que il fesoit grant folie quant il me metoit en avanture; et par lour consoil li roys me renvoia* querre, et le maistre des arbalestriers aussi. Li Turc se departirent de là, et nous revenimes en l'ost.

Mout de gens se merveillièrent quant il ne se vindrent combatre à nous, et aucunes gens distrent que* il ne le lessièrent fors que pour tant que il et lour cheval estoient tuit affamei à Gadres, là où il avoient sejournei près d'un an.

CVI. Quant cist Sarrazin furent parti de devant Jaffe, il vindrent devant Acre et mandèrent le signour de* l'Arsur, qui estoit connestables dou royaume de Jerusalem, que il destruiroient les jardins de la ville se il ne lour envoioit cinquante

---

1. A, *et de l'ost*; B et L, *de l'ost* sans *et*. — 2. A, au lieu de *pressei*, met *prise*. — 3. A, *prisée*. — 4. A, *les*.

mille¹ bezans; et il lour manda que il ne lour en envoieroit nulz. Lors firent lour batailles rangier, et s'en vindrent tout* le sablon d'Acre si près de la ville, que l'on y traisist bien d'une arbalestre à tour. Li sires d'Arsur issi de la ville et se mist ou Mont Saint-Jehan², là où li cymetères Saint-Nicholas est, pour deffendre les jardins. Nostre serjant à pié issirent d'Acre, et commencièrent* à hardier à aus et d'ars et d'arbalestres.

Li sires d'Arsur appela un chevalier de Gennes³ qui avoit à non monsignour Jehan le Grant, et li commanda que il alast retraire la menue gent⁴ qui estoient* issu de la ville d'Acre, pour ce que il ne se meissent en peril.

Tandis que il les ramenoit arières, uns Sarrazins li commença à escrier en sarrazinnois, que il jousteroit à li se il vouloit; et cil li dist que si feroit-il* volentiers. Tandis que messires Jehans aloit vers le Sarrazin pour jouster, il regarda sus sa main senestre; si vit un tropel de Turs, là où il y en avoit bien huit, qui s'estoient⁵ arestei pour veoir la jouste. Il lessa la jouste dou Sarrazin à cui il* devoit jouster, et alla au tropel de Turs qui se tenoient tuit quoi pour la jouste regarder, et en feri un parmi le cors de sa lance et le geta mort. Quant li autre virent ce, il li coururent sus endementres que il revenoit vers nostre gent, et li uns le* fiert grant cop d'une

1. *Mille* omis dans A. — Environ 506 600 francs. La leçon du manuscrit A (*cinquante bezans*) ne peut être admise, parce que la somme serait évidemment trop faible. — 2. *Jehan* omis dans A. — 3. *De Gennes* omis dans A. — 4. C'est-à-dire *les troupes de pied;* car vers la fin de l'alinéa suivant Joinville appelle *gent à pié* ceux qu'il appelle ici *menue gent*. — 5. A, *c'estoient*.

mace sus le chapel de fer; et au passer que il fist, messires Jehan li donna de s'espée sur une touaille dont il avoit[1] sa teste entorteillie, et li fist la touaille voler enmi les chans. Il portoient lors[2] les touailles quant il se vouloient* combatre, pour ce que elles reçoivent un* grant coup d'espée. Li uns des autres Turs feri des esperons à li, et li vouloit donner de son glaive parmi les espaules; et messires Jehans vit le glaive venir, si guenchi : au passer que li Sarrazins fist, messires Jehans li donna arière-main d'une espée* parmi le[3] bras, si que il li fist son glaive voler enmi les chans. Et ainsi s'en revint et ramena sa gent à pié; et ces[4] trois biaus cos fist-il devant le signour d'Arsur et les riches homes qui estoient en Acre, et devant toutes les femmes qui estoient* sus les murs pour veoir celle gent.

CVII. Quant celle grans foysons de gens sarrazins qui furent devant Acre et n'osèrent combatre à nous, aussi comme vous avez oy, ne à ceus d'Acre, oïrent[5] dire (et verités estoit) que li roys fesoit fermer* la citei de Sayete et à pou de bones gens, il[6] se traitrent en celle part. Quant messires Symons de Monceliart, qui estoit maistres des arbalestriers le roy et chievetains de la gent le roy à Saiette, oy dire que ceste gent venoient, si[7] se retrait* ou chastel de Saiette, qui est mout forz et enclos est de la mer en touz senz; et ce fist-il pour ce que il véoit bien que il n'avoit pooir de resister[8] à aus. Avec li receta ce que il pot de gent; mais pou en y ot, car li chas-

---

1. A, *il y avoit.* — 2. B et L ajoutent *aux batailles.* — 3. A, *les.* — 4. A, *ses.* — 5. A, *il oïrent.* — 6. *Il* omis dans A. — 7. *Si* omis dans A. — 8. *De resister* omis dans A.

tiaus estoit trop estrois. Li Sarrazin se* ferirent en la ville, là où il ne trouvèrent nulle deffense; car elle n'estoit pas toute close. Plus de dous mille personnes occirent de nostre gent; atout le gaaing que il firent là, s'en alèrent en Damas.

Quant* li roys oy ces nouvelles, mout en fu couruciés* se amender le peust; et aus¹ barons dou pays en fu mout bel, pour ce que li roys vouloit aler fermer un tertre là où il y ot² jadis un ancien chastel au tens des Machabiex. Cis chastiaus siet ainsi comme l'on va de Jaffe en Jerusalem. Li baron d'outre-mer* se descordèrent dou chastel refermer, pour ce que c'estoit loing de la mer à cinq lieues; par quoy nulle viande ne nous peust venir de la mer, que li Sarrazin ne nous tollissent, qui estoient plus fort que nous n'estiens. Quant ces nouvelles vindrent* en l'ost dou bourc de Sayette qui³ estoit destruis, et vindrent li baron dou païs au roy, et li distrent que il li seroit plus grans honnours de refermer le bourc de Saiette que li Sarrazin avoient abatu, que de faire une forteresse nouvelle; et* li roys s'acorda à aus.

CVIII. Tandis que li roys estoit à Jaffe, l'on li dist que li soudans de Damas li soufferroit bien à aler en Jerusalem et⁴ par bon asseurement. Li roys en ot grant consoil; et la fins dou consoil fu tex, que nulz ne loa le* roy que il y alast, puisque il couvenist que il lessast la citei en la main des Sarrazins.

L'on en moustra au roy un exemple qui fu tex,

---

1. A, *au*. — 2. *Y ot* omis dans A. — 3. A, *en l'ost de Sayette que le bourc qui*. — 4. *Et* omis dans A.

que quant li grans roys Phelippes se parti de devant Acre pour aler en France, il lessa toute sa gent demourer* en l'ost avec le duc Hugon de Bourgoingne, l'aioul cesti duc qui est mors nouvellement¹. Tandis que li dus sejournoit à Acre, et li roys Richars d'Angleterre aussi, nouvelles lour vindrent que il pooient penre l'endemain Jerusalem, se il vouloient, pour ce* que toute la force de la chevalerie le soudanc de Damas s'en estoit alée vers li pour une guerre que il avoit² à un autre soudanc. Il atirièrent lour gent, et fist li roys d'Angleterre la première bataille, et li dus de Bourgoingne l'autre après, atout les gens le* roy de France. Tandis que il estoient à esme de penre la ville, on li manda de l'ost le duc que il n'alast avant; car li dus de Bourgoingne s'en retournoit arière, pour ce, sanz plus, que l'on ne deist que li Anglois eussent³ pris Jerusalem. Tandis que* il estoient en ces paroles, uns siens chevaliers li escria : « Sire, sire, venez juesques ci, et je vous mousterrai Jerusalem. » Et quant il oy ce, il geta sa cote à armer devant ses yex tout en plorant, et dist à Nostre-Signour : « Biaus sire Diex, je te pri que* tu ne seuffres que je voie ta sainte citei, puisque je ne la puis delivrer des mains de tes ennemis. »

Ceste exemple moustra l'on au roy, pour ce que se il, qui estoit li plus grans roys des Crestiens, fesoit son pelerinaige sanz delivrer la citei des ennemis Dieu*, tuit li autre roy et li autre pelerin qui après li venroient, se tenroient tuit apaié de faire lour pelerinaige aussi comme li roys de France averoit

---

1. Voy. *Éclaircissements*, 2º. — 2. A, *avoient*. — 3. A, *n'eussent*.

fait, ne ne feroient force de la delivrance de Jerusalem.

Li roys Richars fist tant d'armes outre-mer à celle foys* que il y fu, que quant li cheval aus Sarrazins avoient poour d'aucun bisson, lour maistre lour disoient : « Cuides-tu, fesoient-il à lour chevaus, que ce soit li roys Richars d'Angleterre[1]? » Et quant li enfant aus Sarrazinnes bréoient, elles lour disoient* : « Tay-toi, tay-toi, ou je irai querre le roy Richart, qui te tuera[2]. »

CIX. Li* dus de Bourgoingne, de quoy je vous ai parlei, fu mout bons chevaliers de sa main[3]; mais il ne[4] fu onques tenus pour saige ne à Dieu ne au siècle ; et il y parut bien en ce fait devant dit. Et de ce dist li grans roys Phelippes, quant l'on li dist que li cuens Jehans de Chalons* avoit un fil, et avoit à non Hugon pour le duc de Bourgoingne, il dist que Diex le feist aussi preu home comme le duc pour cui il avoit non Hugon. Et on li demanda pourquoy il n'avoit dit *aussi preudome* : « Pour ce, fist-il, que il a grant difference* entre *preu home* et *preudome;* car il a mainz preus homes chevaliers en la terre des Crestiens et des Sarrazins, qui onques ne crurent Dieu ne sa Mère[5]. Dont je vous di, fist-il, que Diex donne grant don et grant grace au chevalier crestien que il seuffre* estre vaillant de cors, et que il seuffre en son servise en li gardant de pechié mortel ; et celi qui ainsi se demeinne doit l'on appeler *preudome,* pour ce que ceste proesse li vient[6] dou

1. B et L, *que le roy Richard y soit!* — 2. Voy. chap. XVII. — 3. A omet *de sa main.* — 4. *Ne* omis dans A. — 5. B et L, *ne aymèrent.* — 6. A, *vint.*

don Dieu. Et ceus de cui j'ai avant parlei puet l'on appeler *preuz homes**, pour ce que il sont preu de lour cors et ne doutent Dieu ne pechié. »

Des¹ grans deniers que li roys mist à fermer Jaffe ne couvient-il pas parler, que c'est sanz nombre; car il* ferma le bourc dès l'une des mers jusques à l'autre, là où il ot bien vint quatre tours; et furent li fossei curei de lun dehors et dedans. Trois portes y avoit, dont li legas en fist l'une et un pan dou mur. Et pour vous moustrer le coustaige que li roys i mist, vous* faiz-je à savoir que je demandai au legat combien celle* porte et cis pans dou mur li avoient coustei; et il me demanda combien je cuidoie qu'elle eust coustei; et je esmai que la porte que il avoit fait faire li avoit bien coustei cinq cens livres, et li pans dou mur trois cens livres. Et il me dist que, si² Diex li aidast, que la* porte, que li pans li avoient bien coustei trente mille livres.

CX. Quant li roys ot assouvie la forteresce dou bourc de Jaffe, il prist consoil que il iroit refermer la citei de Sayete, que li Sarrazin avoient abatue. Il s'esmut* pour aler là le jour de la feste des apostres saint Père et saint Pol³, et just li roys et ses os devant le chastel d'Arsur, qui mout estoit forz. Celi soir appela li roys sa gent, et lour dist que se il s'accordoient, que il iroit penre une citei des Sarrazins* que on appèle Naples, laquel citei les anciennes escriptures appèlent Samarie. Li temples et li Ospitaus et li baron dou païs⁴ li respondirent d'un acort, que il estoit bon que

---

1. Les manuscrits portent *les*. — 2. A, *se*. — 3. Le 29 juin 1253.—
4. A omet *et li baron dou païs*.

l'on y essaiast à penre la citei ; mais il ne s'acorderoient jà que ses cors y alast, pour ce que* se¹ aucune chose avenoit de li, toute la terre seroit perdue. Et il dist que il ne les y lairoit jà aler, se ses cors n'i aloit avec. Et pour ce demoura celle emprise, que li signour terrier ne s'i voudrent acorder que il y alast.

Par* nos journées venimes ou sablon d'Acre, là où li roys et li os nous lojames. Illec au lieu vint à moy uns grans peuples de la grant Hermenie qui aloit en pelerinaige en Jerusalem, par grant tréu rendant aus Sarrazins qui les conduisoient. A² un latimier qui savoit* lour languaige et le nostre, il me firent prier que je lour moustrasse le saint roy. Je alai au roy là où* il se séoit en un paveillon, apuiez à l'estache dou paveillon, et séoit ou sablon sanz tapiz et sans nulle autre chose desouz li. Je li dis : « Sire, il a là hors un grant peuple de la grant Hermenie qui vont en Jerusalem, et me proient, sire, que je lour face moustrer* le saint roy ; mais je ne bé jà à baisier vos os. » Et il rist mout clerement, et me dist que je les alasse querre ; et si fis-je. Et quant il orent veu le roy, il le commandèrent à Dieu, et li roys aus.

L'endemain* just li os en un lieu que on appelle Passe-poulain, là où il a de mout beles eaues, de quoy l'on arose ce dont li sucres vient. Là où nous estiens logié illec, li uns de mes chevaliers me dist : « Sire, fist-il, or vous ai-je logié en plus biau lieu* que vous ne fustes hier. » Li autres chevaliers qui m'avoit prise la place devant, sailli sus touz effraez, et li dist tout haut : « Vous estes trop hardis quant

---

1. A, *ce.* — 2. A, *et.*

vous parlés de chose que je face. » Et il sailli sus et le prist par les cheveus. Et je sailli sus et le feri* dou poing entre les dous espaules, et il le lessa; et je li dis : « Or hors de mon hostel; car, si m'aïst Diex! avec moy ne serez-vous jamais. » Li chevaliers s'en ala si grant deul demenans, et m'amena monsignour Gilon le Brun le connestable de France; et* pour la grant repentance que il véoit que li chevaliers avoit de la folie que il avoit faite, me pria si à certes comme il pot, que je le remenasse en mon hostel. Et je respondi que je ne l'i remenroie pas, se li legas ne me absoloit de mon sairement. Au legat en alèrent et* li contèrent le fait; et li legas lour respondi que il n'avoit pooir de moy[1] absoudre, pour ce que li sairemens* estoit raisonnables; car li chevaliers l'avoit mout bien deservi. Et ces choses vous moustré-je, pour ce que vous vous gardés de faire sairement que il ne couviengne faire par raison; car, ce dit li saiges, « qui volentiers jure, volentiers se parjure. »

CXI. L'endemain* s'ala logier li roys devant la citei d'Arsur, que l'on appelle Tyri en la Bible. Illec appela li roys des riches homes de l'ost, et lour demanda consoil se il seroit bon que il alast penre la citei de Belinas avant que il alast à Sayete. Nous loames tuit* que il estoit bon que li roys y envoiast de sa gent; mais nulz ne li loa que ses cors y alast : à grant peinne l'en destourba l'on. Acordei fu ainsi, que li cuens d'Eu iroit et messires Phelippes de Montfort, li sires de Sur, messires Giles li Bruns, connestables* de France, messires Pierres li chamberlains, li maistres

---

1. A, *d'eulz*.

dou Temple et ses couvens, li maistres de l'Ospital et ses couvens, et ses frères aussi. Nous nous armames à l'anuitier, et venimes un pou après le point dou jour en une pleinne qui est devant la citei* que l'on appèle Belinas ; et l'appelle l'Escripture ancienne Cezaire Phelippe. En celle citei sourt une fonteinne que l'on appèle *Jour*, et enmi les plainnes qui sont devant la citei, sourt une autre très-bele fonteinne qui est appelée *Dan*. Or est ainsi, que quant cist dui* ru de ces dous fonteinnes viennent ensemble, ce appèle l'on le fleuve de Jourdain là où Diex fu bauptiziez.

Par l'acort dou Temple et dou conte d'Eu, de l'Ospital et des barons dou païs qui là estoient, fu acordei* que la bataille le roy (en laquel bataille je estoie lors, pour ce que li roys avoit retenu les quarante chevaliers qui estoient en ma bataille avec li)*, et messires Geffroys de Sergines li preudom aussi, iroient entre le chastel et la citei ; et li terrier enterroient en la citei à main senestre, et li Ospitaus à main destre, et li Temples enterroit en la citei la droite voie que nous estiens venu. Nous nous esmeumes* lors tant que nous venimes delez la citei, et trouvames que li Sarrazin qui estoient en la ville, orent desconfiz les serjans le roy et chaciés de la ville. Quant je vi ce, je[1] ving aus preudhomes qui estoient avec le conte d'Eu, et lour dis : « Signour, se* vous n'alés là où on nous a commandei, entre la ville et le chastel, li Sarrazin nous occirront nos gens qui sont entrei en la ville. » L'alée y estoit si perillouse, car li lieus là où nous deviens aler estoit si perillous qu'il[2] y avoit troi paire

---

1. A omet *je*. — 2. A, *le perilleus car il.*

de murs sès à passer*, et la coste estoit si roite que à
peinne s'i pooit tenir chevaus; et li tertres là où
nous deviens aler, estoit garniz de Turs à grant foi-
son à cheval. Tandis que je parloie à aus, je vi que
nostre serjant à pié deffesoient les murs. Quant je
vi ce, je dis à ceus à cui* je parloie, que l'on avoit or-
denei que la bataille le roy iroit là où li Turc es-
toient; et puisque on l'avoit commandei, je iroie. Je
m'esdreçai¹, je et mi dui chevalier, à ceus qui def-
fesoient les murs, et vi que uns serjans à cheval cui-
doit passer le mur, et* li chéi ses chevaus sus le cors.
Quant je vi ce, je descendi à pié et pris mon che-
val par le frain. Quant li Turc nous virent venir,
ainsi comme Diex vout, il nous lessièrent la place là
où nous deviens aler. De celle place là où li Turc es-
toient, descendoit* une roche taillie en la citei. Quant
nous fumes là et li Turc s'en furent parti, li Sarra-
zin qui estoient* en la citei, se desconfirent et lessiè-
rent la ville à nostre gent sanz debat. Tandis que je
estoie là, li marechaus dou Temple oy dire que je
estoie en peril; si s'en vint là amont vers moy. Tan-
dis que je estoie là amont, li Alemant qui estoient en
la bataille* au conte d'Eu vindrent après moy; et
quant il virent les Turs à cheval qui s'enfuioient vers
le chastel, il s'esmurent pour aler après aus; et je
lour dis : « Signour, vous ne faites pas bien; car
nous soumes là où on nous a commandei, et vous
alez* outre commandement. »

CXII. Li chastiaus qui siet desus la citei, a non Su-
bette², et siet bien demie-lieue haut ès montaignes

---

1. B et L, *m'adressay*. — 2. A, *Subeibe*.

de Liban; et li tertres qui monte ou chastel est peuplez de grosses roches aussi grosses comme huges¹. Quant li Alemant* virent que il chassoient à folie, il s'en revindrent arière. Quant li Sarrazin virent ce, il lour coururent sus à pié, et lour donnoient de sus les roches grans cos de lour maces, et lour arachoient les couvertures de lour chevaus. Quant nostre serjant virent* le meschief, qui estoient avec nous, il se commencièrent à effreer; et je lour dis que se il s'en aloient, que je les feroie geter hors des gaiges le roy à touz jours mais. Et il me distrent : « Sire, li jeus nous est mal partis; car vous estes à cheval, si vous enfuirés*² ; et nous soumes à pié, si nous occirront li Sarrazin. » Et je lour dis : « Signour, je vous asseur que je ne m'enfuirai pas; car je demourrai à pié avec vous. » Je descendi et envoiai mon cheval avec les Templiers, qui estoient bien une arbalestrée darières*. Au revenir que li Alemant fesoient, li Sarrazin* ferirent un mien chevalier, qui avoit non monsignour Jehan de Buffey³, d'un carrel parmi la gorge ; et chéi mors⁴ tout devant moy. Messires Hugues d'Escoz, cui niez il estoit, qui mout bien se prouva en la sainte Terre, me dist : « Sire, venés nous aidier* pour reporter mon neveu là aval⁵. » — « Mal dehait ait, fiz-je, qui vous y aidera; car vous estes alei làsus sanz mon commandement. Se il vous en est mescheu, ce est à bon droit. Reportés-le⁶ l'aval en la longaingne; car je ne partirai de ci jusques à tant* que l'on me revenra querre. »

---

1. A, *aussi comme li huges*. — 2. B et L, *vous en yrez quant vous vouldrez*. — 3. B, *Vassey*. — 4. A omet *mors*. — 5. A, *la val*. — 6. A, *lei*.

Quant messires Jehans de Valenciennes oy le meschief là où nous estiens, il vint à monsignour Olivier de Termes et à ces autres chieveteins de la corte laingue, et lour dist : « Signour, je vous pri et* commant de par le roy, que vous m'aidiés à querre le seneschal. » Tandis que il se pourchassa ainsinc, messires Guillaumes de Biaumont vint à li et li dist : « Vous vous traveilliés pour nient; car li seneschaus est mors. » Et il respondi : « Ou de sa mort* ou de sa vie¹ dirai-je nouvelles au roy. » Lors il s'esmut et vint vers nous, là où nous estiens montei en la montaigne ; et maintenant que il vint à nous, il me manda que je venisse parler² à li ; et si fis-je.

Lors me dist Oliviers de Termes que nous estiens illec* en grant peril ; car se nous descendiens par où nous estiens montei, nous ne le pourriens faire sanz grant perte³, pour ce que la coste estoit trop male, et li Sarrazin nous descenderoient sur les cors : « Mais se vous me voulés croire, je vous deliverrai sanz* perdre. » Et je li diz que il devisast ce que il vourroit*, et je le⁴ feroie. « Je vous dirai, fist-il, comment nous eschaperons : nous en irons, fist-il, tout ce pendant, aussi comme se⁵ nous deviens aler vers Damas ; et li Sarrazin qui là sont, cuideront que nous les vueillons penre par darières. Et quant nous* serons en ces plainnes, nous ferrons des esperons entour la citei, et averons avant⁶ passei le ru que il puissent venir vers nous ; et si lour ferons grant doumaige, car nous lour metterons le feu en ces⁷ for-

---

1. A, *la mort.... la vie.* — 2. *Parler* omis dans A. — 3. A, *peril.* — 4. A omet *le.* — 5. A omet *se.* — 6. A omet *avant.* — 7. A, *ses.*

mens batus qui sont enmi ces chans. » Nous feimes* aussi comme il nous devisa; et il fist penre canes de quoy l'on fait ces fleutes, et fist mettre charbons dedans et fichier dedans les fourmens batus. Et ainsi nous ramena Diex à sauvetei, par le consoil Olivier de Termes. Et sachiez quant nous venimes* à la heberge là où nostre gent estoient, nous les trouvames touz desarmés; car il n'i ot onques nul qui s'en preist garde. Ainsi revenimes l'endemain à Sayete, là où li roys estoit.

CXIII. Nous trouvames que li roys ses cors avoit fait enfouir* les Crestiens que li Sarrazin[1] avoient occis, aussi comme il est desus dit; et il-meismes ses cors portoit les cors pourris et touz puans pour mettre en terre ès fosses, que jà ne se estoupast, et li autre se estoupoient. Il fist venir ouvriers de toutes* pars, et se remist à fermer la citei de haus murs et de grans[2] tours; et quant nous venimes en l'ost, nous trouvames que il nous ot nos places mesurées, il ses cors, là où nous logeriens. La moie place il prist delez la place le conte d'Eu, pour ce que il* savoit que li cuens d'Eu amoit ma compaignie.

Je* vous conterai des jeus que li cuens d'Eu nous fesoit. Je avoie fait une maison, là où je mangoie, je et mi chevalier, à la clartei de l'uis : or estoit l'uis devers le conte[3] d'Eu; et il qui mout estoit soutils, fist une petite bible que il getoit ens[4]; et* fesoit espier quant nous estiens assis au mangier, et dressoit sa bible dou lonc de nostre table, et la faisoit geter[5],

---

1. A, *les Crestiens que les Crestiens.* — 2. A répète *et de grans.* — 3. A, *l'uis au conte.* — 4. B et L, *qui gectoit œufz.* — 5. *Et la faisoit geter* omis dans A.

et nous brisoit nos pos et nos voirres. Je m'estoie garniz de gelines et de chapons ; et je ne sai qui li avoit donnei une joene ourse¹, laquel* il lessoit aler à mes gelines, et en avoit plus tost tuei une douzainne que l'on ne venist illec² ; et la femme qui les gardoit batoit l'ourse de sa quenoille³.

CXIV. Tandis que li roys fermoit Sayete, vindrent marcheant* en l'ost, qui nous distrent et contèrent que li roys des Tartarins avoit prise la citei de Baudas et l'apostole des Sarrazins, qui estoit sires de la ville, lequel on appeloit le calife de Baudas⁴. La manière comment il pristrent la citei de Baudas et le⁵ calife*, nous contèrent li marcheant ; et la manière fu tex, car quant il orent la citei dou calife assegie, il manda au calife que il feroit volentiers mariaige de ses enfans et des siens ; et li consaus dou calife li louèrent que il s'acordast⁶ au mariaige. Et li* roys des Tartarins li manda que il li envoiast jusques à quarante personnes de son consoil et des plus grans gens, pour jurer le mariaige ; et li calife si fist. Encore li manda li roys des Tartarins, que il li envoiast quarante des plus riches et des meillours* homes que il eust ; et li califes si fist. A la tierce foiz, li manda que il li envoiast quarante des meillours de sa compaignie⁷ ; et il si fist. Quant li roys des Tartarins vit que il ot touz les chievetains de la ville, il s'apensa

1. A, *oue*, ici et plus bas. — 2. B et L, *que on n'eust esté au lieu pour en prendre une.* — 3. A, *gounelle.* — 4. En 1253, la nouvelle de la prise de Bagdad par les Tartares était prématurée ; cet événement n'eut lieu qu'en 1258 : mais il pouvait être dès lors prévu ou redouté, et donner lieu à des bruits du genre de ceux que rapporte ici Joinville. — 5. A, *et du.* — 6. A, *le conseil leur louèrent que ils s'acordassent* ; B et L, *advisa qu'il se devoit accorder.* — 7. A, *meilleurs que il eust.*

392 B que li menus peuples de la ville ne* s'averoit pooir de deffendre sanz gouvernours. Il fist à touz les six vins riches¹ homes coper les testes, et puis fist assaillir la ville et la prist, et le calife aussi.

Pour couvrir sa desloiautei, et pour geter le blasme C sur* le calife de la prise de la ville que il avoit faite, il fist penre le calife et le fist mettre en une caige de fer, et le fist jeuner tant comme l'on puet faire home sanz mourir; et puis li demanda² se il avoit fain. D Et li califes dist que oyl; car ce n'estoit* pas merveille. Lors li fist aporter li roys des Tartarins un grant taillour d'or chargié de joiaus à pierres preciouses, et li dist : « Cognois-tu ces joiaus? » Et li califes respondi que oyl : « Il furent mien. » Et il E li demanda se il les amoit bien*; et il respondi que oyl. « Puisque tu les amoies tant, fist li roys des Tartarins, or pren de celle part que tu vourras et manju. » Li califes li respondi que il ne pourroit; car ce n'estoit pas viande que l'on peust mangier. F Lors li dist li roys des Tartarins* : « Or peus veoir maintenant³ ta deffense; car se tu eusses donnei ton tresor, dont⁴ tu ne te peus à ceste heure aidier, aus gens d'armes, tu te fusses bien deffendus à nous par ton tresor, se tu l'eusses despendu, qui ou⁵ plus grant besoing te faut que tu eusses onques. »

394 A CXV. Tandis* que li roys fermoit Sayete, je alai à sa⁶ messe au point dou jour, et il me dist que je l'a-

---

1. A omet *riches*. — 2. A, *manda*. — 3. A, *au calice*, au lieu de *maintenant*. — 4. A, *tresor d'or* en omettant *tu ne te* jusqu'à *d'armes*. — 5. B et L, *et au* en omettant *à nous* jusqu'à *despendu*. Peut-être devrait-on substituer *deffaute* à *deffense*; P. de Rieux a imprimé : *tu peus voir ta grande faute*. — 6. A, *la*.

tendisse, que il vouloit chevauchier; et je si fis. Quant nous fumes aus chans, nous venimes par devant un petit moustier, et veismes tout à cheval un prestre* qui chantoit la messe. Li roys me dist que cis moustiers estoit fais en l'onnour dou miracle que Diex fist dou dyable que il geta hors dou cors de la fille à la veuve femme; et il me dist que se je vouloie, que il orroit léans la messe que li prestres avoit commencie*; et je li dis que il me sembloit[1] bon à faire. Quant ce vint à la paiz donner, je vi que li clers qui aidoit la messe à chanter, estoit grans, noirs, megres et hericiés, et doutai que se il portoit au roy la paiz, que espoir c'estoit uns Assacis, uns mauvais hom*, et pourroit occirre le roy. Je alai penre la paiz au clerc et la portai au roy. Quant la messe fu chantée et nous fumes montei sus nos chevaus, nous trouvames le legat ès champs; et li roys s'aprocha de li et m'appela, et dist au legat : « Je me pleing à vous* dou seneschal, qui m'apporta la paiz et ne vout que li povres clers la m'aportast[2]. » Et je diz au legat la raison pourquoy je l'avoie fait; et li legas dist que j'avoie mout bien fait. Et li roys respondi : « Vraiement non fist. » Grant descort y ot d'aus dous, et* je en demourai en paiz. Et ces nouvelles vous ai-je contées, pour ce que vous véez la grant humilitei de li.

De[3] ce miracle que Diex fist à la fille de la veuve[4] femme parle[5] li Evangiles qui dit[6] que Diex* estoit, quant il fist le miracle, *in parte Tyri et Syndonis;*

---

1. B et L, *que ce estoit.* — 2. A, *m'apor.* — 3. A omet *de.* — 4. A omet *veuve.* — 5. A, *par.* — 6. L, *du miracle que Nostre Seigneur fist à la fille de la vefve femme parle l'Evangille et dit.*

car lors estoit la cités de Sur, que je vous ai nommée¹, appelée Tyri; et la cités de Sayette, que je vous ai² devant nommée, Sydoine.

CXVI. Tandis que li roys fermoit Sayete, vindrent à li li* messaige à un grant signour de la parfonde Grèce, liquex se fesoit appeler le grant Commenie et signour de Trafentesi³. Au roy apportèrent divers joiaus à present. Entre les autres li apportèrent ars de cor, dont les coches entroient à vis dedans les* ars; et quant on les sachoit hors, si trouvoit l'on que il estoient dehors mout bien tranchant et mout bien fait⁴. Au roy requistrent que il li envoiast une pucelle de son palais, et il la penroit à femme. Et li roys respondi que il n'en avoit* nulles amenées d'outre-mer; et lour loa que il alassent en Constantinnoble à l'empereour, qui estoit cousins le roy, et li requeissent que il lour baillast une femme pour lour signour, tel qui fust dou lignaige le roy et dou sien. Et ce fist-il, pour ce * que li emperieres eust aliance à cestui⁵ grant riche home contre Vatache, qui lors estoit emperieres des Griex.

La royne, qui nouvelement estoit relevée de dame Blanche dont elle avoit géu à Jaffe, ariva à Sayette*; car elle estoit venue par mer. Quant j'oy dire qu'elle estoit venue, je me levay de devant le roy et alai encontre li, et l'amenai jusques ou chastel. Et quant je reving au roy, qui estoit en sa chapelle, il me

---

1. *Nommée* omis dans A. — 2. *Ai* omis dans A. — 3. B et L, *Traffesontes*. — 4. Ce passage est fort obscur dans le manuscrit *A*, et plus encore dans les deux autres manuscrits, où on lit : « Quant on les laschoit hors, on trouvoit que c'estoit cheumet (*ou* chaumet) dedens moult bien faictes et bien tranchans. » — 5. A, *à son*.

demanda se la royne et li enfant* estoient haitié, et
je li diz oil. Et il me dist* : « Je soy bien quant vous
vous levates de devant moy, que vous aliés encontre la royne, et pour ce je vous ai fait atendre au
sermon. » Et ces choses vous ramentoif-je, pour ce
que j'avoie jà estei cinq ans entour li, que encore
ne m'avoit-il parlei de la royne* ne de ses¹ enfans,
que je oïsse, ne à autrui; et ce n'estoit pas bone
manière, si comme il me semble, d'estre estrange
de sa femme et de ses enfans.

CXVII. Le jour de la Touz-Sains², je semons touz
les riches* homes de l'ost en mon hostel, qui estoit
sur la mer; et lors uns povres chevaliers ariva en
une barge, et sa femme et quatre fil que il avoient.
Je les fiz venir mangier en mon hostel. Quant nous
eumes mangié, je appelai les riches homes qui* léans
estoient, et lour diz : « Fesons une grant aumosne,
et deschargons cest povre home de ses³ enfans; et
preingne chascuns le sien, et je en penrai un. »
Chascuns en prist un, et se combatoient de l'avoir.
Quant li povres chevaliers vit ce, il et sa* femme il
commencièrent à plorer de joie. Or avint ainsi, que
quant li cuens d'Eu revint de mangier de l'ostel le
roy, il vint veoir les riches homes qui estoient en
mon hostel, et me tolli le mien enfant, qui estoit
de l'aage de douze ans, liquex* servi le conte si bien
et si loialment que, quant nous revenimes en France,
li cuens le maria et le fist chevalier. Et toutes les
foiz que je estoie là où li cuens estoit, à peinne se
pooit departir de moy, et me disoit : « Sire, Diex le

---

1. A, *des.* — 2. Le 1ᵉʳ novembre 1253. — 3. A, *d'omme de ces.*

vous rende! car à ceste* honnour m'avez-vous mis. »
De ses¹ autres trois frères ne sai-je que il devindrent.

CXVIII. Je* priai au roy que il me lessast aler en pelerinaige à Nostre-Dame de Tortouze, là où il avoit mout grant pelerinaige, pour ce que c'est li premiers autels qui onques fust fais en l'onnour de la Mère Dieu sur terre. Et y fesoit Nostre-Dame mout* grans miracles; dont entre les autres i avoit un hors dou senz qui avoit le dyable ou cors. Là où sui ami, qui l'avoient léans amenei, prioient la Mère Dieu qu'elle li donnast santei, li ennemis, qui estoit dedans, lour respondi : « Nostre-Dame n'est pas* ci, ainçois est en Egypte, pour aidier au roy de France et aus crestiens qui aujourd'ui ariveront en la terre, il à pié, contre la paennime à cheval. » Li jours fu mis en escrit et fu aportez au legat, qui meismes² le me dist de sa bouche. Et* soiés certein qu'elle nous aida; et nous eust plus aidié se nous ne l'eussiens couroucie, et li et son Fil, si comme j'ai dit devant.

Li roys me donna congié d'aler là, et me dist à grant consoil que je li achetasse cent camelins³ de diverses* colours, pour donner aus Cordeliers quant nous venriens en France. Lors m'assouaga li cuers; car je pensai bien que il n'i demourroit guères. Quant nous venimes à Triple⁴, mi chevalier me demandèrent que je vouloie faire des camelins, et* que je lour deisse : « Espoir, fesoie-je, si les robai-je⁵ pour gaaingnier. »

1. A, ces. — 2. A, que monseigneur. — 3. B et L, cent livrées de camelot. — On a vu plus haut (chap. VI) que le roi portait du camelin. — 4. A, en Cypre à Triple. — 5. A, robee; B et L, je leur dis que je les voulloie revendre.

Li princes¹ (que Diex absoille!) nous fist si grant joie et si grant honour comme il pot onques, et eust donnei à moy et à mes chevaliers grans dons*, se nous les voussissiens avoir pris. Nous ne² vousimes* riens penre, ne mais que de ses reliques, desquex je aportai au roy, avec les camelins que je li avoie achetez.

Derechief je envoiai à madame la royne quatre camelins. Li chevaliers qui les luy presenta³, les porta* entorteilliés en une touaille blanche. Quant la royne le vit entrer en la chambre où elle estoit, si s'agenoilla contre li, et li chevaliers se ragenoilla contre li aussi; et la royne li dist : « Levez sus, sire chevaliers; vous ne vous devez pas agenoillier qui portés* les reliques. » Mais li chevaliers dist : « Dame, ce ne sont pas reliques, ains sont camelin que mes sires vous envoie. » Quant la royne oy ce, et ses damoiselles, si commencièrent à rire; et la royne dist à mon chevalier : « Dites à vostre signour que maus* jours li soit donnez, quant il m'a fait agenoillier contre ses camelins. »

Tandis que li roys estoit à Sayette⁴, li apporta l'on une pierre qui se levoit par escales, la plus* merveilleuse dou monde; car quant l'on levoit une escale, l'on trouvoit entre les dous pierres la forme d'un poisson de mer. De pierre estoit li poissons; mais il ne failloit riens en sa fourme, ne yex, ne areste, ne colour, ne autre chose que il ne fust* autretex comme s'il fust vis. Li rois me donna une pierre, et trouvai⁵

---

1. Boémond VI, prince d'Antioche et comte de Tripoli. (Voy. chapitre CI.) — 2. A omet *ne*. — 3. A, *qui porta*. — 4. A, *Layette*. — 5. A, *manda une pierre et trouva*.

une tanche dedans, de brune colour et de tel¹ façon comme tanche doit estre.

CXIX. A Sayette vindrent les nouvelles au roy que sa mère* estoit morte². Si grant duel en mena, que de dous* jours on ne pot onques parler à li. Après ce, m'envoia querre par un vallet de sa chambre. Quant je ving devant li en sa chambre, là où il estoit touz seux, et il me vit, il³ estandi ses bras et me dist : « A ! seneschaus, j'ai pardue ma mère. » — « Sire*, je ne m'en merveil pas, fis-je, que à mourir avoit-elle ; mais je me merveil que vous qui estes uns saiges hom, avez menei si grant duel ; car vous savez que li saiges dit, que mesaise que li om ait ou cuer, ne li doit parer ou visaige ; car* cil qui le fait, en fait liez ses ennemis et en mesaise ses amis. » Mout de biaus servises en fist faire outre-mer ; et après il envoia en France un sommier chargié de lettres de prières aus esglises, pour ce que il priassent pour li.

Madame* Marie de Vertus, mout bone dame et mout sainte femme, me vint dire que la royne menoit mout grant duel, et me pria que j'alasse vers li pour la reconforter. Et quant ge ving là, je trovai que elle plouroit⁴, et je li dis que voir dit cil* qui dit que l'on ne doit femme croire : « Car ce estoit la femme que vous plus haiés qui est morte⁵, et vous en menez tel duel ! » Et elle me dist que ce n'estoit pas pour li que elle ploroit, mais pour la mesaise que li roys avoit dou duel que il menoit, et pour sa

1. A, té pour tel; B et L, de toutes telles autres. — 2. Blanche de Castille mourut au mois de novembre 1252. — 3. A, et. — 4. L, ploroit et menoit moult grant dueil. — 5. A omet qui est morte.

fille (qui puis* fu royne de Navarre), qui estoit demourée en la garde des homes.

Les durtez que la royne Blanche fist à la royne Marguerite furent tiex, que la royne Blanche ne vouloit soufrir à son pooir que ses fiz fust en la compaingnie* sa femme, ne mais que le soir quant il aloit* couchier avec li. Li hostiex là où il plaisoit miex à demourer, c'estoit à Pontoise, entre le roy et la royne, pour ce que la chambre le roy estoit desus, et la chambre la royne estoit desous. Et avoient ainsi acordei lour besoigne, que il tenoient lour parlement* en une viz qui descendoit de l'une chambre en l'autre; et avoient lour besoignes si atiriées, que quant li huissier véoient venir la royne en la chambre le roy son fil, il batoient les huis de lour verges, et li roys s'en venoit courans en sa chambre, pour* ce que sa mère ne l'i trouvast; et ainsi refesoient li huissier de la chambre la royne Marguerite quant la royne Blanche y venoit, pour ce qu'elle y trouvast la royne Marguerite. Une foiz estoit li roys decoste la royne sa femme, et estoit en trop grant peril* de mort, pour ce qu'elle estoit blecie d'un enfant qu'elle avoit eu. Là vint la royne Blanche, et prist son fil par la main et li dist: « Venés-vous-en, vous ne faites riens ci. » Quant la royne Marguerite vit que la mère emmenoit le roy, elle s'escria : « Hélas*! vous ne me lairés veoir mon signour ne morte ne vive. » Et lors elle se pasma, et cuida l'on qu'elle fust morte; et li roys, qui cuida qu'elle se mourust, retourna, et à grant peinne la remist l'on à point.

CXX. En* ce point que la cités de Sayete estoit jà

presque toute fermée, li roys fist faire plusours processions en l'ost, et en la fin des processions fesoit prier le legat que Diex ordenast la besoigne le roy à sa volentei, par quoy li roys en feist le meillour au grei Dieu*, ou de raler en France, ou de demourer là.

Après ce que les processions furent faites, li roys m'apela* là où je me séoie avec les riches homes dou pays, de là en un prael, et me fit le dos tourner vers aus. Lors me dist li legas : « Seneschaus, li roys se loe mout de vostre servise, et mout volentiers vous pourchaceroit vostre profit et vostre honnour; et* pour vostre cuer, me dist-il, mettre aise, me dist-il que je vous deisse que il a atiriée sa besoingne pour aler en France à ceste Pasque qui vient¹. » Et je li respondi : « Diex l'en lait faire sa volentei! »

Lors* se leva li legas et me dist² que je le convoiasse jusques à son hostel; ce que je feis³. Lors s'enclost en sa garderobe, entre li et moy sanz plus, et me mist mes dous mains entre les seues, et commensa à plorer mout durement; et quant il pot parler, si me dist : « Seneschaus, je sui mout* liés, si en rent graces à Dieu, de ce que li roys, vous et⁴ li autre pelerin eschapent dou grant peril là où vous avez estei en celle terre. Et mout sui à mesaise de cuer de ce que il me couvenra lessier vos saintes compaingnies, et aler à la court de* Rome, entre celle desloial gent qui y sont. Mais je vous dirai que je

---

1. A la Pâque de l'an 1254. — 2. A, *lors me dit le legat.* — 3. A omet *ce que je feis.* — 4. A, *le roy et.*

pens à faire : je pens encore à faire tant que je demeure un an après vous, et bé à despendre touz mes deniers à fermer le fors-bourc d'Acre ; si que je lour mousterrai tout cler que je ne* report¹ point d'argent ; si ne me courront mie à la main. »

Je recordoie une foiz au legat dous pechiez que uns miens prestres m'avoit recordez ; et il me respondi en* tel manière : « Nulz ne sait tant de desloiaus pechiez* que l'on fait en Acre, comme je faiz : dont il couvient que Diex les venge, en tel manière que la cités d'Acre soit lavée dou sanc aus habitours, et que il y vieigne après autre gent qui y habiteront². La prophecie dou preudome est averée en³ partie, car* la cités est bien lavée dou sanc aus habitours ; mais encore n'i sont pas venu cil qui y doivent habiter ; et Diex les y envoit bons et tex qu'il soient⁴ à sa volentei ! »

CXXI. Après ces choses, m'envoya querre et⁵ me manda li roys que je m'alasse* armer et mes chevaliers. Je li demandai pourquoy ; et il me dist pour mener la royne et ses enfans jeusques à Sur, là où il avoit sept lieues. Je ne li repris onques la parole ; et si estoit li commandemens si perillous, que nous n'avions lors ne* trèves, ne paiz, ne à ceus d'Egypte ne à ceus de Damas. La merci Dieu, nous y venimes tout en paiz, sanz nul empeeschement et à l'anuitier, quant il nous couvint dous foiz descendre en la terre de nos ennemis pour faire feu et cuire viande, pour* les enfans repaistre et alaitier.

1. A, *n'en porte;* B et L, *ne reporte.* — 2. Les Sarrasins s'emparèrent d'Acre en 1291 et en massacrèrent les habitants. — 3. A, *avertie ou.* — 4. A omet *et tex qu'il soient.* — 5. A omet *m'envoya querre et.*

Quant¹ li roys se parti de la² citei de Sayete, que il avoit fermée de grans murs et de grans tours, et de grans fossés curez dehors et dedans*, li patriarches et li baron dou païs vindrent à li et li distrent en tel manière : « Sire, vous avez fermée la citei de Sayete, et celle de Cesaire, et le bourc de Jaffe, qui mout est grans profis à la sainte Terre ; et la citei d'Acre avés mout enforcie des* murs et des tours que vous y avez fait. Sire, nous* nous soumes regardei entre nous, que nous ne véons que desormais vostre³ demourée puisse tenir point de proufit au royaume de Jerusalem ; pour laquel chose nous vous loons et conseillons que vous alez en Acre à ce quaresme qui vient, et atirez vostre passaige*, par quoy vous en puissés aler en France après ceste Pasque. » Par le consoil dou patriarche et des barons, li roys se parti de Sayette et vint à Assur, là où la royne estoit ; et dès illec venimes à Acre à l'entrée de quaresme⁴.

Tout* le quaresme fist aréer li roys ses neis pour revenir en France, dont il y ot treize⁵ que neis que galies. Les neis et les galies furent atiriées en tel manière, que li roys et la royne se requeillirent en lour neis la vegile⁶ de saint-Marc, après Pasques, et eumes* bon vent au partir. Le jour de la saint-Marc, me dist li roys que à celi jour il avoit estei nez ; et je li diz que encore pooit-il bien dire que il estoit renez ceste journée, et que assez estoit renez⁷ quant il de celle perillouse terre eschapoit.

1. A, *quant que.* — 2. A, *à la.* — 3. A, *nous véons que vostre.* — 4. En 1254, le carême commença le 25 février. — 5. B et L, *quatorze.* — 6. Le 24 avril 1254. — 7. Les mots *ceste journée* jusqu'à *renez*, omis dans A, se tirent du texte de M combiné avec celui des mss. B et L.

CXXII. Le* samedy veimes l'ille de Cypre, et une montaingne qui est en Cypre, que on appèle la montaigne de la Croiz. Celi samedi, leva une bruine de la terre¹, et descendi de la terre sur la mer, et pour ce cuidièrent* nostre marinier que nous fussiens plus loing de l'ille de Cypre que nous n'estiens, pour ce que il véoient la montaigne par desus la bruine. Et pour ce firent nagier habandonnéement : dont il avint ainsi que nostre neis hurta² à une queue de sablon* qui estoit en la mer. Or avint ainsi, que se nous n'eussiens trouvei ce pou de sablon là où nous hurtames, nous eussiens hurtei à tout plein de roches qui estoient couvertes, là où nostre neis eust estei toute esmiée, et nous tuit peril et noié. Maintenant* que nostre neis ot hurtei³, li cris leva en la nef si grans, que chascuns crioit helas ! et li marinier et li autre batoient lour paumes, pour ce que chascuns avoient poour de noier. Quant je oy ce, je me levai de mon lit, là où je gisoie, et alai ou chastel avec les mariniers. Quant* je ving là, frères Remons⁴, qui estoit Templiers et maistres desus les mariniers, dist à un de ses vallez : « Giète ta plommée. » Et si fist-il. Et maintenant que il l'ot getée, il s'escria et dist : « Halas ! sous soumes à terre. » Quant frères Remons oy ce, il* se dessira jusques à la courroie et prist à arachier sa barbe, et crier : « Ai mi, ai mi⁵ ! » En ce point me fist uns miens chevaliers, qui avoit non monsignour Jehan de Monson⁶, pères l'abbei Guillau-

---

1. A omet *de la terre*. — 2. Voy. chap. II et chap. VII. — 3. A omet *que nostre neis ot hurtei*. — 4. A, *Hamon*, mais plus loin *Remon*. — 5. A, *et mi, ai mi*; B et L, *oy my, oy my*. — 6. B et L, *Monsons* ou *Mousons*.

414 E me de Saint-Michiel, une grant debonnairetei, qui* fu tex; car il m'aporta sans dire un mien seurcot forrei et le me geta ou dos, pour ce que je n'avoie que ma cote vestue¹. Et ge li escriai et li diz : « Que ai-je à faire de vostre seurcot, que vous m'aportez quant

F nous noyons? » Et il me dist : « Par m'ame*! sire, je averoie plus chier que nous fussiens tuit naié, que ce que une maladie vous preist de froit, dont vous eussiez la mort. »

Li marinier escrièrent : « Çà², la galie ! pour le roy
G requeillir. » Mais de quatre galies que li* roys avoit
416 A là, il n'i ot onques galie qui de là s'aprochast*, dont il firent mout que saige; car il avoit bien huit cens persones en la nef qui tuit fussent sailli ès galies pour lour cors garantir, et ainsi les eussent effondées.

B Cil qui avoit la plommée, geta la seconde foiz, et* revint à frère Remont, et li dist que la neis n'estoit mais à terre; et lors frères Remons le³ ala dire au roy, qui estoit en croiz adenz⁴ sur le pont de la nef, touz deschaus, en pure cote et touz deschevelez, de-
C vant le cors Nostre-Signour qui estoit en* la nef, comme cil qui bien cuidoit noier.

Sitost comme il fu jours, nous veimes la roche devant nous, là où nous fussiens hurtei se la neis ne fust adhurtée à la queue dou sablon.

D CXXIII. L'endemain* envoia li roys querre les maistres nothonniers des neis, liquel envoièrent⁵ quatre plungeours en la mer aval. Et plungièrent en la mer; et quant il revenoient, li roys et li maistre nothon-

---

1. A omet *vestue*. — 2. A, *sa*. — 3. *Le* omis dans A. — 4. *Adenz* omis dans A. — 5. A, *le mestre nothonnier des nefs lesquiex envoie*.

nier¹ les oyoient l'un après l'autre, en tel manière* que li uns des plongeours ne savoit ce que li autres avoit dit. Toutevoiz trouva l'on par les quatre plungeours, que au froter que nostre neis avoit fait ou sablon, li sablons² en avoit bien ostei quatre³ taises dou tyson sur quoy la neis estoit fondée.

Lors* appela⁴ li roys les maistres nothonniers devant nous, et lour demanda quel consoil il donroient dou cop que sa neis avoit receu. Il se conseillièrent ensemble, et loèrent au roy que il se descendist de de la nef là où il estoit, et entrast en une autre* : « Et ce consoil vous loons-nous; car nous entendons de certein que tuit li ès de vostre nef sont tuit eslochié : par quoy nous doutons que quant vostre neis venra en la haute mer, que elle ne puisse soufrir les cos des ondes, qu'elle ne se despiesce*. Car autel avint-il quant vous venistes de France, que une neis hurta aussi ; et quant elle vint en la haute mer, elle ne pot soufrir les cos des ondes, ainçoiz se desrompi ; et furent tuit peri quant que il estoient en la nef, fors que une femme* et son enfant qui en eschapèrent sur une piesce de la nef. » Et je vous tesmoing que il disoient voir; car je vi la femme et l'enfant en l'ostel au conte de Joingny en la citei de Baffe, que li cuens norrissoit pour Dieu⁵.

Lors* demanda li roys à monsignour Perron le chamberlain, et à monsignour Gilon le Brun connestable de France, et à monsignour Gervaise d'Escrainnes⁶, qui estoit maistres queus⁷ le roy, et à

---

1. A, *le mestre nothonnier.* — 2. *Li sablons* omis dans A. — 3. B et L, *trois.* — 4. A, *appele.* — 5. A omet *pour Dieu.* — 6. A, *Desoraines;* B et L, *d'Escroignes.* — 7. Voy. *Éclaircissements*, 5°.

418 E l'arcedyacre de Nicocye, qui portoit son seel, qui* puis fu cardonaus¹, et à moy, que nous li loiens de ces choses. Et nous li respondimes que de toutes choses terriennes l'on devoit croire ceus qui plus en savoient : « Dont nous vous loons devers nous que vous faciez ce que li nothonnier vous loent. »

F Lors* dist li roys aus nothonniers : « Je vous demant sur voz loialtés, se la neis fust vostre et elle fust chargie de vos marchandises, se vous en descenderiés. » Et il respondirent tuit ensemble que nanin ; car il ameroient miex mettre lour cors en* avanture de noier, que ce que il achetassent une* nef quatre mille livres² et plus. « Et pourquoy me loez-vous donc que je descende? » — « Pour ce, firent-il, que³ ce n'est pas geus partis; car ors ne argens ne puet esprisier le cors de vous, de vostre femme et de vos enfans qui sont céans⁴, et* pour ce ne vous loons-nous pas que vous metez ne vous, ne aus, en avanture. »

Lors dist li roys : « Signour, j'ai oy vostre avis et l'avis de ma gent; or vous redirai-je le mien, qui est tex, que se je descent de la nef, que il* a céans tiex cinc cens persones et plus, qui demorront en l'ille de Cypre pour la poour dou peril de lour cors; car il n'i a celi qui autant n'aint sa vie comme je faiz la mienne⁵, et qui jamais par avanture en lour païz ne renterront : dont j'aim* miex mon cors et ma femme et mes enfans mettre en la main Dieu,

---

1. Voy. *Éclaircissements*, 8°. — 2. B et L, *qui leur cousteroit dix mil livres.* — 3. *Que* omis dans A. — 4. A, *séans.* — 5. A, *autant n'ait en sa vie comme j'ai;* B et L, *autant n'aime.*

que je feisse tel doumaige à si¹ grant peuple comme il a céans. »

Le grant doumaige que li roys eust fait au peuple qui* estoit en sa nef, puet l'on veoir à Olivier de Termes qui estoit en la nef le roy, liquex estoit uns des plus hardis homes que je onques veisse et qui miex s'estoit² prouvez en la Terre sainte³, n'osa demourer avec nous pour poour de naier; ainçois demoura* en Cypre, et ot tant de destourbiers qu'il⁴ fu avant un an et demi que il revenist au roy; et si estoit grans hom et riches hom, et bien pooit paier son passaige : or regardez que petites gens eussent fait qui n'eussent eu de quoy paier*, quant tex hom ot si grant destourbier.

CXXIV. De ce peril dont Diex nous ot eschapez, entrames en un autre; car li vens qui nous avoit flatis sus Chypre, là où nous deumes estre noié, leva si forz et si orribles, car il nous batoit à force sus l'ille de* Cypre; car li marinier getèrent lour ancres encontre le vent, ne onques la nef ne porent arester tant que il en y orent aportei cinq. Les parois de la chambre le roy couvint abatre, ne il n'avoit nulli léans qui y osast demourer, pour ce que li vens ne les* enportast en la mer. En ce point li connestables de France messires Giles li Bruns et je⁵ estiens couchié en la chambre le roy; et en ce point la royne ouvri l'uis de la chambre, et cuida trouver le roy en la seue. Et je li demandai qu'elle estoit venue* querre : elle dist qu'elle estoit venue parler

---

1. A, *ci.* — 2. A, *c'estoit.* — 3. Voy. chap. cxii. — 4. *Ot tant* jusqu'à *qu'il* omis dans A. — 5. A omet *et je;* B et L, *et moy.*

au roy pour ce que il promeist à Dieu aucun pelerinaige, ou à ses sains, par quoy Diex nous delivrast de ce peril là où nous estiens; car li marinier avoient dit que nous estiens en peril de naier*. Et je li diz : « Dame, prometés la voie à monsignour saint Nicholas de Warangeville[1], et je vous sui plèges pour li que Diex vous ramenra en France, et le roy et vos enfans. » — « Seneschaus, fist-elle, vraiement je le feroie volentiers; mais li roys est si* divers que se il le savoit que je l'eusse promis sanz li, il ne m'i lairoit jamais aler. » — « Vous ferez[2] une chose, que se Diex vous rameinne en France, que vous li prometterés une nef d'argent de cinq mars, pour le roy, pour vous et pour vos trois enfans*, et je vous sui plèges que Diex vous ramenra en* France; car je promis à saint Nicholas que se il nous reschapoit de ce peril là où nous aviens la nuit estei, que je l'iroie requerre de Joinville à pié et deschaus. » Et elle me dist que la nef d'argent de cinq mars que elle la prometoit à saint Nicholas*, et me dist que je l'en fusse plèges ; et je li dis que si seroie-je mout volentiers. Elle se parti de illec, et ne tarda que un petit; si revint à nous et me dist : « Sains Nicholas nous a garantis de cest peril; car li vens est cheus. »

Quant* la royne (que Diex absoille !) fu revenue en France, elle fist faire la nef d'argent à Paris. Et estoit en la nef, li roys, la royne, et li troi enfant, tuit d'argent; li mariniers, li mas, li gouvernaus* et les cordes tuit d'argent, et li voiles touz cousus à

---

1. Saint-Nicolas du Port (département de la Meurthe). — 2. B et L, *au moins, dis-je, ferez-vous.*

fil¹ d'argent. Et me dist la royne que la façons avoit coustei cent livres. Quant la neis fu faite, la royne la m'envoia à Joinville pour faire conduire jusques à Saint-Nicholas, et je si fis ; et encore* la vis-je à Saint-Nicholas quant nous menames la serour le roy à Haguenoe, au roy d'Alemaingne².

CXXV. Or revenons à nostre matière et disons ainsi, que après ce que nous fumes eschapei de ces dous perilz, li* roys s'asist sur le bort³ de la nef, et me fist asseoir à ses piez, et me dist ainsi⁴ : « Seneschaus, nous a bien moustrei nostre Diex son grant pouoir ; que uns de ces⁵ petis vens, non pas des quatre maistres vens⁶, dut avoir naié le roy de France, sa femme et ses enfans*, et toute sa compaingnie. Or li devons grei* et grace rendre dou peril dont il nous a delivrez.

« Seneschaus, fist li roys, de tex tribulacions, quant elles avienent aus gens, ou de grans maladies*, ou d'autres persecucions, dient li saint que ce sont les menaces Nostre-Signour ; car aussi comme Diex dit à ceus qui eschapent de grans maladies : « Or véez-vous bien que je vous eusse bien mors se « je vousisse, » et ainsi puet-il dire à nous* : « Vous « véez bien que je vous eusse touz⁷ noiez se je vou- « sisse. » Or devons, fist li roys, regarder à nous, que il n'i ait chose qui li desplaise par quoy il nous ait ainsi espoentez ; et se nous trouvons chose qui

---

1. *Cousus à fil* omis dans A. — 2. Albert, roi ou empereur d'Allemagne, dont le fils Rodolphe épousa, en 1300, Blanche, sœur de Philippe le Bel, morte en 1305. — 3. A, *ban*. — 4. Voy. chap. vii. — 5. Mss. *ses*. — 6. A, *non pas le mestre des quatre vens*. — 7. A omet *touz*.

li desplaise¹, que nous le metiens² hors*; car se nous le fesiens autrement après ceste menace que il nous a faite, il ferra sus nous ou par mort, ou par autre grant meschéance, au doumaige des cors et des ames. »

Li roys dist : « Seneschaus, li sains dit : « Sire « Diex*, pourquoy nous menaces-tu? car se tu nous « avoies touz perdus, tu n'en seroies jà pour ce plus « povres; et se tu nous avoies touz gaaingniés, tu « n'en seroies jà plus riches pour ce. Dont nous « poons veoir, fait li sains, que ces menaces que « Diex* nous fait ne sont pas pour son preu avan- « cier, ne pour son doumaige destourber; mais seu- « lement pour la grant amour que il a en nous, « nous esveille par ses menaces, pour ce que nous « voiens cler en nos defautes, et que nous ostiens « de nous³ ce qui li desplait*. » Or le fesons ainsi, fist li roys, si ferons que saige. »

CXXVI. De* l'ille de Cypre nous partimes, puis que nous eumes pris en l'ille de l'yaue fresche et autres choses qui besoing nous estoient. A une ylle venimes que on appelle la Lempiouse, là où nous preimes tout plein de connins, et trouvames un hermitaige* ancien dedans les roches, et trouvames le courtil que li hermite qui y demourèrent⁴ ancien- nement avoient fait; oliviers, figuiers, seps de vin- gne et autres arbres y avoit. Li rus de la fonteinne couroit parmi le courtil. Li roys et nous alames* jeusques au chief dou courtil, et trouvames un ora-

---

1. *Par quoy* jusqu'à *desplaise* omis dans A. — 2. A, *nous n'ostions.* — 3. A omet *de nous.* — 4. A, *les courtilz que les hermites qui y dormirent;* B et L, *l'hermite qui y demouroit.*

tour en la première voute, blanchi de chaus, et une croiz vermeille de terre¹. En la seconde voute entrames, et trouvames dous cors de gens mors, dont la chars estoit toute pourrie; les² costes* se tenoient encore toutes ensemble, et li os des mains estoient sur lour piz; et estoient couchié contre orient, en la manière que l'on met lès cors en terre. Au requeillir que nous feismes en nostre nef, il nous failli un de nos mariniers; dont li maistres* de la nef cuida que il fust là demourez pour estre hermite; et pour ce, Nicholas de Soisi, qui estoit maistres serjans le roy, lessa trois saz de becuiz sur la rive, pour ce que cil les trouvast et en vequist.

CXXVII. Quant* nous fumes parti de là, nous veismes une grant ylle en la mer, qui avoit à non Pantennelée, et estoit peuplée³ de Sarrazins qui estoient en la subjection dou roy de Sezile⁴ et dou roy de Thunes. La royne pria le roy que il y envoiast trois galies pour* penre dou fruit pour ses enfans; et li roys li otria*, et commanda aus maistres des⁵ galies que quant la neis le roy passeroit par devant l'ille, que il fussent tuit appareillié de venir à li⁶. Les galies entrèrent en l'ylle par un port qui y estoit; et avint que quant la neis le roy passa par devant le port, nous n'oymes* onques nouvelles de nos galies. Lors commencièrent li marinier à murmurer li uns à l'autre. Li roys les fist appeler, et lour demanda que il lour sembloit de cest heur; et li marinier li distrent qu'il lour sembloit⁷ que li Sarrazin avoient

1. B et L, *et une de terre vermeille*. — 2. A, *le*. — 3. A, *peuplé*. — 4. Conrad II, petit-fils de l'empereur Frédéric II. — 5. A omet *maistres des*. — 6. A, *à moy*. — 7. *Qu'il lour sembloit* omis dans A.

pris* sa gent et les galies : « Mais nous vous loons et conseillons, sire, que vous ne les atendés pas; car vous estes entre le royaume de Sezile et le royaume de Thunes, qui ne vous aiment guères, ne li uns ne li autres; et se vous nous lessiez nagier, nous vous*¹ averons encore ennuit delivrei dou peril; car nous vous averons passei ce destroit. » — « Vraiement, fist li roys, je ne vous en croirai jà que je laisse ma gent entre les mains des² Sarrazins, que je n'en face au moins mon pouoir d'aus delivrer; et vous commant* que vous tournez vos voiles, et lour alons courre sus. » Et quant la royne oy ce, elle commença à mener mout grant duel, et dist : « Hé lasse! ce ai-je tout fait! »

Tandis* que l'on tournoit les voiles de la nef le roy et des autres, nous veismes les galies issir de l'ylle. Quant elles vindrent au roy, li roys demanda aus mariniers pourquoy il avoient ce fait; et il respondirent que il n'en pooient mais, que ce firent* li fil de bourjois de Paris, dont il y avoit six* qui mangoient les fruiz des jardins, par quoy il ne les pooient avoir, et il ne les vouloient lessier. Lors commanda li roys que on les meist en la barje de cantiers, et lors il commencièrent à crier et à braire : « Sire, pour Dieu, raimbez-nous de quant que* nous avons, mais que vous ne nous metiez là où on met les murtriers et les larrons; car touzjours mais nous seroit reprouvei. » La royne et nous tuit feismes nos pooirs comment li roys se vousist souffrir; mais onques li roys ne vout escouter nullui*; ainçois y fu-

---

1. *Vous* omis dans A. — 2. A, *de*.

rent mis et y demourèrent tant que nous fumes à terre. A tel meschief y furent, que quant la mers grossoioit, les ondes lour voloient par desus la teste, et les couvenoit asseoir, que li vens ne les emportast en la mer. Et ce fu à bon droit*; que lour gloutonnie nous fist tel doumaige que nous en fumes delaié huit bones journées, parce que li roys fist tourner les neis ce devant derière.

CXXVIII. Une[1] autre avanture nous avint en la mer, avant que nous* venissiens à terre, qui fu tex, que une des beguines la royne, quant elle ot la royne couchie[2], si ne se prist garde, si jeta sa touaille de quoy elle avoit sa teste entorteillie, au chief de la paielle de fer là où la soigne la royne ardoit; et* quant elle fu alée couchier en la chambre desous la chambre la royne, là où les femmes gisoient, la chandelle ardi tant que li feus se prist en la touaille, et de la toaille se prist à toilles dont li drap la royne estoient couvert. Quant la royne se esveilla, elle vit la* chambre toute embrasée de feu, et sailli sus toute nue, et prist la touaille et la jeta toute ardant[3] en* la mer, et prist les toilles[4] et les estainst. Cil qui estoient en la barge de cantiers crièrent basset : « Le feu! le feu! » Je levai ma teste, et vi que la touaille ardoit encore à clère flambe sur la mer, qui estoit mout quoye. Je vesti ma cote au plus tost que* je poi, et alai seoir avec les mariniers. Tandis que je séoie là, mes escuiers qui gisoit devant moy, vint à moy et me dist que li roys estoit esveilliez, et que il

---

1. A, *un*. — 2. A; *chaucée*. — 3. *Toute ardant* omis dans A. — 4. A, *touaille*.

avoit demandei là où je estoie : « Et je li avoie dit que vous estiés ès chambres ; et li roys me* dist : « Tu mens. » Tandis que nous parliens illec, à tant ès-vous maistre Geffroy le clerc la royne, qui me dist : « Ne vous effréez pas ; car il est ainsi avenu. » Et je li diz : « Maistres Geffroys, alez dire à la royne que li roys est esveilliez, et qu'elle voise* vers li pour li apaisier. »

L'endemain li connestables de France et messires Pierres li chamberlans et messires Gervaises li pannetiers[1] distrent au roy : « Que a ce anuit estei, que nous oïmes parler de feu ? » Et je* ne dis mot. Et lors dist li roys : « Ce soit par male avanture là où li seneschaus est plus celans[2] que je ne sui ; et je vous conterai, dist li roys, que ce est, que nous deumes estre ennuit tuit ars. » Et lour conta comment ce fu, et me dist : « Seneschaus, je* vous comment que vous ne vous couchiez dès or en avant, tant que vous aiés touz les feus de céans estains, ne mais que le grant feu qui est en la soute de la nef ; et sachiez que je ne me coucherai jeusques à tant que vous reveignez à moy. » Et ainsi le* fiz-je tant comme nous fumes en mer ; et quant je revenoie, si se couchoit li roys.

CXXIX. Une* autre avanture nous avint en mer ; car messires Dragonès, uns riches hom de Provence, dormoit la matinée en sa[3] nef qui bien estoit une lieue[4] devant la nostre, et appela un sien escuier et li dist : « Va estouper ce pertuis ; car li solaus* me

---

1. *Li pannetiers* omis dans A. — 2. L, *nonchallant*. — 3. A, *la*. — 4. A, *lieu*.

fiert ou visaige. » Cil vit que il ne¹ pooit estouper le pertuis, se il n'issoit de la nef; de la nef issi. Tandis que il aloit le pertuis estouper, li piés li failli, et chéi en l'yaue; et celle n'avoit point de barge de cantiers; car la neis estoit petite. Maintenant* fu esloingnie celle nef. Nous qui estiens en la nef le roi, le veismes et² cuidiens que ce fust une somme ou une bouticle, pour ce que cil qui estoit cheus en l'yaue ne metoit nul consoil en li. Une des galies le roy le queilli et l'aporta* en nostre nef, là où il nous conta³ comment ce li estoit avenu. Je li demandai comment ce estoit que il ne metoit consoil en li garantir, ne par noer ne par autre manière. Il me respondi que il n'estoit nul mestier ne besoing que il* meist consoil en li; car sitost comme il commença à cheoir, il se commenda à Nostre-Dame de Vauvert⁴, et elle se soustint par les espaules dès que il chéi, jusques à tant que la galie le roy le requeilli. En l'onnour de ce miracle, je l'ai fait peindre à Joinville en ma chapelle*, et ès verrières de Blehecourt⁵.

CXXX. Après ce que nous eumes estei dix semainnes en la mer, arivames à un port qui estoit à dous lieues d'un⁶ chastel que on appeloit Yères, qui estoit au conte de Provence qui puis fu roys de Sezile. La royne et touz li* consaus s'acordèrent que li roys descendist illec, pour ce* que la terre estoit son frère. Li roys nous respondi que il ne descenderoit jà de sa nef jeusques à tant que il venroit à Aiguemorte, qui estoit en sa terre. En ce point nous tint li roys,

---

1. A omet *ne*. — 2. A omet *le veismes et*. — 3. A omet *conta*. — 4. A omet *de Vauvert*. — 5. Blécourt, canton de Joinville (Haute-Marne). — 6. A, *dou*.

le mecredi, le jeudi, que nous ne le[1] peumes onques vaincre. En ces neis de Marseille* a dous gouvernaus, qui sont atachié à dous tisons si merveillousement, que sitost comme l'on averoit tournei un roncin l'on puet tourner la nef à destre et à senestre. Sur l'un des tisons des gouvernaus se séoit li roys le vendredi, et m'appela et me dist : « Seneschaus*, que vous semble de cest oevre? » Et je li diz : « Sire, il seroit à bon droit que il vous en avenist aussi comme il fist à madame de Bourbon, qui ne vout descendre en cest port, ains se remist en mer pour aler[2] à Aigue Morte, et demoura puis sept semainnes* sur mer. » Lor appela li roys son consoil, et lour dist ce que je li avoie dit, et lour demanda que il looient à faire; et li loèrent tuit que il descendist; car il ne feroit pas que saiges se il metoit son cors, sa femme et ses enfans en avanture de mer, puisque il estoit* hors. Au consoil que nous li donnames s'acorda li roys, dont la royne fu mout liée.

CXXXI. Ou chastel de Yères descendi li roys de la mer, et la royne et sui enfant. Tandis que li roys sejournoit à Yères[3] pour pourchacier chevaus à venir en France, li* abbes de Clyngny, qui puis fu evesques de l'Olive[4], li presenta dous palefrois qui vauroient bien aujourd'ui cinq cens livres, un pour li, et l'autre pour la royne. Quant il li ot presentei, si dist au roy : « Sire, je venrai demain parler à vous de mes besoignes. » Quant* ce vint l'endemain, li abbes revint; li roys l'oy mout diligenment et

---

1. *Le* omis dans A. — 2. *Pour aler* omis dans A. — 3. A, *Yenres.*
— 4. Guillaume de Pontoise, successivement prieur de la Charité, abbé de Cluny et évêque d'Olive en Morée.

mout longuement. Quant li* abbes s'en fu partis, je ving au roy et li diz : « Je vous vueil demander, se il vous plait, se vous avez oy plus debonnèrement l'abbei de Clygni, pour ce que¹ il vous donna hyer ces dous palefrois. » Li roys pensa longuement, et me dist : « Vraiement oyl. » — « Sire, fiz-je*, savez-vous² pourquoy je vous ai faite ceste demande? » — « Pourquoy? » fist-il. — « Pour ce, sire, fiz-je, que je vous lo et conseil que vous deffendés à tout vostre consoil jurei, quant vous venrez en France, que il ne preingnent de ceus qui averont à besoignier* par devant vous; car soiés certeins, se il prennent, il en escouteront plus volentiers et plus diligentment ceus qui lour donront, ainsi comme vous avez fait l'abbei de Clyngni³. »

Lors* appela li roys tout son⁴ consoil, et lour recorda errant⁵ ce que je li avoie dit; et il li dirent que je li avoie loei bon consoil.

CXXXII. Li roys oy parler d'un cordelier⁶ qui avoit non frère Hugon; et pour la grant renommée dont il estoit, li roys* envoia querre celi cordelier pour li veoir et⁷ oyr parler. Le jour qu'il vint à Yères⁸, nous regardames ou chemin par où il venoit, et veismes que trop grans peuples le suivoit à pié⁹ de homes et de femmes. Li roys le fist sermonner. Li commencemens dou sermon fu* sur les gens de religion, et dist ainsi : « Signour, fist-il, je voi plus de gent de religion en la court le roy, en sa com-

---

1. *Que* suppléé. — 2. *Vous* suppléé. — 3. Cet alinéa manque dans B et L. — 4. A omet *son*. — 5. B, L et M, *tout en riant*. — 6. Voy. chap. XI. — 7. A omet *veoir et*. — 8. A, *que nous venimes à Ieure*. — 9. *A pié* omis dans A.

paignie. » Sur ces paroles : « Je touz premiers, » fist-il; « et di ainsi que il ne sont pas en estat d'aus sauver, ou les saintes Escriptures nous mentent*, que il ne puet estre; car les saintes Escriptures nous dient que li moinnes ne puet vivre hors de son cloistre sanz pechié mortel, ne que li poissons puet vivre sans yaue. Et se li religious qui sont avec le roy, dient que ce soit cloistres, et je lour di que c'est li plus* larges que je veisse onques; car il dure deçà mer et delà. Se il dient que en cesti cloistre l'on puet mener aspre vie pour l'ame sauver, de ce ne les croi-je pas, mais je vous di que¹ j'ai mangié avec aus grant foison de divers mès de char et beu² de bons vins fors et clers³; de quoy je* sui certeins, que se il eussent estei en lour cloistre, il ne fussent pas si aisié comme il sont avec le roy. »

Au roy enseigna en son sermon comment il se devoit maintenir au grei de son peuple; et en la fin de son sermon dist ainsi, que il avoit leue la Bible et les livres* qui vont encoste la Bible⁴, ne onques n'avoit veu ne ou livre des créans, ne ou livre des mescréans, que nus royaumes ne nulle signourie fust onques perdue, ne changie de signourie en autre, ne de roy en autre, fors que par defaut de droit : « Or se gart, fist-il*, li roys, puis que il en va en France, que il face tel droiture à son peuple que en retiengne l'amour de Dieu, en tel manière que Diex ne li toille le royaume de France à sa vie. »

Je dis au roy que il ne le lessast pas partir de sa

---

1. A, *mès quant.* — 2. A omet *beu.* — 3. A omet *et clers.* — 4. B et L, *qui la suivent.*

compaignie*, tant comme il pot; il me dist qu'il l'en avoit jà prié¹, mais il n'en vouloit riens faire pour li. Lors me prist li roys par la main, et me dist : « Alons li encore prier. » Nous venimes à li, et je li dis : « Sire, faites ce que messires vous proie, de demourer* avec li tant comme il yert en Provence. » Et* il me respondi mout iréement : « Certes, sire, non ferai; ains irai en tel lieu là où Diex m'amera miex que il ne feroit en la compaignie le roy. » Un jour demoura avec nous, et l'endemain s'en ala. Ore m'a l'on puis dit que il gist en la citei de Marseille, là où il* fait moult bèles miracles².

CXXXIII. Le jour que li roys se parti de Yères³, il descendi à pié dou chastel pour ce que la coste estoit trop roite; et ala tant à pié que, pour ce que il ne pot avoir son palefroi, que il le couvint monter sur le mien. Et quant* ses palefrois fu⁴ venus, il courut sus⁵ mout aigrement à Poince l'escuier; et quant il l'ot bien mesamei, je li dis : « Sire, vous devez mout soufrir à Poince l'escuier; car il a servi vostre aioul et vostre père et vous. » — « Seneschaus, fist-il, il ne nous* a pas servi, mais nous l'avons servi quant nous l'avons soufert entour nous, aus mauvaises taches que il a. Car li roys Phelippes mes aious me dist que l'on devoit guerredonner à sa mesnie, à l'un plus, à l'autre moins, selonc ce que il servent; et disoit encore que nus* ne pooit estre bons gouvernerres de terre, se il ne savoit ausi hardiement et aussi durement escondire comme il

---

1. *Il me* jusqu'à *prié* omis dans A. — 2. B et L, *Dieu fait moult de beaulx miracles pour luy.* — 3. A, *Mirres.* — 4. A, *furent.* —5. B et L, *sus de parolles.*

sauroit donner. Et ces choses, fist li roys, vous apren-je, pour ce que li siècles est si engrès de demander, que pou sont de gens qui resgardent au sauvement de lour ames* ne à l'onnour de lour cors, que il puissent traire l'autrui chose par devers aus, soit à tort, soit à droit. »

CXXXIV. Li roys s'en vint par la contée de Provence jusques à une citei que on appèle Ays en Provence, là où l'on disoit* que li cors à Magdeleinne gisoit; et fumes en une* voute de roche mout haute[1], là où l'on disoit que la Magdeleinne avoit estei en hermitaige dix-sept ans. Quant li rois vint à Biaukaire, et je le vi en sa terre et en son pooir, je pris congié de li et m'en ving par la daufine de Viennois ma nice[2], et par le conte de Chalon* mon oncle, et par le conte de Bourgoingne son fil[3]. Et quant j'oi une piesce demourei à Joinville et je oy faites mes besoignes, je me muz vers le roy, lequel je trouvai à Soissons; et me fist si grant joie, que tuit cil qui là estoient s'en merveillièrent. Illec* trouvai le conte Jehan de Bretaigne, et sa femme[4] la fille le roy Tybaut, qui offri ses mains au roy, de tel droiture comme elle devoit avoir en Champaingne[5]; et li roys l'ajourna au parlement à Paris, et le roy Thybaut de Navarre le secont qui là estoit, pour* aus[6] oyr et pour droit faire aus parties.

Au parlement vint li roys de Navarre et ses con-

1. A, *haut*. — 2. Béatrix de Savoie, fille de Pierre, comte de Savoie, et d'Agnès de Faucigny. — 3. Hugues, fils de Jean de Chalon, avait épousé Alix de Méranie, héritière du comté de Bourgogne. — 4. Blanche, fille de Thibaut Ier, roi de Navarre. — 5. B et L, *comme il devoit avoir en Champaigne de par sa femme*. — 6. A omet *aus*.

saus, et li cuens de Bretaingne aussi. A ce parlement demanda li roys Thybaus madame Ysabel la fille le roy pour avoir à femme¹ ; et les paroles² que nos gens* de Champaigne menoient par darière moy, pour l'amour que il orent veue que li roys m'avoit moustrée à Soissons, je ne lessai pas pour ce que je ne venisse au roy de France pour parler doudit mariaige³. « Alez, dist li roys, si vous apaisiés au conte de Bretaingne, et puis* si ferons nostre mariaige. » Et je li dis que pour ce ne devoit-il pas lessier. Et il me respondi que à nul fuer il ne feroit le mariaige, jeusques à tant que la paiz fust faite, pour ce que l'on ne deist que il mariast ses enfans ou desheritement de ses barons.

Je* raportai ces paroles à la royne Marguerite de Navarre et au roy son fil, et à lour autre consoil⁴ ; et quant il oïrent ce, il se hastèrent de faire la paiz. Et après ce que la paiz fu faite, li roys de France donna au roy Thybaut sa fille ; et furent les noces faites* à Melun⁵ grans et plenières ; et de là l'amena li roys Thybaus à Provins, là où la venue fu faite à grant foison de barons⁶.

CXXXV. Après ce que li roys fu revenus d'outremer, il se maintint si devotement que onques puis ne porta ne vair*, ne gris, ne escarlatte, ne estriers, ne esperons dorez. Ses robes estoient de camelin ou de pers ; ses pennes de ses couvertours et de ses robes estoient de gamites, ou de jambes de lièvres⁷

---

1. A répète inutilement *qui estoit fille le roy*. — 2. Le sens parait exiger *et pour les paroles*. — 3. B et L, *et les paroles.... me firent parler à luy du mariage*. — 4. B et L, *leur conseil*. — 5. Le 6 avril 1255. — 6. B et L ajoutent *et de grans despens*. — 7. La fin de l'alinéa manque dans A.

ou d'aigniaus. Il estoit si sobres de sa bouche qu'il ne devisoit nullement ses viandes, fors* ce que ses cuisiniers li appareilloit¹ ; et on le mettoit devant li, et il mangeoit. Son vin trampoit en un gobelet de voirre ; et selon ce que li vins estoit, il metoit de l'eaue par mesure, et tenoit le gobelet en sa main ainsi comme on li trempoit son vin derrière* sa table. Il faisoit tousjours mangier ses povres, et après mangier lour faisoit donner de ses deniers.

Quant li menestrier aus riches homes venoient léans et il apportoient lour vielles après mangier, il atendoit* à oïr ses graces tant que li menestriers eust fait sa lesse : lors se levoit, et li prestre estoient devant li, qui disoient ses graces. Quant nous estiens privéement léans, il s'asséoit aus piés de son lit ; et quant li Preescheour et li Cordelier qui là estoient, li* ramentevoient aucun livre qu'il oyst volentiers, il lour* disoit : « Vous ne me lirez point ; car il n'est si bons livres après mangier, comme quolibez : » c'est-à-dire, que chascuns die ce que il veut. Quant aucun riche home estrange² mangoient avec li, il lour estoit de bone compaingnie.

De* sa sapience³ vous dirai-je. Il fu tel foiz que l'on tesmoingnoit qu'il n'avoit si saige à son consoil comme il estoit ; et parut à ce que quant on li parloit d'aucunes choses, il ne disoit pas : « Je m'en conseillerai ; » ains quant il véoit le droit tout cler et* appert, il respondoit⁴ tout senz son consoil, tout de venue, dont je ai oï que⁵ il respondi à touz les

---

1. B et L, *les cuisiniers luy appareilloient*. — 2. A omet *estrange*; B et L, *estrangiers*. — 3. A, *compaingnie*. — 4. Les mots *quant on* jusqu'à *respondoit* manquent dans A. — 5. *Que* manque dans A.

prelas dou royaume de France d'une requeste que il li firent, qui fu tex¹.

Li evesques Guis d'Aucerre li dist pour aus touz : « Sire*, fist-il, cist arcevesque et cist evesque qui ci sont, m'ont chargié que je vous die que la cretientés dechiet et font entre vos mains, et decherra encore plus se vous n'i metez consoil, pour ce que nulz ne doute hui et le jour escommeniement. Si vous requerons*, sire, que vous commandez à vos bailliz et à vos serjans que il contreingnent les escommeniés qui averont soustenue la sentence² an et jour, par quoy il facent satisfaccion à l'Esglise. » Et li roys lour respondi tout sanz consoil, que il commanderoit volentiers* à ses bailliz et à ses serjans que il constreignissent les escommeniés ainsi comme il le requeroient, mais que on li donnast la congnoissance se la sentence estoit droiturière ou non. Et il se conseillièrent et respondirent au roy, que de ce que il afferoit à* la crestientei ne li donroient-il la congnoissance. Et li roys lour respondi aussi, que de ce que il afferoit à li, ne lour dourroit-il jà la congnoissance, ne ne commanderoit jà à ses serjans que il constreinsissent les excommeniés à aus faire absoudre, fust tors, fust drois. « Car* se je le fesoie, je feroie contre Dieu et contre droit. Et si vous en mousterrai un exemple qui est tex, que li evesque de Bretaingne ont tenu le conte de Bretaingne bien sept ans en excommeniement, et puis a eu absolucion par la court de Rome; et* se je l'eusse con-

---

1. Voy. chap. xiii. — 2. Les mots *qui averont* jusqu'à *sentence* manquent dans A.

treint dès la première année, je l'eusse contreint à tort. »

CXXXVI. Il avint quant[1] nous fumes revenu d'outre-mer, que li moinne de Saint-Urbain esleurent dous abbés; li evesques Pierres de Chaalons (que Diex absoille!) les* chassa tous dous, et beney en abbei monsignour Jehan de Mymeri, et li donna la croce. Je ne le voil recevoir à abbei[2], pour ce qu'il avoit fait tort à l'abbei Geffroy, qui avoit appelei contre li et estoit alez à Rome. Je ting tant l'abbaïe en ma main, que lidiz Geffrois* emporta la croce, et cil la perdi à cui li evesques l'avoit donnée; et tandis que li contens en dura, li evesques me fist escommenier. Dont il ot à un parlement qui fu à Paris, grant tribouil de moy et de l'evesque Perron de Chaalons[3], et de la contesse Marguerite* de Flandres et de l'ercevesque de Reins, qu'elle desmanti. A l'autre parlement qui vint après, prièrent tuit li prelat au roy que il venist parler à aus touz seus. Quant il revint de parler aus prelas, il vint à nous qui l'atendiens en la chambre aus plaiz*[4], et nous dist tout en riant le tourment que il avoit eu* aus prelas, dont li premiers fu tex, que li ercevesques de Reins avoit dit au roy : « Sire, que me ferez-vous de la garde Saint-Remi de Reins que vous me tollez? car par les sains de céans[5] je ne vouroie avoir un tel pechié comme vous avez, pour tout[6] le* royaume de France. »

---

1. A, *que*. — 2. A, *je ne voil recevoir.* — 3. B et L, *l'evesque* sans le nommer; A, *Pierre de Flandres;* je rétablis *Chaalons* comme plus haut. — 4. A, *ou palais.* — 5. *Par les sains de céans* omis dans A. — Il s'agit des reliques de la Passion qui étaient à la Sainte-Chapelle. — 6. A omet *tout*.

— « Par les sains de céans, fist li roys, si feriés pour Compieigne, par la couvoitise qui est en vous. Or en y a un parjure. — Li evesques de Chartres me requist, fist li roys, que je li feisse recroire ce que je tenoie dou sien; et je li diz que non feroie*, jeusques à tant que mes chatex seroit paiés. Et li dis que il estoit mes hom de ses mains, et que il ne se menoit ne bien ne loialment vers moy, quant il me vouloit desheritier. — Li evesques de Chalons me dist, fist li roys : « Sire, que me ferez-vous dou signour* de « Joinville, qui tolt à ce povre moinne l'abbaïe de « Saint-Urbain? » — «Sire evesques, fist li roys, entre vous avez establi que l'on ne doit oyr nul escommenié en court laie; et j'ai veues lettres seelées de trente-dous seaus, que vous estes escommeniés : dont je* ne vous escouterai jeusques à tant que vous soiés absouz. » Et ces choses vous moustré-je, pour ce que vous voyez tout cler comme[1] il se delivra touz seus par son senz, de ce que il avoit à faire.

Li abbes Geffrois de Saint-Urbain, après ce que je li oz* faite sa besoingne, si me rendi mal pour bien, et appela contre moy. A nostre saint roy fist entendant que il estoit en sa garde. Je requis au roy que il feist savoir la veritei, se la garde estoit seue ou moye[2] : « Sire, fist li abbes, ce ne ferez-vous jà, se Dieu* plait; mais nous tenez en plait ordenei entre nous et* le signour de Joinville; que nous amons miex avoir nostre abbaïe en vostre garde, que non[3] à celi cui li eritaiges est. » Lors me dist li roys :

1. *Vous voyez tout cler comme* omis dans A. — 2. A, *moy;* B et L, *mienne.* — 3. A, *nous;* passage altéré dans B et L.

« Dient-il voir, que la garde de l'abbaïe est moye? »
— « Certes sire, fiz-je, non est, ains est moye. »
Lors dist li roys* : « Il puet bien estre que li eritaiges est vostre, mais en la garde de vostre abbaïe n'avés-vous riens. Ains couvient, se vous voulés, et selonc ce que vous dites et selonc ce que li senechaus dit, qu'elle demeure ou à moy ou à li. Ne je ne lairai jà pour chose que vous* en dites, que je n'en face savoir la veritei; car se je le metoie en plait ordenei, je mespenroie vers li qui[1] est mes hom[2], se je li metoie son droit en plait, douquel droit il me offre à faire savoir le veritei clèrement. » Il fist savoir la veritei; et la veritei* seue, il me delivra la garde de l'abbaïe et m'en[3] bailla ses lettres.

CXXXVII. Il avint que li sains roys pourchassa tant, que li roys* d'Angleterre, sa femme et sui enfant vindrent en France pour traitier de la paiz de li et d'aus. De ladite paiz[4] furent mout contraire cil de son consoil, et li disoient ainsi : « Sire, nous nous merveillons mout que vostre volentés est tex, que vous voulez* donner au roy d'Angleterre si grant partie de vostre terre, que vous et vostre devancier avez conquise sus li et par son[5] mesfait. Dont il nous semble que se vous entendez que vous n'i aiés droit, que vous ne faites pas bon rendaige au roy d'Angleterre*, se vous ne li rendez toute la conqueste que vous* et vostre devancier avez faite; et se vous entendez que vous y aiés droit, il nous semble que vous perdez

---

1. *Qui* omis dans A. — 2. Ce passage prouve que Joinville était devenu l'homme ou le vassal de saint Louis, ce qu'il n'était pas avant la croisade. (Voy. chap. XXVI.) — 3. A, *me.* — 4. Voy. chap. XIV. Ce traité de paix fut conclu en 1258 et ratifié en 1259. — 5. A, *leur.*

quant que vous li rendez. » A ce respondi li sains roys en tel manière : « Signour, je sui certains que ¹ li devancier au roy d'Angleterre ont perdu* tout par droit la conqueste que je tieing ; et la terre que je li doing, ne li doing-je pas pour chose que je soie tenus à li ne à ses hoirs, mais pour mettre amour entre mes enfans et les siens, qui sont cousin germain. Et me semble que ce que je li doing emploi-je* bien, pour ce que il n'estoit pas mes hom, si en entre en mon houmaige. »

Ce*² fu li om dou monde qui plus se traveilla de paiz entre ses sousgis, et especialment entre les riches homes voisins et les princes dou royaume, si conme entre le conte de Chalon, oncle au signour de Joinville, et son fil le conte de Bourgoingne³, qui* avoient⁴ grant guerre quant nous revenimes d'outremer. Et pour la paiz dou père et dou fil, il envoia de son consoil en Bourgoingne et à ses despens ; et par son pourchas fu faite la paiz dou père et dou fil. Puis ot grant guerre entre le secont roy Tibaut de Champaigne* et le conte Jehan de Chalon, et le conte de Bourgoingne son fil, pour l'abbaïe de Lizeu⁵ ; pour laquel guerre appaisier messires li roys y envoia monsignour Gervaise d'Escrangnes, qui lors estoit maistres queus⁶ de France, et par son pourchas il* les apaisa.

Après* ceste guerre que li roys appaisa, revint une autre grans guerre entre le conte Thybaut de Bar et le conte Henri de Lucembourc, qui avoit sa serour

---

1. *Certains que* omis dans A. — 2. A et L, *se* ; B, *il*. — 3. Voy. chapitre cxxxiv. — 4. A, *avoit*. — 5. B et L, *Lesueil*. — 6. Voy. *Éclaircissements*, 5º.

à femme ; et avint ainsi, que il se combatirent li uns à l'autre desouz Priney, et prist li cuens Thybaus de Bar* le¹ conte Henri de Lucembourc, et prist le chastel de Lynei qui estoit au conte de Lucembourc de par sa femme. Pour celle guerre appaisier, envoia li roys monsignour Perron le chamberlain, l'ome dou monde que il créoit plus, et aus despens le roy ; et tant* fist li roys que il furent apaisié.

De ces gens estranges que li roys avoit appaisié, li disoient aucun de son consoil que il ne fesoit pas bien, quant il ne les lessoit guerroier ; car se il les lessast* bien apovrir, il ne li courroient pas sus si tost comme se il estoient bien riche. Et à ce respondoit li roys, et disoit que il ne disoient pas bien. « Car se li prince voisin véoient que je les lessasse guerroier, il se pourroient avisier entre aus, et dire : « Li* roys par son malice nous laisse guerroier. » Si en avenroit ainsi que par la hainne que il averoient à moy, il me venroient courre sus, dont je pourroie bien perdre, sans² la hainne de Dieu que je conquerroie, qui dist : « Benoit soient tuit li apaiseour. » Dont* il avint ainsi, que li Bourgoignon et li Loorein que il avoit apaisiés, l'amoient tant et obéissoient, que je les vi venir plaidier par devant le roy des descors que il avoient entre aus, à la court le roy, à Rains, à Paris et à Orliens³.

CXXXVIII. Li* roys ama tant Dieu et sa douce Mère, que touz ceus* que il pooit atteindre qui disoient de Dieu ne de sa Mère chose deshoneste ne vilein saire-

---

1. A, *et le.* — 2. A, *en.* — 3. B et L, *à Paris, à Reins, à Meleun et ailleurs.*

ment, que il les fesoit punir griefment. Dont je vi que il fist mettre un orfevre en l'eschièle à Cezaire, en braies et en chemise, les boiaus et la fressure d'un porc* entour le col, et à si¹ grant foison que elles li avenoient jeusques au nez. Je oy dire que puis que je reving d'outre-mer, que il en fist cuire le nez et le balèvre à un bourjois de Paris; mais je ne le vi pas. Et dist li sains roys : « Je vourroie estre seigniez* d'un fer chaut, par tel couvenant que tuit vilein sairement fussent ostei de mon² royaume³. »

Je fu bien vint-dous ans en sa compaignie, que onques Dieu ne li oy jurer, ne sa Mère, ne ses sains ; et quant il vouloit aucune chose affermer, il disoit* : « Vraiement il fu ainsi, » ou « Vraiement il est⁴ ainsi. »

Onques ne ly oy nommer le dyable, se ce ne fu en aucun livre là où il afferoit à nommer, ou en la vie des sains de quoi li livres parloit. Et c'est grans honte* au royaume de France⁵, et au roy quant il le seuffre, que à peinne puet l'on parler que on ne die : « Que dyables y ait part ! » Et c'est grans faute de languaige, quant l'on approprie au dyable l'ome ou la femme qui sont donnei à Dieu dès que il furent⁶ baptizié*. En l'ostel de Joinville, qui dit tel parole, il doit la bufe ou la paumelle, et y est cis mauvais languaiges presque touz abatus.

CXXXIX. Il me demanda se je lavoie les piés aus povres le jeudi* absolu⁷; et je li respondi que nanin,

1. A, *et si.* — 2. Mss. *son.* — 3. Ce fait est rapporté dans le chapitre XXXIII de la *Vie de saint Louis* par Geoffroy de Beaulieu, et ailleurs. — 4. A, *yert.* — 5. Voy. chap. III. — 6. A, *qui est donné à Dieu dès que il fu.* — 7. Voy. chap. IV.

248 HISTOIRE

464 A que il ne me sembloit* pas bien. Et il me dist que je ne le devoie pas avoir en despit; car Diex l'avoit fait; « car mout envis feriés ce que li roys d'Angleterre fait, qui lave les piez aus mesiaus et baize. »

B Avant* que il se couchast en son lit, il fesoit venir ses enfans devant li, et lour recordoit les faiz des bons roys et des bons empereours[1], et lour disoit que à tiex gens devoient-il penre exemple. Et lour recordoit aussi les faiz des mauvais riches homes,
C qui*, par lour[2] luxure et par lour rapines et par lour avarice, avoient perdus lour royaumes. « Et ces choses, fesoit-il, vous ramentoif-je pour ce que vous vous en gardez, par quoy Diex ne se courousse à vous. » Lour heures de Nostre-Dame lour fesoit
D apenre, et lour* fesoit dire devant li[3] lour heures dou jour, pour aus acoustumer à oyr lour heures quant il tenroient lour terres.

Li roys fu si larges aumosniers, que partout là où
E il* aloit en son royaume, il fesoit donner aus povres esglises, à maladeries, à maisons-Dieu, à hospitaus, et à povres gentis-homes et gentis-femmes. Touz les jours il donnoit à mangier à grant foison de povres,
F sans ceus qui mangoient en sa chambre; et* maintes foiz vi que il meismes[4] lour tailloit lour pain et donnoit à boivre.

De son tens furent edefiées plusours abbaïes; c'est à savoir, Royaumons, l'abbaïe de Saint-Antoinne delez Paris, l'abbaïe dou Liz, l'abbaye de Malbisson,
G et* plusours autres religions de Preescheours et de

---

1. A, *et des empereurs.* — 2. A omet *lour.* — 3. *Devant li* omis dans A. — 4. A omet *meismes.*

Cordeliers*. Il fist la maison-Dieu de Pontoise, la maison-Dieu de Vernon¹, la maison des aveugles de Paris, l'abbaïe des Cordelières de Saint-Clou, que sa suer madame Ysabiaus fonda par son otroi.

Quant aucuns benefices de sainte Esglise eschéoit au* roy, avant que il le donnast il se conseilloit à bones persones de religion et d'autres²; et quant il s'estoit conseilliez, il lour donnoit les benefices de sainte Esglise en bone foy, loialment et selonc Dieu³. Ne il ne vouloit nul benefice donner à nul clerc*, se il ne renonçoit aus autres benefices des esglises que il avoit. En toutes les villes de son roiaume là où il n'avoit onques estei, il aloit aus Preescheours et aus Cordeliers, se il en y avoit nulz, pour requerre lour oroisons.

>CXL. Comment* li roys corriga ses bailliz, ses prevos, ses maieurs; et comment il establi nouviaus establissemens; et comment Estiennes Boisliaue fu ses prevoz de Paris⁴.

Après ce que li roys Loys fu revenus d'outre-mer en* France, il se contint si devotement⁵ envers Nostre-Signour, et si droiturièrement envers ses sougiez; si regarda et apensa que mout estoit belle chose et bonne⁶ d'amender le royaume de France. Premièrement establi un general establissement sus les sougiez* par tout le royaume de France en la manière qui s'ensuit.

« Nous Looys, par la grace de Dieu roys de France, establissons que tuit nostre baillif, viconte, prevost, maieur et

---

1. A. *Brinon.* — 2. A répète ici *avant que il le donnast.* — 3. Voy. *Éclaircissements,* 9°. — 4. Voy. *ibid.* — 5. A, *doucement.* — 6. *Et bonne* omis dans A.

tuit autre, en quelque afaire que ce soit, ne en quelque office¹ que il soient, facent serement que tant comme il soient en offices* ou en baillies, il feront droit à chascun sanz excepcion de persones, aussi aus povres comme aus riches, et à l'estrange comme au privé, et garderont les us et les coustumes qui sont bones et esprouvées. Et se il avient chose que li baillif ou li viconte ou autre, si comme serjant ou forestier, facent contre leur* seremens et il en soient attaint, nous voulons que il en soient puni en leur biens et en leur persones, se li mesfaiz le requiert; et seront li baillif puni par nous, et li autre par les bailliz.

« Derechief, li autre prevost², li baillif et li serjant jureront* que il garderont loialment nos rentes et nos droiz, ne ne souferront nos droiz que il soient³ soustrait ne osté, ne amenuisié; et avec ce il jureront que il ne penront, ne ne recevront par aus ne par autres, ne or, ne argent, ne benefices par decosté, ne autres choses, se ce n'est fruit, ou pain, ou vin, ou autre present*, jeusques à la somme de dix sous, et que ladite somme ne soit pas seurmontée. Et avec ce il jureront que il ne penront ne ne feront penre⁴ nul don, quex que il soit, à leur femmes, ne à leur enfans, ne à leur frères, ne à leur sereurs, ne à autre persone, tant soit privée d'aus; et sitost comme il sauront que tel* don seront receu, il les feront rendre au plus tost que il pourront. Et avec ce il jureront que il ne recevront⁵ don nul, quex que il soit, de home qui soit de leur baillie, ne d'autres qui cause ayent ne qui plaident par devant aus.

« Derechief, il jureront que il ne donront ne n'envoieront nul don* à home qui soit de nostre conseil, ne aus femmes, ne aus enfans, ne à ame qui leur apartieingne, ne à ceus qui leur contes recevront⁶ de par nous, ne à nulz enquesteurs que nous envoions en leur baillies ne en leur prevostés,

---

1. *En quelque office* omis dans A. — 2. A, *privez*. — 3. A omet *soient*. — 4. A, *feront ne ne prenront*. — 5. A, *retenront.... Ne d'autres*, etc., omis dans A. — 6. A, *retenront*.

pour leur faiz enquerre. Et avec ce il jureront que il ne partiront à vente* nulle que l'on face de¹ nos rentes, de nos bailliages², ou de nostre monnoie, ne à autres choses qui nous apartieingnent.

« Et jureront et promettront que se il saivent souz³ aus nul official, serjant ou prevost qui soient desloial, rapineur, usurier ou plein d'autres vices, par quoy il doivent perdre nostre* service, que il ne les soustenront⁴ par don, ne par promesse, ne par amour, ne par autres choses; ainçois les puniront et jugeront en bone foy⁵.

« Derechief* nostre prevost, nostre viconte, nostre maieur, nostre forestier, et nostre autre serjant à pié ou à cheval, jureront que il ne donront nulz dons à leur souverains, ne à femmes, ne à enfans qui leur apartieingnent⁶.

« Et pour ce que nous voulons que cist serement soient fermement* establi, nous voulons que il soient pris en pleinne assise, devant touz, et clers et lais, chevaliers et serjans, jà soit ce que il aient juré devant nous; à ce que il doutent à encorre⁷ le vice de parjurer, non pas tant seulement pour la paour de Dieu et de nous, mais pour la honte dou monde⁸.

« Nous* voulons et establissons que tuit nostre prevost et nostre baillif se tieingnent de jurer parole qui tieingne au despit de Dieu, ne de Nostre-Dame et de touz sains, et se gardent de geu de dez et de tavernes⁹. Nous voulons que la forge de deiz soit deffendue par tout nostre royaume, et que les foles femmes soient boutées* hors des maisons; et quiconques louera maison à fole femme, il rendra au prevost ou au baillif le loier de la maison d'un an.

---

1. A, *rente nulle de.* — 2. A omet *de nos bailliages.* — 3. A, *sour.* — 4. A, *soustieingnent.* — 5. Ou bien « les puniront et *corrigeront* de bonne foi, » selon les manuscrits B et L, qui sont ici d'accord avec deux textes analogues, mais non identiques, publiés dans le premier volume des *Ordonnances des rois de France*, où on lit (p. 70) : « en bonne foy *corrigeront* leur excès; » et (p. 78) : « *amendront* leurs meffais en bonne foy. » — 6. *Qui leur apartieingnent* omis dans A. — 7. A, *doutoient encore.* — 8. A, *pour la bonté de Dieu et du monde.* — 9. A, *dez de taverne.*

470 E « Après, nous deffendons que nostre baillif outréement n'achatent ne* ne facent acheter par aus ne par autres, possessions ne terres qui soient en leur baillies, ne en autre, tant comme il soient en nostre servise, sans nostre congié; et si tel achat se font, nous voulons qu'il soient et demourent en nostre main.

F « Nous* deffendons à nos bailliz que tant comme il seront en nostre service[1], ne[2] marient fiz ne filles que il aient, ne autres persones qui leur apartieingnent, à nulle autre persone de leur baillie, sanz nostre especial congié; et avec ce,

G que il ne les mettent en religion de leur bailliage*[3], ne que il leur aquièrent benefice de sainte Esglise, ne possession nulle; et avec ce, que il ne preingnent vivre[4] ne procuracions en maison de religion, ne près d'aus, aus despens des religieus. Ceste deffense des mariages et des possessions aquerre, si comme nous avons dit, ne voulons-nous pas

H qu'elle* se estende[5] aus prevos, ne aus maieurs, ne aus autres de meneur office.

« Nous commandons que baillif, ne prevost, ne autre, ne
472 A tieingnent* trop grant plenté de serjans et de bediaus, pour ce que li peuples ne soit grevez; et voulons que li bedel soient nommé en pleinne assise, ou autrement ne soient pas tenu pour bediaus. Où nostre serjant soient envoié en aucun lieu loing, ou en estrange pays, nous voulons que il ne
B soient pas creu sanz lettres* de leur souverains.

« Nous commandons que baillis ne prevoz qui soit en nostre office, ne grève les bones gens de leur justice outre droiture; ne que nul de ceus qui soient desous nous, soient mis en prison pour debde que il doivent, se ce[6] n'est pour
C la nostre* seulement.

« Nous establissons que nulz de nos bailliz ne liève amande pour debde que nostre sougiet doivent, ne pour malefaçon, se ce n'est en plein plait où elle soit jugie et es-

---

1. *Sans nostre congié* jusqu'à *service* omis dans A. — 2. A, *ne ne.* — 3. A, *du leur.* — 4. A, *œuvre.* — 5. A, *esconde.* — 6. A, *ce ce.*

timée, et par conseil de bones gens¹, jà soit ce que elle ait esté gagie² par devant aus*. Et se il avient que cil qui sera d'aucun blasmez ne vueille pas atendre le jugement de la court qui offers li est, ainçois offre certeinne somme de deniers pour l'amende, si comme l'on a communement receu, nous voulons que la court reçoive la somme des deniers, se elle est raisonnable et couvenable; ou, se ce non*, nous voulons que l'amende soit jugie selonc ce que il est desus dit, jà soit ce que li coupables se mette en la volenté de la court. Nous deffendons que li baillif, ou li maieur, ou li prevost, ne contreingnent par menaces, ou par poour, ou par³ aucune cavellacion nos sougiez à paier amende en repost ou appert*, et ne les accusent pas sans cause raisonnable⁴.

« Et establissons que cil qui tenront les prevostez, vicontés ou autres baillies⁵, que il ne les puissent à autrui vendre sanz nostre congié; et se pluseur achatent ensemble les offices desus nommez, nous voulons que li uns des acheteurs face l'office pour touz les autres*, et use de la franchise qui appartient⁶ aus chevauchies, aus tailles et aus communes charges, si comme il est acoustumé. Et deffendons que lesdiz offices il ne vendent à frères, à neveus et à cousins, puis que il les auront achetés de nous; ne que il ne requièrent debde que on⁷ leur doie par aus, se ce⁸ n'est* des debdes qui apartieingnent à leur office; mais leur propre debde requièrent par l'auctorité dou baillif, tout aussi comme se il ne fussent pas en nostre servise.

« Nous deffendons que baillif ne prevost ne travaillent nos sougiez* en causes que il ont par devant aus menées, par muement de lieu en autre; ainçois oyent⁹ les besoingnes que il ont par devant aus, ou lieu là où il ont esté

---

1. *Gens* omis dans A. — 2. A, *est esté jugée*; B et L, *gaignée.* — 3. *Ou par* omis dans A. — 4. *Ou appert,* etc., omis dans A. — 5. A, *viconte ou autre baillif.* — 6. A, *appartiennent.* — 7. A, *n'en.* — 8. A, *ce ce.* — 9. A, *oiez.*

acoustumé à oÿr, si que il ne lessent pas à poursuivre leur droit pour travail ne pour despens.

« Derechief*, nous commandons que il ne dessaisissent home de sesinne que il tieingne, sans congnoissance de cause, ou sanz commandement especial de nous; ne que il ne grèvent nostre gent de nouvelles exactions, de tailles et de coustumes nouvelles; ne si ne semoingnent que l'on face chevauchie pour avoir* de leur argent; car nous voulons que nus qui doive chevauchie ne soit semons[1] d'aler en ost sanz cause necessaire; et cil qui voudront aler en ost en propres persones, ne soient pas contraint à racheter leur voie par argent.

« Après, nous deffendons que baillif ne prevost ne facent deffendre* de porter blé, ne vin, ne autres marcheandises hors de nostre royaume, sanz cause necessaire; et quant il couvenra que deffense en soit faite, nous voulons qu'elle soit faite communement en conseil de preudoumes, sanz souspeçon de fraude ne de boidie.

« Item*, nous voulons que tuit baillif vieil, viconte, prevost et maieur soient, après ce que il seront hors de leur offices, par l'espace de quarante jours ou pays où il ont tenu leur offices, en leur propres[2] persones ou par procureur, affin qu'il puissent respondre aus nouviaus bailliz, pour ce que il auroient* mesfait contre ceus qui se vourroient pleindre d'aus.

Par cest establissement amenda mout li royaumes.

CXLI. La prevostés de Paris[3] estoit lors vendue aus bourjois de Paris, ou à aucuns; et quant il avenoit que aucun* l'avoient achetée, si soustenoient lour enfans et lour neveus en lour outraiges; car li

---

1. *Car nous* jusqu'à *semons* omis dans A. — 2. A, *propre....Affin* jusqu'à *bailliz* omis dans A. — 3. Voy. *Éclaircissements*, 9º.

jouvencel avoient fiance en lour parens et en lour amis qui la prevostei tenoient¹. Pour ceste chose estoit trop li menus peuples defoulez, ne ne pouoient avoir droit des riches* homes, pour les grans presens et dons que il fesoient aus prevoz. Qui à ce temps disoit voir devant le prevost, ou qui vouloit son sairement garder, qu'il² ne fust parjures d'aucune debte ou d'aucune chose où fust tenus de respondre, li prevoz en levoit amende*, et estoit punis. Par les grans injures³ et par les grans rapines qui estoient faites en la prevostei, li menus peuples n'osoit demourer en la terre le roy, ains aloient demourer en autres prevostés et en autres signouries. Et estoit la terre le* roy si vague, que quant li prevoz⁴ tenoit ses plaiz, il n'i venoit pas plus de dix personnes ou de douze. Avec ce il avoit tant de maufaitours et de larrons à Paris et dehors, que touz li païs en estoit pleins. Li roys, qui metoit grant diligence comment* li menus peuples fust gardez, sot toute la veritei; si ne vout plus que la prevostés de Paris fust vendue, ains donna gaiges bons et grans à ceus qui dès or en avant la garderoient. Et toutes les mauvaises coustumes dont li peuples pooit estre grevez, il abati*; et fist enquerre par tout le royaume et par tout le pays, où l'on pourroit trouver home qui⁵ feist bone justise et roide, et qui n'espargnast plus le riche home que le povre. Si li fu enditiez Estiennes Boilyaue, liquex maintint et garda si la prevostei, que* nus malfaiterres, ne liarres, ne murtriers n'osa de-

---

1. A, *qui les tenoient*. — 2. A, *qui*. — 3. A, *jures*. — 4. A, *quant il*. — 5. *Pourroit trouver home qui* omis dans A.

mourer à Paris, qui tantost ne fust pendus ou destruiz; ne parentés[1], ne lignaiges, ne ors, ne argens ne le pot garantir. La terre le roy commença à amender, et li peuples y vint pour le bon droit que on* y fesoit. Si mouteplia tant et amanda, que les ventes*, les saisinnes, li achat et les autres choses valoient à double que quant li roys y prenoit devant.

476 G
478 A

« En toutes ces choses que nous avons ordenées pour le proufit de nos sougiez et de nostre royaume, nous retenons à nous [2] pooir d'esclarcir, d'amender, d'ajouster et d'amenuisier, selonc ce* que nous aurons conseil. »

B

Par cest establissement amenda mout li royaumes de France, si comme plusour saige et ancien tesmoignent.

CXLII. Dès* le tens de s'enfance[3], fu li roys piteus des povres et des souffraiteus; et acoustumei estoit que li roys, partout où il aloit, que six vins povre fussent tout adès repeu en sa maison, de pain, de vin, de char ou de poisson, chascun jour. En quaresme et ès auvens* croissoit li nombres des povres; et plusours foiz avint que li roys les servoit et lour metoit la viande devant aus, et lour trenchoit la viande devant aus, et lour donnoit au departir, de sa propre main, des deniers. Meismement aus hautes vegiles des festes* sollempniex, il servoit ces povres de toutes ces choses desusdites, avant que il mangast ne ne beust. Avec toutes ces choses avoit-il chascun jour au disner et au souper près de li, an-

C

D

E

1. A, parent. — 2. A, *subjez à notre royaume nous recevons à nostre majesté.* — 3. Voy, *Éclaircissements,* 9°.

ciens homes et debrisiés, et lour fesoit donner tel viande comme il mangoit; et * quant il avoient mangié, il enportoient certeinne somme d'argent. Par desus toutes ces choses, li roys donnoit chascun jour si grans et si larges aumosnes aus povres de religion, aus povres hospitaus, aus povres malades, et aus autres povres colléges, et * aus povres gentishomes et fames et damoiselles, à femmes * decheues, à povres femmes veuves et à celles qui gisoient d'enfant, et à povres menestriers[1] qui par veillesce ou par maladie ne pooient labourer ne maintenir lour mestier, que à peinne porroit l'on raconter le nombre. Dont nous poons bien dire que il fu plus bienaeureus * que Titus li emperieres de Rome, dont les anciennes escriptures racontent que trop se dolut et fu desconfortez d'un jour que il n'avoit donnei nul benefice.

Dès * le commencement que il vint à son royaume tenir et il se sot aparcevoir, il commença à edefier moustiers et plusours maisons de religion; entre lesquiex l'abbaye de Royaumont porte l'onnour et la hautesce. Il fist edefier plusours maisons-Dieu : la maison-Dieu * de Paris, celle de Pontoise, celle de Compieingne et de Vernon, et lour donna grans rentes. Il fonda l'abbaye de Saint-Mathé de Roan, où il mist femmes de l'ordre des frères Preescheours; et fonda celle de Lonc-champ, où il mist femmes de l'ordre * des frères Menours, et lour donna grans rentes pour elles vivre[2]. Et otroia à sa mère à fonder l'abbaïe dou Liz delez Meleun-sur-Seinne, et celle

---

1. A omet *menestriers*. — 2. A omet *pour elles vivre*.

delez Pontoise, que l'on nomme Malbisson,¹ et puis lour donna grans rentes et possessions. Et fist faire la maison des Aveugles delès Paris, pour mettre les povres² aveugles* de la citei de Paris; il lour fist faire une chapelle pour oyr lour servise Dieu. Et fist faire li bons roys la maison des Chartriers, au dehors de Paris, qui a nom Vauvert³, et assigna rentes souffisanz aus moynes qui illec estoient, qui servoient Nostre-Signour*. Assés tost après il fist faire une autre maison au dehors Paris, ou chemin de Saint-Denis, qui⁴ fu appelée la maison aus Filles Dieu, et fist mettre grant multitude de femmes en l'ostel, qui par povretei s'estoient⁵ mises en pechié de luxure, et lour donna quatre* cens livrées⁶ de rente pour elles soustenir. Et fist⁷ en plusours lieus de son royaume maisons de beguines, et lour donna rentes pour elles vivre, et commanda⁸ que on y receust celles qui vourroient faire contenance à vivre chastement. Aucun* de ses familiers⁹ groussoient de ce que il fesoit si larges aumosnes, et que il y despendoit mout; et il disoit : « Je aim miex que li outraiges de grans despens que je faiz, soit fais en aumosne pour l'amour de Dieu, que en bobant ne en vainne gloire* de ce monde. » Jà pour les grans despens que li roys fesoit en aumosne, ne lessoit-il pas à faire grans despens en son hostel, chascun jour. Largement et liberalment se contenoit li roys aus

---

1. A omet la fin de la phrase. — 2. *Povres* omis dans A. — 3. B, *Sammur*; L, *Namur*. Les mots *qui a nom* jusqu'à *Saint-Denis* manquent dans A. — 4. A, *que.... au Files.* — 5. A, *estoient.* — 6. B et L, *trois cens livres.* — Le texte de Geoffroy de Beaulieu prouve qu'il s'agit ici de monnaie parisis; ces 400 livres valaient environ 10 131 francs. — 7. A, *et en fist.* — 8 A, *commanda l'en.* — 9. A, *familés.*

parlemens et aus assemblées des barons et des chevaliers, et* fesoit servir si courtoisement à sa court, et largement et habandonnéement, et plus que il n'i avoit eu lonc temps passei à la court de ses devanciers.

CXLIII. Li roys amoit[1] toutes gens qui se metoient à Dieu servir et qui portoient habit de religion; ne nulz ne venoit* à li qui faillist à avoir chevance de vivre. Il pourveut les frères dou Carme et lour acheta une place sus Seinne devers Charenton, et fist faire une lour maison, et lour acheta vestemens, calices et tiex choses comme il apartient à faire le servise Nostre-Signour*. Et après il pourveut les frères de Saint-Augustin*, et lour acheta la granche à un bourjois de Paris et toutes les apartenances, et lour fist faire un moustier dehors la porte de Monmartre. Les frères des Saz, il les pourveut et lour donna place sur Seinne par devers Saint-Germein-des-Prez, où il se* herbergièrent; mais il n'i demourèrent guères, car il furent abatu assez tost. Après ce que li frère des Saz furent herbergié, revint une[2] autre manière de frères que l'on appèle l'ordre des Blans-Mantiaus, et requistrent au roy que il lour aidast que il peussent demourer* à Paris. Li roys lour acheta une maison et vieilles places entour pour aus herbergier, delez la vieille porte dou Temple à Paris, assés près des Tissarans. Icil Blanc furent abatu au concile de Lyon, que Gregoires li disiesmes tint. Après revint une* autre manière de frères, qui se fesoient appeler frères de Sainte-Croix, et por-

1. Voy. *Éclaircissements*, 9º. — 2. A, *un.*

tent la croiz devant lour piz; et requistrent au roy que il lour aidast. Li roys le fist volentiers, et les herberga en une rue qui estoit¹ appelée le quarrefour dou Temple, qui ore* est appelée la rue Sainte-Croiz. Einsi avironna li bons roys de gens de religion la ville de Paris.

CXLIV. Après ces choses desus dites, avint que li roys manda touz* ses² barons à Paris en un quaresme³. Je me escusai vers⁴ li pour une quartaine que j'avoie lors, et li priai que il me vousist souffrir; et il me manda que il vouloit outréement que je y alasse, car il avoit illec bons phisiciens qui bien savoient guerir de* la quarteinne. A Paris m'en alai. Quant je ving le* soir de la vegile Nostre-Dame en mars, je ne trouvai nulli, ne la royne n'autre⁵, qui me seust à dire pourquoy li roys m'avoit mandei. Or avint, ainsi comme Diex vout, que je me dormi à matines; et me fu avis en dormant, que je véoie le roy devant* un autel à genoillons; et m'estoit avis que plusour prelat revestu le vestoient d'une chesuble vermeille de sarge de Reins. Je apelai après ceste vision monsignour Guillaume, mon prestre, qui mout estoit saiges; et li contai la vision. Et il me dist* ainsi : « Sire, vous verrés que li roys se croisera demain. » Je li demandai pourquoy il le cuidoit; et il me dist que il le cuidoit, par le songe que j'avoie songié; car la chasuble de sarge vermeille senefioit la croiz, laquex fu vermeille dou sanc que Diex y espandi* de son costei et de ses mains et de ses piez.

1. Mss. *est.* — 2. A, *ces.* — 3. En 1267. — 4. A, *ver.* — 5. A, *ie ne trouvai ne roy n'autre.*

« Ce que la chasuble estoit de sarge de Reins, senefie que la croiserie sera de petit esploit, aussi comme vous verrés, se Diex vous donne vie. »

Quant* je oi oye la messe à la Magdeleinne à Paris, je alai en la chapelle le roy, et trouvai le roy qui estoit montez en l'eschaufaut aus¹ reliques, et fesoit aporter la vraie Croiz aval. Endementres que li* roys venoit aval, dui chevalier qui estoient de son consoil, commencièrent à parler li uns à l'autre, et dist li uns : « Jamais ne me créez, se li roys ne se croise illec. » Et li autres respondi que « se li roys se croise, ce yert une des douloureuses² journées qui onques fust* en France. Car se nous ne nous croisons, nous* perderons le roy; et se nous nous croisons, nous perderons Dieu, que nous ne nous croiserons pas pour li, mais pour paour dou roy³. »

Or avint ainsi, que li roys se croisa l'endemain, et sui troi fil avec li; et puis est avenu que la croiserie* fu de petit esploit, selonc la prophecie mon prestre. Je fu mout pressez dou roy de France et dou roy de Navarre de moy croisier. A ce respondi-je que tandis comme je avoie estei ou servise Dieu et le roy outre-mer, et puis que je en reving, li serjant au* roy de France et le roy de Navarre m'avoient destruite ma gent et apovroiez ; si que il ne seroit jamais heure que je et il n'en vausissent piz. Et lour disoie ainsi, que se je en vouloie ouvrer au grei Dieu, que je demourroie ci pour mon peuple aidier et* deffendre; car se je metoie mon cors en l'aventure⁴ dou

---

1. A, *au*. — 2. A, *delivreuses*. — 3. *Mais* jusqu'à *roy* omis dans A. — 4. A, *l'aven*.

pelerinaige de la croiz, là où je véoie¹ tout cler que ce seroit au mal et au doumaige de ma gent, j'en courroucerioe Dieu², qui mist son cors pour son peuple sauver.

Je* entendi que tuit cil firent pechié mortel, qui li loèrent l'alée; pour ce que ou point que il estoit en France, touz li royaumes estoit en bone paiz en li meismes et à touz ses voisins; ne onques puis que il en parti, li estaz dou royaume ne fist que empirier*. Grant pechié firent cil qui li loèrent l'alée, à la grant flebesce là où ses cors estoit; car il ne pooit souffrir ne le charier, ne le chevauchier. La flebesce de li estoit si grans, que il souffri que je le portasse dès l'ostel au conte d'Ausserre, là où je pris* congié de li, jeusques aus Cordeliers entre mes bras*. Et si, febles comme il estoit, se il fust demourez en France, peust-il encore avoir vescu assez et fait mout de biens et de bonnes œuvres³.

CXLV. De la voie que il fist à Thunes ne vueil-je riens conter ne dire, pour ce que je n'i fu pas, la merci Dieu*! ne je ne vueil chose dire ne mettre en mon livre de quoy je ne soie certeins. Si parlerons de nostre saint roy sanz plus, et dirons ainsi, que après ce que il fu arrivez à Thunes, devant le chastel de Carthage, une maladie le prist dou flux dou ventre (et* Philippes, ses fiz aisnez, fu malades de fièvre carte, avec le flux dou ventre que li roys avoit⁴), dont il acoucha au lit, et senti bien que il devoit par tens trespasser de cest siècle à l'autre. Lors appela

---

1. B et L, *voy;* A, *verroie.* — 2. *J'en courrouceroie Dieu* omis dans A. — 3. *Et de bonnes œuvres* omis dans A; B ajoute *en ce monde.* — 4. *Et Philippes* jusqu'à *roy avoit* omis dans A.

monsignour Phelippe son fil, et li commanda à* garder, aussi comme par testament, touz les enseignemens que il li lessa, qui sont ci-après escrit en françois, lesquiex enseignemens[1] li roys escrist de sa sainte main, si comme l'on dist.

« Biaus fiz, la première chose que je t'enseing, si est* que tu mettes ton cuer en amer Dieu ; car sans ce nulz ne puet estre sauvez. Garde-toy de faire chose qui à Dieu desplaise, c'est à savoir pechié mortel ; ainçois devroies soufrir toutes manières de tormens[2], que faire mortel pechié. Se Diex t'envoie adversité[3], si* le reçoif en patience et en rent graces à Nostre-Seignour, et pense que tu l'as deservi, et que il te tournera tout à preu. Se il te donne prosperité[4], si l'en merci humblement, si que tu ne soies pas pires ou par orgueil ou par autres manières, dont tu doies miex* valoir ; car l'on ne doit pas Dieu de ses dons guerroier. Confesse-toy souvent, et esli confesseur preudome qui te sache enseignier que tu doies faire et de quoy tu te doies garder ; et te doiz avoir et porter en tel manière, que tes confesserres et ti ami te* osient repenre de tes mesfaiz. Le servise de sainte Esglise escoute devotement et sans truffer, mais pri Dieu[5] et de cuer et de bouche, especialment en la messe, que la consecracions est faite. Le cuer aie douz et piteus aus povres, aus chietis et aus mesaisiés*, et les conforte et aide selonc ce que tu pourras. Maintien les bones coustumes de ton royaume, et les mauvaises abaisse. Ne couvoite pas sus ton peuple, ne ne le[6] charge pas de toute ne de taille, se ce n'est pour ta grant necessité. Se tu as aucune mesaise de* cuer, di-le tantost à ton confesseur, ou

---

1. Voy. *Éclaircissements*, 9º. — 2. A, *de vileinnies tormens*. — 3. A, *perversité*. — 4. A, *propriété*. — 5. A omet *et sans truffer*; je tire les mots *mais pri Dieu* d'un autre texte des enseignements. (*Histoir. de Fr.*, XX, 26.) — 6. A, B, L, *ne ne te*; A omet ensuite *se ce n'est*, etc. La phrase manque dans les autres textes.

à aucun preudome qui ne soit pas pleins de vainnes paroles; si la porteras plus legièrement. Garde que tu aies en ta compaignie preudomes et loiaus qui ne soient pas plein de couvoitise, soient religieus*, soient seculier, et souvent parle à aus; et fui et eschieve la compaignie des mauvais. Escoute volentiers la parole Dieu et la retien en ton cuer, et pourchace volentiers proières et pardons. Aime ton preu et ton bien, et hai touz maus où que il soient. Nulz* ne soit si hardis devant toy, que il die parole qui atraie et esmeuve à pechié[1], ne qu'i mesdie d'autrui par derières en detractions; ne ne seuffre que nulle vileinnie de Dieu ne de ses sains[2] soit dite devant toy. Rent graces à Dieu souvent de touz les biens* que il t'a faiz, si que tu soies dignes de plus avoir. A justices tenir et à droitures soies loiaus et roides à[3] tes sougiez, sanz tourner à destre ne à senestre, mais adès à[4] droit, et soustien la querelle dou povre jeusques à tant que la verités soit desclairie*. Et se aucuns a action[5] encontre toy, ne le croi pas[6] jeusques à tant que tu en saches la verité; car ainsi le jugeront ti conseillier plus hardiement selon verité, pour toy ou contre toy. Se tu tiens[7] riens de l'autrui, ou par toy ou par tes devanciers, se* c'est chose certeinne, rent-le sanz demourer; et se c'est chose douteuse, fai-le enquerre par saiges gens isnellement et diligenment. A ce dois mettre t'entente comment tes gens et ti sougiet vivent en paiz et en droiture desouz toy. Meismement les bones villes* et les coustumes de ton royaume garde en l'estat et en la franchise où ti devancier les ont gardées; et se il y a aucune chose à amender, si l'amende et adresce, et les tien en faveur et en amour; car par la force et par les richesces des grosses villes, douteront*

---

1. A, *esmeuve peché*. — 2. A omet *ne de ses sains*. — 3. A, *et à*. — 4. A, *aides au;* B et L, *tousjours à*. — 5. B et L, *action ou querelle*. — 6. Au lieu de « ne le croi pas, » les manuscrits *B* et *L* portent : « si fais enquerre du fait; » et le texte des Enseignements publié dans le *Recueil des Historiens de France* (t. XX, p. 26) : « soies tos jours pour lui et contre toi. » — 7. A, *tins*.

li privé et li estrange de mespenre vers toy, especialment
ti per et ti baron. Honneure et aime toutes les personnes
de sainte Esglise, et garde que on ne leur soustraie ne apetise leur dons et leur aumosnes que ti devancier leur auront
donné. L'on raconte dou roy Phelippe, mon aïeul, que une
foiz li dist uns de ses conseilliers, que mout de tors et de
forfaiz li fesoient cil de sainte Esglise, en ce que il li tolloient ses droitures et apetissoient ses justices; et estoit
mout grans merveille comment il le souffroit. Et li bons
roys respondi que il le créoit bien; mais il regardoit les
bontés et les courtoisies que Diex li avoit faites : si vouloit
miex lessier aler de son droit, que avoir contens à la gent
de sainte Esglise. A ton père et à ta mère porte honneur et
reverence, et garde leur commandemens. Les benefices de
sainte Esglise donne à bones personnes et de nette vie, et si
le fai par conseil de preudomes et de nettes gens. Gardetoy de esmouvoir guerre, sans grant conseil, contre home
crestien; et se il le te couvient faire, si garde sainte Esglise
et ceus qui riens n'i ont mesfait. Se guerres et contens
meuvent entre tes sousgis, apaise-les au plus tost que tu
pourras. Soies diligens d'avoir bons prevos et bons baillis, et
enquier souvent d'aus et de ceus de ton hostel, comme il
se maintiennent, et se il a en aus aucun vice de trop grant
couvoitise, ou de fauseté, ou de tricherie. Travaille toi que
tuit vilain pechié soient osté de ta terre; especialment vileins seremens et heresie fai abatre à ton pooir. Pren-te
garde que li despens de ton hostel soient raisonnable. Et
en la fin, très-douz fiz, que tu faces messes chanter pour
m'ame et oroisons dire par tout ton royaume; et que tu
m'otroies especial part et planière en touz les biens que tu
feras. Biaus chiers fiz, je te doing toutes les benéissons
que bons pères puet donner à fil. Et la benoite Trinités et
tuit li saint te gardent et deffendent de touz maus; et

---

1. *Et* omis dans A. — 2. Mss. *d'un*. — 3. A, *moult de torfaiz*. —
4. A, *son*. — 5. A omet *toi*.

Diex te doint grace de faire sa volenté touzjours, si que il soit honorez par toy, et que tu et nous puissiens après* ceste mortel vie, estre ensemble avec li et li loer sanz fin. Amen. »

CXLVI. Quant* li bons roys ot enseignié son fil monsignour Phelippe, l'enfermetés que il avoit commença à croistre forment; et demanda les sacremens de sainte Esglise, et les ot en sainne pensée et en droit entendement, ainsi comme il apparut; car quant* l'on l'enhuiloit et on disoit les sept pseaumes, il disoit les vers d'une part[1]. Et oy conter monsignour le conte d'Alençon son fil, que quant il aprochoit de la mort, il appela les sains pour li aidier et secourre, et meismement monsignour saint Jaque*, en disant s'oroison, qui commence : *Esto, Domine;* c'est-à-dire, « Diex, soyez[2] saintefierres et garde de vostre peuple. » Monsignour saint Denis de France appela lors en s'aide, en disant s'oroison qui vaut autant à dire : « Sire Diex, donne-nous* que nous puissons despire la prosperitei[3] de ce monde, si que nous ne doutiens nulle adversitei. » Et oy dire lors à monsignour d'Alençon (que Diex absoille)! que ses pères reclamoit lors madame[4] sainte Geneviève. Après se fist li sains roys couchier en* un lit couvert de cendre, et mist ses mains sus sa poitrine, et en regardant vers le ciel rendi à nostre Creatour son esperit, en celle hore meismes que li Fiz Dieu morut pour le salut dou monde[5] en la croiz.

1. Voy. *Éclaircissements*, 9º. — 2. A, *soit.* — 3. A, *l'aspreté;* B et L, *la propriété.* — 4. *Que Dieu absoille* et *lors madame* omis dans A. — 5. A omet *pour le salut dou monde.*

Preciouse* chose et digne est de plorer le trespassement de ce saint prince, qui si saintement et loialment garda son royaume¹, et qui tant de bèles aumosnes y fist, et qui tant de biaus establissemens y mist. Et ainsi comme li escrivains qui a fait son livre*, qui l'enlumine d'or et d'azur, enlumina lidiz roys* son royaume de belles abbaïes que il y fist, et de la grant quantitei de maisons Dieu et de maisons des² Preescheours, des Cordeliers et des autres religions qui sont ci-devant nommées.

L'endemain³ de feste saint Berthemi l'apostre, trespassa* de cest siècle li⁴ bons roys Loys, en l'an de l'incarnacion Nostre-Signour, l'an de grace mil CC. LXX⁵, et furent sui os gardei en un escrin et aportei⁶ et enfoui à Saint-Denis en France, là où il avoit eslue sa sepulture, ouquel lieu il fu enterrez, là* où Diex a puis⁷ fait maint biau miracle pour li par ses desertes.

CXLVII. Après ce, par le pourchas dou roy de France et par le commandement l'apostelle⁸, vint li ercevesques de Roan⁹ et frères Jehans de Samoys¹⁰, qui puis fu* evesques; vindrent à Saint-Denis en France, et là demourèrent lonc-temps pour enquerre de la vie, des œuvres et des miracles dou saint roy¹¹; et on me manda que je alasse à aus, et me tindrent dous jours. Et après ce que il orent enquis à moy et à autrui*, ce que il orent trouvei fu

---

1. L, *son peuple et royaume.* — 2. A, *fist des mansions Dieu des.* — 3. Le 25 août. — 4. Le ms. A, au lieu de *li* donne le chiffre *I.* — 5. A, *mil cc et x.* — 6. A omet *et aportei.* — 7. A omet *puis.* — 8. Martin IV. — 9. Guillaume II de Flavacourt. — 10. Il fut nommé évêque de Lisieux en 1299. L'enquête à laquelle il prit part se fit en 1282. — 11. A, *enquerre la vie, des œuvres et de miracles.*

portei à la court de Rome ; et diligemment virent li apostelles[1] et li cardonal ce que on lour porta ; et selonc ce que il virent, il li firent droit[2] et le mistrent ou nombre des confessours[3] : dont grans joie fu et doit estre à tout le* royaume de France, et grans honours à toute sa lignie qui à li vourront retraire de bien faire, et grans deshonours[4] à touz ceus de son lignaige, qui par bones œvres ne[5] le vourront ensuivre ; grans* deshonours, di-je[6], à son lignaige qui mal voudront faire ; car on les mousterra au doi, et dira l'on que li sains roys dont il sont estrait, feist envis une tel mauvestié.

Après ce que ces bones nouvelles furent venues de Rome*, li roys donna journée l'endemain de la Saint-Berthelemi, à laquel journée li sains cors fu levez. Quant li sains cors fu levez[7], li arcevesques de Reins[8] qui lors estoit (que Diex absoille!), et messires Henris de Villers, mes niez, qui lors estoit archevesques* de Lyon, le portèrent devant, et plusour autre, que arcevesque que evesque, après[9], que je ne sai nommer : ou chafaut que l'on ot establi fu portez.

Illec sermona frères Jehans de Samois ; et entre les* autres grans faiz que nostre sains roys avoit faiz, ramentent l'un[10] des grans fais que je lour avoie tesmoingniez par mon sairement et que j'avoie veus ; et dist ainsi : « Pour ce que vous puissiez veoir que c'estoit li plus loiaus hom qui onques fust en son*

---

1. Boniface VIII. — 2. En 1297. — 3. A, *martirs confessours*, mais le mot *martirs* est rayé. — 4. A, *honeur*. — 5. *Ne* omis dans A. — 6. *Di-je* omis dans A. — 7. Le 25 août 1298. — 8. Pierre Barbet. — 9. *Autre* et *après* omis dans A. — 10. A, *l'en*.

temps, vous vueil-je dire que il fu si loiaus, car envers les Sarrazins vot-il tenir couvenant aus Sarrazins de ce que il lour avoit promis par sa simple parole; et se il fust ainsi que il ne lour eust tenu, il eust gaignié¹ dix mille livres et plus. » Et lour recorda* tout le fait si comme il est ci-devant escriz². Et quant il lour ot le fait recordei, si dist ainsi : « Ne cuidiés pas que je vous mente; que je voi tel home ci, qui ceste chose m'a tesmoignie par son sairement. »

Après ce que li sermons fu faillis, li roys et sui frère en* reportèrent le saint cors en l'esglise par l'aide de* lour lignaige, que il durent faire honnour; car grans honnours lour est faite, se en aus ne demeure, ainsi comme je vous ai dit devant. Prions à li que il vueille prier à Dieu que il nous doint ce que besoing nous yert, aus ames et aus cors. Amen.

CXLVIII. Encore* vueil-je ci-après³ dire de nostre saint roy aucunes choses qui seront à l'onnour de li, que je veis de li en mon dormant⁴ : c'est à savoir que il me sembloit en mon songe que je le véoie devant ma chapelle* à Joinville; et estoit, si comme il me sembloit, merveillousement liez et aises de cuer; et je-meismes estoie mout aises, pour ce que je le véoie en mon chastel, et li disoie : « Sire, quant vous partirés de ci, je vous herbergerai à une moie maison qui siet en une* moie ville qui a non Chevillon. » Et il me respondi en riant, et me dist : « Sire de Joinville, foi que doi vous, je ne bé mie si tost à partir de ci. »

---

1. A, *il leur eust tenu, il eust perdu.* — 2. Voy. chap. LXXVI. — 3. A omet *ci-après*. — 4. *Que je* jusqu'à *dormant* omis dans A.

Quant je me esveillai, si m'apensai; et me sembloit que il plaisoit à Dieu et à li que je le herberjasse en ma* chapelle, et je si ai fait; car je li ai establi un autel à l'onnour de Dieu et de li, là où l'on chantera à tousjours mais en l'honnour de li[1]; et y a rente perpetuelment establie pour ce faire. Et ces choses ai-je ramentues à monsignour le roy Looys, qui est heritiers* de son non; et me semble que il fera le grei Dieu et le grei nostre saint roy Looys, s'i pourchassoit des reliques le vrai cors saint, et les envoioit à ladite chapelle de Saint-Lorans à Joinville; par quoy cil qui venront à son autel, que il y eussent plus* grant devocion.

CXLIX. Je* faiz savoir à touz que j'ai céans mis grant partie des faiz nostre saint roy devant dit, que je ai veu et oy, et grant partie de ses faiz que j'ai trouvez, qui sont en un romant, lesquiex j'ai fait escrire en cest livre[2]. Et ces choses vous ramentoif-je, pour ce que cil qui* orront ce livre croient fermement en ce que li livres dit, que j'ai vraiement veu et oy[3]; et les autres choses qui n'y sont escriptes, ne vous tesmoing que soient vrayes, parce que je ne les ay veues ne oyes.

Ce* fu escrit en l'an de grace mil CCC et IX, ou moys d'octovre.

---

1. *Là où* jusqu'à *l'honnour de li* omis dans A. — 2. Voy. *Éclaircissements*, 9º. — 3. Ce qui suit est tiré des mss. B et L, sauf la date finale qui appartient au ms. A.

CREDO

DE JOINVILLE.

I. Ou* non et en l'enor dou Père et dou Fil et dou Saint-Esperit, un Dieu tout-poissant. Poez veoir ci après poinz et escriz les articles de nostre foi par letres et par ymaiges, selonc ce que on puet poindre selonc l'umanitei Ihesu Crit et selonc la nostre. Car la Déitei et la Trinitei et le Saint-Esperit ne puet* poindre mains d'ome ; car ce est si graus chose, si com sains Pous[1] et li autre saint le tesmoignent, que iex ne puet[2] veoir, ne oreille oïr, ne lengue raconter, por les pechiez et les ordures don nous sumes plain et chargié en ceste mortel vie, qui nous tolent à veoir[3] la clartei soveraine*.

II. Or disons donc que foiz est une vertuz qui fait croire fermement ce que hons ne voit ne ne sait mais que par oïr dire, ensi com nous créons nos pères et nos mères de ce que il dient que nous sumes lor fil; et si n'en avons autre certainetei*. Et donc devons nous croire plus fermement que nule autre chose terriene les poinz et les articles liquel nous sont tesmongnié et enseignié de la bouche del Tout-Poissant par tous les sainz dou viel Testament et dou novel[4].

III. De croire ce que l'on ne voit, me dist li rois Loys

---

1. Ms., *saint Poul.* — 2. Ms., *puent.* — 3. Ms., *vioir.* — 4. Voy. *Hist.*, chap. VIII.

(que Diex* assoille!) une haute parole, que li cuens de Montfort, cil qui fu pères madame de Neele, avoit dite as Albijois¹. Cil* dou païs vindrent à li et li distrent qu'il venist veoir le cors Nostre-Signour qui estoit venuz en char et en sanc. Et il lor dist : « Alez le veoir, qui ne le créez ; car endroit de moi le croi-je bien desouz le pain et desouz le vin, ausinc comme sainte Eglise le m'enseigne. » Et il li demandèrent que* il i perderoit se il le venoit veoir ; et il lor dist que se il le véoit face à face et il le créoit, point de guerredon n'en averoit : et dist que se il créoit ce que Diex et li saint li enseignoient, qu'il en atendoit plus grant guerredon et plus grant corone ou ciel que de toutes autres bones œuvres qu'il porroit* faire en ceste mortel vie².

IV. Or véons donc que dous choses sont qu'i nous covient à nous sauver, ce est à savoir bones euvres faire et fermement croire. En bones euvres faire, m'aprist li rois Loys que je ne feisse ne ne deisse chose, se touz li mondes le savoit, que je* ne l'osasse bien faire et dire ; et me dist que ce soffisoit à l'onor dou cors et au sauvement de l'arme³.

V. De croire fermement, me dist li rois que li enemis s'efforce tant com il puet à nous giter de ferme créance ; et me enseingna que quant li enemis m'anvoieroit aucune temptacion* dou sacrement de l'autel ou d'aucun autre point de la foi, que je deisse : « Enemis, ne te vaut ; que jà, à l'aide de Dieu, de la foi crestienne tu ne me osteras, nes se tu me feisses touz les membres tranchier⁴. » Et me dist li rois que ce estoit la ferme créance, laquel créance Diex a ennorée de* son non, car de Crist somes apelei crestien ; laquel Diex a fait profetisier et tesmoignier as⁵ créanz et as mescréanz, ce que onques autre lois ne fu, ensi come il dit en un livre : « Aus sainz, as saiges, aus rois⁶, fist Diex porter son tesmoing ; as gens de diverses lois, que nus n'en puet douter. »

---

1. Ms., *as Briois*. — 2. *Hist.*, chap. x. — 3. *Hist.*, chap. iii. — 4. *Hist.*, chap. viii. — 5. Ms., *à*. — 6. Ms., *au sainz.... au rois*.

Vous* qui regardez cest livre, troverez le *Credo* en G 510
letres vermeilles, et les propheties par euvres et par
paroles en letres noires.

VI. Frères* Henris li Tyois¹, qui mout fu grans clers, dist H
que nus ne pooit estre saus se il ne savoit son *Credo*. Et je
por esmouvoir les gens à croire ce de quoi il ne se pooient
soffrir, fis-je premiers faire cest euvre en Acre après* ce que A 512
li frère le roi en furent venu, et devant ce que li rois alast
fermer la citei de Cesaire en Palestine². Et ces premières
letres dient :

Je croi en Dieu le Père tout-puissant, le créator
dou ciel* et de la terre. B

VII. Sa grant poissance poez veoir en la création dou
monde que vous véez ci-après pointe; car il n'est nus qui
poist faire la plus petite de toutes ces créatures. Créerres
est cil qui* fait de noient aucune chose; il n'est nus qui ce C
poisse faire fors que Cil seulement qui fist le ciel et la
terre, le soloil et la lune, et quant que il a et haut et bas.
Sa grant poissance poons nous veoir par les anges qui ci
après sont point, qu'il trabucha dou ciel en enfer, et de si
biaus et de si gloriex* com il estoient, les fist-il si lais et D
si hideus.

VIII. Des prophecies n'a il nules sor cette première
page, por ce qu'elle touche de l'encomencement dou
monde, que Cil fist qui est comencemens et qui durra
sanz fin³.

Et* en Ihesu Crit son Fil, Nostre-Seignor. E

IX. En la seconde page dou *Credo* ci après si sont les

---

1. Le Teutonique, Dominicain, qui accompagna saint Louis à la croisade, et mourut en 1254. — 2. Voy. *Éclaircissements*, 10°. — 3. Première miniature. Voy. *Éclaircissements*, 11°.

prophecies de l'avenement dou Fil Dieu, ce est à savoir que troi ange vindrent herbegier chiés Abraham, en mi desquex quenut* Abraham, par la volentei Dieu, le Fil Dieu; et por ce que il sout que ce estoit Cil qui le devoit rachater des poines d'enfer, il l'aora¹.

X. Moyses le vit et le quenut ausinc ou boisson qui sembloit que ardist, et si n'ardoit mie; et en ce fu senefiée la virginités* dou cors la benoite Virge Marie, là où il descendi por nous sauver. Et ces dous sont les prophecies de l'euvre²; et de la toison ausi, là où la rosée dou ciel descendoit par merveillouse menière³, par la volentei Dieu⁴.

Qui* est conceuz dou Saint Esperit.

XI. La prophecie de la parole, si est de Ysaïe le prophète, que vous véez point ci après, qui prophetiza que la Virge conceveroit⁵.

Nez* de la Virge Marie.

XII. La prophecie Daniel le profete, qui desus est poinz, sor la nativitei dist as Juis que quant li Sainz des sainz venroit, lor onctions faudroit. Et ce fu veritez que quant Diex vint* en terre il n'avoient ne roi ne avesque enoint; et n'avoient roi mais que l'empereor de Rome, que pois⁶ estoit, et non pas de lor loi ne de lor créance. Nul evesque il n'avoient enoint, ainçois achetoient les eveschiés cil qui les voloient avoir*, par années⁷.

Qui souffri desouz Ponce Pylate.

XIII. Et que soffri il, biax Sire? Il soffri estre venduz,

---

1. Deuxième miniature. — 2. C'est-à-dire prophéties en actions, par opposition aux prophéties en paroles. — 3. *Juges*, VI, 37-40. — 4. Troisième miniature. — 5. Quatrième miniature. — 6. Le sens exige *qui paiens*. — 7. Cinquième miniature.

batuz et* fustez, et li fist on porter sa croiz. Et molt d'autres viltez et vilenies li fist on avant qu'il fust crucefiez, lesquex il soffri debonairement por l'amor de nous, et por nous delivrer des mains de l'enemi[1].

XIV. La profecie de l'evre de ce fait fu de Joseph lou fil Jacob*, que vous orrez ci-après commant Judas, ses frères, le vendi pour trente pièces d'argent, autant com Judas li traitres[2] vendi Ihesu Crist.

XV. Par molt de choses est senefiez Joseph à Ihesu Crist, meismement par la cote Joseph qui senefie la char Ihesu Crist, que* ses pères li avoit fait (qui molt l'avoit[3] chier) d'une pièce, ainsi comme on fait les gans de laine. Par cele cote est senefiée la chars Ihesu Crist, qui fu de la Virge seulement; et les nos chars sont d'ome et de fame, ce est de dous pièces.

XVI. Li* frère Joseph, quant il l'orent vandu, decoupèrent sa cote et l'ensanglentèrent, et la portèrent lour père, et li firent antendant que très pesmes bestes l'avoient devourei.

XVII. La cote Joseph, ce est la beneoite chars Ihesu Crist, qui fu decoupée quant il fu batus en l'estache des felons Juis, qui devoient* estre si frère. Et très pesmes bestes devourèrent Ihesu Crist, ce fu anvie que li felon avoient seur lui. Et ainsi poez veoir que l'estoire Joseph, qui devant est pointe, est la profecie de l'evre.

XVIII. La* profecie de la parole, si est que li roys David dist[4] qui ci après est poinz : « Li felon forgeront seur mon dos, et me demousterront lor felonie[5]. »

Et fu crucefiez et mors.

XIX. La* profecie de l'evre sur la croiz, ce est de Ysaac que vous verrés ci après point, qui fu obéissans à son père

---

1. Sixième miniature. — 2. Ms., *traitours*. — 3. Ms., *l'avoir*. — 4. *Psalm.* cxxviii, 3. — 5. Septième miniature.

jusques à la mort. A la mort fu livrés Nostre Sires Ihesu Crist pour les felons Juis, et ausi honteuse mort comme de la crois, là ù il* pandoient alors les larons, ausi comme on fait orandroit les larons aus[1] fourches. Entre dous larons le firent-il pandre en la crois pour faire antendant au pueple que par son mesfait avoit mort deservie[2].

XX. Heremies dist : « O vous qui passez par la voie, regardez se* il est dolours qui se preingne à la moie. » Nulle dolours ne se prist onques à la soe, car ce[3] fu cil qui plus ot à soffrir en cest monde ; et ce li acroissoit ses dolours que il ère touz poissanz de l'amander, et tout soffroit pacianment[4].

XXI. La* profecie de l'euvre fu senefiée en Egypte par le sanc de l'angnel, de quoi l'on seingnoit les antrées des ostiaux et les frons des gens ; ce estoit d'une letre que li Juif apèlent *Thau*, qui est samblanz à la croiz. Et ce faisoient li Juif pour ce que li angle Nostre-Seignor ocioient les ainznez des* ostiex de ceuz qui ne estoient seingnié de cel seing. Et senefie que tuit cil qui ne seront seingnié dou sing de la croiz et dou sanc Ihesu Crist, seront dampnei. Et ce est la profecie de l'euvre.

XXII. La profecie de la parole que David dist ou sautier, que li Fiz* Dieu seroit samblans à un oisel que l'on apèle pellican, qui se ocist et pierce ses costés pour raviver ses poucins.

XXIII. La roine de Sabba vint voir le roi Salemon, et quenut lou fust de la croiz, qui estoit en Iherusalem, et lou dist à Salemon en profetizant ; et si n'ière pas dou pueple de Israel*, qui créoit Nostre Seignor.

XXIV. Cayphas, qui lors estoit sovereinz evesques quant Diex fu crucefiez, profetiza que il covenist que uns hons morust por le pueple sauver ; et encore fust-il des soverainz enemis Ihesu Crist, si li fist Ihesu Crist dire la veritei.

---

1. Ms., *au*. — 2. Huitième miniature. — 3. Ms., *se*. — 4. Neuvième miniature.

XXV. Abbacuc* li profetes, qui ci-après est poinz, profetiza mil anz devant, et dist ausi comme se il eust veu Ihesu Crist morir et crier en la croiz : « Sire, fait-il, je oï ta voiz; et me apoantai, et m'en esbahi¹. » Cil qui ont entendement s'en devoient bien espoanter et esbahir, quant les créatures qui* n'ont point d'antendement en furent esbahies. Car li solaus en perdi sa clartei, et ne vit on nule goute en droit l'ore de none par tout le monde. La courtine dou Temple s'en deschira, les roches des montaingnes en fendirent, la terre s'en ovri et geta fors les mors qui furent veu en Iherusalem*. En icelle ore avoit en Iherusalem un riche ome qui avoit cent chevaliers desouz lui (Centurio estoit apelés), qui profetiza quant il vit ces merveilles et dist : « Vraiement, ciz estoit vrais Fiz Dieu². »

Et* fu encevelis.

XXVI. La profecie de l'euvre de ce qu'il fu mis ou sepulchre, si est de Jonas, que vous véez ci point, qui fu mis ou ventre de la* balaine; car autretant comme Jonas fu ou ventre de la balaine, tant fu li Fiz Dieu ou sepulchre.

XXVII. La profecie de la parole si dist Diex meesmes as Juis qui le requeroient qu'il lour feist aucun signe; et il lour dist que il ne lor donroit autre signe que de Jonas le profete; et* lour dist car autant com Jonas fu ou ventre dou poisson, autretant seroit-il ou sepulchre. Et entendez seurement que la déités ne morut pas en la crois, mais l'umanités qu'il prist en la Virge, pour la nostre humanitei delivrer des poines d'anfer.

XXVIII. La* parole sor enfer brisié de parole, si³ dist Diex à Job lonc tans avant ce qu'il venist en terre. « Job, dist Diex, sauras-tu penre le dyable à l'aing si comme je ferai? » Vous savez que quant li pechierres veut penre le poisson à l'aing, il cuevre lou fer de l'èche; et li poissons

---

1. *Habac.*, III, 16. — 2. Dixième miniature. — 3. Ms., *se*.

518 H cuide mangier* l'èche, et li fers lou prent. Or véons que pour penre le dyable ausi comme à l'aing, couvri Diex sa déitei de nostre humanitei ; et pour ce que dyables cuida que ce fust uns hons, si li pourchasa sa mort pour ramplir anfer ; et maintenant la déités lou prist, laquex descendi en anfer¹.

520 A Il* descendi en anfer.

XXIX. La profecie des portes d'anfer que Diex brisa et en traist ses amis qui léens estoient, poez entendre (la profecie de l'uevre) par Sanson le fort, qui ouvri la bou-
B che dou lion à* force et en traist braches de miel. Par les braches, qui sont douces et porfitables, sont senefié li saint et li prodome que Diex traist d'anfer, liquel avoient menées en lor tens vies douces et porfitables.

XXX. Por ce profetiza Osées li profetes qui dist :
C « O mors, je serai* ta mors, et tu, anfers, je morderai en toi². » Car ausi comme cil qui mort en la pome une partie enporte et l'autre lait, ausi anporta il d'anfer les bons, et les maus laissa.

D Et* au tiers jour resuscita de mort³.

XXXI. Au tiers jour vraiement Nostre Sires resuscita de mort à vie pour tenir covant à ses apostres et à ses deciples de sa resurrection, laquel nous devons croire fermement.
E XXXII. La* profecie par euvre de la resurrection Nostre Seignor poez veoir par lou lyon qui resuscite son lioncel au tierz jour.

XXXIII. A sa resurrection doit penre prodom essample. Car dedans le tiers jour que l'on chiet en pechié s'en

---

1. Onzième miniature. — 2. *Osée*, xiii, 14. — 3. Douzième miniature.

doit on resusciter par lui confesser au plus tost que il puet; car molt foux* est qui en pechié s'andort. Et pour ce dient li saint qu'il n'est pas merveille quant prodom chiet, mais ce est merveille quant tost ne se relieve pour l'ordure lau où il gist. Que pechiez soit ordure, ce tesmoigne li paiens qui dist que se pechiez estoit aumone, ne le feroit il pas, car trop* est vils chose.

F 520

G

XXXIV. La profecie de la parole parla David, qui en la persone dou Fil Dieu dist : « Ma chars reflorira par ta volentei. »

XXXV. De sa resurrection vous dirai-je que je en oï en la prison lou* diemenche après ce que nous fumes pris, et ot on mis en un paveillon les riches homes et les chevaliers portanz banière par aus[1].

H

XXXVI. Nous oïmes un grant cri de gent. Nous demandames ce que estoit, et on nous dist que ce estoient nostre gent que om metoit* en un grant parc tout clos de murs de terre. Ceus qui ne se voloient renoier, l'on les ocioit; ceus qui se renioient, on les laissoit. En icelle grant paour de mort où nous estiens, vindrent à nous jusques à treize ou quatorze dou consoil dou soudan, trop richement appareillié de dras d'or et* de soie, et nous firent demander, par un frère de l'Ospital qui savoit sarrazinois, de par le soudan, se nous vorriens estre delivre; et nous deimes que oil; et ce pooient il bien savoir. Et nous distrent se nous donriens nus des chastiaus dou Temple ne de l'Ospital pour nostre delivrance. Et li bons* cuens Pierres de Bretaigne lour respondi que ce ne pooit estre pour ce que li chastelain juroient seur sainz, quant om les i metoit, que pour delivrance de cors d'ome ne les renderoient. Et il nous demandèrent après se nous lor donriens nus des chastiaux que baron tenoient ou réaume de* Iherusalem, pour nostre delivrance. Et li cuens de Bretaingne dist que nanil; que li chastel ne estoient pas dou fié dou roy de France.

A 522

B

C

D

1. *Hist.*, chap. LXV.

Quant il oïrent ce, il nous dirent que puis que nous ne voliens faire ne l'un ne l'autre, il s'an iroient, et nous amenroient ceus qui joueroient à nous des espées. Et li cuens de Bretaigne* lors dist que legière chose estoit de occirre celui que on tient en sa prison¹.

XXXVII. Quant il s'en furent alei, une grans foisons de jeunes gens sarrasinz entrèrent ou clos là où l'on² nous tenoit pris³, les espées traites⁴, desquiex je cuidai vraiement qu'il venissent por nous* occirre; mais non faisoient, ançois nous envoia Diex nostre confort entre aus. Car il amenèrent un petit home si viel par samblant comme hom poist estre; et le tenoient par samblant celle jeune gent pour fol; et distrent au conte de Bretaigne, qui le feissent oïr, ce que c'estoit uns des plus prodomes de* lor loi. Et lors s'apoia li viex petiz hom sur sa croce, et atout sa barbe et ses trèces chenues, et dist au conte que il avoit entendu que li crestien créoient un Dieu qui avoit estei pris pour aus, batus pour aus, mors pour aus, et au tiers jour estoit resuscitez. Et tout ce li otroia li cuens; et lors redist li viex* hons que « donc ne vous devez vous mie plaindre se vous avez estei pris pour li, batu por li, navrei por li; car ausi avoit il estei pour vous, ne encore n'avez pas la mort sofferte pour li ainsi comme il avoit fait pour vous. » Et après nous dist que « se⁵ votre Diex avoit eu pooir de lui* resusciter, et donc vous avoit il bien pooir de delivrer quant li plairoit. » Et vraiement encore croi-je que Diex le nous anvoia; car il tarda molt pou après ce qu'il s'en fu alés, que li consaus le soudan revint qui nous dist que nous envoissiens quatre de nous parler au roi, liquiex nous avoit (par* la grace que Diex li avoit donnée) touz seuz pourchacie nostre delivrance. Et sachiez que voirs estoit; car ausi saigement l'avoit pourchacie li rois par la grace Dieu com se il eust tout le consoil de la crestientei avec lui⁶.

---

1. *Hist.*, chap. LXVI. — 2. Ms., *le*. — 3. Treizième miniature. — 4. *Hist.*, çaintes. — 5. Ms., *si*. — 6. *Hist.*, chap. LXVI.

Il * monta ès cieus[1].

XXXVIII. La profesie de l'uevre si est li ravissemens de Helye que vous véez ci desuz point, qui monta ès cieus par la volantei* Nostre Seignor, et demourra[2] jusques à la venue Antecrist, et lors Nostre Sires l'anvoiera pour conforter lou pueple par quoi il ne croient en Antecrist ne en ses huevres.

XXXIX. La profecie de la parole est de ce que Diex meismes dist à ses apostres quant il lor dist : « Je monterai à mon Père et* lou vostre. » Et li angles meismes qui desuz est poinz lour dist car ausi com il montoit, revenroit il au jour dou jugement.

XL. La profecie de l'uevre de cele jornée que nostre humanités fu assise à la destre Dieu le Père, fu la cote Joseph, que* vous véez ci[3] pointe, la cote Joseph presentée à Jacob son père depecie et ensanglantée; et ausi fu la chars Ihesu Crist à Dieu le Père. Et que fist Jacob? Il dessira la soie cote; et en icele memoire poons nous dire que Diex li Pères redessira[4] la soie cote. Par la cote Nostre Seignor poons* antendre la loy des Juis; car ausi com la cote Jacob estoit plus près de lui que nus de ses autres vestemens, ausi estoit lors la loys des Juis plus près de nostre Seignor que nule des autres loys qui lors fust. Et maintenant que il orent crucefié son Fil, il les dessira de lui. En* la manière que li hons bien correciez dessire sa cote as dous mains, et si en giète une pièce çà et autre là, par mautalent dessira Nostre Sires les Juis d'antor lui. Les pièces en a gité par lou monde, une partie çà et autre là. Par molt* d'autres pechiez qui furent en la vieille loi furent mis en chetivoisons, et adès lor donoit Nostre Sires terme de lour delivrance de cent anz en aval. Or a jà mil cc. iiii. xx et sept qu'il sont en chetivoisons en diverses regions sanz nul terme certain de

---

1. Ms., *ciaux*. Place de la quatorzième miniature. — 2. Ms., *demoura*. — 3. Quinzième miniature. — 4. Ms., *desirra... redesirra... desirre*.

lour delivrance[1]. Et pour ce que il n'a de* lor delivrance ne terme ne mesure, por ce pert il bien qu'il ont pechié outre mesure.

Et siet à la destre lou Père tout-poissant[2].

XLI. La* profecie de la parole dist David : « Mes Sires dist à mon Seignor : Sié toi à ma[3] destre jusques je mète tes enemis souz ton pié. »

XLII. Or véons donc que se nous conoissiens bien comment nous sommes desouz les piez Ihesu Crist et lou grant pooir qu'il a* sor nous, nous ne feriens jamais mal; mais les besoignes de ce monde ne le nous laissent pas si bien quenoistre comme besoing seroit à nous. Mès à celui jour que il vanra dou ciel por jugier les vis et les mors, lors conoisterons nous sa grant poissance clèrement et apertemant; car il* n'i aura jà ne saint ne sainte qui ne tramble de paour à sa venue.

XLIII. Cele venue et celle jornée avoit bien Job ou cuer; car encore fust-il li plus grans amis que Diex eust à son tens en terre, si[4] dotoit il tant celle jornée qu'il dist à Dieu : « Sire*, où me responderai-je au jor del jugement que je ne voie l'ire ta face? »

Et venra au jour dou jugement jugier les mors et les vis[5].

XLIV. La* profecie de l'uevre si est li jugemens que vous véez ci après point, que Salemons fist des dous fames, qui nous senefient la vieille loi et la nouvèle. Noble chose et honorable et porfitable* a en droit jugement : car Salemons dist que joutise et drois jugemens plait plus à nostre Seignor que offrande ne autres dons. Et pour ce vous en toucherai un petit pour enseignier ceus à cui joustice apartient. Et

---

1. Voy. *Éclaircissements*, 10º. — 2. Seizième miniature. — 3. Ms., *mon.* — 4. Ms., *se.* — 5. Dix-septième miniature.

CREDO DE JOINVILLE.   283

disons* que l'espée qui tranche de dous pars senefie la droite   A 528
joustice¹. Ce que l'espée tranche ausi bien devers celui qui
la tient com devers les autres, nous donne [à] antendre que
nous devons faire droite joustice ausi bien de nous comme
d'autrui, et ausi de nos amis com de nos anemis. Et sa-
chiez [que] li princes* qui einci lou feroit seroit amés et dotez   B
dou pueple ausi com la Bible dist que Salemons fu loez et
doutés dou pueple, dou droit jugement qu'il ot fait à dous
fames.

Je* croi ou Saint-Esperit, et si croi en sainte Eglise². C

XLV. Au Saint-Esperit devons nous croire; car par lui
nous vienent tuit li bien, ce est la grace de Dieu le Tout-
Poissant.

XLVI. La* profecie de l'uevre sor le jour de Pentecoste   D
si est de Helie le profete, cui Diex envoia le feu dou ciel qui
se espandoit sor les sacrefices; et fu senefiance que Diex
envoieroit lou Saint-Esperit en samblance de feu le jour de
la Pentecouste* à ses apostres.   E

XLVII. La profecie de la parole si est de Johel qui dist
com cil qui parloit pour Dieu le Père et dist : « Je respan-
derai mon Esperit sor mes serjans³. »

Et* ou pardon des pechiez qui nous est faiz par   F
les sacremens de sainte Eglise.

XLVIII. Nous devons croire la sainte Eglise de Romme,
et devons croire* ès commandemens que li apostoiles et li   G
prelat de sainte Eglise nous font, et faire les penitances que
il nous enjoingnent⁴.

XLIX. Nous devons croire ès communs sacremens de
sainte Eglise qui ci après sont point, ce est à savoir en bap-

---

1. Dix-huitième miniature. — 2. Dix-neuvième miniature. — 3. *Joel*,
ii, 29. — 4. Vingtième miniature.

528 H tesme, ou sacrement* de l'autel, en mariaige, ou pardon des pechiez, et ès autres sainz sacremens que sainte Eglise nous ensaigne à croire. Et ausi comme je vous ai dit devant, si fermement i devons croire que riens terriene ne nous poisse deseuvrer, ne habundance ne pestilence¹.

530 A L. Nostre* Sires nous a donnés les sacremens desuz diz par lesquiex nous serons roy coronei ou réaume dou ciel, que jamais ne nous faura. Et de ce dist David et profetiza ausi com se il fust de la loi crestienne, et dist : « Ha! Diex Sires, que te randerai-je pour tous les biens que tu m'as fait²? »

B LI. La*³ profecie de l'uevre sor les nouveles graces que je vous ai touchié, si est de Jacob, cui on amena les⁴ dous fiz Joseph por ce que il lor donast sa benéisson; et li mist om l'ainsnei devers sa destre main et le mainsnei devers la senestre. Et li prodom croisa ses bras, et mist sa main destre
C sor le moinsnei* et la senestre sor l'ainznei. Et ce fu senefiance et profecie que Diex osteroit sa benéiçon de la loi des Juis, qui ançois fu faite que la nostre, et meteroit sa benéiçon sor la nostre loi crestienne; et ce est tout cler; car il n'ont ne rois ne evesques enoinz, et nous les avons.

D Et* si croi la resurrection de la char.

LII. En la resurrection de la char devons croire fermement; car tuit cil sont fors de la foi qui n'i croient. Car se
E li mort ne resuscitoient*, Diex ne seroit pas⁵ an cest androit droiturex. Et ce poez vous veoir tout cler par les sains et les saintes qui furent, dont li cors soffrirent tant de tormens pour l'amour de Nostre Seignor, que se Diex ne randoit le guerredon aus⁶ cors qui cez tormans ont soffert, malvais
F service* auroient fait. Et or revéons d'autre part lou contraire, c'est à savoir dou cors aus pecheors, que Diex a sof-

---

1. Vingt et unième miniature. — 2. Vingt-deuxième miniature. — 3. Ms., *ma.* — 4. Ms., *ses.* — 5. Ms., *par.* — 6. Ms., *au.*

fert ausi con toute lour aise en ce monde; que des prosperités que Diex lour avoit prestées il ont guerroié Nostre Seignor*. Là ne seroit pas la balance Nostre Seignor droite, se li cors de ceus ne resuscitoient pour atandre lou jugement et la joutise que Diex lour a appareillie en anfer, si com il meismes lou tesmoigne de sa bouche. Et lour maus vengera Diex seur les armes et seur les cors d'aus en l'autre siècle*, pour ce que Diex ne fist nulle vangence d'aus en ce siècle. Boneurée iert la resurrections des mors qui ès euvres Dieu morront, si com dist sainz Jehans en l'Apocalipse; car lour joies et lour bieneurtez lour doubleront, ce est à savoir en cors et en arme; et aus malvais desuz diz redoubleront lour* poignes et lour maleurtés en cors et en armes[1].

LIII. Et* à ceus profetize Zophonias[2] que vous véez ci point, et dist que celle jornée iert à aus dure et de misère et de pleurs et de chativetés, à ceus encore qui en iront en anfer[3].

LIV. Et dist sainz Augustins, que vous véez ci point : « Que vaut* à l'ome se il conquiert tout le monde à tort, qui[4] maintenant li faura, et il en conquiert anfer et la mort qui touz jours li durra? »

Et* la vie pardurable. Amen.

LV. Nous devons croire fermement que li saint et les saintes qui trespassei sont, et li prodome et les prodefames qui ores vivent, averont vie et joie pardurable ès cieux là sus amont, et* seront à la table Nostre Seignor, laquel joie vous verrez pointe ci-après un petit selonc ce que l'Apocalipse le devise[5].

LVI. La profecie de l'uevre poez veoir et par les cinc saiges et par[6] les cinc folles que vous véez ci-devant pointes, qui senefient les* cinc senz de l'ome. Par les cinc senz

---

1. Vingt-troisième miniature. — 2. *Sophon*, 1, 15. — 3. Vingt-quatrième miniature. — 4. Ms., *l'ame.... que.* — 5. Vingt-cinquième et ving-sixième miniature. — 6. Ms., *et les v sages par.*

dou preudome entendons nous les cinc saiges virges, par lesquiex li saint et li preudome sont senefié, parce que il gardent lour cinc senz et lour vies netement[1], et parce qu'il netement les gardent en cest siècle, n'iert pas lor lumière estainte par pechié. Et pour* ce qu'il venront[2] atout lor lampes emprises par lesquiex nous poons antendre nètes vies, la porte de paradis lor sera overte, et anterront as noces lou Fil Dieu, qui nous est senefiez par l'angnel. Et pour ce que lors seront les noces plainnes, et seront closes les portes de paradis que jamais nus n'i anterra*; ançois dira Diex à touz les autres aussi comme li espouz dist as foles vierges pour ce qu'elles avoient lor lumières estaintes; lour dist quant elles huchièrent[3] à la porte, « Je ne vous conois; » — « Je ne vous conois, » fera Diex à touz les malvais. Hé! Diex, com mal mot. Car ostel ne troveront où il* se puissent herbegier fors que en anfer seulement; car tout iert ars et brui, terre et mers et toute autre créature terrienne, fors que li bon et li malvais. Et pour ce que lors ne seront que ces dous manières de gens, li bon qui ampirier ne porront, li malvais*, qui jamais n'amenderont, ne laira Diex que dous ostiex, dont li uns ce est li dolerex ostiex d'anfer (dont Diex nous gart par sa grace, et nous meismes nous en gardons! si ferons que saige), et li ostiex de paradis, ouquel nous nous traveillons à habiter, si ferons plus que saige; et Diex le nous otroie* par la prière de sa douce Mère!

LVII. Nous trovons qu'il fu un preudom en la vieille loi qui ot à non Jacob, à cui Diex s'aparut; et maintenant que Jacob le vit, il l'ambraça et tant le tint enbracié que Diex li changa son non, et li mist non Israel. Et la glose vaut autant de *Jacob* com* *combaterres* ou *luiterres*, et senefie que preudome en cest siècle doivent estre combateour ou luiteor. Tuit preudome se doivent combatre contre l'enemi et contre les malvais deliz de la char; car par chevalerie covient conquerre lou règne des ciex; dont Job dist que la vie

---

1. Ms., *netemens*. — 2. Ms., *verront*. — 3. Ms., *hucheront*.

dou preudome est chevalerie sor terre*. Luiteour doivent estre tuit preudome; car il doivent tenir Dieu à dous bras, sanz partir de lui tant qu'il lor ait donée lor benéiçon et changié lor nons ansi comme il fist Jacob, cui il mist non Israel, qui vaut autant comme *cil qui voit Dieu*. A ce mot poons antendre que nus n'est seurs en cest monde qu'il ait* la benéiçon Dieu droitement jusque en l'autre siècle, là où nous verrons Dieu face à face[1].

LVIII. Et pour ce nous est mestiers que nous tenons à dous bras Dieu joint en nous tant com nous serons en ceste mortel vie, par quoi* li anemis ne se puisse metre entre nous et lui. Li dui bras de quoi nous devons Dieu tenir embracié, si sont ferme fois et bones huevres : ces dous nous convient ensamble se nous volons Dieu retenir; car li uns ne vaut rien sanz l'autre. Et ce poez vous veoir par les dyables, qui croient fermement touz les* articles de nostre foi; et riens ne lour vaut por ce qu'il ne font nulles bonnes euvres. Le contraire poons nous veoir ès Sarrazins et ès Bougres parfaiz, qui font molt de grans penances, et riens ne lour vaut; car il est escrit que cil qui ne croiront seront dampnei. Or poons veoir que il covient avoir* ensamble ferme foi et bonnes huevres; et pour nous oster ou de l'un ou de l'autre, se combatent li anemi à nous touz les jours ; et plus s'an traveilleront à nous au darrien jour qu'il ne font ore, ce est à antendre au jour de la mort, là où Diex et sa Mère et si saint et ses saintes nous veillent aidier* ! Au jour darrien verra li fels qu'i ne nous[2] porra tolir les biens que nous averons fait, et verra que nul mal ne nous porra faire, pour ce que touz li pooirs dou cors nous iert[3] faillis. Lors nous assaura d'autre part et se traveillera et fera son pooir de nous metre en aucune temptation contre la foi* ou en autre manière, par quoi il nous poisse[4] faire morir en aucune malvaise volantei, dont Diex nous gart[5] ! Et lors sera touz

---

1. Vingt-septième miniature. — 2. Ms., *au jours darrieins verra li fel qu'i nous ne*. — 3. Ms., *het*. — 4. Ms., *poissent*. — 5. *Hist.*, chap. VIII.

propres li romans as ymaiges des poinz de nostre foi jusques enz en[1] la mort, pour ce que li anemis nen apère par aucune malvaise avision ; et devant lou malade façons lire le* romant qui devise et enseigne les poinz de nostre foi, si que par les eux et les oreilles mète l'on lou cuer dou malade si plain de la verraie cognoissance, que li anemis ne là ne aillours ne puisse riens metre ou malade dou sien ; douquel Diex nous gart à celle journée de la mort et aillors !

LIX. Devisié* vous ai au mielz que je sai comment nous devons tenir Dieu embracié à dous bras, ce est à savoir en bras de ferme foi et en bras de bonnes huevres. Car en grant peril sont cil que li enemis puet esloignier de lui ; car Diex les menace qu'il les ferra de son glaive, et les menace qu'il lor traira* de ses saiètes. Et de ce n'ont garde si ami, qui à lui sont joint et qui embracié lou tiènent. Or ne le guerpissons pas, si ferons que saige ; et nous joinnons à lui tant qu'il nous ait donnée sa benéiçon, et tant qu'il nous ait changié le nom de *Jacob*, qui vaut autant comme *luterres* et *combaterres* à *Israel**, qui vaut autant com *cil qui voit Dieu*. Liquiex Diex nous gart et nous otroit que nous le puissons veoir face à face, à la sauvetei des armes et des cors ; et ce nous poisse il otroier à la prière de sa douce Mère, et monseignor saint Michiel, et touz sainz et toutes saintes ! Amen.

1. Ms., *enz enz*.

LETTRE

DE JEAN, SIRE DE JOINVILLE

AU ROI LOUIS X

EN DATE DU 8 JUIN 1315[1].

A* son bon signour Loys, par la grace de Deu, roy de France et de Navarre, Jehans, sires de Joinville, ses senechaix de Champaigne, salut et son servise apparilié.

Chiers sire, il est bien voirs, ainsis commes mandey le m'avez, que on disoit que vous estiés appaisiés as Flamans; et par ce, sire*, que nous cuidiens que voirs fust, nous n'aviens fait point d'aparoyl pour aleir à vostre mandement. Et de ce, sire, que vous m'avez mandey que vous serez à Arras pour vous adrecier des tors que li Flammainc vous font, il moy samble, sire, que vous faites bien, et Dex vous en soit en aiide. Et de ce que vous m'avez* mandey que je et ma gent fussiens à Ochie à la moiennetey dou moys de joing, sire, savoir vous faz que ce ne puet estre bonnemant; quar vos lestres me vinrent le secont dimmange de joing, et vinrent huit jours devant la recepte de vos lestres. Et plus tost que je pourray, ma gent seront apparilié pour aleir* où il vous plaira.

Sire, ne vous desplaise de ce que je, au premier parleir,

---

1. Cette lettre porte pour adresse : *A son bien ammey signeur le roy de France et de Navarre.* — L'original est conservé à la Bibliothèque impériale dans le manuscrit français 12 764, p. 82.

ne vous ai apelley que *bon signour;* quar autremant ne l'ai-je fait à mes signours les autres roys qui ont estey devant vous, cuy Dex absoyle! Nostre Sires soit garde de vous!

538 E   Donney* le secont dimmange dou moys de joing, que vostre lestre me fu apourtée, l'an mil trois cens et quinze.

ÉCLAIRCISSEMENTS.

1° SUR LE SYSTÈME MONÉTAIRE DE SAINT LOUIS.

Comme j'ai donné plusieurs fois en note l'évaluation de sommes exprimées en livres tournois ou en livres parisis, je vais essayer d'exposer en peu de mots sur quelles données reposent ces calculs.

Les espèces frappées sous le règne de saint Louis étaient en billon, en argent ou en or. Les pièces de billon avaient cours pour un denier ou une fraction de denier. Il y avait 240 deniers à la livre, à raison de 12 deniers pour un sol. Une livre tournois payée en 240 deniers de billon aurait eu une valeur intrinsèque de 17 fr. 59 c. 187. Mais je ne crois pas qu'il faille tenir compte de cet élément pour déterminer la valeur intrinsèque de la livre tournois, parce que ces deniers, servant uniquement à payer les petites sommes ou à former les appoints, remplissaient un office analogue à notre monnaie de cuivre, qui représenterait fort inexactement la valeur de notre franc.

Le gros tournois d'argent est au contraire une base essentielle du système monétaire de saint Louis. Il avait cours pour un sol tournois, et valait intrinsèquement 89 c. 244, ce qui donne pour la livre tournois une valeur égale à 17 fr. 84 c. 874 de notre monnaie d'argent. Le demi-gros tournois était fabriqué dans les mêmes conditions, et conduit au même résultat.

Au contraire l'agnel d'or fournit pour les calculs une base toute différente. Il avait cours pour 12 sols 6 deniers tournois, et valait intrinsèquement 14 fr. 17 c. 432, en sorte qu'une livre tournois déduite de cet élément aurait une valeur intrinsèque égale à 22 fr. 67 c. 891 de notre monnaie d'or. Cette différence s'explique par la circonstance que, sous le règne de saint Louis, l'or valait un poids d'argent douze fois et deux dixièmes de fois plus fort, tandis qu'aujourd'hui il est considéré dans notre système monétaire comme valant un poids d'argent quinze fois et demie plus fort.

Entre deux évaluations si différentes, laquelle faut-il choisir? Est-ce la livre déduite du gros tournois, ou celle qui se déduit de l'agnel d'or? Sera-ce tantôt l'une, tantôt l'autre, suivant qu'il s'agira d'une somme payée en espèces d'argent ou en espèces d'or? Mais que faire quand on ignorera si la somme dont il s'agit devait être payée en or plutôt qu'en argent? Cette dernière hypothèse, qui est peut-être la plus fréquente, est une des raisons qui mènent à prendre une moyenne entre la livre tournois des espèces d'argent et celle des espèces d'or. On trouve alors que la livre tournois, sous le règne de saint Louis, avait une valeur intrinsèque de 20 fr. 26 c. 382. C'est sur cette base que reposent les évaluations que j'ai indiquées pour la monnaie tournois. Quant à la livre parisis, on en détermine sans difficulté la valeur une fois qu'on est d'accord sur celle de la livre tournois, qui en représentait les quatre cinquièmes.

En résumé, quand on admet l'hypothèse que je viens d'exposer, c'est-à-dire quand on prend pour valeur intrinsèque de la monnaie tournois la moyenne des résultats qui se déduisent, d'une part, du gros tournois d'argent, de l'autre de l'agnel d'or, on est conduit aux résultats suivants pour le règne de saint Louis :

Denier tournois. . . .	0 fr.	8 c.	443
Sol tournois.	1	01	319
Livre tournois	20	26	382
Denier parisis.	0	10	554
Sol parisis.	1	26	649
Livre parisis.	25	32	978

Je rappelle qu'il s'agit ici de la valeur intrinsèque, qui est celle d'un poids déterminé d'or et d'argent, dont le cours ancien est expliqué par le cours que le même poids aurait aujourd'hui en francs et en centimes. Mais il ne s'agit nullement de la valeur relative des métaux précieux sous le règne de saint Louis, c'est-à-dire de la quantité plus ou moins grande de marchandises qu'on pouvait acheter moyennant un poids déterminé d'or et d'argent, comparée à la quantité nécessairement moindre qu'on obtiendrait aujourd'hui moyennant ce même poids.

2° SUR LE MOT *nouvellement*.

Il est nécessaire d'expliquer pourquoi j'ai rendu par les mots *en dernier* l'adverbe *nouvellement*, employé par Joinville, lorsqu'il rappelle la mort de la comtesse de Boulogne (chap. xiv), celle du comte de Flandre (chap. xxiv) et celle du duc de Bourgogne (chap. cviii). Ce changement d'expression semble inutile dans les deux premiers passages, puisque la comtesse de Boulogne était morte nouvellement lorsque Mathieu de Trie, qu'il nomme à tort Renaud, réclamait près de saint Louis le comté de Dammartin, et que le comte de Flandre Gui de Dampierre venait de mourir au mois de mars 1305, quand Joinville le nommait incidemment, l'année même où il dictait son livre. Dans le troisième passage, au contraire, lorsque Joinville, parlant de Hugues III, duc de Bourgogne, dit qu'il était l'aïeul de ce duc qui est mort *nouvellement*, il faut de toute nécessité que ce mot s'entende dans le sens du latin *novissime* et qu'il signifie *en dernier*. En effet, Hugues III, mort à Tyr en 1193, était aïeul de Hugues IV, mort en 1272. Joinville, qui écrivait après la mort de Gui de Dampierre, arrivée le 7 mars 1305 (voy. chap. xxiv), n'aurait pas dit qu'un duc de Bourgogne, mort trente-trois ans auparavant, fût mort *nouvellement*, dans le sens actuel du mot. Mais il a pu dire que Hugues IV était mort *en dernier*, parce que Robert II, fils et successeur de Hugues IV, vécut jusqu'au mois de mars 1306. Ce passage, combiné avec celui du chapitre xxiv, prouve donc que Joinville écrivait après le mois de mars 1305 et avant le mois de mars 1306. C'est pour n'avoir pas fait le rapprochement de ces deux passages que M. Daunou a dit[1] que Joinville écrivait ses mémoires peu après l'an 1272, oubliant qu'à l'occasion du passage précédent il avait plus exactement indiqué[2] la date de 1305. Pour montrer que la composition du livre de Joinville ne peut être antérieure à cette date, il suffit de rappeler qu'il y est question, dès les premières lignes, de la mort de la reine de Navarre, arrivée le 2 avril 1305, avant que Joinville pût lui offrir l'ouvrage qu'elle l'avait prié d'entreprendre.

Voilà ce qui m'a obligé à remplacer l'adverbe *nouvellement* par

---

1. *Historiens de France*, t. XX, p. 274, note 6. — 2. *Ibid.*, p. 208, n. 3.

les mots *en dernier*, ne pouvant me servir de l'adverbe *dernièrement*, qui n'a pas conservé, comme l'adjectif *dernier*, son acception primitive, et qu'on n'emploie plus aujourd'hui que dans le sens de *récemment*.

3° SUR UN DES SENS DU MOT *fief*.

J'ai pensé qu'il ne serait pas inutile de déterminer exactement le sens qu'a le mot *fief* dans le passage où Joinville rapporte que saint Louis acheta du comte de Champagne, moyennant quarante mille livres, le fief du comté de Blois, le fief du comté de Chartres, le fief du comté de Sancerre et le fief de la vicomté de Châteaudun. Par ce traité, conclu en 1234, le roi acquit, non pas la propriété, mais l'*hommage* de ces trois comtés et de la vicomté de Châteaudun, dont les seigneurs cessèrent d'être vassaux du comte de Champagne pour devenir vassaux du roi de France. Une telle acquisition n'était pourtant pas purement honorifique; elle procurait, dans des cas déterminés, certaines redevances très-productives, notamment des droits de reliefs qui se payaient à chaque mutation de seigneur. Il est constaté, par exemple, qu'en 1238 Thomas de Savoie dut payer à saint Louis, pour le relief du comté de Flandre, la somme de 30 000 livres parisis[1], ce qui équivaut à près de 760 000 francs. Mais une autre conséquence plus importante encore, c'est que les vassaux devaient le service militaire à leurs seigneurs, en sorte qu'en cas de guerre, le comte de Champagne aurait vu passer dans les rangs de l'armée royale des combattants qui jusqu'alors avaient suivi sa bannière. A la suite de la bataille de Taillebourg, saint Louis obtint un avantage du même genre en assurant à son frère, le comte de Poitiers, les fiefs que le comte de la Marche lui avait disputés les armes à la main (chap. XXII).

Les rois de France avaient aussi un autre moyen pour étendre leur suzeraineté, et par conséquent augmenter leur puissance militaire : c'était de concéder des rentes en fief à charge d'hommage-lige. C'est ce que saint Louis fit pour Joinville, qui devint son homme ou son vassal à cause d'une rente perpétuelle de 200 livres tournois (environ 4053 francs), à lui concédée par

---

[1] *Historiens de France*, t. XXI, p. 255 *b*.

acte du mois d'avril 1253 [1]. C'est là ce qui explique pourquoi Joinville raconte au chapitre XXVI qu'en 1248 il refusa le serment à saint Louis, dont il n'était pas l'homme, tandis qu'après le retour de la croisade il obtenait auprès du roi, dans un procès, certaines garanties auxquelles son titre de vassal lui donnait des droits (voy. chap. CXXXVI).

Outre ces rentes perpétuelles, les rois et les grands seigneurs concédaient aussi en fief des rentes viagères, des pensions et des gages attachés à certains offices; en sorte que dans les comptes il y avait un chapitre intitulé *fiefs* et *aumônes*.

4° SUR LE PERSONNAGE DÉSIGNÉ SOUS LE NOM DE *Nasac*.

M. Daunou avait supposé que *Nasac* pouvait être une altération de *nazer*, mot arabe qui signifie *inspecteur;* mais le texte désigne un ancien soudan d'Égypte, et non un inspecteur du soudan. Or un prince du nom de *Nacer* prétendit à ce titre, et ses fils étaient en Égypte au moment de la scène racontée par Joinville. Je crois donc que le nom de *Nasac* est une altération de *Nacer*, et qu'il désigne le prince sur lequel mon savant confrère, M. de Slane, a bien voulu me remettre la note suivante :

« Al-Malek an-Nacer (*le prince qui porte aide et secours*) Dawoud, fils d'Al-Malek al-Moaddham Eïça, et petit-fils d'Al-Malek al-Adel, frère de Saladin, succède à son père dans la principauté de Damas, *an* 1228. Al-Malek Al-Achref, fils d'Al-Malek el-Adel, et prince de Hamâh, lui enlève Damas et lui donne en échange les forteresses de Carac et de Chaubek, *an* 1230. Nacer embrasse le parti d'Al-Malek al-Kamel, fils d'Al-Malek al-Adel et sultan d'Égypte, 1236-7. Après la mort d'Al-Kamel, il est forcé par les émirs égyptiens à quitter l'Égypte, 1237-8. Rentré à Carac, *ibid.*, il fait prisonnier Al-Malek as-Saleh-Aiyoub, fils d'Al-Malek al-Kamel, qui se disposait à envahir l'Égypte, 1239-40. Il occupe Jérusalem et démolit les fortifications que les Chrétiens y avaient élevées, *ibid*. Il met Al-Malek as-Saleh en liberté, et l'aide à conquérir l'Égypte. Arrivé au Caire, et se voyant trompé par Saleh, il rentre à Carac, 1240-1. Il s'allie aux Francs et leur

---

[1]. Champollion, *Documents historiques inédits*, t. I, p. 620.

rend Jérusalem, 1243-4. Al-Malek as-Saleh, sultan d'Égypte, lui enlève tous ses États, à l'exception de Carac, 1246-7. Il se rend à Alep et confie ses pierreries au khalife de Baghdad, qui, plus tard, refuse de les lui rendre, 1249-1250. Ses fils remettent Carac au gouvernement égyptien et reçoivent, comme récompense, des terres en Égypte, 1249-1250. Il est emprisonné dans la citadelle d'Émesse par Al-Malek an-Nacer Youssof, souverain de Damas et d'Alep, 1250-1. Mis en liberté, 1253-4, et expulsé de la Syrie, il mène une vie errante et passe quelque temps chez les Arabes du désert qui sépare l'Égypte de la Syrie. Ayant enfin reçu l'autorisation de rentrer dans ce dernier pays, il obtient une pension et meurt l'an 1258-9. »

5° SUR LA DOMESTICITÉ FÉODALE.

Joinville, dans son chapitre XXI, donne de curieux détails sur les offices de domesticité que remplissaient les plus hauts personnages aux jours de grande cérémonie. Pendant qu'il se tenait comme écuyer tranchant près de son maître Thibaut de Champagne, devenu roi de Navarre, c'était le comte de Soissons qui s'acquittait du même emploi auprès de saint Louis. Robert de France, comte d'Artois, fils puîné de Louis VIII, armé chevalier depuis quatre ans, premier prince du sang, servait à la table de son frère le roi de France. La reine mère Blanche de Castille était servie par le comte de Saint-Paul, par le fils de sainte Élisabeth de Hongrie, jeune prince de race royale, et par le comte de Boulogne Alfonse, descendant comme la reine Blanche des rois de Castille et destiné à régner lui-même sur le Portugal, dont le trône était alors occupé par son frère Sanche II. Ce tableau est admirablement peint par Joinville, et quiconque aura lu cette description n'hésitera pas à reconnaître que dans l'esprit du temps, c'était un honneur pour un frère ou un fils de roi que d'être choisi entre tous pour servir à la table d'un roi de France, dans la pompe d'une telle cérémonie.

Mais cette domesticité d'apparat n'était pas la seule qui fût considérée comme un honneur. Le lendemain du jour où il avait servi les mets de ce festin, le comte d'Artois dut probablement occuper sa place accoutumée à la table royale, où la domesticité ordinaire reprit ses fonctions. Là encore il y avait des emplois qui étaient regardés comme très-honorables : de ce nombre était celui de maître-queux ou chef des cuisiniers. On en trouve la preuve dans la mission que saint Louis confia au titulaire de cet office, chargé par lui de ménager une réconciliation entre Thibaut II, roi de Navarre, le comte de Chalon et le comte de Bourgogne (chap. cxxxvii). Évidemment, il n'y avait qu'un personnage très-considéré qui pût s'aboucher ainsi avec un roi et deux grands feudataires, pour leur faire accepter ses conseils et son arbitrage. Aussi Joinville, qui en parle dans un autre passage (chap. cxxiii) l'appelle-t-il monseigneur[1] et le montre-t-il admis avec le connétable, le chambellan et le garde du sceau, dans l'intimité de saint Louis.

Un autre fait prouve que la domesticité au moyen âge pouvait à des degrés bien moindres encore s'allier avec la noblesse. Je lis dans le dictionnaire de l'Académie que « les défauts attribués aux *valets* ont rendu ce nom fâcheux à donner, et qu'on dit ordinairement *domestique*. » Il n'en était pas de même autrefois ; le titre de valet était porté par tous les jeunes nobles qui aspiraient à la chevalerie, quoiqu'il fût donné en même temps aux personnes qui remplissaient les plus humbles ministères. Dans des comptes royaux du règne de Philippe le Bel, qui ont une section spéciale pour les chevaliers et une autre pour les clercs, on trouve réunis et confondus sous le titre commun de *valets*, les jeunes nobles faisant l'apprentissage de la chevalerie, aussi bien que les portiers, les courriers, les tailleurs, les blanchisseuses, les fureteurs. Je citerai pour exemple un nom d'une triste célébrité, celui de Gautier d'Aunai, qui fut puni, en 1314, par un supplice atroce, de ses relations adultères avec Blanche de Bourgogne, femme de Charles le Bel. Il est inscrit au nombre des valets[2] sur des tablettes de cire de l'an 1301, à cause de 7 livres 10 sols 7 deniers, qu'il a reçus pour ses gages pendant les cent

---

1. Les leçons des manuscrits laissent quelque incertitude sur le véritable nom de ce personnage. M. Daunou l'appelle, d'après le ms. A, Gervaise *Desoraines* ou *Descrangnes*; puis, d'après le ms. L, *Des Croignes*; le ms. B porte *De Croigne*. Mais comme on a des textes latins où il est nommé *de Escriniis*, il est certain que l'apostrophe doit être placée après le *d*, que l'*o* de la première leçon doit être remplacé par un *c*, et qu'on doit lire *d'Escraines*, *d'Escrangnes* et *d'Escroignes* : j'ai adopté la première forme qui est la plus simple et qui équivaut aux deux autres. — 2. *Historiens de France*, t. XXII, p. 506.

vingt jours qui ont précédé sa réception à l'ordre de la chevalerie.

Ces valets nobles étaient aussi qualifiés d'*écuyers* (les deux mots étaient également en usage); mais tous n'arrivaient pas à la chevalerie : ils étaient alors destinés à remplir toute leur vie des fonctions subalternes auprès des chevaliers qui les prenaient à leurs gages. C'est dans cette classe qu'il faut sans doute ranger ce Guillemin qui vint, habillé d'une cotte vermeille à raies jaunes, offrir ses services, en qualité de compatriote, à Joinville nouvellement débarqué en Syrie (chap. LXXX). Ce nouveau valet, qui est appelé un peu plus loin (chap. LXXXI) écuyer, achète à son maître des coiffes blanches, le peigne, lui sert d'écuyer tranchant à la table du roi, lui choisit un hôtel près des bains, lui fait tort cependant de 10 livres tournois (environ 203 francs), dont on le tient quitte pour ses bons services en le congédiant; enfin, il va s'engager près des chevaliers de Bourgogne, qui se louent beaucoup de lui, attendu qu'il se charge, au besoin, de voler pour eux couteaux, courroies, gants, éperons, ou toute autre chose qui peut leur manquer. Ce portrait si frappant de vérité permet de faire remonter à une date fort ancienne les défauts qui ont contribué à discréditer parmi nous le terme de valet.

6° SUR LES ASSASSINS ET LE VIEUX DE LA MONTAGNE.

M. Silvestre de Sacy a fait de profondes recherches sur la fameuse secte des Assassins, une de celles qui reconnaissent l'autorité d'Ali, appelé inexactement par Joinville l'oncle de Mahomet, dont il était le cousin et le gendre. Parmi les Musulmans, ceux qui reconnaissent la succession légitime au califat dans la personne d'Ali et dans celle des imans sortis de son sang par Ismaël, fils de Djafar, portent le nom d'Ismaéliens. Ces Ismaéliens se sont partagés en plusieurs sectes, au nombre desquelles figure celle des Ismaéliens de Syrie ou Assassins. Leur chef, le Vieux de la Montagne, résidait à Alamout. Le nom d'Assassins, donné à ses sujets, est dérivé du mot *haschisch*, qui désigne le chanvre, une des substances dont les Orientaux se servent pour se procurer l'ivresse.

Les détails donnés par Joinville dans ses chapitres LXXXIX et XC prouvent assez que chez les Ismaéliens de Syrie ou Assassins, le meurtre était pratiqué comme un devoir; c'est de leur nom que nous sont venus les mots *assassin, assassinat, assassiner.* Chez d'autres sectes d'Ismaéliens, le sens moral n'était pas moins perverti. M. Silvestre de Sacy l'attribue à la doctrine secrète des Ismaéliens, doctrine à laquelle n'étaient initiés qu'un petit nombre d'adeptes, et qui « avait, dit-il, pour but de substituer la philosophie à la religion, la raison à la croyance, la liberté indéfinie de pensée à l'autorité de la révélation. Cette liberté, ou plutôt cette licence, ne saurait demeurer longtemps une simple spéculation de l'esprit; elle passe au cœur, et son influence pernicieuse sur la morale ne tarde pas à se faire sentir. Aussi les Ismaéliens virent-ils naître parmi eux des partis qui réalisèrent toute l'immoralité dont leurs doctrines avaient posé les bases, et qui secouèrent, avec le joug de la croyance et du culte public, celui de la décence et des lois les plus sacrées de la nature. » (*Mémoires de l'Académie des Inscriptions*, tome IV, p. 1.)

7° SUR LE TITRE D'EMPEREUR DE PERSE.

Ainsi que le fait observer M. Daunou[1], le prince que Joinville, dans son chapitre xciii, appelle empereur de Perse, est le roi de Kharism, Mohammed, et après lui, son fils, Djelal-Eddin Mankberni, vaincus l'un et l'autre et renversés par Gengis-Khan. A la suite de ces catastrophes, les Kharismins ou Corasmins, chassés de leur pays, s'avancèrent en Syrie, où ils remportèrent, en 1244, une grande victoire sur les chrétiens. (Voy. chap. cii). Dans ce nouveau chapitre, Joinville parle d'un autre empereur de Perse nommé Barbaquan. Le personnage qu'il qualifie ainsi, est le chef qui, après la mort du fils de Mohammed, prit le commandement des débris des Corasmins.

8° SUR L'ARCHIDIACRE DE NICOSIE.

Cet archidiacre de Nicosie était un personnage important, puisqu'il portait le sceau du roi et que depuis il fut cardinal. Mais Joinville, qui donne ces renseignements, a oublié d'y ajouter le nom du futur cardinal. Des recherches faites par mon sa-

---

1. *Historiens de France*, t. XX, p. 262, n. 13.

vant ami M. Léopold Delisle, lui avaient appris que ce nom était Raoul. On savait aussi qu'il était revenu en France avec saint Louis, et qu'en 1257 il était un des membres du parlement. C'était donc un Français; or le seul Français du nom de Raoul, qui soit alors devenu cardinal, est Raoul Grosparmi, qui, après avoir été garde du sceau ou chancelier, fut nommé évêque d'Évreux en 1259, et cardinal-évêque d'Albano en 1261. On ne doit donc pas hésiter à identifier l'archidiacre anonyme de Nicosie avec Raoul Grosparmi.

9° SUR QUELQUES EMPRUNTS FAITS PAR JOINVILLE A UNE CHRONIQUE FRANÇAISE.

Joinville déclare, en terminant (chap. CXLIX), qu'il a trouvé dans un *roman*, c'est-à-dire dans un livre écrit en français, plusieurs des faits qu'il rapporte. Ce livre, écrit en français, devait être une des rédactions connues aujourd'hui sous le titre de *Chroniques de Saint-Denis* ou de *Vie de saint Louis par Guillaume de Nangis*. Ce sont des textes d'origine diverse, généralement traduits du latin, et auxquels Guillaume de Nangis n'a guère pris part qu'à titre de compilateur. Mais ces compilations ayant eu une très-grande vogue, elles ont fait oublier des ouvrages originaux dont elles se sont enrichies. Il y en a un cependant qui nous a été conservé, c'est la *Vie de saint Louis* écrite en latin par Geoffroy de Beaulieu, son confesseur. Là est la source première de plusieurs récits tirés par Joinville d'un livre français qu'il avait eu occasion de lire avant de publier le sien; il a fait en même temps d'autres emprunts pour lesquels on ne peut pas remonter de la compilation française à la rédaction primitive. Mais ce qui importe ici, c'est de pouvoir distinguer du texte original de Joinville les récits étrangers à l'aide desquels il a voulu le compléter.

J'ai signalé, dans le chapitre CXXXVIII, un rapport certain entre le texte de Joinville et celui de Geoffroy de Beaulieu; mais ce n'est pas là un emprunt véritable. Je crois, au contraire, qu'il a textuellement emprunté à cet auteur un court passage où il expose, à la fin du chapitre suivant, quel scrupule saint Louis apportait à la collation des bénéfices.

Le titre qui précède le chapitre CXL est le seul qui se rencontre dans les manuscrits de Joinville; il est évidemment tiré de la compilation française dont je viens de parler, et il se rapporte non-seulement au texte du chapitre CXL, mais encore (en ce qui concerne Étienne Boileau) au chapitre CXLI, auquel j'ai assigné un numéro d'ordre particulier parce qu'il doit dériver d'une autre source. En effet, le chapitre CXL est emprunté tout entier à la *Vie de saint Louis* par Guillaume de Nangis [1], et les éléments s'en retrouvent dans plusieurs autres compilations, sans parler du recueil des *Ordonnances des rois de France* [2] ; au contraire, le chapitre CXLI manque dans Guillaume de Nangis, et ne se rencontre que dans certains manuscrits des *Chroniques de Saint-Denis*, notamment dans le manuscrit français 2813 de la Bibliothèque impériale, qui reproduit le manuscrit plus ancien de la bibliothèque Sainte-Geneviève. Ce qui prouve encore que ce récit incident sur Étienne Boileau et la prévôté de Paris est puisé à une autre source, c'est qu'il coupe en deux l'ordonnance de réforme, en séparant le texte proprement dit de la clause finale qui s'y rapporte.

Le chapitre CXLII de Joinville correspond en entier au chapitre XIX de la *Vie de saint Louis* par Geoffroy de Beaulieu [3]. C'est en rapprochant ces deux textes que j'ai pu rétablir avec toute certitude le nom de la Chartreuse de Vauvert, omis dans le plus ancien manuscrit et complétement dénaturé dans les autres.

Le chapitre CXLIII dérive probablement de la même source que le chapitre CXLI : car il manque aussi dans Guillaume de Nangis, et ne se rencontre que dans certains manuscrits des *Chroniques de Saint-Denis*, notamment dans celui de la Bibliothèque Sainte-Geneviève.

Un autre emprunt fait par Joinville est le texte des enseignements de saint Louis à son fils Philippe le Hardi [4]. Geoffroy de Beaulieu, qui les rapporte en latin dans son chapitre XV, atteste que saint Louis les avait écrits de sa main en français. Beaucoup de manuscrits fournissent un texte à peu près semblable à celui que Joinville fit transcrire. Le vingtième volume des *Historiens de France* en contient trois autres versions (p. 26, 84 et 459); cette dernière est donnée par Guillaume de Nangis,

---

1. *Historiens de France*, t. XX, p. 393 à 397. — 2. Tome I, p. 65-81. — 3. *Historiens de France*, t. XX, p. 11. — 4. *Ibid.*, p. 8.

dans sa *Vie de saint Louis* en français, en regard du texte latin qu'il avait copié dans Geoffroy de Beaulieu.

Enfin, en rapportant dans son chapitre CXLVI les détails qu'il avait recueillis de la bouche du comte d'Alençon sur la mort de saint Louis, Joinville les a fait précéder et suivre de quelques phrases qui se retrouvent dans Geoffroy de Beaulieu et Guillaume de Nangis [1].

Tels sont les différents passages dont la rédaction ne saurait être attribuée à Joinville. Après les avoir signalés, je dois faire observer qu'il ne faut pas y voir des interpolations, mais un supplément qu'il a voulu faire ajouter à ses propres récits, et qui mérite à tous égards la confiance du lecteur.

10. SUR LA DATE DU *Credo* DE JOINVILLE.

Joinville dit expressément qu'il fit faire le *Credo* pour la première fois en Acre, après que les frères du roi en furent partis, c'est-à-dire au mois d'août 1250 au plus tôt; et avant que le roi allât fortifier la cité de Césarée en Palestine, c'est-à-dire avant le mois d'avril 1251. Après cette première édition, il en fit paraître au moins une seconde, dont le texte est reproduit plus haut, et à laquelle on doit assigner la date de 1287, qui est exprimée dans le paragraphe XXXIX du *Credo*. Il est vrai qu'en prenant ce passage à la rigueur, il signifierait que douze cent quatre-vingt-sept ans s'étaient écoulés depuis la dispersion des Juifs; or la prise de Jérusalem par Titus étant de l'an 70, il faudrait reculer cette édition à l'an 1357, et alors elle serait postérieure à la mort de Joinville. Mais les caractères du manuscrit sont évidemment trop anciens pour qu'il soit possible de s'arrêter à cette hypothèse. Il ne faut donc pas prendre ce passage à la lettre, et y chercher un calcul rigoureux, que Joinville n'a pas eu la prétention de faire. Dans sa pensée, la dispersion des Juifs étant une conséquence de l'avénement de Jésus-Christ sur la terre, c'est à l'ère chrétienne qu'il a voulu la faire remonter. Il y a d'ailleurs un motif péremptoire de ne pas s'écarter de cette date de 1287, c'est que Joinville, qui dans son histoire appelle Louis IX *le saint homme*, *le saint roi*, se contente ici de l'appeler

---

1. *Historiens de France*, t. XX, p. 23, 461 et 463.

le *roi Louis*, en ajoutant (paragraphe III) *que Dieu absolve!* Cette prière pour l'âme du roi ne peut appartenir qu'à une édition antérieure à sa canonisation, qui fut prononcée en 1297.

11° SUR LES MINIATURES DU *Credo*.

Ne pouvant pas reproduire dans cette édition les miniatures du *Credo*, j'ai voulu du moins indiquer par une série de notes la place précise qu'elles occupent dans le texte original, à partir du huitième paragraphe, après lequel se trouve la première miniature, jusqu'au cinquante-sixième, qui précède immédiatement la dernière. Je vais maintenant faire connaître en peu de mots le sujet de ces miniatures, pour que le lecteur puisse mieux comprendre leur relation avec les différents passages dont elles devaient offrir aux yeux une sorte de représentation. Chaque miniature est désignée ici par le numéro d'ordre qui lui a été donné plus haut dans les notes.

1. A gauche, Dieu assis sur un trône; à droite, en haut, les anges dans le ciel; en bas, les démons dans l'enfer.

2. Moïse à genoux adore Dieu dans le buisson ardent.

3. A droite, le prophète Isaïe; à gauche, l'ange Gabriel, le Saint-Esprit sous la forme d'une colombe, et la sainte Vierge.

4. A gauche, le prophète Daniel; à droite, la sainte Vierge couchée dans l'étable.

5. A gauche, un prophète assis; à droite, Jésus battu de verges devant Pilate.

6. A gauche, Jésus attaché au poteau; à droite, Jésus portant sa croix.

7. Jésus cloué à la croix.

8. Jésus crucifié entre deux larrons; près de sa croix, la sainte Vierge et saint Jean.

9. L'Agneau pascal, Moïse et le signe du Thau.

10. Jonas et la baleine.

11. Jésus descendant aux enfers.

12. Jésus ressuscitant.

13. Joinville et ses compagnons voient arriver les jeunes Sarrasins et le vieillard.

14. Ravissement d'Hélie. (Cette miniature manque dans l'édi-

tion que nous reproduisons, quoiqu'une place lui eût été réservée.)

15. La robe de Joseph présentée à Jacob.
16. Jésus assis à la droite de son Père.
17. Le jugement dernier.
18. Le jugement de Salomon.
19. Les apôtres dans le Cénacle.
20. A droite, le baptême; à gauche, l'Eucharistie.
21. Le mariage.
22. Jacob bénit les deux fils de Joseph.
23. Le prophète Sophonias.
24. Saint Augustin.
25. Les vierges sages.
26. Les vierges folles.
27. Un prophète.

Outre ces vingt-sept miniatures, reproduites dans l'exemplaire du *Credo* qui sert de type à cette édition, le texte même en annonce quelques autres, que je vais énumérer en renvoyant au paragraphe où elles sont annoncées.

VII. La création du monde.

IX. Jésus-Christ sous la forme d'un ange, adoré par Abraham.

XVII. La robe de Joseph. (Ce sujet manque au paragraphe XVII, où il est expressément annoncé; il se représente au paragraphe XXXIX.)

XIX. Le sacrifice d'Abraham.

XXV. Le prophète Habacuc.

XLVIII. Le pardon des péchés.

LIV. Le Paradis.

Si une heureuse circonstance faisait retrouver quelque exemplaire du *Credo*, autre que celui qui a disparu de la Bibliothèque impériale, il est probable qu'on y remarquerait quelque différence, soit pour le nombre, soit pour la disposition des miniatures. De tels détails ont dû naturellement varier dans les éditions successives de ce petit manuel illustré, qui a dû consoler autrefois bien des âmes, avant de devenir pour les modernes une curiosité archéologique.

AVERTISSEMENT

POUR L'USAGE DU VOCABULAIRE.

Les leçons du texte sont en romain, et les explications ou traductions *en italique*. Les leçons des manuscrits qui n'ont pas été conservées sont reproduites entre parenthèses, à la suite de celles qui ont été préférées. Toute leçon qui n'est pas immédiatement suivie d'une autre leçon mise entre parenthèses appartient donc aux manuscrits. Les manuscrits ont fourni souvent pour le même mot une leçon correcte, qui est conservée dans le texte, et une leçon incorrecte qui n'y figure pas. L'éditeur s'est attaché à noter un des passages où chaque leçon se rencontre, mais il n'a pu songer à noter tous ceux qui fournissent des exemples répétés d'une même leçon correcte ou incorrecte. Toutes les leçons des manuscrits, qu'elles soient ou non relevées dans le Vocabulaire, se vérifieraient au besoin dans l'édition publiée en 1867 chez Adrien Leclère, à laquelle on peut se reporter au moyen de la pagination marquée sur les marges du présent volume. Tous les renvois du Vocabulaire se rapportent à cette pagination marginale.

LISTE DES ABRÉVIATIONS.

Act.	actif.	*Neg.*	négation.
Adj.	adjectif.	*Ord.*	texte de l'ordonnance de saint Louis.
Adv.	adverbe.		
Aff.	affirmation	*P.*	pluriel.
Art.	article.	*Part.*	participe.
Conj.	conjonction, conjonctif.	*Poss.*	possessif.
Ens.	texte des enseignements de saint Louis.	*Prép.*	préposition.
		Prés.	présent.
F.	féminin.	*Prét.*	prétérit.
F. S.	féminin singulier.	*Pron.*	pronom.
Fut.	futur.	*R.*	régime.
Imparf.	imparfait.	*Rel.*	relatif.
Impér.	impératif.	*S. S.*	sujet singulier.
Impers.	impersonnel.	*Subj.*	subjonctif.
Ind.	indicatif.	*Subst.*	substantif.
Inv.	invariable.	*V. N.*	verbe neutre.
M.	masculin.	*Voc.*	vocatif.
N.	neutre.	*Voy.*	voyez.

VOCABULAIRE.

A

A, *prép.* venir à, 6 d; — seoir à, 18 a; — à bon port, 10 d; à terre, 6 b; à l'uys, 22 c. — à une Penthecouste, 22 c; à soleil couchant, 244 g; à l'ariver, 6 a; à la fin, 4 d; — donner à, 18 f; dire à, 10 f; — c'est à savoir, 4 b; faire à savoir, 2 b; faire à blasmer, 22 e; — mettre à œuvre, 28 a; — à l'aide, 2 c; à armes, 8 b; à tort, 24 e; à vostre escient, 14 f; — à l'onnour, 4 c; — à ce que, 30 b.

A, *interj. Voy.* Hà.

Aages, *s. s.* — aage, *r. s.* 66 d.

Aaises, *adj. s. s.* (aese), 34 b; aises (aise), 286 f; — aise, *r. s.* 262 d; — aise, *s. p.* 306 c.

Aaisiés, *s. s.* — aaisié, *r. s.* 166 e; aisié, 306 b; — aisié, *s. p.* 442 c.

Abaissier; — abaisse, *impér.* (abesse), 492 c.

Abandonnéement. *Voy.* Habandonnéement.

Abandonner; — abandonna, 342 e, 358 d.

Abatre, 422 b; (abbatre), 84 b; — il abat, 124 f; — il abati, 88 b; — abatirent, 232 e; — avoient abatue, *r. f.* 376 b; — est abatus (abatu), 462 f; — furent abatu (abatus), 484 c.

Abbaïe, *f. s.* 54 d; abbaye, 480 c; — abbaïes, *f. p.* 464 f.

Abbes, *s. s.* (abbe), 34 f; — abbei, *r. s.* (abbé), 452 d; — abbés, *r. p.* 452 c.

Abis, *s. s. habit;* — abit, *r. s.* 22 f.

Abondant (D'), *adv.* (d'aboundant), 310 a.

Absodre, 42 e; absoudre, 42 f. — — je asol (asolz), 236 a; je absoil, 354 f; — il absout (absoult), 354 e; — il absoloit, 378 f; — que il absoille, 82 f; absoyle, 538 d; assoille, 508 e; — que il absousist, 354 a; — que vous soiés absouz (absoulz), 454 e.

Absolus, *s. s.* — absolu, *r. s.* 462 g.

Absolucions, *s. s. f.* — absolucion, *r. s.* 354 d.

Abundance. *Voy.* Habundance.

Accuser; — accusent, *subj.* 472 f.

Achas, *s. s.* — achat, *s. p.* (achaptz), 470 e; (achas), 478 a.

Acheter, 266 a; — achiètent (achètent), 168 c; achatent, 472 f; — j'achetoie, 334 g; — achetoit, 278 a; — achetoient, 514 b; — acheta, 482 f; — achatent, *subj.* 470 d; — je achetasse, 400 d; — achetassent, 418 g; j'avoie achetez, *r. p.* 402 a; — avoient achetei (acheté), 86 g; — avoient achetée, *r. f.*, 474 g; — auront achetés, *r. p.* 472 g.

Acheterres, *s. s.* — acheteurs, *r. p.* (ord.), 472 f.

Acorder, 176 a; — je m'acort (m'acorde), 210 e; — je m'acordoie, 282 c; — s'acordoit, 142 c; s'accordoient, 376 c; — s'acorda, 438 e; s'accorda, 370 d; — acordames, 144 b; — acordèrent, 142 a; — s'acorderoit, 120 d; — s'acorderoient, 376 d;

— s'acordast, *subj.* 390 e; (s'acordat), 340 e; — nous avons acordei (acordé), 110 d; — fu acordez, *s. s. m.* (acordé), 68 c; — fu acordée, *f. s.* 248 a; — furent acordées, 242 g; — fu acordei, *n.* (acordé), 120 f.

Acorders, *s. s.* — acorder, *r. s.* 200 b.

Acors, *s. s.* — Acort, *r. s.* 56 c.

Acostoier; — se acostoioit, 40 d.

Acouchier; — acouchai, 198 f; — acoucha, 490 c; — acouchast, *subj.* 262 f; — fu acouchie (acouchée), 264 e. — fust acouchie, (acouchiée), 264 b.

Acoupler; — avoient acouplez, *r. p.* 138 f.

Acourcir, 306 d.

Acourre; — acoururent, 202 f.

Acoustumer, 464 d; — que vous acoustumez, *subj.*, 18 f; — je ai acoustumei (acoustumé), 76 c; — avoit acoutumei (acoutumé), 284 c; — ont esté acoustumé (acoustumez, *ord.*) 476 a — il est acoustumé, *n.* (*ord.*) 472 g.

Acroistre; — acroissoit (acroisoit), 516 d.

Actions, *s. s. f.* — action, *r. s.* 494 b.

Adans, *s. s.* (Adam), 82 f.

Adebonnairir, 310 a.

Adenz (adentz), *prosterné*, 416 b.

Adès, *toujours*, 272 d.

Adhurter. *Voy.* Ahurter.

Adrecemens, *s. s.* (adrecement), 342 a.

Adrecier, 308 d; — s'adreçoit, 180 f; — s'adreça, 172 f; — adrescera, 4 b; — adresseroient, 308 d; — adresce, *impér.* 494 d; — que il li fust adrecié, *s. n.* 342 a.

Advent, auvent, *s. p.*; — advens, *r. p.* 48 b; auvens, 478 d.

Adversaires, *s. s. m.* (adversaire), 248 a.

Adversités, *s. s. f.* — adversitei, *r. s.* (adversité), 498 d; adversité (*ens.*), 490 e.

Afaires, *s. s. m.* — afaire, *r. s.* 40 d; (afère), 466 f; — mon afaire (affère), 334 c.

Aferir, afferir, *appartenir*; — il afiert, 4 b; affiert, 4 c; — affièrent, 124 a; — aferoit, 206 d; afferoit, 462 d.

Affamer, 108 e.

Affermer, 462 c.

Affin que, 474 e.

Afondrer; — afondrèrent, 202 f.

Agais, *s. s. piége*, — agait, *r. s.* 30 a.

Agenoillier (agenoiller), 402 b; — m'agenoillai, 234 f; (m'agenoillé), 292 a; — s'agenoilla, 34 c; — vous agenoilliés, *impér.* (agenoillés), 342 d; - agenoillie, *f. s.* (agenoillée), 320 e; — agenoilliez, *r. p.* (agenoillez), 72 c.

Ahurter, 32 a; — ne fust adhurtée, 416 c.

Ai mi, *interj.* 414 d.

Aïde, *f. s.* 2 c; niide, 538 b.

Aidier, 88 d; (aider) 536 a; — vous aidiés, *ind. prés.* 138 a; — aidoit, 390 c; — aida, 400 d; — aidora, 270 a; — aideroit, 308 d; — aideroient, 314 a; — aide, *impér.* 492 c; — aidiés, 150 b; — tu aides, *subj.* 276 c; — que il aïst, 286 e; — que vous aidiés, 386 d. — que je aidasse, 24 f; — aidast, 484 b; — que nous aidissiens (aidissons), 46 b; — aidassent, 110 a; — eust aidié, 50 f.

Aigniaus, *s. s.* — Angnel, *r. s.* 516 e; — aigniaus, *r. p.* (aigneaus), 448 c.

Aigrement, 182 d.

Aillors, 536 c; aillours (aillour), 536 c.

Ainçois, *mais*, 6 f; ançois, 522 f; — ainçois que, *avant que*, 58 b; — ançois que, 530 c.

Ainés. *Voy.* Ainsnés.

Ains, *s. s. hameçon*. — aing, *r. s.* 518 g.

Ains, *conj. mais*, 6 c., 316 b.

Ainsi, 6 a; ainsinc, 28 b; — ansi, 534 d; — ainsis, 538 a; — einsi, 484 c; — ensi, 508 c; — einci, 528 b.

Aiusnés, *s. s.* (ainsné), 12 c; (aisné) 490 c; — ainsnei, *r. s.* (ainsné) 12 f; ainznei (ainzné), 530 c; (ainé), 530 b; — ainznez, *r. p.* 516 e.

Aïole, *f. s.* 60 d.

Aïous, *s. s.* (aïeul), 230 d; — ayoul, *r. s.* 72 f; (aïeul), 370 f; aïeul (*ens.*), 494 f.

Ais, *m. inv.* (es), 418 a.

Aise, *f. s.* 530 f.

Aises, aisiés. *Voy.* Aaises, aaisiés.

Aisnés. *Voy.* Ainsnés.

Ajournée, *f. s.* 328 d.

Ajourner; — ajourna, 446 c.

Ajouster, 478 a.

Alaitier, 410 e.

Alée, *f. s. marche,* 280 c, 286 e, 382 c; — *passage,* 228 a.

Alemans, *s. s.* (Alemant), 66 d; — Alemant, *s. p.* (Alemans), 184 f.

Aler, 92 e; (aller), 438 c; aleir, 538 b; — je m'en voi (voiz), 76 c; je m'en (vois), 278 d; — il s'en va, 38 d; — vont, 326, e; (vount), 306 d; — je aloie, 262 d; — il aloit, 6 b; — vous aliés, 398 a; — je alai, 76 f; je (alé), 76 e; je m'en alai (alé), 254 a; je alay (allay), 254 e; — il en ala, 106 d; à pou se ala que, 202 f; — alames, 258 a; en alames, 164 f; — alèrent, 58 b; s'en alèrent (allèrent), 222 c; — irai, 444 a; — iras, 320 f; — nous en irons, 210 f; (iron), 388 a; — je l'iroie requerre, 424 a; — iroit, 158 g; — nous iriens, 102 d; (irions), 146 b; — vous iriez (yriez), 162 c; — iroient, 50 e; — va, *impér.*, 436 a; va t'en, 30 a; — alons, 154 g; — alés, 154 e; alez, 434 c; — que je m'en voise, *subj.* 278 c; — qu'elle voise, 434 d; — alons, 430 e; — que vous alez, 412 a; — j'alasse, 90 f; — alast, 512 a; — nous alissiens, 112 g; (alissons), 258 a; (alissions), 202 e; — alassent, 96 f; — nous sommes alei (alés), 246 d; — vous estes alei (alez), 386 b; — il estoit alez (alé), 452 d; elle s'en estoit alée, 372 a; — il en fu alés (alé), 130 e; il s'en fu alés (alé), 222 g; — s'en furent alei (alé), 522 e; s'en furent alei (alez), 222 c; — je fusse alez (alé), 278 f.

Alers, *s. s.;* — aler, *r. s.* 10 a.

Aleure, *f. s.* 324 c.

Aliance, *f. s.* 396 e.

Alier, 308 f; — nous nous estiens alié (estions aliez), 344 c; — s'estoient alié, 330 b.

Alongier, 306 d.

Alumer; — alume, *impér.* 258 c.

Aluns, *s. s.;* — alun, *r. s.* 168 b.

Ambracier. *Voy.* Embracier.

Ambres, *s. s.* (ambre), 304 c; — ambre, *r. s.* 304 c.

Ame, *f. s.* 18 b; arme, 501 d; — ames, *f. p.* 4 b; armes, 530 g.

Amen, 496 g.

Amende, *f. s. fruit,* 124 e.

Amende, amande, *f. s. peine;* pour s'amende, 342 e; amande, 472 e.

Amender, 370 a; 478 b; amander, 516 d; s'amender, 28 c; — je vous ament (amende), 340 c; — amendoit, 40 f; — amenda, 476 g; — amenderont, 534 a; — amende, *impér.* 494 d; m'amendés, *impér.* 342 d; — il s'amende, *subj.* 28 d.

Amener, 54 d; — je le vous amein (ameinne), 80 b; — amenoit, 68 d; — amenoient, 248 f; — j'amenai, 396 f; — amena, 448 b; — amenames, 92 a; — vous en amenates, 280 e; — et en amenèrent, 250 e; — amenroient, 522 d; — avoit amenei (amené), 252 e; avoit amenées, 396 d; — avoient amenei (amené), 140 c; — ot amenez, 230 b; — je eusse amenei (amené), 104 c.

Amenuisier, *diminuer*, 478 a; — soient amenuisié, 468 c.

Amer, 20 a; — je aim (aimme)

262 d; (aime), 274 c; — il aime (aimme), 10 c; — amons, 456 a; — aiment (aimment), 430 c; — j'amoie, 210 b; — tu amoies, 392 e; — il amoit, 2 b; — amiens (amions), 210 d; — amoient, 460 f; — ama, 14 a (aimma), 4 d; — j'aimerai (aimeré), 274 c; — amera, 444 a; — ameront, 24 f; — j'ameroie miex que, 32 d; je (ameraie), 12 f; — ameroit, 48 f; — vous ameriés, 16 f; — ameroient, 418 f; — aime, *impér.* 494 e; (aimme) 492 e; — aint, *subj.* (aime), 420 c; — amissiez, 18 d; — j'ai amei (amé), 292 a; — ammey, *r. s. m.* 538 n; — seroit amés, 528 b.

Amiraus, *s. s.* (amiraut), 206 d; — amiral, *r. s.* 206 a; — amiral, *s. p.* 242 c; (amirauls), 192 a; (amiraut), 230 b; — amiraus, *r. p.* 190 c.

Amis, *s. s.* 526 e; — ami, *s. p.* (amis), 400 b; — amis, *r. p.* 50 a.

Amont, 126 d, 384 a, 532 c.

Amours, *s. s. f.;* — s'amour, *r. s.* 272 d; amor, 514 d.

Ampirier. *Voy.* Empirier.

An. *Voy.* Ans, En, On.

Anciaumes, *s. s.* 26 e.

Anciennement, 428 b.

Anciens, *s. s.* — ancien, *r. s.* 264 b; — ancien, *s. p.* (anciens), 110 f; — anciens, *r. p.* 478 e; — anciennes, *f. p.* 112 b.

Ançois. *Voy.* Ainçois.

Ancre, *f. s.* 202 e; — ancres, *f. p.* 92 a.

Ancrer, 244 b; — ancra, 98 a; — ancrèrent, 210 c; — ancreroient, 210 b; — ancrassent, 210 b.

Andormir; — s'andort, 520 f.

Androis, *s. s.;* — androit, *r. s.* 530 e. *Voy.* Endroit.

Anemis. *Voy.* Ennemis.

Anfers. *Voy.* Enfers.

Anges, *s. s.;* angles, 524 e; — ongre, *r. s.* 314 b; — ange, *s. p.* 512 e; angle, 516 c; — anges, *r. p.* 512 c; angres, 34 e.

Angins. *Voy.* Engins.

Anglois, *invar.* 70 b.

Angniaus, *s. s. Voy.* Aigniaus.

Angres. *Voy.* Anges.

Aniaus, *s. s.* — anel, *r. s.* 206 b.

Année, *f. s.* 44 b; — années, *f. p.* 514 c.

Anneix, *adj. s. s. annuel;* — anneix, *f. p.* (années), 336 d.

Anonciacions, *s. s. f.* — anonciacion, *r. s.* 88 f; (annonciacion), 314 b.

Anporter. *Voy.* Enporter.

Ans, *s. s.* — an, *r. s.* 10 e; — ans, *r. p.* 4 e; anz, 12 c.

Ansanglanter. *Voy.* Ensanglanter.

Ansi. *Voy.* Ainsi.

Antecriz, *s. s.* (antecrist), 314 f; — antecrist, *r. s.* 524 d.

Antendement, Antendre, Antor, Antrée, Antrer. *Voy. à* Ent.

Anuier. *Voy.* Ennuier.

Anuit. *Voy.* Ennuit.

Anuitier, 202 c; — il seroit anuitié, *n.* (anuité) 172 e.

Anuitiers, *s. s.* — anuitier, *r. s.* 58 b. 170 c.

Anvie, *f. s.* 514 h.

Anvoier. *Voy.* Envoier.

Aorer, aourer; — aora, 512 f; — aourez soies tu (aouré), 276 c; — fust aourez (aouré), 164 b.

Aoust, *r. s.* 84 c.

Apaiez, *s. s. payé,* 302 f; (apaié) 300 f; — apaié, *r. s.* — apaié, *s. p.* 112 a; (apaiés), 372 e.

Apaisier, 54 c; appaisier, 458 f; — apaisa, 458 g; appaisa, 460 a; — apaise, *impér.* 496 c; — si vous apaisiés, 446 e; — avoit apaisiés, *r. p.* 460 f; avoit appaisié, 460 c; — vous estiés appaisiés, *s. s.* 538 a; — fu apaisiés, *s. s.* 362 b; — furent apaisié, 460 c.

Apaisierres, *s. s.* — apaiseour, *s. p.* (apaiseur), 460 e.

Aparaus, *s. s.* — aparoyl, *r. s.* 538 b.

Aparcevoir, 480 c.

Apareillier. *Voy.* Appareillier.

Aparoir, apparoir; — il appert,

54 a ; il appiert, 60 g ; — apparoit, *imparf.* 142 e, 334 c ; — apparut, 12 d ; s'aparut, 534 b ; — il apère, *subj.* 536 b.

Apartenance, *f. s.* — apartenances, *f. p.* 64 a.

Apartenir ; — apartient, 482 f ; — qui apartieingne, *subj.* 468 f ; — apartieingnent, 468 g.

Apeler, appeler, 278 a ; — il appèle, 484 b ; appelle, 304 c ; — appèlent, 376 d ; — appeloit, 340 f ; (appelloit), 264 e ; — j'appelai, 210 c ; j'apelai, 486 b ; — il apela, 16 d ; appela, 416 f ; — appelez, *impér.* 290 g ; — appelasse, 288 c ; — ai apelley, 538 d ; ai-je appelei (appelé), 16 e ; — avoit appelei (appelé), 452 d ; nous avoit appelez, 24 c ; — ot appelei (appelé), 288 c ; — fu appelée, 482 a ; — somes apelei (apelé), 510 f.

Apenre (aprenre), 464 c ; — aprenje, 444 e ; — j'apprenoie, 14 d ; — aprist, *prét.* 304 f ; — avoit apris, 262 b.

Apenser ; — je m'apensai, 234 e, 504 e ; — s'apensa, 94 f, 392 a ; apensa, 466 e.

Apensez, *s. s.* (apensé), 184 c.

Apers, *s. s. découvert;* — apert, *r. s.* 24 d, 192 a ; appert, 450 c ; — en appert, 472 e.

Apertement, 12 g, 108 b ; apertemant, 526 e.

Apetissier ; — apetissoient, 494 f ; — il apetise, *subj.*, 494 e.

Aplegier, *cautionner;* — apleja, 272 c.

Apoanter. *Voy.* Espoanter.

Apocalipse, *f. s.* 532 d.

Apoier ; apuier, 286 b ; — apoia, 146 d ; s'apoia, 522 g ; s'apuia, 36 a ; — m'apuièrent, 148 a ; — apuiez, *s. s.* (apuié), 378 a.

Aporter, 486 e ; apourter, apporter ; — aportez, 414 e ; — je aportoie, 310 f ; — aportoit, 276 b ; — apportoient, 448 e ; aportoient, 316 b ; — apporta, 44 g ; — aporta, 414 c ; — apportèrent, 396 b ; aportèrent, 170 c ; — apportez, *subj.* 302 f ; — aportast, 276 b ; — ai aportée, *r. f.* 302 d ; - j'avoie aportei (aporté), 254 g ; j'avoie aportée, 272 b ; — il en y orent aportei (aportés), 422 b ; — fu aportez, *s. s. m.* (aporté), 400 c ; fu apourtée, *f. s.* 538 e ; — fussent aportei, *s. p.* (aportez), 110 c.

Apostoles, *s. s.* (apostole), *pape,* 44 b ; apostoiles (apostoile), 528 g ; — apostole, *r. s.* 390 d ; apostelle, 500 c.

Apostres, *s. s.* — apostre, *r. s.* 500 a ; — apostre, *s. p.* (apostres), 30 e ; — apostres, *r. p.* 376 c.

Apovrir, 460 d.

Apovroier ; — avoient apovroiez, *r. p.* 488 c.

Appareillier (apparciller), 322 f ; — je appareilloie, 78 a ; — appareilloit, 14 b ; — a appareillie, *r. f.* 530 g ; — eussent appareillié (appareillé), 266 f ; — apparilié, *r. s.* 538 a ; appareillié (appareillé), 2 a ; — appareillié, *s. p. m.* 522 a ; — estoient appareillies, *f. p.* (appareillées), 250 e ; — furent appareillié, *s. p.* (appareillé), 136 b ; — seront apparilié, 538 c ; — soiés appareillié, *s. p.* (appareillez), 318 e.

Appers. *Voy.* Apers.

Approprier ; — il approprie, 462 e.

Après, 10 e, 12 d. — après ce que, 8 b, 54 b ; 112 b. — envoier après, 78 d.

Aprochier ; — aprochoit, 498 b ; — aprochoient, 204 f ; — s'aprocha, 394 d ; — s'aprochast, *subj.* 416 a.

Apuier. *Voy.* Apoier.

Aqueillir ; — il ot aqueillie, *r. f.* 360 c.

Aquerre (acquerre), 470 g ; — aquièrent (acquièrent), 470 g.

Aquitier, 10 g (aquiter), 92 e ; (acquiter), 92 f.

Arachier (arracher), 414 d ; — arachoient (arrachoient), 384 d; — arachast, *subj.* 32 c.

Arangier (arranger), 104 f. — s'arangièrent (s'arangèrent), 162 c.

Arbaleste, *f. s.* 78 f; arbalestre, 78 f; une (un) arbalestre à tour, 366 a; — arbalestes, *f.p.* 162 c; arbalestres, 238 b.

Arbalestrée, *f. s.* 106 b.

Arbalestriers, *s. s.* — arbalestrier, *r. s.* 362 e; — arbalestrier, *s.p.* (arbalestriers), 250 a; — arbalestriers, *r. p.* 114 d.

Arbres, *s. s.* — arbres, *r.p.* 124 f.

Arc. *Voy.* Ars.

Arcedyacres, *s. s.* — arcedyacre, *r. s.* 418 d.

Arcevesques, *s. s.* (arcevesque), 502 b; archevesques (archevesque), 502 c; ercevesques (ercevesque), 500 c; — ercevesque, *r. s.* 452 f. — arcevesque, *s. p.* (arcevesques), 42 d.

Arçons, *s. s.* — arçon, *r.s.* 158 b.

Ardoir, *brûler,* 296 a; — ardent, 134 f; — ardoit, 56 f; — il ardi, 56 f; — ardirent, 140 f; — arderoit (ardroit), 124 d; — ardist, *subj.* 512 f; — avoient ars, 266 e; — ardans, *s. s.* (ardant), 138 b; — ardant, *r. f.* 432 g; — ardant, *s. p.* 56 e; — nous sommes ars, 134 f; — tout iert ars, *n.* 532 h.

Aréement, *en arroi,* 186 f.

Aréer, *arranger,* 178 b; (arréer), 412 c; — aréoient (arréoient), 354 c; — avoit arée, *r. f.* 184 a; — les ot aréez, 318 d; — je me fu aréez (aréé), 272 c. — fu arée, *f. s.* 96 f.

Areste, *f. s.* 402 e.

Arester, 88 c; — s'arestoit, 328 e; — aresta, 184 e; s'aresta, 152 a; — s'arestèrent, 354 c; — avoient arestez, *r.p.* 208 e; — estoit arestez (aresté), 154 f; — il fu arestez (haresté), 152 b; — nous nous sommes arestei (arestés), 354 d; — s'estoient arestei (arestez), 366 d.

Argens, *s. s.* — argent, *r. s.* 32 b.

Arière, 20 f; arrière, 358 f; arières, 58 d; arrières, 130 f.

Arière-bans, *s.s.* — arière-ban, *r.s.* 118 c.

Arière-bataille, *f. s.* 358 f.

Arière-garde *f. s.* 130 f.

Arière-main, *r. f. s.* 368 a.

Ariver, 102 f; — arivoit, 6 b; — je arivai (arrivé), 104 b; — ariva, 104 c; — arivames, 436 f; — nous arivèrent, *act.* 228 b; ariveront, 400 c; — ariveroient (arriveroient), 120 d; — je arivasse, 102 e; — estoit arivez, *s. s.* (arivé), 106 f; — elle estoit arivée, 90 f; — fu arivez (arivé), 490 b; — fumes arivei (arivés), 92 f; — furent arivei (arrivez), 106 c.

Arivers, *s. s.* — ariver, *r. s.* 6 a.

Arme, *âme. Voy.* Ame.

Armes, *f. p.* 50 c; — aus armes, 170 e; — fist tant d'armes, 372 e; — home à armes, 8 b; homes d'armes, 362 f; gens à armes, 360 b; — *armoiries,* 16 c, 132 b.

Armer, 16 a; — s'arme, 168 d; — s'arma, 196 c; — nous nous armames, 380 d; — s'armèrent, 112 f; — armés, *s. s.* (armé), 6 c; — armei, *r. s.* (armé), 112 f; — armés, *r. p.* 112 g.

Armés, *s. s.* — bel armei *r. s.* (armé), 152 a.

Armeure, *f. s.* — armeures, *f. p.* 238 b.

Aroser; — il arose (arrose), 378 c.

Ars, *s. s.* — arc, *r. s.* 152 c; — ars, *r. p.* 396 b; (arcz) 366 b.

Articles, *s. s.* — articles, *r. p.* 28 e.

Artillerie, *f. s.* 188 b.

Artilliers, *s. s.* (artillier), 188 b, 296 b.

As, *aux. Voy.* Li.

Ascensions, *s. s. f.* — ascension, *r. s.* 230 a.

Asol. *Voy.* Absodre.

Aspres, *adj. s. s. m.* — Aspre, *f. s.* 442 b.

Assacis, *s. s.* 394 c; — Assacis, *s.p.* 166 e; — Assacis, *r. p.* 166 c.

Assaillir, 130 c; — assailloient, 148 e; asailloient, 286 g; — assaura, 536 a; — assaurons, 174 g; — sont assailli (assailliz), 156 e; — iert assaillis (assailli), 158 f.

Assaus, *s. s.* (assaut), 284 d; — assaut, *r. s.* 196 c.

Assegier, 356 c; (assieger), 120 c; — assegièrent (assiegèrent), 52 c; — orent assegie, *r. f.* (assiegée), 390 e.

Assemblée, *f. s.* — assemblées, *f. p.* 482 d.

Assembler, 36 d; assembler à, *v. n.* 174 b; — assembla, 134 a; — assemblèrent, 122 c; s'assemblèrent, 50 b; — se assembleroient, 56 d; — ot assemblei (assemblé), 68 c; — estoit assemblez (assemblé), 80 d.

Assemblers, *s. s.* — assembler, *r. s.* 134 b.

Assemer, *parer*, 26 a.

Asseoir, 424 f; — s'asséoit, *imparf.* 40 a; — je me assis, 270 c. — s'asist, 24 c; — assistrent, *act.* 112 f; — avoit assis, 330 f; — je estoie assis, 282 c; — estiens assis, 390 b; — fu assise, 524 e.

Asseuremens, *s. s.* — asseurement, *r. s.* 240 e, 246 e.

Asseurer, 206 b; — j'asseur (asseure), 384 f; — asseurassent, 232 f.

Asseurs, *s. s.* (asseur), *qui est en sûreté*, 118 a.

Assez, 4 e; — assez plus, 306 b.

Assignier; — assigna, 480 f.

Assise, *f. s.* 470 b.

Assoille. *Voy.* Absodre.

Assouagier, *se calmer;* — assouaga, 400 e.

Assouvir, *achever;* — ot assouvie, *r. f.* 376 b; — est assouvis, *s. s.* (assouvi), 2 c.

Atachier; — sont atachié (atachiez), 438 b; — estoient atachié (atachiés), 176 c; — estoient atachies, *f. p.* (atachiez), 10 a.

Atandre (attandre), 530 g; atendre (attendre), 398 a; — je m'atent (m'attens), 270 a; — je m'atendoie, 270 a; — atendoit, 26 c; il s'atendoit, 8 d; (attendoit), 448 f; — atendiens (attendions), 452 f; — atendoient, 250 e; (attendoient), 56 b; — il atendi, 172 f; — atendirent, 180 b; — atenderiens (attenderions), 148 c; — vous atendés, *subj.* 264 g; (attendés), 430 c; — j'atendisse (attendisse), 394 a; — il atendist (attendit), 154 c; — atendissiens (attendission), 204 b; — s'atendissent, 292 f. — estre atendus *s. s.* (attendu), 104 b.

Atirier, *arranger;* — je atirai, 334 b; — s'atira, 312 d; — atirames, 80 e; — atirièrent (atirèrent), 372 a; — atirez, *subj.* 412 a; — s'atirassent, 122 b; — a atiriée (atirée), 408 b; — avoit atirié (atiré), 138 d; — avoit atiriée, *r. f.* (atirée), 38 f; — avoient atiriées, *r. f. p.* (atirées), 406 b; — ot atirié (atiré), 140 d; — atiriés, *s. s.* (atiré), 262 a; — atirié, *s. p.* (atirez), 104 f; — atiriés, *r. p.* (atirés), 344 d; — fu atiriée (attirée), 142 e; — fumes atirié, *s. p.* (atirez), 142 f; — furent atiriées (atirées), 412 c.

Atour, *s. p.* — atours, *r. p.* 16 c.

Atourner, *équiper*, 272 c; — atournent, 344 f; — fu atournez, *s. s.* (atourné), 184 e; — atournei, *r. s.* (atourné), 300 a.

Atout, *prép. avec*, 50 g, 54 f, 522 g.

Atraire, 88 f; — atraist, *prét.* (attrait), 48 e; — qui atraie, *subj.* 492 f.

Atteindre, 462 a. — eussent attains, *r. p.* 328 e; — soient attaint (attains), 468 b.

Atteinner, *irriter*, 282 d.

Attendrir; — attendrisist, *subj.* 82 e.

Atticier, *exciter;* — attice-il, 20 f.

Attrempez, *s. s.* 14 b.

Aube, *f. s.* 142 e.

Aubers, *s. s.* (Aubert), 116 c.
Auctorités, *s. s. f.* — auctoritei, *r. s.* (auctorité), 314 d; auctorité (*ord.*), 472 h.
Aucuns, *s. s.* 466 a; — aucun, *r. s.* 462 d; — aucun, *s. p.* 482 c; (aucuns), 256 a; — aucuns, *r. p.* 474 f; — aucune, *f. s.* 28 f; — aucunes, *f. p.* 258 d.
Augustins, *s. s.* (Augustin), 532 a.
Aujourd'ui, 400 c.
Aumosne, *f. s.* 298 f; aumone, 520 f; — aumosnes, *f. p.* 22 b.
Aumosniers, *s. s.* (aumosnier), 464 d.
Aune, *f. s.* — aunes, *f. p.* 270 g.
Auques, *presque*, 54 e.
Aus. *Voy.* Il *et* Li.
Aussi, 4 c; ausi, 444 e; ausinc come, 510 a; ausi comme, 6 a.
Aussitost, 218 c.
Autant, 72 a.
Autel, *n. de même*, 190 e, 192 c, 418 b.
Autels, *s. s.* (autel), 400 a; — autel, *r. s.* 32 a.
Autrement, 44 a; autremant, 538 d.
Autres, *s. s. m.* (autre), 52 c; — autre, *r. s.* 80 a; — autre, *s. p. m.* 22 d; — autres, *r. p. m.* 338 g; — autres, *f. p.* 4 b. — *Voy.* Autrui.
Autretant, *autant*, 10 c.
Autretex, *s. s.* (autretel), 402 f; — autretel, *r. s.*
Autrui, *r. invar.* 16 c, 20 f, 22 b; autruy, 286 f.
Auvent. *Voy.* Advent.
Aval, 124 a, 200 f, 296 d; là aval (là val), 386 b; en aval, 526 a.
Avaler, *faire descendre*, 200 f; — je fu avalez (avalé), 254 b.
Avancier, 426 f.
Avant, 76 c; — avant que, 12 c; — avant *séparé de* que, 42 e, 388 b, 420 f.
Avant-garde, *f. s.* 144 c.
Avantaiges, *s. s.* — avantaige, *r. s.* (avantage), 26 f.
Avanture. *Voy.* Aventure.
Avarice, *f. s.* 464 c.
Avec, 6 b, 58 c; — avecques, 274 f.

Avenans, *s. s.* — avenant, *r. s.* 348 f.
Avenemens, *s. s.* — avenement, *r. s.* 314 b.
Avenir; — aviennent, 426 a; — avenoit, 474 f; — avenoient, 462 b; — avint, 6 f; — avindrent, 174 e; — avenroit, 460 e; — il avieingne, *subj.* 24 e; avieigne, 298 f; — avenist, 28 f; — il est avenu, *n.* 434 c; — ce estoit avenu, *n.* 436 d; — ce fu avenu, *n.* 26 d.
Aventure, *f. s.* 488 d; avanture, 6 a; male avanture, 310 f.
Avesques. *Voy.* Evesques.
Aveugler; — furent aveuglei (aveuglez), 128 e.
Aveugles, *s. s.* — aveugle, *s. p.* (aveugles), 298 b; — aveugles, *r. p.* 466 a.
Avier, *amener;* — avièrent, 134 c.
Avironner; — avironna, 484 e.
Avirons, *s. s.* — avirons, *r. p.* 104 c.
Avis, *m. invar.* 420 b.
Avisier (aviser), 326 f; — s'avisa, 96 b; — avisassent, 172 g; — je me sui avisiez (avisé), 288 d; — s'estoient avisié (avisez), 92 c.
Avisions, *s. s. f.* — avision, *r. s.* (avisions), 536 b.
Avoir, 10 g; — j'ai, 34 a; (j'é) 92 e; (ay), 450 c; — tu as, 26 f; — il a, 26 b; — avons, 478 a; — avez, 34 b; — ont, 530 c; — je avoie, 14 d; — tu avoies, 26 f; — il avoit, 16 c; — à morir avoit elle, 404 b; — nous aviens, 538 b; (avions), 84 f; — il avoient, 16 c; — je oi, 2 c, 198 e; oy, 268 g; oz-je, 90 e; — il ot, 12 f; out, 316 b; — nous eumes, 428 a; — orent, 106 f; — j'averai (aurai), 34 e; — averont (auront), 532 c; — auront (*ord.*), 472 h; — nous averons eue, *r. f.* (aurons eu), 318 h; — je averoie (auroie), 14 e; — averoit (auroit), 510 b; — nous averiens (arions), 100 e; (ariens), 100 c; — averiés (auriés), 32 f;

auroient (*ord.*), 474 f; — aie, *impér.* (aies), 492 b; — ayés, 164 a; — tu aies, *subj.* 492 d; — il ait, 18 c; — aiens, 28 f; (aions) 28 a; — aiés, 434 f; — aient, 324 b; — j'eusse, 274 f; eussé-je, 26 e; — eust, 8 d; — eussiens, 142 a (eussions), 140 g; — eussiez, 16 f; — eussent, 200 e; — ai eus, *r. p.* 276 c. — *locutions à l'impers.* il en a, 168 f; il a céans, 420 d; a dous gouvernaus, 438 b; avoit un autre, 300 b; là où il avoit, 100 d; et en y avoit, 94 c; et ot un Sarrazin, 106 b; là ot un chevalier, 34 f; il y ot, 68 a; il en y ot, 50 b.

Avoirs, *s. s.* (avoir), 108 c; — avoir *r. s.* 22 b.

Ayous. *Voy.* Aïous.

Azurs, *s. s.* — azur, *r. s.*, 498 g.

B

Baas, *s. s. bâtardise;* — baat, *r. s.* 218 g.
Bacheliers, *s. s.* — bachelier, *r. s.* (bacheler), 300 b; — bacheliers, *r. p.* (bachelers), 102 c.
Bacons, *s. s. salaison;* — bacons, *r. p.* 244 f.
Bahariz, *s. p.* 188 c; Beharis 188 e.
Baignier (baigner), 228 f.
Bailliages, *s. s.* — bailliages, *r. p.* (*ord.*) 468 g.
Baillie, *f. s.* 468 e; — baillies, *f. p.* 468 f; (bailliez), 468 a.
Baillier (bailler), 268 a, — je bail (baille), 332 b; — baillent, 252 d; — bailloit, 254 f; (baillet), 188 b; — je baillai (baillé), 162 e; — bailla, 332 b; — baillames, 252 g; — baillera, 110 d; — bailleroit, 254 c; — elle baille, *subj.*, 348 e; — baillast, 254 b; — a baillies, *r. f. p.* (baillées), 134 f; — avez baillie (baillée), 264 c; — avoit baillié (baillé), 32 e; avoit bailliez, *r. m. p.* (baillez), 268 a; — eust baillié (baillé), 32 e.
Baillis, *s. s;* — baillif, *r. s.* 470 d; — baillif, *s. p.* (baillifz), 466 f; — baillis, *r. p.* (baillifz), 42 f; bailliz, 466 d.
Bains, *s. s.* — bainʳ, *r. s.* 272 b, — bains, *r. p.* 272 a.
Baisier, 378 b; besier, 102 d; — il baize (bèze), 464 a; — besoit, 66 d; — besa, 162 f; — avoit besié, 66 e.

Balaine, *f. s.* 518 e.
Balance, *f. s.* 252 a.
Balèvres, *s. s. m.* — le balèvre, *r. s.* 462 b.
Bande *f. s.* 132 c; — bandes, *f. p.* 132 b; bendes, 188 d.
Bandés. *s. s. m.* — bandée, *f. s.* 132 b.
Banière *f. s.* — banières, *f. p.* 76 f.
Bannir; — soit bannis, *s. s.* (banni), 342 f.
Bans, *s. s.* — banc, *r. s.* 22 c.
Baptesmes, *s. s.;* — baptesme, *r. s.* 528 g; bauptesme, 314 b.
Baptizier, bauptizier; — fu baptiziés, *s. s.* (baptizié), 314 b; bauptiziés (bauptizié), 380 f; — furent baptizié (baptiziés), 322 f.
Baquenas, *s. s. tempête*, 120 a.
Barbacane, *f. s. réduit fortifié*, 196 d; barbaquane, 196 b.
Barbe, *f. s.* 522 g; — barbes, *f. p.* 188 c.
Barbiers, *s. s.* — barbier, *s. p.* (barbiers), 200 f.
Barge, *f. s. barque*, 398 c. — barge de cantiers, *chaloupe*, 100 f, barje de cantiers, 432 a.
Barguignier, *marchander*, (bargingner), 96 a; — a barguignié (bargigné), 226 g; — avez barguignié (barguigné), 292 b.
Baron. *Voy.* Bers.
Bas, *adj. m. invar.* 158 b.
Bas, *adv.* 512 c.
Basset, *adv.* 434 a.

Bastons, *s. s. arme;* — baston, *r. s.* 30 b.
Bataille, *f. s.* 94 e; — batailles, *f. p.* 184 e. — Bataille, *corps de troupes,* 102 f, — batailles, 134 a.
Batre; — batoit, 390 c; — batoient, 414 b; — avoit batu, 88 b; — eust batu, 88 c; — batant, *s. p.* 156 c; — batu à or, *r. s.* 104 e; — batus, *r. p.* 388 b; — batues *f. p.* 64 g; — fu batus, *s. s.* 514 g; — avez estei batu, *s. p.* (batuz), 522 h; — avoit estei batus, 522 g; — estre batus, *s. s.* 514 c.
Baudouins, *s. s.* (Baudouin), 104 a; (Baudoin), 178 f; (Bauldoyn), 228 b; (Baudouyn), 296 c; — Baudouin, *r. s.* (Baudouyn), 224 b.
Bauptesmes, Bauptizier. *Voy.* Bapt.
Beau. *Voy.* Biaus.
Bec. *Voy.* Bes.
Becuis, *s. s. biscuit;* — becuit, *r. s.* — becuiz, *r. p.* 428 e; (bequis), 126 b.
Bediaus, *s. s.* — bedel, *s. p.* (bediaus), 472 a; — bediaus, *r. p.* (bediau), 472 a.
Beduyns, *s. s.* (Beduyn), 142 b; — Beduyn, *r. s.* 142 c; — Beduyn, *s. p.* (Beduyns), 166 b; — Beduyns, *r. p.* 166 f; Beduins, 52 e.
Beer, *désirer;* — je bé (bée), 378 b, 504 d; — vous beez, 442 c.
Beffrois, *s. s.* — beffrois, *r. p.* 128 b.
Begniés, *s. s.* — begniet, *s. p.* (begues, bignetz), 248 d.
Beguins, *s. s., dévot,* (beguin), 20 c.
Beguine, *f. s.* — beguines, *f. p.* 432 e.
Beharis. *Voy.* Baharis.
Bel, *adv.* 370 a.
Belement, 116 c, 200 a.
Bende. *Voy.* Bande.
Benefices, *s. s.* 466 a. — benefice, *r. s.* 480 b; (benefices), 466 b; benefices, *r. p.* 466 c.
Benéiçons, benéissons, *s. s. f.* — benéiçon, *r. s.* 530 c; benéisson, 530 b; — benéissons, *f. p.* 496 f.
Beneois, benois, *s. s. m.* — benoit, *s. p.* 460 e; — benoite, *f. s.* 310 a; beneoite, 514 g.
Benir; — il beney, *prét.* 452 d.
Bequis. *Voy.* Becuis.
Bergerie, *f. s.* 334 f.
Bernicles, *f. p.* 224 c.
Berrie, *f. s. plaine;* 314 e; — berries, *f. p.* 168 e.
Bers, *s. s.* — baron, *r. s.* — baron, *s. p.* 54 b; — barons, *r. p.* 50 b.
Bertars, *s. s.* (bertart), *bâtard;* 270 c; — bertart, *r. s.*
Bes, *s. s.* — bec, *r. s.* 84 d.
Besans, *s. s.* — besant, *r. s.* 310 d; — besans, *r. p.* 226 d.
Besier. *Voy.* Baisier.
Besoigne, *f. s.* 6 b; besoingne, 278 d; — besoignes, *f. p.* 406 b; (besoingnez), 474 a.
Besoignier (besoigner), 334 e, 440 c.
Besoing, *s. n.* 436 d; — qui besoing nous estoient, 428 a; ce que besoing nous yert, 504 a; besoing seroit, 526 d; — besoing, *r.* 104 b.
Beste, *f. s.* 338 b; — bestes, *f. p.* 126 d.
Bevraiges, *s. s.* (bevrage), 324 b.
Biaucop, 126 c.
Biaus, *s. s.* 48 c; biax, 514 c; — bel, *r. s.* 38 e; biau, 232 g; — biaus, *r. p.* 368 b; — belle, *f. s.* 4 d; — beles, *f. p.* 98 e. — en fu mout bel, *n.* 370 a.
Bible, *f. s.* 380 b; — *baliste,* 390 b.
Bien, *adv.* — 8 b; 12 f.
Bienaeureus, *adj. m. invar.* 480 b. *Voy.* Boneurés.
Bieneurtés, *s. s. f.* — bieneurtés, *f. p.* 530 h.
Biens, *s. s.* — bien, *r. s.* 454 f; — bien, *s. p.* 528 c; — biens, *r. p.* 468 b; (bien), 28 b.
Bière, *f. s.* 198 b.
Bissons. *Voy.* Boissons.
Blanchir; — blanchi, *r. s.* 428 c.

VOCABULAIRE.

Blans, *s. s.* — blanc, *r. s.* 42 a ; — blanc, *s. p.* moines blancs (blans), 66 b ; — blans, *r. p.* 126 a ; — blanche, *f. s.* 82 a ; — blanches, *f. p.* 270 e.

Blasmer, 22 e, f ; — blasma, 154 c ; — fu blasmez (blasmé), 52 d ; — sera blasmez (blasmé), 472 d.

Blasmes, *s. s.* — blasme, *r. s.* 392 b.

Bleceure, *f. s.* 150 d. — bleceures, *f. p.* 170 d.

Blecier ; — bleçoit, 182 c ; — blecièrent (blecèrent), 172 e ; — blesassent, 128 e ; bleçassent, 172 d ; — blecié, *r. s.* 150 g ; — blecié, *s. p.* 172 a ; — estoit blecie, *f. s.* (bleciée), 406 d ; — estiens blecié (bleciés), 182 b ; — je fu bleciez, *s. s.* (blecié), 160 f.

Blés, *s. s.* — blef, *r. s.* blé (*ord.*), 474 d. — blés, *r. p.* 88 b ; blez, 346 d.

Bobans, *s. s* faste; bobant, *r. s.* 164 d. (boban), 482 c ; — bobans, *r. p.* 276 c.

Bœuf. *Voy.* Bues.

Boiaus, *s. s.* — boiel, *r. s.* — boiaus, *r. p.* 462 a.

Boidie *f. s. tromperie*, 474 d.

Boire, 336 a ; boivre, 214 e ; — je bevoie, 14 e ; — il but, 96 d ; — burent, 330 d ; — beust, *subj. imp.* 478 e.

Bois, *m. invar.* 40 d.

Boissons, *s. s. buisson;* — boisson, *r. s.* 512 f ; bisson, 372 f ; bysson, 52 c.

Bondons, *s. s.* (bondon), 150 a.

Boneurés, *s. s.* — boneurée, *f. s.* (boneuré), 530 h. *Voy.* Bienaeureus.

Bonnemant, 538 c.

Bons, *s. s.* 522 c ; (bon), 120 c ; — bon, *r. s.* 2 a ; — bon, *s. p.* 532 h ; — bone, *f. s.* 2 b ; bonne, 308 a ; — bones, *f. p.* 308 a ; bonnes, 536 d ; — bon, *n.* 308 g.

Bontés, *s. s. f.* — bontés, *f. p.* 496 a.

Bordiaus, *s. s.* — bordel, *r. s.* 336 e ; — bordiaus, *r. p.* 112 d.

Bors, *s. s.* — bort, *r. s.* 424 f.

Bouche, *f. s.* 6 f.

Bouchier (boucher), 120 f ; — bouchiens (bouchions), 326 b ; — boucha, 122 a ; — avoient bouchié (bouché), 128 e.

Bouchiers, *s. s.* — bouchier, *s. p.* (bouchiers), 182 e.

Boudendars, *s. s.* (Boudendart), 190 e.

Bougres, *s. s. hérétique;* — bougres, *r. p.* 534 g.

Bouquerans, *s. s. bougran;* — bouqueran, *r. p.* 300 c.

Bourbete, *f. s. sorte de poisson;* — bourbetes, *f. p.* 194 b.

Bourdons, *s. s.* — bourdon, *r. s.* 82 d.

Bourgoignon, *s. p.* (Bourgoignons), 460 f.

Bourgois, *m. invar.* 62 a ; bourjois, 58 a ; 162 a.

Bourjoise, *f. s.* 206 a.

Bours, *s. s.* — bourc, *r. s.* 344 f.

Bous, *s. s.* — bout, *r. s.* 320 d.

Bouteillerie, *f. s.* — bouteilleries, *f. p.* 66 f.

Bouter, *pousser*, 340 b ; — boutoient (bouttoient), 340 b ; — je boutai (bouté), 216 c ; — boutèrent, 108 c ; — bouteroit, 140 d ; — soient boutées, 470 d.

Bouticle, *f. s. barrique*, 436 c.

Braches, *f. p. rayons de miel*, 520 b.

Braies, *f. p.* 204 b ; brayes, 222 b.

Braire (brère), 200 f. — braioient, 52 d ; bréoient, 372 f.

Branche, *f. s.* 126 f ; — branches, *f. p.* 124 b.

Bras, *m. invar.* 36 b ; — porter par les bras, 86 e ; ramener par les bras, 134 c ; — bras de fleuve, 120 f.

Brebis, *f. inv.* 250 a.

Briès, *adj. s. s.* — brief, *r. s.* 84 f.

Brisier, 94 b ; — brisent, 184 f ; — brisoit, 390 b ; — brisa, 346 e ; — brisast, 350 d ; — brisié, *r. s.* (brisé), 518 g ; (brisée), 46 c ; —

brisiez, *r. p.* 120 a; — brisie, *f. s.* (brisiée), 134 c; — estoit brisiez, *s. s.* (brisié), 46 a.
Broder; — brodez, *r. p.* 16 c; — brodées, *f. p.* 16 b.
Bruine, *f. s.* 412 c, f.
Bruir, *rotir;* — brui, *part. n.* 532 h.

Bruis, *s. s.* — bruit, *r. s.* 104 e.
Bruns, *s. s.* — brun, *r. s.* — brune, *f. s.* 402 f.
Bues, *s. s.* (beuf), 196 a; — buef, *r. s.* (bœuf, 224 e.
Bufe, *f. s. soufflet,* 296 f, 462 f.
Buisson, Bysson. *Voy.* Boissons.

C

Ca, 414 f.
Caige, *f. s.* (cage), 392 c.
Calices, *s. s.* — calice, *r. s.* 392 f; calices, *r. p.* 314 b.
Califes, *s. s.* 392 e; (calife), 390 f; — calife, *r. s.* 390 e (califre), 390 d.
Camelins, *s. s. étoffe de laine;* — camelin, *r. s.* 24 a; — camelin, *s. p.* (camelins), 402 c; — camelins, *r. p.* 402 d.
Cane, *f. s.* — canes *f. p.* 388 c.
Cancle, *f. s.* 124 f.
Car, 4 f; quar, 326 e; — car, *que,* 86 c.
Cardonaus, *s. s.* (cardonnal), cardinal, 418 d; — cardonal, *s. p.* (cardonnaulz), 500 e.
Carniaus, *s. s. créneau;* — carnel, *r. s.* — carniaus, *r. p.* 344 e.
Carriaus, *s. s. flèche.* — carrel, *r. s.* 386 a; — carriaus, *r. p.* 250 a; quarriaus, 138 d.
Carte. *Voy.* Quars.
Cas, *m. invar.* 34 c.
Cause, *f. s.* 44 a.
Cave, *f. s.* — caves, *f. p.* 128 g.
Cavellacions, *s. s. f. chicane;* — cavellacion, *r. s.* 472 e.
Cazeus, *s. s. village;* — cazel, *r. s.* 258 g; 274 c; kasel, 258 c, f; quazel, 204 e.
Ce. *Voy.* Cis.
Céans, 10 c.
Ceindre; — je me ceingny, 214 a; — j'avoie ceinte, *r. f.* 146 d; — caintes, *f. p.* 222 c; ceintes, 248 f.
Cel, cele, celi, celui. *Voy.* Cil.
Celans, *s. s.* (celant), 434 c; — celant, *r. s.*

Celeriers, *s. s.* (scelerier), 210 e.
Celiers, *s. s.* — celiers, *r. p.* 86 f.
Cendaus, *s. s. taffet s;* — cendal, *r. s.* 16 d.
Cendre, *f. s.* 498 c.
Cent; — cens, *multiple;* dous cens, 76 a; huit cens, 10 c.
Ceps. *Voy.* Seps.
Cerchier, *parcourir;* — cercha, 316 b; — avoient cerchié, 126 c.
Cercles, *s. s.* — cercles, *r. p.* 168 a.
Certainetés, *s. s. f.* — certainetei, *r. s.* (certaineté), 508 d.
Certains, *s. s.* (certain), 104 b; certeins, 18 c; (certein), 442 c; — certain, *r. s.* 526 a; — certein, *s. p.* 222 e, 400 d; (certeins), 300 f; — certeinne, *f. s.* 472 d; — de certein, 112 d.
Certeinnement, 222 f.
Certes, 290 f; — à certes, 2 e, 278 c.
Ces, ceste, cesti. *Voy.* Cis.
Ceus. *Voy.* Cil.
Chace, *f. s.* 190 f.
Chacier, 328 d; (chacer), 346 c; — vous chaciés, *ind. prés.*, 298 d; — chaçoit, 190 f; chassoit, 204 f; — nous chaciens (chacions), 146 c; — chassoient, 338 b; — chassa, 452 d; — chassames, 134 d; — chacièrent, 182 f; (chacèrent), 144 g; — chaceroit, 336 f; — chace, *impér.* 298 d; — vous chaciés, *subj.* 298 f; — avez chaciez, *r. p.* 164 b; — avoit chaciés, *r. p.* 58 f; — aviens chacié, 170 c; — orent chaciés, *r. p.* 382 b.
Chacre, *f. s., chaise,* 330 f.

Chafaus, *s. s. échafaud;* — chafaut, *r. s.* 502 c. *Voy.* Eschaufaus.

Chalours, *s. s. f.* — chalour, *r. s.* (chaleur), 124 d.

Chamberlains, *s. s.* chamberlans (chamberlanc) 116 c; — chamberlain, *r. s.* 170 e; — chamberlans, *r. p.* 136 g.

Chambre, *f. s.* 38 a; — chambres, *f. p.* 162 b; — aler à chambre, 204 b; — chambres privées, 214 f.

Chamelos, *s. s. camelot;* — chamelot, *r. s.* 42 a.

Champ. *Voy.* Chans.

Chanaus? *s. s. canal;* — chanel, *r. s.* 124 b.

Chanceler; — je chancelai, 212 c; — chancelans, *s. s.* (chancelant), 268 e.

Chandelle, *f. s.* 432 f.

Changier; — changa, 534 b; — chanjast, *subj.* 38 c. — avoit changié (changé), 274 e; — ait changié, 534 d. — fust changie (changée), 442 d.

Chans, *s. s.* — champ, *r. s.* 164 b; chans, *r. p.* 130 c, (champs), 86 f.

Chanter, 30 e; — chantoit, 198 f; — chanta, 200 a; — chantera, 504 e; chantez, *impér.* 84 e; — fu chantée, 390 d.

Chanus, *s. s. chenu;* — chanu, *r. s.* 222 d; — chenues, *f. p.* 522 g.

Chape *f. s.* 62 e.

Chapelains, *s. s.* — chapelain, *r. s.* — chapelains, *r. p.* 38 b.

Chapelle, *f. s.* 22 c.

Chaperons, *s. s.* — chaperon, *r. s.* 214 a.

Chapiaus, *s. s.* — chapel, *r. s.* 42 a.

Chapons, *s. s.* — chapons, *r. p.* 390 b.

Charbons, *s. s.* — charbons, *r. p.* 388 c.

Charge, *f. s.* — charges, *f. p.* 472 g.

Chargier (charger), 190 a; — chargeoient, 146 b; — je me charjai, 90 c. — chargièrent (chargèrent), 138 c; — charge, *impér.*, 492 c; — ont chargié que, 450 d; — avoient chargié à, 280 c; — estoit chargiez (chargié), 180 d; — fust chargie (chargée), 418 f; refussent chargies (chargiées), 96 e.

Chariers, *s. s.* — charier, *r. s.* 488 f.

Charpentiers, *s. s.* — charpentier, *r. s.* 234 f.

Charrette, *f. s.* 78 c; — charettes, *f. p.* 80 f.

Chars, *s. s. f. chair*, 514 g; (char), 194 c; — char, *r. s.* 34 d. — chars, *f. p.* 200 c.

Chartrier, *s. p.* — chartriers, *r. p.* 480 f.

Charue, *f. s.* 124 c.

Chas, *s. s.* (chat), 140 c; — chat, *r. s.* 140 b; — chat, *s. p.* (chaz), 128 d; — chas, *r. p.* 128 b; chaz, 128 d.

Chas-chastiaus, *s. s.* — chat-chastel, *r. s.* 138 a; — chat-chastel, *s. p.* (chas-chastiaus), 140 e; — chas-chastiaus, *r. p.* 128 b; (chas-chastelz), 136 b.

Chascuns, *s. s.* (chascun), 10 c; — chascun, *r. s.* 482 d.

Chastelains, *s. s.* — chastelain, *s. p.* 522 c; — chastelains, *r. p.* 222 a.

Chastement, 482 b.

Chastiaus, *s. s.* 282 a (chastel), 368 e; (chastiau), 32 d; — chastel, *r. s.* 344 c; chastiau, 344 g; — chastel, *s. p.* 522 d; (chastiaus), 140 a; — chastiaus, *r. p.* 128 b; chastiaux, 522 c.

Chastris, *m. invar*, *mouton*, 334 f.

Chasuble, *f. s.* 486 d; chesuble, 486 b; (le chasible), 486 c.

Chatex, *s. s. biens meubles*, (chatel), 454 c; — chatel, *r. s.* 22 b.

Chativetés, *s. s. f.*, *misère;* — chativetés, *f. p.* 532 a.

Chaucie, *f. s.* (chauciée), 128 a; — chaucies, *f. p.* (chauciées), 138 f.

Chaus, *f. invar.*, *chaux*, 428 c.

Chaus, *s. s. le chaud*, (chaut), 152 f;

— chaut, *r. s.* 126 b. — chaut, *adj.* 462 c.
Chef. *Voy.* Chiès.
Chemins, *s. s.* (chemin), 50 c.
Chemise, *f. s.* 78 e.
Chenus. *Voy.* Chanus.
Cheoir, 198 g; — chiet, 124 a; — chiéent, 124 a (chéent) 144 a; — chéoit, 38 a; — chéoient, 136 c; — il chaï, 136 b; chéi, 138 a; — je chéisse, *subj.* 270 c; — chéist, 104 e; — chéissent, 208 c; — est cheus (cheu), 424 b; — estoit cheus (cheu), 436 c; — il fu cheus (cheu), 98 d; — je fusse cheus (cheu), 212 d; — fust chois (choit), 210 b.
Chers, *s. s. char;* — cher, *r. s.* — cher, *s. p.* (chers), 168 a; — chers, *r. p.* 324 a.
Chesnes, *s. s.* — chesne, *r. s.* 40 d.
Chesuble. *Voy.* Chasuble.
Chetivoisons, *s. s. f. captivité;* — chetivoisons, *f. p.* 526 a.
Chevalerie, *f. s.* 6 b; — chevaleries, *f. p. prouesses,* 4 a.
Chevaliers, *s. s.* 280 a; (chevalier), 154 e; — chevalier, *r. s.* 104 b; — chevalier, *s. p.* 22 d; (chevaliers), 208 a; — chevaliers, *r. p.* 22 c.
Chevance, *f. s.* 482 f.
Chevauchie, *f. s.* (chevauchée), 474 b; — chevauchies, *f. p.* (chevauchées), 472 g.
Chevauchier (chevaucher), 122 b; — chevauchoit, 308 b; — chevauchiens (chevauchions) 336 c; — chevaucha, 68 f; — chevauchièrent (chevauchèrent), 354 b.
Chevauchiers, *s. s.* — chevauchier, *r. s.* (chevaucher, 488 f.
Chevaus, *s. s.* 382 d; (cheval), 114 f; — cheval, *r. s.* 108 e; — à cheval, 382 d; — cheval, *s. p.* 362 a; (chevaus), 52 e. — chevaus, *r. p.* 118 a.
Chevès, *s. s.* — chevet, *r. s.* 284 f (chevès), 274 g.
Chevetains. *Voy.* Chievetains.
Cheveus, *s. s.* — chevel, *r. s.* —

chevel, *s. p.* (cheveus), 168 e; — cheveus, *r. p.* 102 d.
Cheville, *f. s.* — chevilles, *f. p.* 224 f.
Chevillier; — chevillies, *f. p.* (chevillées), 332 c.
Chevir, *venir à bout;* se sot chevir, 96 a.
Chevreus, *s. s. chevreuil;* (chevrel), 338 b; — chevrel, *r. s.*
Chiennaille, *f. s. canaille,* 162 b.
Chiens, *s. s.* — chien, *r. s.* 330 d.
Chièrement, 186 f.
Chiers, *s. s.* (chier), 2 b; — chiers, *voc.* 538 a; — chier, *r. s.* 290 c; — chière, *f. s.* (chier), 272 d; — avoir chier, *n.* 414 e.
Chiertés, *s. s. f.* (chierté), 196 a; — chiertei, *r. s.*
Chiès, *s. s.* (chief), *chef,* 120 d; — chief, *r. s.* 152 b. — ou chief, *au bout,* 254 e; (au chief), 226 a.
Chietis, *s. s. chetif;* — chietif, *r. s.* — chietis, *r. p.* 492 b; — chietive, *f. s.* 264 f.
Chievetains, *s. s. chef;* (chievetain), 132 a; (chevetain), 368 d; — chievetain, *r. s.* 176 d; (chevetain), 130 c; chievetein, 176 a; — chievetein, *s. p.* 178 f; — chievetains, *r. p.* 172 d; (chevetains), 392 a; chieveteins, 386 c; (cheveteins), 176 b.
Chiez, 10 a.
Choisir, *apercevoir;* — il choisi, 106 e.
Chose, *f. s.* 132 c; — choses, *f. p.* 4 b; — avint chose que, 62 b; n'i perra chose que, 168 c.
Ci, 16 e; — ci-après, 6 a; — ci-arière, 46 e; — juesques ci, 372 c; — de ci, 504 d.
Cierges, *s. s.* — cierge, *r. s.* 310 c.
Cieus, *s. s. ciex;* — ciel, *r. s.* 136 d; — cieus, *r. p.* 524 c; cieux, 532 c; ciex, 34 e (cielx), 358 e; (ciaux), 524 c.
Cil, *s. s.* 328 f. (celi), 404 e; (cilz), 212 e; — cel, *r. s.* 50 f; celi, 46 f; celui, 526 d; — cil, *s. p.* 40 c; — ceus, *r. p.* (ceulz),

288 a; — celle, *f. s.* 8 f; cele, 66 a; — celles, *f. p.*
Cinq, 62 e; cinc, 160 g.
Cinquante, 86 b.
Cis, *s. s.* ciz, 518 c; (ce), 6 d; — cest, *r. s.* 10 f; cesti, 30 b; cestui, 396 e; ce, 14 c; — cist, *s. p.* (ces), 64 a; — ces, *r. p.* 16 e; cez, 530 e; — ceste, *f. s.* 16 f; (cest), 534 e; — ces, *f. p.* 58 b; — ces, *les*, 66 b, 168 a, 386 c, 388 c; — ce, *n.* 8 e, 340 c.
Citerne, *f. s.* 362 a.
Cités, *s. s. f.* — citei, *r. s.* (cité), 56 e; — cités, *f. p.* 166 f.
Clartés *s. s. f.* — clartei (clarté), 136 d.
Cler, *adv* 4 c, 46 c. 454 e.
Clèrement, 188 f.
Clers, *adj. s. s., clair;* — cler, *r. s.* 450 c; — clère, *f. s.* 78 g. — cler, *n.* 530 c.
Clers, *s. s.* 510 h; (clerc), 394 c; — clerc, *r. s.* 36 a; — clerc, *s. p.* 44 a; — clers, *r. p.* 34 f.
Clez, *s. s. f.* — clef, *r. s.* 254 c; — clez, *f. p.* 254 d; (clefz), 254 b.
Cloistres, *s. s.* — cloistre, *r. s.* 66 b; — cloistres, *r. p.* 66 b.
Clorre, 118 c; — clooit, 180 f; — clos, *r. s.* 522 a; — close, *f. s.* 228 c; — estoit close, 220 c; — estoient closes, 228 f; — seront closes, 532 f.
Clos, *m. invar.*, 220 c.
Clous, *s. s.* — clou *s. p.* (clous), 10 a.
Coche, *f. s.* 250 a; — coches, *f. p.* 396 b.
Cofres, *s. s.*— cofres, *r. p.* 72 a.
Cognoissance. *Voy.* Congnoissance.
Coife, *f. s.* 42 a; — coifes, *f. p.* 270 e.
Coignie, *f. s.* (coignée), 254 c.
Col. *Voy.* Cous.
Colière, *f. s. croupière*, 178 c; culière, 260 d.
Colléges, *s. s.* — colléges, *r. p.* 478 f.
Colours, *s. s. f.* — colour, *r. s.* (couleur), 402 c; (coleur), 402 f. — colours, *f. p.* (couleurs), 248 e.
Com, 508 c; come, 510 a; comme, 2 b; conme, 458 d; con, 530 f; — comme à, *quant à*, 48 e, 288 f.
Combaterres, *s. s.* 534 c; — combateour, *r. s.* — combateour, *s. p.* 534 c. - combateours, *r. p.*
Combatre, 56 f, 68 f; — se combatent, 534 j; — se conbatoit, 190 c; — se combatoient, 398 d; — se combatirent, 460 a; — se combatera (combatra), 322 b; — combateroient (combatroient), 58 d.
Combien, 70 f.
Come. *Voy.* Com.
Commande, *f. s. dépôt;* — commandes, *f. p.* 252 d.
Commandemens, *s. s.* (commandement), 410 c; — commandement, *r. s.* 96 e; commandemant, 246 d; commendemant, 306 d; conmandement, 166 f; — commandemans, *r. p.* 246 f.
Commander; — je commant, 256 e; je comment, 434 f; — il commande, 246 d; — commandons, 470 h; — commandoient, 302 d; — je commandai (commandé), 182 b; — commenda, 122 b; commanda, 360 d; — se commenda, 436 e; — commendames, 272 f; — commandèrent, 378 b; — commanderoit, 450 e; commenderoit, 114 a; — vous commandez, *subj.* 42 e; — j'ai commandei, *r. n.* (commandé), 24 d; — a commandei (commandé), 384 b; — j'avoie commandez, *r. p.* 274 b; — avoit commandei (commandé), 382 e; — avoit commandée, *r. f.* 46 c.
Commanderres, *s. s.* (commandeur), 252 c; — commandeour, *r. s.* (commandeur), 252 b.
Commant, 340 c; comment, 4 a.
Comme. *Voy.* Com.
Commencemens, *s. s.;* comence-

mens (comencement), 512 d; — commencement, *r.'s.* 4 d.

Commencier; — il commence, 498 c; — commensoit, 314 e; — commensai, 312 a: — commença, 30 f; commensa, 408 c; conmença, 70 b; — commencièrent, 366 b; (commencèrent), 102 e; — commencerons, 46 f; — j'ai commencie(commenciée), *r. f.* 90 c; — avoit commencie, *r. f.* (commenciée), 394 c.

Commins, *s. s. cumin;* — commins, *r. p.* 124 c.

Commune, *f. s.* — communes, *f. p.* 264 e.

Communement, 472 d.

Communs, *adj. s. s.* — commun, *r. s.* 56 c. — commune, *f. s.* — communes, *f. p.* 472 g.

Communs, *subst. s. s.* (commun), 342 a; — commun, *r. s.* 76 d.

Compaignie, *f. s.* 4 e; compaingnie, 404 f; — compaingnies, *f. p.* 408 d.

Compains, *s. s.* — compaignon, *r. s.* — compaignon, *s. p.* (compaignons), 20 b; compaingnon (compaingnons), 82 f.

Comparer, *payer;* — vous comparrez, *fut.* 36 c.

Compères, *s. s.* (compère), 342 f.

Complies, *f. p.* 38 b.

Compter. *Voy.* Conter.

Comptes. *Voy.* Contes.

Con, *comme. Voy.* Com.

Concevoir; — conceveroit (concevroit), 512 h; — est conceuz, 512 h.

Conciles, *s. s.* — concile, *r. s.* 484 c.

Concréés, *s. s.* — concréei, *s. p.* (concréé), 314 e.

Condempner; — a condempnez, *r. p.* 44 b.

Conduire, 424 d; — conduisoient, 228 b.

Confesser, 24 e; — se confessoient, 234 e; — se confessa, 236 a; — confesse toy, 492 a.

Confesserres, *s. s.* (confesseur), 492 a; — confesseur, *r. s.* (*ens.*),

492 a; — confessours, *r. p.* (confesseurs), 500 e.

Confire; — confit, *part. r. s.* (confist), 324 b.

Confondre, 94 g. — confonderoit (confondroit), 96 a; — avoient confondus, *r. p.* 314 d; — eussent estei confondu (confoundus), 120 b.

Confors, *s. s.* — confort, *r. s.* 522 f.

Conforter, 524 d; — conforte, *impér.* 492 c.

Confroissier; — avoient confroissié, 138 e.

Congiés, *s. s.* — congié, *r. s.* 112 d; (congé), 204 c.

Congnoissance, *f. s.* 450 f; cognoissance, 536 c.

Congnoistre, 14 f; quenoistre, 526 d; — je conois, 532 g; — cognois-tu, 392 d; — congnoissons, 298 b; — vous cognoissés (cognoissiés), 300 d; — je cognoissoie, 82 a; (cognoissai), 270 d; — il congnoissoit, 274 a; — nous conoissiens, 526 c; — je cognu, 286 c; — il quenut, 512 f; — nous conoisterons (conoistrons), 526 d; — congnoissiés, *subj.* 298 a; — fu cogneus, *s. s.* (cogneu), 174 d.

Connestables, *s. s.* (connestable), 64 e; — conestable; *r.s.* 224 b.

Connestablie, *f. s.* 18 f.

Connins, *s. s. lapin;* — connins, *r. p.* 428 a.

Conquerre, 88 d; — il conquiert, 532 b; — je conquerroie, 460 e; — avez conquise, *r. f.* 456 f; — avoit conquis, 188 a.

Conqueste, *f. s.* 456 g.

Conreer, *apprêter, soigner;* — conroient, 168 c, 324 f; — conrées *f. p.* 168 b.

Conrois, *s. s. rang;* — conroy, *r. s.* 360 c.

Consaus, *s. s.* 524 a (conseil), 6 a; conseus; — consoil, *r. s.* 522 a; (conseil), 142 a; conseil (*ord.*), 468 f; — conseus, *r. p.* (conseulz), 120 e; — à grant consoil (conseil), 400 d; — avoir consoil, *tenir conseil* (conseil), 142 a, 242 d, 370 d; *se décider à,* 112 a, 118 b, 346 f; — mettre consoil (conseil) en soi, 212 b, 436 c; — mettre consoil à (conseil), 266 e; — il prist consoil (conseil), 536 b, 376 b.

Conscience, *f. s.* 46 d.

Consecracions, *s. s. f.* (consecracion), 492 b.

Conseillier (conseiller), 46 b, 110 a; — je conseil (conseille), 440 b; — conseillons, 412 a; — conseilloit, 154 a; se conseilloit, 466 b; — se conseillièrent (conseillèrent), 266 b; — je m'en conseillerai (conseilleray), 450 b; — j'avoie conseillié (conseillé), 288 a; — il s'estoit conseilliez (conseillé), 466 b.

Conseilliers, *s. s.* — conseillier, *s. p.* (conseiller), 494 b; — conseilliers, *r. p.* 494 f.

Conte. *Voy.* Cuens.

Contée *f. s.* 46 d; (conté), 46 a.

Contenance, *f. s.* 482 b.

Contenir; — se contenoit, 482 d; — se contint, 466 e.

Contens, *m. invar, contention,* 452 e, 496 a.

Contenue, *f. s. fièvre continue*, 276 a.

Conter, 82 b; — je cont (conte), 176 e; — contoit, 74 c; — je contai, 216 a; — il conta, 434 e; (compta), 436 d; — contèrent, 378 g; — je conterai, 12 c; — je conteroie, 62 a; — je conte, *subj.* 12 c; — ai-je contées, *r. p.* 394 f. — avoit contei (conté), 30 e.

Conterres, *s. s;* — conteour, *r. s.* — conteour *s. p.* (conteurs), 256 d.

Contes, *s. s.* — conte, *r. s.* (compte), 276 d; — contes, *r. p.* 468 f;

Contesce, *f. s.* 46 a.

Contraires, *s. s.* (contraire), 120 d; — contraire, *s. p.* 456 e; — contraire, *n.* 530 f; — au contraire, 20 e.

Contre, 8 d; — *en face,* 402 b, d, 428 d.

Contreindre; — il contreignoit, 44 a; — contreingnoient, 104 e; — il contreingne, *subj.* 42 f; — contreingnent, 450 e; — constreignissent, 450 f; constreinsissent, 452 d; — j'eusse contraint, 44 b; — j'eusse contreint, 452 c; — soient contraint, 474 c.

Contremont, 194 e.

Contreval, 84 a.

Convenans, convenir. *Voy.* Couvenans, couvenir.

Convoier; — je convoiasse, 408 c.

Coper, 108 b; couper, 6 b; — copoit, 200 f; — copèrent, 116 f; coupèrent, 202 e; — vous copez, *subj.* 264 d; 340 d; — copassent, 202 b; — avoit copei (copé), 260 d.

Corcez, *s. s.* — corcet, *r. s.* 270 f.

Corde, *f. s.* — cordes, *f. p.* 92 a.

Cordeliers, *s. s.* (cordelier), 38 b; — cordelier, *r. s.* 440 d; — cordelier, *s. p.* (cordeliers), 448 f; — cordeliers, *r. p.* 466 a.

Corne, *f. s.* — cornes, *f. p.* 296 b.

Corner, 350 b.

Coroner; — il fu coronez (coronné), 48 b, (couronné), 50 b; — nous serons coronei (coroné), 530 a; — couronnei, *s. p.* (couronnez), 320 d.

Coronne, *f. s.* 34 e; corone, 510 b.

Correcier. *Voy.* Courocier.

Corrigier; — corriga, 466 d.

Cors, *m. invar. corps, personne,* 4 b; 18 c; — il ses cors (son cors), 58 c; 388 e; li rois ses cors (son cors), 388 d; lour cors iroient, 50 e.

Cors, *s. s. cor.* — cors, *r. p.* 98 f; (corz), 350 b.

Cors, *s. s. cormier;* — cor, *r. s.* 396 b.

Cors, *s. s. bout;* — cor, *r. s.* 22 d.

Cors, *s. s. f. cour;* — cort, *r. s.* 310 e, court, 42 g, 220 c.

Corte, *adj. f. s.* 386 c. *Voy.* Cours.

Corvin, *s. p.* (Corvins). 354 c.

Cos, *s. s. coup* (cop), 136 b; — cop, *r. s.* 160 b; coup, 24 d;

— cos, *r. p.* (copz) 8 g; (cops), 368 b; — grant coup, *beaucoup*, 70 f.

Coste, *montée*, *f. s.* 382 d; — costes, *côtes*, *f. p.* 174 c. — coste à coste, 152 d.

Costés, *s. s.* — costei, *r. s.* (costé), 486 d; — costez, *r. p.* 224 f; costés, 516 g.

Cote à armer, *f. s.* 372 c; — cotes à armer, *f. p.* 16 b; cottes, 16 c.

Cotons, *s. s.* — coton, *r. s.* 66 a.

Couchier, 276 c; (coucher), 406 a; — couchent, 224 f; — se couchoit, 434 g; — coucha, 146 d; — couchièrent (couchèrent), 204 f; — je me coucherai, 434 f; — vous vous couchiez, *subj.* 434 f; — il se couchast, 464 b. — ot couchie (couchée), 432 e; — estiens couchié, 422 c; — — estoient couchié (couchez), 428 d; — je fu couchiés (couchié), 170 d; — couchant, *r. s.* 162 c.

Coudre; — cousus, *s. s.* (cousu), 424 d.

Couleur. *Voy.* Colours.

Coulons, *s. s. pigeon;* — coulomb, *r. s.* — coulons, *r. p.* 106 f.

Coulpe, *f. s. faute*, 288 g.

Coup. *Voy.* Cos.

Coupables, *s. s.* (coupable), 472 e.

Coupe, *f. s.* — coupes, *f. p.* 304 d.

Couper. *Voy.* Coper.

Courans, *s. s.* — courant, *r. s.* 208 a.

Courciers, *s. s. bâtiment léger.* — courciers, *r. p.* 208 a, d.

Courine, *f. s. haine*, 102 c.

Couroner. *Voy.* Coroner.

Couroucier; — je me courouce, 338 a; — vous vous courouciés, *ind. prés.* 338 a; — se courrouça, 256 c; se courrouça, 216 e; — je me courroucerai, 334 a; — je courrouceroie Dieu, 488 d; — se courrousse, *subj.* 464 c; — vous vous courouciés, *subj.* 334 a; — eussiens couroucie, *r. f.* (couroucié), 400 d; — en couroussant, 290 d; — correciez, *s. s.*

524 h; courouciez (couroucié), 282 d; — fu courouciés, *s. s.* 370 a; fu courouciez (couroucié), 140 a; — seroit courouciez (couroucié), 296 f.

Courre, 8 c; — courent, 166 c; — couroit, 428 b; — couriens (courions), 162 a; — il couru, 112 b; courut, 444 c; — courumes, 146 c. (courrumes), 164 c; — coururent, 70 a; — courront, 408 f; — courriens (courrions), 346 d; — courroient, 460 d; — eust couru, 106 e; — courans, *s. s.* (courant), 406 b.

Courroie, *f. s.* 64 d; — corroies, *f. p.* 224 c.

Courrous, *m. invar.* 240 d.

Cours, *m. invar.* 38 d.

Cours, *s. s. f. cour. Voy.* Cors.

Cours, *adj. s. s. court;* — court, *r. s.* — courtes, *f. p.* 328 d. *Voy.* Corte.

Courtine, *f. s. rideau*, 518 b.

Courtis, *s. s. jardin,* — courtil, *r. s.* 428 c.

Courtois, *adj. m. invar.* 62 c.

Courtoisement, 276 g.

Courtoisie, *f. s.* 140 f.

Cous, *s. s. cou;* — col, *r. s.* 6 c.

Cous, *coup. Voy.* Cos.

Cousinne, *f. s.* 100 d; cousine, 216 b.

Cousins, *s. s.* (cousin), 396 d; — cousin, *r. s.* 308 e; — cousin, *s. p.* (cousins), 44 e.

Coustaiges, *s. s. coût;* — coustaige, *r. s.* (coustage), 374 f.

Couster; — coustent, 292 c; — cousta, 88 f; — coustèrent, 266 b; — cousteront, 292 c; — avoit coustei (cousté), 376 a; — avoient coustei (cousté), 16 c; — eust coustei (cousté), 376 a.

Coustume, *f. s.* 110 f; — coustumes, *f. p.* 110 e.

Cousus. *Voy.* Coudre.

Coutes, *s. s. coude;* — coutes, *r. p.* 136 a.

Coutiaus, *s. s.* — coutel, *r. s.* 64 e; — coutel, *s. p.* — contiaus, *r. p.* 300 b.

VOCABULAIRE.   325

Couvenable, *adj. f. s.* 472 d.
Couvenance, *f. s. convention;* — couvenances, *f. p.* 338 a.
Couvenans, *s. s. convention*, *promesse;* — couvenant, *r. s.* 2 c; convenant, 14 a; par tel couvenant, 334 a.
Couvenir; — il convient, 534 f; covient, 510 c; — couvenoit, 90 f; — couvint, 266 b; — couvenra (couvendra), 292 c; — couvenroit (couvendroit), 292 g; — il couviengne, *subj.* 380 a; — il couvenist, 370 e; covenist, 516 h; — il avoit couvent, 256 g; — il orent couvent, 192 d.
Couvens, *s. s.* (couvent), 342 b.
Couvertours, *s. s.* — couvertour, *r. s.* (couvertouer), 212 f; — — couvertours, *r. p.* (couvertouers), 116 d.
Couverture, *f. s.* — couvertures, *f. p.* 384 d.
Couvines, *s. s. dispositon;* — couvine, *r. s.* 166 a, 176 f.
Couvoiter; — couvoite, *impér.* 492 c.
Couvoitise, *f. s.* 454 b.
Couvrir, 128 b; — il cuevre, 518 g; — cuevrent, 168 b; — il couvri, 518 h; — couvrirent, 180 e; - couvert, *r. s.* 498 e; — couverte, *f. s.* 356 a; — estoit couvers, *s. s.* (couvert), 156 d; — estoient couvert (couvers), 228 f; — estoient couvertes, 414 a; — fussent couvert (couvers), 362 b.
Covans, *s. s. promesse;* — covant, *r. s.* 520 d.
Crachier; — il crache, 240 b; — crachoit, 158 c.
Créance, *f. s.* 30 c.
Créans, *s. s. croyant;* — créans, *r. p.* 38 c; créanz, 510 f.
Créations, *s. s. f.* — création, *r. s.* 512 b.
Créature, *f. s.* — créatures, *f. p.* 512 b.
Credo, *f. s.* 40 c.
Créerres, *s. s.* 512 b; — créatour, *r. s.* (créateur), 498 c; créator, 512 a.

Creindre; — tu creins, 8 c; — creindront, 8 d.
Crestiens, *s. s.* (crestien), 242 e; crestians (crestian), 262 b; — crestien, *s. p.* 510 f; (crestiens), 296 g; crestian (crestians), 298 a; — crestiens, *r. p.* 36 e; — crestienne, *f. s.* 28 e; crestiene, 530 a.
Crestientés, *s. s. f.* (crestienté), 42 d; cretientés (cretienté), 450 d; — crestientei, *r. s.* (crestienté), 452 a.
Creue, *f. s.* 124 c.
Crever; — crevast, *subj.* 208 b.
Crier, 110 b; — crioit, 308 c; — crioient, 50 c; — crièrent, 434 a; — estoit criez, 84 b.
Crierres, *s. s. crieur;* — criour, *r. s.* (crieur), 308 b.
Cris, *s. s.* (cri), 414 b; — cri, *r. s.* 130 f.
Cristaus, *s. s.* — cristal, *r. s.* 304 b.
Croce, *f. s.* 36 a, 452 d.
Croire, 6 c; — je croy, 20 a; croije, 510 a; — il croit, 312 a; — vous créez, 26 d; — croient, 306 a; — je créoie, 30 d; — il créoit, 460 b; — nous créiens (créions), 221 d; — créoient, 18 f; — je cru, 102 f; — il crut, 118 e; — nous creumes, 210 f; — creurent, 316 d; crurent, 374 c; — je croirai, 430 d; — tu croiras, 322 c; — croira-il, 322 a; — croiront, 534 g; — croi, *impér.* 494 b; — créez, *impér.* 486 f; — je croie, *subj.* 32 a; — il croie, 322 a; il croit, 322 b; — croient, 506 b; — il creust, 256 d; — creussent, 242 f; — soient creu, 472 a.
Croisemens, *s. s. croisade;* — croisemens, *r. p.* 48 a.
Croiserie, *f. s.* 486 d.
Croisier, 488 b; — il se croise, 486 f; — nous nous croisons, 486 g; — croisa, 530 b; — se croisièrent, 74 c; — se croisera, 486 c; — nous nous croiserons, 488 a; — estoit croisiez, *s. s.* 4 f; — fu croisiez (croisié), 74 c.

Croisiez, *s. s.* 52 c; — croisié, *s. p.* (croisiez), 48 b.
Croistre, 498 a; — croissoit 314 e.
Croiz, *f. invar.* 4 e, 48 a, (croix), 46 g.
Crote, *croute, f. s.;* — crotes, *f. p.* 88 b.
Crucefier; — orent crucefié, 524 g; — fu crucefiez, *s. s.* 516 h; — qu'il fust crucefiez, *s. s.* 514 d.
Cruelment, 28 d.
Crus, *adj. s. s.* — crue, *f. s.* 326 a; — crues, *f. p.* 324 g.
Cuens, *s. s.* 508 e; (conte), 346 b; — conte, *r. s.* 2 a; — conte, *s. p.* — contes, *r. p.*
Cuers, *s. s. cœur* (cuer), 32 g; — — cuer, *r. s.* 8 c; (cueur), 492 d.
Cui. *Voy.* Qui.
Cuidier, *penser;* — je cuit (cuide), 32 a; — cuides tu, 52 e; — il cuide, 518 g; — cuident, 20 b; — je cuidoie, 30 d; — cuidoit, 416 c; — cuidiens, 538 b; (cuidions), 436 c; (cuidien), 170 b; — cuidiés, 150 b; — cuidoient, 156 b; — je cuidai, 522 e; — cuida, 80 a; — cuidames, 86 b; — cuidièrent, 128 f; (cuidèrent), 146 a; — cuiderons, 28 b; — cuiderés, 110 d; — cuideront, 388 a; — cuideroit, 282 a; — cuideroient, 306 d; — cuidiés, *impér.* (cuidés), 502 f.
Cuire, 410 d; — cuit *s. p.* (cuis), 248 e.
Cuirs, *s. s.* (cuir), 194 c; — cuir, *r. s.* 326 a.
Cuisine, *f. s.* — cuisines, *f. p.* 66 f.
Cuisiniers, *s. s.* 448 d.
Culière. *Voy.* Colière.
Curer; — curei, *s. p.* (curez), 374 f; — curez, *r. p.* 410 e.
Curés, *s. s.* — curei, *r. s.* (curé), 274 f.
Cymetères, *s. s.* (cymetère), 366 a.
Cynes, *s. s. cygne;* — cynes, *r. p.* 350 b.
Cyrurgiens, *s. s.* — cyrurgiens, *r. p.* 116 b.

D

Dame, *f. s.* 10 f; 226 d; 402 c; — dames, *f. p.* 162 c.
Damoiselle, *f. s.* 54 d; — damoiselles, *f. p.* 478 g.
Dampner; — seront dampnei, *s. p.* (dampné), 516 f; — seriez damnez, *s. s.* (damné), 262 c.
Danois, *m. inv.* — danoise, *f. s.* 234 f; — danoises, *f. p.* 234 d.
Danrée, *f. s.* — danrées, *f. p.* 112 b.
Dareniers, *adj. s. s. dernier* (darenier), 240 a; darenier, *r. s.* — darenière, *f. s.* 10 f.
Darière, *prép.* 62 c; darières, 64 f; darrières, 128 b.
Darriens, *adj. s. s. dernier;* — darriein, *r. s.* (darrieins), 536 a; + au darrien, 160 e.
Daufine, *f. s.* 446 a.
De, *prép.* roy de France, 2 a; — grace de Dieu, 2 a; — de nostre temps, 4 d; — de dous ans, 86 g; — de ce me semble il, 4 e; — parler de, 4 a; — brodés de ses armes, 16 c; — et de l'yauc esteindre enfer, 296 a; — atachier de, 10 a; — traire de quarriaus, 204 b; — servir de char, de vin et de pain, 67 f; — prier de, 442 f; — plus bel de, 320 d; — bone chose est de pais, 326 e; — vileinne chose estoit de chevaliers, 198 c; — de par li, 22 a; de par le roy, 114 a.
Debas, *s. s.* — debat, *r. s* 76 d.
Debde, *f. s. dette*, 472 b; — debdes, *f. p.* 472 j.
Debonairement, 514 d; debonairement, 88 d (debonnerement), 112 b.
Debonnairetés, *s. s. f.* — debonnairetei, *r. s.* (debonnaireté), 414 d.
Debrisier; — il soit debrisiés, *s. s.* 224 f; — debrisiés, *r. p.* 478 e.

Deça, 72 d ; (desa), 246 b.
Decevoir ; — decevoient, 14 d.
Decheoir, 348 d ; — dechiet, 450 d ; — decherra, 450 d ; — decheues, *f. p.* 480 a.
Deciples, *s. s.* — deciples, *r. p.* 520 d.
Decoper ; — decopèrent, 244 e ; decoupèrent, 514 g ; descopèrent, 330 c ; — il fu decopez, *s. s.* (decopé), 106 c ; — fu decoupée, 514 g ; — fussent il decopei, *s. p.* (decopé), 330 e.
Decoste, *auprès*, 104 f, 268 b. — *Voy.* Encoste, Par à coste.
Dedans, 120 b ; dedens, 36 f ; — dedans les maisons, 108 a ; dedens lour pelices, 168 b ; — dedans les trois samedis, 120 a ; dedens quinzeinne, 302 e ; dedans ce, 206 b.
Dedier ; — l'avoit dedié, 118 f.
Defaus, *s. s.* —defaut, *r. s.* 86 d.
Defaute, *f. s.* 38 c ; — defautes, *f. p.* 426 f.
Deffaire, desfaire ; — desfont, 22 b ; — deffesoient, 130 a ; — je desfiz, 76 d ; — il deffit, 112 b ; — je desferai, 76 c. — je desferoie, 110 e ; — nous nous sommes deffait, 246 d ; — deffaite, *f. s.* (deffète), 148 d.
Deffendable, *adj. f. s.* 344 e ; — deffendables, *f. p.* 320 a.
Deffendre, 24 a ; desfendre, 36 f ; — il deffent, 204 e ; — deffendons, 470 d ; — je me deffendoie, 286 f ; — deffendoit, 204 e ; — se deffendoient, 148 f ; — il deffendi, 108 d ; — se deffendirent, 178 f ; — deffenderoie, 234 f ; — que vous deffendés, *subj.* 440 b ; — deffendent, 496 f ; — je me deffendisse, 288 a ; — deffendist (deffendit), 50 d ; — avoit deffendu, 24 e ; — soit deffendue, *f. s.* 470 c ; — nous nous sommes deffendu (deffendus), 186 d ; — tu te fusses deffendus (deffendu), 392 f.
Deffense, *f. s.* 180 a ; 392 f ; — deffenses, *f. p.* 134 f. — me-

toit deffense en li, 158 a ; — y meist deffense, 174 a.
Deffier, 300 b.
Defouler, *fouler;* — estoit defoulez, *s. s.* (defoulé), 474 h.
Degrez, *s. s.* — degrei, *r. s.* — degrez, *r. p.* 62 b.
Dehais, *s. s. malheur;* — dehait, *r. s.* 386 b.
Dehors, 104 d ; — dehors Acre, 352 c ; — au dehors de, 114 d.
Deingnier ; — deingna, 254 b.
Déités, *s. s. f.* (déité), 518 f ; — déitei, *r. s.* (déité), 508 a.
Del. *Voy.* Li.
Delà, 72 d.
Delaier, *retarder*, 122 b ; — nous fumes delaié, *s. p.* (delaiés), 432 d.
Delez, 20 b.
Delit, *s. p. délices, plaisirs;* — deliz, *r. p.* 534 c.
Delivrance, *f. s.* 220 f.
Delivrer, 6 e ; 40 a ; — delivra, 108 e ; se delivra, 454 e ; — je deliverrai, 386 f ; — il deliverra, 40 e ; (delivrera), 222 e ; — deliverroit, 244 a ; (delivreroit), 226 d ; - deliverroient, 244 a ; (delivreroient, 226 e ; - delivrez, *impér.* 40 f ; — tu delivres, *subj.* (delivre), 276 c ; — delivrast, 422 d ; delivrassent, 86 d ; — nous a delivrez, 426 a ; — avoit delivrei (delivré), 268 c ; — avons delivrei (delivré), 430 d ; — averoit delivrée, *r. f.* (delivré), 236 f ; — fumes delivrei (delivrés), 250 d ; — seront delivrei (delivrez), 282 f ; — seroit delivrée, 244 a ; — seriens delivrei (delivrez), 222 b ; — fust delivrés, 250 e.
Delivres, *adj. s. s. m. délivré;* — delivre, *r. s.* 258 d ; — delivre, *s. p.* 286 h ; (delivres), 220 e ; (delivrez) 222 b ; — delivres, *r. p.* 294 d.
Demain, 318 e.
Demande, *f. s.* 16 e.
Demander, 522 b ; — je demant, 418 f ; je (demande), 264 c ; demant-je (demande-je) 16 f ; — il

demande, 290 f; — demandent, 290 f; — je demandoie, 292 b; — demandoit, 40 a; demandoient, 220 c; — je demandai, 422 c; je demandai, (demandé), 254 a; — il demanda, 292 b; — demandames, 520 h; — demandèrent, 522 c; — avoit demandei (demandé), 434 b.

Demener; — il se demeinne, 374 d; — demenans, *s. s.* (demenant), 378 e.

Dementir; — elle desmanti, 452 f; — je dementisse, *subj. imp.* 14 g.

Demeure, *f. s.* 154 d.

Demis, *s. s.* — demi, *r. s.* 10 c; demie, *f. s.* (demi), 128 f; 384 c.

Demourée, *f. s.* 8 d, 280 c.

Démourer, 280 d; (demeurer), 406 a; — je demeur (demeure), 288 d; — demeurent, 166 f. — demouroit, 6 b; — vous demouriés, 158 c; — je demourai, 394 f; — il demoura, 8 a; — demouramses, 236 c; — demourèrent, 428 b; — demourrai, 384 f; — demourra, 524 d; — demourrez, 286 c; — demorront, 420 c; demourront, 172 a; — je demourroie, 158 f; — demourroit, 270 c; — demourroient, 8 c; — elle demeure, *subj.* 456 b; — demourent (*ord.*) 470 e; — il demourast, 6 b; — nous demourissiens (demourissons), 156 e; — demourassent, 310 e; — j'oi demourei (demouré), 446 b; — nous eumes demourei (demouré), 220 b; — je sui demourez (demouré), 288 f; — estoit demourez, 92 d; (demouré) 290 c; — estoit demourée, 404 f; — estiens demourei (demourez), 98 b; — estoient demourei (demouré), 72 f; — estoient demourées, 94 b; — furent demourei (demourez), 166 b; — fust demourez (demouré), 428 c; — fu demourei, *n.*

(demouré), 90 d; — se en aus ne demeure, 504 a; — se en aus ne demouroit, 100 b; — il ne demoura pour autre chose que, 242 e; — il n'avoit demourei, *impers.* (demouré), 226 e.

Demoustrer; — demousterront (demousteron), 516 a.

Deniers, *s. s.* — deniers, *r. p.* 22 a; — à deniers, 226 f.

Dens, *s. s.* — dent, *r. s.* — dens, *r. p.* 80 b.

Departir, *partager,* 110 d; — il departi, 350 f; — je departirai, 318 f; — il departiroit, 110 a. — Se departir, *se séparer, partir,* 398 f; — se departy, 262 c; — se departirent, 364 d.

Departirs, *s. s.* — departir, *r. s.* 92 c, 478 d.

Depecier; — se despiesce, *subj.* 418 a; — depecie, *f. s.* 524 f.

Depuys, 80 f.

Derechief, 98 d.

Derompre, 90 c; — se desrompi, 418 b.

Des, *art. Voy.* Li.

Dés, *s. s.* — dei, *r. s.* — dez, *r. p.* 268 e; deiz, 268 f.

Dès, *prép.* dès le commencement, 4 d; — dès les espaules, 152 b; dès le flum, 176 d; — dès là, 82 f; — dès illec, 412 b; — dès lors, 8 d; — dès lors en avant, 304 b; — dès que, 346 b. — *Voy.* Desoremais, Desorendroit.

Desancrer; — desancrèrent, 248 b.

Desarmer; — desarmés, *r. p.* 388 d.

Desbouchier; — desbouchoient, 142 b.

Descendre, 100 c; — je descent, 420 b; (je descens), 10 b; — descendoit, 512 g; — descendiens (descendions), 386 f; — je descendi, 384 f; — il descendi, 22 c; — descendimes, 38 b; — descendirent, 234 b; — descenderoit (descendroit), 438 a; — descenderiés (descendriés), 418 f; — descenderoient (descendroient), 386 f; — je descende, *subj.*, 420 a; — il descendist, 232 e; (descendeist), 436 g; — se descendist, 416 f; — il estoit descendus, *s. s.* (descendu), 330 a; — estoient descendu (descendus), 172 d; — fu descendus (descendu), 106 a; — iert descendus (descendu), 162 d.

Deschargier; — je deschargoie, 102 a; — je deschargai, 102 a; — deschargons, *impér.* 398 d.

Descharnés, *v. s.* — descharnei, *r. s.* (descharné), 254 c.

Deschaus, *m. inv. sans chausses,* 26 c, 200 a.

Deschevelez, *s. s.* (deschevelé), 416 b.

Deschirier; — il dessire (desirre), 524 h; — dessiroit, 328 e; (desiroit), 328 f; — dessiroient, 26 c; — se deschira, 518 b; dessira (desirra), 414 d, 524 f, h.

Desclairier; — soit declairie (desclairiée), 494 a.

Desconfire, 184 b; — nous desconfisons (desconfison), 318 e; — il desconfist, *prét.* 134 a; (desconfit), 296 d; — desconfirent, 184 b; se desconfirent, 70 c; — il desconfise, *subj.* 318 e; — a desconfiz, *r. p.* 174 d; — avez desconfiz, *r. p.* 164 a; — ont desconfit, 170 f; — avoit desconfit, 352 b; — nous eumes desconfiz, *r. p.* (desconfit), 166 b; — orent desconfiz, *r. p.* 360 f; — avoit estei desconfiz (desconfit), 360 e.

Desconfiture, *f. s.* 156 c.

Desconfors, *s. s.* (desconfort), 56 f; — desconfort), *r. s.*

Desconforter, 222 e; — ne vous desconfortés pas, 30 f; — fu desconfortez (desconforté), 480 b.

Descoper. *Voy.* Decoper.

Descorder; — se descordèrent, 370 b.

Descors, *s. s.* — descort, *r. s.* 46 b, 70 d; — descors, *r. p.* 460 f.

Descouvrir; — avoit descouvert, 82 b; — descouverte, *f. s.* 238 c; — à descouvert, 94 b.

Desdains *s. s.* — desdaing, *r. s.* 18 e.

Desdire; — je desdeisse, *subj. imp.* 16 a.

Desdomagier; — vous desdomagerés, 252 g.

Deserte, *f. s., mérite;* — desertes, *f. p.* 500 c.

Deservir, *mériter;* — as deservi, 490 f; — avoit deservi, 276 e; — avoit deservie, *r. f.* 516 c.

Desesperance, *f. s.* 356 a.

Deseuvrer. *Voy.* Dessevrer.

Desfaire. *Voy.* Deffaire.

Desfendre. *Voy.* Deffendre.

Desflichier, *débarrasser;* — se desflichoit, 260 a.

Desheritemens, *s. s.* — desheritement, *r. s.* 446 f.

Desheritier (desheriter), 54 c; — desheritent, *subj.* 190 d; — desheritast, 192 a.

Deshoneste, *adj. f. s.* 462 a.

Deshonours, *s. s. f.* (deshoneur), 500 f; — deshonour, *r. s.* (deshoneur), 230 e.

Desiriers, *s. s. désir;* — desirier, *r. s.* (desirrer), 260 e.

Desloer, *déconseiller;* — desloa, 150 e.

Desloiaus, *adj. s. s. f.* 170 a; — desloial, *r. s. f.* 408 e, — desloial, *s. p. m.* — desloiaus, *f. p.* 246 c; — desloiaus, *r. p. m.* 170 a.

Desloiautés, *s. s. f.* — desloiautei, *r. s.* (desloiauté), 392 b.

Desmantir. *Voy.* Dementir.

Desoremais (desoremez), 258 a; desormais, 412 a.

Desorendroit, 266 a.

Desous, 362 a; desouz, 22 c; dessous, 58 f.

Despecier. *Voy.* Depecier.

Despendre, *dépenser,* 274 d; — despendoit, 482 c; — despendist, *subj.* 284 f; — a despendu, 282 e; — avoit despendu, 284 f; — j'oi despendu 272 g; — eusses despendu, 392 f.

Despendre, *dépendre;* — despenderoient, 356 f.

Despens, *m. inv.* 72 d; — aus despens, 266 a.
Despense, *f. s.* 282 e; — despenses, *f. p.* 66 f.
Desperés, *part. s. s. désespéré;* — desperei, *s. p.* (desperez), 26 c.
Despire, *mépriser*, 498 d.
Despis, *s. s. dépit, mépris;* — despit, *r. s.* 240 b; — tenir en despit, 316 b; — avoir en despit, 464 a; — avoir despit, 192 b, 240 c.
Despitier, *mépriser;* — despita, 304 f.
Desplaire; — desplaise, *subj.* 426 c, 538 d; (desplèse), 28 a.
Despourveuement (despourveument), 362 d.
Desputaisons, *s. s. f.* (desputaison), 36 e; — desputaison, *r. s.* 34 f; desputoison, 246 a.
Desputer, 36 e; — aviens desputei (desputé), 20 d.
Desraimbre, *racheter*, 226 f.
Desrober, 78 e.
Desrompre. *Voy.* Derompre.
Dessaisir; — dessaisissent, *subj.* 474 b.
Dessevrer; deseuvrer, *séparer*, 528 h; — les eust dessevrés, *subj.* 98 c.
Dessirier. *Voy.* Deschirier.
Dessous, Dessus. *Voy.* Desous, Desur.
Destendre; — avoient destendue, *f. s.* 164 c.
Destourber, *empêcher*, 128 f; — destourba, 380 c; — avoient destourbée, *f. s.* (destourbé), 190 f.
Destourbiers, *s. s. empêchement;* — destourbier, *r. s.* 40 d; — destourbiers, *r. p.* 420 e.
Destourner; — destourna, 10 e.
Destre, *f. s.* 526 b; — à destre, 160 a; à ma (mon) destre, 526 c.
Destres, *adj. s. s. m.* — destre, *r. s.* — destre, *f. s.* 106 b.
Destriers, *s. s.* — destrier, *r. s.* — destriers, *r. p.* 84 a.
Destrois, *s. s.* — destroit, *r. s.* 430 d; — destroiz, *r. p.* 328 c.

Destruire; — il destruist, *prét.* (destruit), 352 c; — nous destruirons, 328 a; — destruiroient, 364 f; — avoient destruite, *r. f.* 488 c; — avoient destruites, *r. f. p.* 314 d; — estoit destruis, 370 c; — fust destruiz (destruit), 476 f; — destruiant, *s. p.* 56 e.
Desur, 248 f; desus, 152 b; — desus dites, 4 b; — au desus, 192 e; — par desus, 478 f.
Desvés, *s. s. enragé;* — desvei, *s. p.* (desvez), 56 c.
Detenir; — detenissent, *subj.* 200 d.
Deul. *Voy.* Dues.
Deux. *Voy.* Dui.
Devanciers, *s. s.* — devancier, *r. s.* — devancier, *s. p.* 456 f; (devanciers), 458 a; — devanciers, *r. p.* 494 b.
Devans, *s. s.* — devant *r. s.* 104 a.
Devant, *prép.* devant Damiete, 6 a; — devant la venue, 56 f; — par devant, 460 f; — *adv.* 42 b, 166 e, 170 e; — devant que, 86 g; devant ce que, 208 b, 262 f.
Devéer, *défendre;* — deveissient, *subj. imp.* 42 g.
Devenir; — devenoit, 126 a; — devindrent, 398 g; — devenroient (devendroient), 242 g; — estoit devenuz, *s. s.* 34 d.
Devers, 62 d, 310 a.
Devisier, *raconter, expliquer,* (deviser), 14 a, 28 b; — il devise, 4 a; — devisoit, 448 c; — nous devisiens (devisions), 20 b; — devisa, 388 c; — devisast, *subj.* (devisat), 286 g; — devisié (devisé) vous ai, 536 d; — avoit devisie, *r. f.* (devisée), 344 a; — furent devisié (devisez), 238 b.
Devocions, *s. s. f.* — devocion, *r. s.* 66 e.
Devoir; — je doi, 504 d; — tu dois, 494 c; — il doit, 462 f; — devons, 424 g; — devez, 402 b; — doivent, 410 b; — je devoie, 464 a; — il devoit 418 e; — nous deviens (devions),

VOCABULAIRE. 331

84 c; — il dut, 60 f; deut, 26 d; — deumes, 422 a; — durent, 404 a; — deverons (devrons), 176 a; — devroies (ens.) 490 e; deveroit (devroit), 22 e; — deveriez (devriez), 40 b; - deveroient (devroient), 22 b; - tu doies, subj. 490 |f; — il doie, 10 g.; — doivent, 472 b; — deust, 226 f; — deussiens (deussions), 108 e; — deussent, 106 c.

Devorer; — devoroit, 328 f; — devourèrent, 514 h; — l'avoient devourci (devouré), 514 g; — les eussent devorez, 328 e.

Devotement, 448 b.

Dez. Voy. Dés.

Diemenches, s. s. — diemenche, r. s. 520 h; dimmange, 538 c; dymanche, 30 c.

Diens s. s. (dien), 118 d; doyens; — doyen, r. s. 86 c.

Diex, s. s. 4 f; (Dieu), 2 b; Dex, 538 b; — Diex, voc. 530 a; — Dieu, r. s. 2 a; Deu, 538 a.

Difference, f. s. 374 b.

Dignes, adj. s. s. m. (digne), 494 a.

Diligence, f. s. 446 c.

Diligens, adj. s. s. 496 c.

Diligentment, 440 c; diligenment, 494 c.

Dimmanges. Voy. Diemenches.

Diners, s. s. — diner, r. s. 202 c; disner, 478 e.

Dire, 26 e; — je di, 30 g; (dis), 342 e; (diz-je), 10 f; (dit), 440 f; — tu diz, 232 b; — il dit, 6 e; — dites-vous, 286 e; — dient 50 f; — disoie-je, 18 a; — disoit, 74 a; — disoient, 460 d; — je diz, prét. 82 a; deis, 200 a; — il dist, 6 f; (dit), 12 e; — nous deimes, 522 b; nous deismes 46 b; — vous deistes, 18 b; - distrent, 34 d; dirent, 148 e; — dirai-je, 166 d; (diré-je), 90 b; — diras, 320 f; — dirons, 490 b; — direz, 342 b; — diroit, 16 a; — diroient, 220 d; — di, impér. 492 d; — disons, 108 d; — dites, 30 f; il die, subj. 30 a; — dites, subj. 14 f, 302 c; — dient, 26 a; — je deisse, 24 f; — il deist, 260 c; — deissiez, 350 b; — deissent, 16 b; — dites, f. p. 4 b.

Diseniers, s. s. — diseniers, r. p. 336 c.

Disiesmes, s. s. (x^e), 484 c; — disiesme, r. s. 74 f; — lour disiesmes, r. p. (disiesme), 336 c.

Divers, adj. m. inv. 124 a; bizarre, 422 e; — diverses, f. p. 400 e.

Divinités, s. s. f. — divinitei, r. s. (divinité), 30 e.

Dix, 66 d; — dix mille, 502 e.

Dixiesmes. Voy. Disiesmes.

Dois, s. s. doigt; — doi, r. s. 502 a; doy, 206 b; — doi, s. p. — dois, r. p. 230 f; doiz, 292 c.

Dolerex, adj. m. inv. 534 a; — dolereuse, f. s. — doulloureuses, f. p. (doulloureuses), 486 f.

Doloir, se plaindre; — se dolut, 480 b.

Dolours, s. s. f. 516 d; — dolour, r. s. (douleur), 264 e; — dolours, f. p. 516 d.

Don. Voy. Dont.

Donc, 26 f; 216 c; donques, 14 f.

Donner, 20 f; — doing-je (doins-je), 44 a; (donné-je), 458 b; je doing (donne), 62 d; — vous donnez, 44 d; — je donnoie, 276 e; — il donnoit, 464 e; — je donnai (donné), 146 c; — donna, 6 d; — donnames, 438 e; — donnèrent, 76 b; — je donrai, 290 a; (donra), 332 f; — donras-tu, 234 c; — il donra, 298 f; — donront, 440 c; dourront, 298 e; — il donroit cuer, 100 a; dourroit, 452 a; — nous donriens, 522 b; — vous donrriés, 220 f; donriés, 220 f; — donroient, 416 f; — donne, impér. 496 b; — donnés, 298 f; - il doint, subj. 496 f; — donnés, 62 c; donnez, 162 e; — donast, 530 b; donnast 466 b; — avoit donnei (donné), 46 a; — avoit donnée, r. f. 100 d; — ot donnée, r. f. 348 a;

— aiens donnei (donné), 246 f;
— donney, *s. n.* 538 e; — fu donnez, *s. s. m.* (donné), 6 d.

Dons, *s. s.* — dons, *r. p.* 72 d.

Dont, *d'où*, 58 f, 126 b, 260 f; don, 508 b.

Dont, *donc*, 22 e, 44 b, 48 a.

Dorés, *s. s.* — dorei, *r. s.* (doré), 152 b; — dorez, *r. p.* 448 c.

Dormir; — se dort, 86 a; — dormoit, 436 a; se dormoit, 264 a; — je me dormi, 486 a; — dormissent, 332 c; — avoit dormi, 38 a; — en dormant, 486 a; — en mon dormant, 504 b.

Dortours, *s. s. dortoir;* — dortour, *r. s.* (dortouer), 82 b.

Dos, *m. inv.* 118 a, 516 a.

Doter. *Voy.* Douter.

Dou. *Voy.* Li.

Doubler; — doubleront, 530 h.

Doubles, *adj. s. s. m.* — double, *r. s.* 478 a; — double, *f. s.* 6 e.

Doumagier; — avoit doumagié (doumagé), 276 d.

Doumaiges, *s. s.* — doumaige, *r. s.* (doumage), 6 a, 426 d, f; — doumaiges, *r. p.* (doumages), 352 c.

Douquel. *Voy.* Liquex.

Dous. *Voy.* Doux, Dui.

Doutance, *f. s.* 28 g.

Doute, *f. s.* 34 a.

Douter, *redouter*; — je dout (doute), 262 d; — il doute, 450 d; — doutons, 418 a; — doutent, 374 e; — je doutoie, 62 a; — il doutoit, 192 a; dotoit, 526 f; — doutoient, 52 d; — douteront, 494 e; — doutiens, *subj.* 498 d; — doutent, *subj.* 470 b. — fu doutés, 528 b; — seroit dotez, 528 b.

Douteus, *m. inv.* — douteuse, *f. s.* 494 c.

Doux, dous, *m. inv.* — douce, *f. s.* 534 b; — douces, *f. p.* 350 b.

Douzainne, *f. s.* 390 c.

Douze, 476 c; douze vins, 90 d.

Doyens. *Voy.* Diens.

Dragons, *s. s.* — dragon, *r. s.* 136 d.

Dras, *s. s.* — drap, *r. s.* 64 f; — drap, *s. p.* (dras), 432 f; — dras, *r. p.* 352 e.

Drecier; — dressoit, 390 b; se dressoit, 260 a.

Drois, *adj. s. s. m.* (droit), 526 h; — droit, *r. s.* 526 h; — drois *r. p.* 128 b; — droite, *f. s.* 40 c.

Drois, *s. s.* 340 b; (droit), 452 a; — droit, *r. s.* 38 c; — droiz, *r. p.* 368 c.

Droit, *adv.* 58 c. 176 c.

Droitement, 534 e.

Droiture, *f. s.* 442 e; — droitures, *f. p.* 494 a, f.

Droiturex, *adj. m. inv.* 530 e.

Droiturièrement, 466 e.

Droituriers, *adj. s. s.* (droiturier), 290 c; — droiturier, *r. s.* — droiturière, *f. s.* 450 f.

Drugemens, *s. s. truchement;* — drugemens, *r. p.* 220 c.

Du. *Voy.* Li.

Dues, duex? *s. s. deuil;* — duel, *r. s.* (deul), 404 e; — duel, *s. p.* (deul), 48 a.

Dui, *s. p. m.* (deux), 224 e; — dous, douz, *r. p.* 48 a; — dous, *f. p.* (deus), 510 e.

Durement, 408 c.

Durer, 326 b; — dura, 452 e; — durra, *fut.* 532 b; (durera), 512 d; — dure, *subj.* 18 c.

Durs, *adj. s. s. m.* — dur, *r. s.* 292 a; — dur, *s. p.* (durs), 248 e; — dure, *f. s.* 532 a; — dures, *f. p.* 16 a.

Durtés, *s. s. f. dureté;* — durtez, *f. p.* 404 f.

Dus, *s. s.* (duc), 56 d; — duc, *r. s.* 22 c.

Dyables, *s. s.* 518 h; (dyable), 462 e; — dyable, *r. s.* 14 b; avoit le dyable ou cors, 400 b; — dyables, *r. p.* 358 c.

Dymanches. *Voy.* Diemenches.

E

Eaue. *Voy.* Yaue.
Eche, *f. s. amorce*, 518 g.
Edefier, 12 d ; — edefiées, *f. p.* 464 f.
Effonder, *couler à fond ;* — les eussent effondées, 416 a.
Efforcier ; esforcier, 28 b ; — s'efforce, 510 d ; — se esforça, 28 e ; — se esforcièrent, 70 a.
Effraer, effréer, *effrayer, émouvoir*, 384 e ; — s'esfréa, 274 b ; — ne vous effréez pas, 434 c ; — fu effraez, *s. s.* (effraé), 340 f ; — fu effrée, *f. s.* 264 a ; — effraez, *s. s.* 378 d.
Effréement, *avec effroi*, 164 d.
Eglise, *f. s.* 4 a ; esglise, 32 a ; — esglises, *f. p.* 404 c.
Egypcien, *s. p.* (Egypciens), 246 c.
Einsi, cinci. *Voy.* Ainsi.
Ele, *aile, f. s. ;* — eles, *f. p.* 136 c ; (elez), 66 f.
Elle. *Voy.* Il.
Elochier. *Voy.* Eslochier.
Embatre, *jeter ;* — s'embatirent, 338 b ; — orent enbatus, *r. p.* 208 d ; — estoient embatu, *s. p.* (embatus), 360 e.
Embausmer ; — fust embausmée, 304 d.
Embler, *voler*, 360 g ; enbler, 276 f.
Embracier ; — j'embraçai, 200 a ; — ambraça, 534 b ; embraça, 212 b ; — enbracié, *r. s.* 534 b ; embracié, 212 c.
Embraser ; embrasée, *f. s.* 432 g.
Emmener. *Voy.* Enmener.
Empeeschemens, *s. s.* — empeeschement, *r. s.* 410 d.
Empenre, *entreprendre ;* — emprist, 128 d ; (entreprist), 24 a ; — empristrent, 178 e ; — emprises, *f. p.* 532 f.
Empereris, *f. s.* 92 f ; (empereis), 92 c.
Empcrieres, *s. s.* (emperiere), 130 c ; (empereur), 292 b ; — empereour, *r. s.* 212 b, 354 f ; empereor, 222 a ; (empereur), 132 b ; — empercours, *r. p.* (empereurs), 464 b.
Empirier (empirer), 488 f ; ampirier (ampirer), 532 h.
Emplir ; — il emplist, *ind. prés.* 20 e.
Emploier, 112 c ; — emploi-je (emploie-je), 458 c ; — eust emploiés, *r. p.* 16 c.
Empoisonnemens, *s. s.* — empoisonnement, *r. s.* 96 b.
Empoisonner ; — empoisonna, 96 b.
Empors, *s. s. influence ;* — emport, *r. s.* 76 d.
Emporter. *Voy.* Enporter.
Empreinte, *f. s.* 46 c.
Emprès, *auprès*, 64 c, 148 b, 280 f.
Emprise, *f. s. entreprise*, 142 e ; 376 e.
Empronter ; — empronta, 292 f ; — empruntast, *subj.* 336 d.
En, *de là, à cause de cela ;* en avint, 6 f ; — il en fist cuire le nez, 462 b ; — en avoient trente, 8 b ; — s'an iroient, 522 d ; — s'ent estoient avisié, 92 c.
En, *prép.* en terre, 308 a ; — eu prael d'en milieu, 66 g ; — en couvenant, 2 c ; — en quatre ans, 334 c ; — an cest androit, 530 e.
En. *Voy.* On.
Enbatre. *Voy.* Embatre.
Enbler. *Voy.* Embler.
Enbouchier, *boucher ;* — enboucha, 84 c.
Enbracier. *Voy.* Embracier.
Enchacier, *chasser ;* — enchaçoit, 260 b ; — enchacièrent (enchacèrent), 178 e.
Enchierir ; — enchierissent, 334 f.
Enchoisonner, *gronder ;* — j'enchoisonnai, 198 d ; — enchoisonna, 272 d.
Enclorre ; — s'encloent, 168 b ; — s'encloit, 352 a ; — s'enclost, *prét.* 408 c ; — enclorrent, 202

f; — avoient enclos, 362 e; — et enclos est, 368 e; — estoit enclos, 314 f.

Encombrer, 294 d; — encombrast, 22 a.

Encommencemens, *s. s.* — encommencement, *r. s.* 306 f.

Encommencier; — encommençoit, 20 c; — encommençoient, 350 b.

Encontre, *f. s.* 256 e; — à l'encontre, 116 c, 270 b.

Encontre, *adv.* 246 c.

Encontre, *prép.* 24 e, 286 d; — *en face de,* 182 a, 282 c; — *à la rencontre de,* 398 a.

Encontremont, 144 b.

Encontrer; — encontrames, 98 d.

Encore, 18 a, 30 c.

Encorre, *encourir,* 470 b.

Encoste, *près,* 66 c, 84 a; — encoste de li, 218 e.

Endemain, 26 d. *Voy.* Main.

Endementières, *pendant que,* 54 f, 82 d; endementres, 78 c, 102 a.

Endentés, *s. s.* — endentei, *s. p.* (endentés), 224 e; — endantées, *f. p.* 358 c.

Enditier, *indiquer;* — fu enditiez, *s. s.* (enditié), 476 e.

Endoncées, *f. p.* 358 note.

Endroit, *vis-à-vis,* 64 d, 180 a; — *vers,* 518 b; — *à l'égard de,* 234 e, 244 d. — *Voy.* Androis.

Enfance, *f. s.* 48 c.

Enfanter; — enfantast, 36 b.

Enfermetés, *s. s. f.* (enfermeté), 498 a; — enfermetei, *r. s.* (enfermeté), 194 b.

Enfers, *s. s.* — anfers, *voc. s.* (anfer), 520 c; — enfer, *r. s.* 262 c; anfer, 518 h.

Enfes, *s. s.* (enfant, 218 f; — enfant, *r. s.* 10 a; — enfant, *s. p.* 184 b; (enfans) 44 e; — enfans, *r. p.* 398 b.

Enfler; — sont enflées, 226 a; — furent enflées, 242 b.

Enfondrer, *enfoncer,* 100 f, esfondrer; — se esfondroit, 100 f.

Enforcier; — enforçoient, 188 b; — avez enforcie, *r. f.* (enforciée), 410 f; — enforcié, *r. s.* 16 d.

Enfouir, *enterrer,* 388 e; — furent enfoui (enfouis), 500 b.

Enfuir, enfouir, *s'enfuir;* — s'enfuioient, 144 d; — s'enfui, 232 d; — s'enfuirent, 100 f; s'enfouirent, 144 c; — je m'enfuirai, 384 f; — vous enfuirés, 384 f; — s'enfouissent, 148 e. *Voy.* Fuir.

Engerrans, *s. s.* (Engerran), 64 f.

Engingnierres, *s. s. ingénieur* (engingneur), 128 c; — engingnour, *r. s. et s. p.* — engingnours, *r. p.* (engingneurs), 202 b.

Engins, angins, *s. s.* — engin, *r. s.* 134 e; — engin, *s. p.* (engins), 128 c; — angins, *r. p.* 238 b.

Engregier, *s'aggraver,* 200 e.

Engrès, *m. inv., avide,* 444 e.

Enhardir; — s'enhardirent, 122 c.

Enhuilier, *oindre;* — enhuiloit (enhuilioit), 498 b.

Enjoindre; — enjoingnent, 528 g.

Enluminer; — il enlumine, 498 g; — enlumina, 498 g.

Enmener, emmener; en avoit fait mener, 236 f; — enmenoit, 362 a; emmenoit, 406 d; — emmenoient, 156 g; enmenoient, 196 e; — enmena, 94 a; emmena, 148 d; — en ot menei, (mené) 92 a.

Enmi, *au milieu de,* 86 f, 94 b, 150 c.

Ennemis, *s. s.* (ennemi), 28 f; enemis, 510 d; anemis, 534 f; — enemis, *voc.,* 510 e; — ennemi, *r. s.* — anemi, *s. p.* 534 h; — ennemis, *r. p.* 8 c; enemis, 516 h; anemis, 528 a.

Ennorer. *Voy.* Honorer.

Ennuier, 32 b; anuier; — il ennuie, 32 b; - anuieroit, 296 f; — il anuie, *subj.* 266 f.

Ennuis, *s. s.* — ennui, *r. s.* 286 c.

Ennuit, *adv., cette nuit,* 164 b, 430 d, 434 e; anuit, 434 d.

Enoihdre; — enoint, *r. s.* 514 b; — enoinz, *r. p.* (enoint), 530 c.

Enors. *Voy.* Honours.

Enpeeschier, 62 a.
Enpenser; — j'avoie enpensei (enpensé), 264 d.
Enporter, anporter, emporter; je n'en vouloie porter, 76 e; — enporte, 520 c; — enportoient, 478 f; — enporta, 8 e; anporta, 520 c; emporta, 70 g; — enportèrent 36 d; emportèrent, 116 f; — enporteriens (enporterions), 172 e; — enportast, 422 c; emportast, 432 c; — emportassent, 166 c.
Enquerre, 468 f; — je enquis, 260 c; — enquistrent, 314 d; — enquier, *impér.* 496 c; — orent enquis, 500 d.
Enquesterres, *s. s.* — enquesteurs, *r. p. (ord.)*, 468 f.
Enromancier, *mettre en français;* — enromançoient, 220 e.
Ens, *adv. dedans*, 84 c, 334 e; — *prép.* enz la mort, 536 b.
Ensaigne. *Voy.* Enseigne.
Ensanglanter, ansanglanter; — ansanglentèrent, 514 g; — ensanglantée, 234 c.
Enseigne, *f. s.* 106 b; ensaigne, 102 e; — ensignes, *f. p.* 188 d; enseignes, 244 c; — à teix enseignes, 322 a.
Enseignemens, *s. s.* — enseignement, *r. s.* 26 b; — enseignemens, *r. p.* 12 b.
Enseignier, 526 h; (enseigner), 38 a; — je enseing (enseigne), 490 d; — il enseigne, 32 a; ensaigne, 528 h; — enseignoit, 38 d; — enseignoient, 510 b; — enseigna, 442 c; — enseigneroit, 142 b; — avoit enseignié (enseigné), 136 b; — avoit enseignie, *r. f.* (enseignée), 304 f; — ot enseignié, 498 a; — sont enseignié, 508 d.
Enseignierres, *s. s.* — enscignours, *r. p.* (enseigneurs), 298 a.
Ensemble, 172 e; ensamble, 534 f.
Ensevelir, 300 c; — fu encevelis, 518 d.
Ensi. *Voy.* Ainsi.
Ensuivre, 500 f; — s'ensuit, 466 f;

— il ensui, *prét.* 4 e, 78 f; ensuivi, 12 d.
Ensus, 204 f.
Ent. *Voy.* En.
Entaillier (entailler), 88 f.
Entechiés, *s. s. doué;* — entechiez, *r. p.* (entechez), 224 b.
Entencions, *s. s. f.* — entencion, *r. s.* 166 e.
Entendemens, *s. s.* — entendement, *r. s.* 498 a; antendement, 518 b.
Entendre, 58 e; antendre, 524 g; — je entent, 82 b; — nous entendons, 418 a; — entendez, 456 f; — entendent, 212 c; — je entendoie, 216 b; — entendoit, 66 e; — entendoient, 156 a; — j'entendi, 6 b; — entenderoit (entendroit), 58 f; — il entendist, *subj.* (entendit), 58 f; — a entendu, 54 g; — avoit entendu, 522 g; — eusent entendu, 36 e; — fist entendant, 454 f; firent antendant, 514 g.
Entente, *f. s.* 494 c.
Enterrer; — il avoient enterrei, 332 c; — fu enterrez (enterré), 500 b.
Entièrement, 200 a.
Entiers, *s. s.* — entier, *r. s.* 46 d.
Entorteillier; — avoit entorteillie, *r. s. f.* (entorteillée), 366 f; — sont entorteillies, *f. p.* (entorteillées), 168 d; — entorteillié, *r. s.* (entorteillé), 300 c; — entorteilliés, *r. p.* (entorteillés), 402 b.
Entour, *autour*, 86 d; antor, 524 h; — *auprès*, 38 f, 92 b, 148 b; — environ, 60 a.
Entre, 34 d; — entre les autres, 304 b; 400 b; entre li et moy, 408 c; entre nous, 230 a; entre vous, 296 f.
Entrée, *f. s.* 412 b; — entrées, *f. p.* 118 c; antrées, 516 e.
Entrelacier, 186 e.
Entremettre; — s'entremistrent, 54 c; — je me entremetterai (entremetrai), 112 a.
Entrepenre, *prendre réciproquement;*

— s'estoient entrepris, 102 d. *Voy.* Empenre.

Entrer, 402 b; — il entre, 458 c; — entroit, 94 b; — entroient, 116 e; — je entrai, 220 a; — entra, 96 e; — entrames, 422 a; — entrèrent, 430 a; — anterra, 532 f; — anterront, 532 f; — enterroit, 382 a; — enterroient, 56 c; — il entre, *subj.* 124 e; — entrast, 8 f; — sont entrei (entrés), 382 c; — estoit entrez (entré), 36 c; — estoient entrei (entré), 122 e.

Envenimer; — envenima, 96 c.

Envers, 34 b.

Environ, 232 e.

Environner; — environna, 328 c; — environnames, 344 f; — estoit environnez, *s. s.* (environné), 66 b.

Envis, *m. inv. contraint et forcé,* 268 c, 346 c, 464 a.

Envoier, 92 e; envoi-je (envoie-je), 12 a; — il envoie, 32 b; — envoient, 324 d; — je envoioie, 336 c; — il envoioit, 364 f; — envoioient, 312 b; — envoiai, 384 f; (envoié), 78 d; — envoia, 8 f; anvoia, 522 f; — envoiames, 224 a; — envoièrent, 416 d; — anvoiera, 524 d; — envoierons, 326 d; — envoieront, 468 e; — envoieroit, 364 f; anvoieroit, 510 d; — envoieriens (envoierions), 80 f; — envoieroient, 222 b; — tu envoies, *subj.* 328 a; — il envoit, 282 e; 410 b; — envoions (*ord.*) 468 f; — envoiast, 428 f; — envoissiens, 524 a; (envoison), 224 a; — envoinssent, 310 a; — avez envoié, 300 e; — avoit envoié, 274 e; avoit envoiés, *r. p.* 294 b; — eust envoié, 178 a; — fu envoiez (envoié), 340 d; — soient envoié (envoiés), 472 a.

Enyvrer, 14 d; — je m'enyvreroie, 14 e.

Enz. *Voy.* Ens.

Erars, *s. s.* (Erart), 90 g; (Herard), 52 g; — Erart, *r. s.* 54 a.

Erbe. *Voy.* Herbe.

Ercevesques. *Voy.* Arcevesques.

Eritaiges. *Voy.* Heritaiges.

Errant, *adv. aussitôt,* 440 d.

Erre, *f. s. lettre de l'alphabet;* — erres, *f. p.* 20 e.

Ertaus, *s. s.* (Ertaut), 62 a; — Ertaut, *r. s.* 62 a.

Es, ais. *Voy.* Ais.

Es, *en les. Voy.* Li.

Es vous, *voici, voilà,* 138, a, 160 a, 434 c.

Esbahir, 518 a; — je m'en esbahi, 518 a; — il fu esbahiz (esbahi), 254 d; — furent esbahi (esbahiz), 86 c; — furent esbahies, 518 b; — esbahiz, *s. s.* (esbahi), 62 e; — esbahi, *r. s* 24 e.

Escale, *f. s. écaille,* 402 e; — escales, *f. p.* 402 d.

Escarlate, *f. s.* 88 f; escarlatte, 448 c; — escarlates, *f. p.* 304 d.

Escarteler; — escartela; 348 g.

Eschamiaus, *s. s. escabeau;* — eschamel, *r. s.* 46 b.

Eschaper, 214 d; — eschapent, 408 d; — eschapoit, 412 d; — eschapa, 184 d; — eschapèrent, 10 b; — eschaperons, 388 a; — eschapast, 62 e; — nous ot eschapez, *r. p.* 422 a; — nus n'en y avoit eschapei (eschapé), 122 e; — est eschapez (eschapé), 28 d; — fumes eschapei (eschapé), 424 e.

Escharpe, *f. s.* 322 a.

Eschaufaus, *s. s.* — eschaufaut, *r. s.* 486 e. *Voy.* Chafaus.

Eschaufer; — estoit eschaufez, *s. s.* (eschaufé), 156 d.

Escheoir; — eschéoit, 466 a.

Eschever, *éviter;* — eschière, *impér.* 492 e.

Eschiec, *s. p.* — eschiez, *r. p.* (eschez), 96 b.

Eschièle, *f. s.* 462 a.

Escient; — à vostre escient, 14 f; à escient, 216 d.

Esclarcir, 478 a.

Esclaves, *s. s.* - esclave, *s. p.* 240 f; (esclaves), 206 f.

Escommeniemens, *s. s.* — escom-

meniement, *r. s.* 110 c; — excommeniemens, *r. p.* 42 d.
Escommenier, 452 e; — excommeniez, *s. s.* (excommenié), 44 b; — escommeniez, *r. p.* 42 f; excommeniés, 42 e.
Escondire, *refuser*, 444 e.
Escorcheure, *f. s.* 96 c.
Escorchier; — escorchoit, 20 e.
Escouter, 98 f; — escouterai, 454 e; — escouteront, 440 c; — escoute, *impér.* 492 b; — escoutez, 246 e.
Escouvenir, *convenir;* — escouvenoit, 210 f.
Escoz, *s. s.* (Escot), 12 f.
Escrier, 102 e; — escrioit à nous, 204 b; — les escrioient, 52 d; — escriai, 414 e; — l'escria, 284 b; lour escria, 354 c; s'escria, 406 d; — li escrièrent, 232 e; s'escrièrent, 84 e.
Escrins, *s. s.* — escrin, *r. s.* 210 f.
Escripture, *f. s.* 380 e; — escriptures, *f. p.* 376 d, 480 b.
Escrire, 4 b; — escrist, *prét.* (escript), 490 d; — avons escriptes, *r. f. p.* 46 e; — escrit, *r. s.* (escript), 246 e; — escriz, *r. p.* (escrit), 508 a; — il est escriz, *s. s. m.* (escript), 502 f; il est escrit, *n.* (escript), 4 b; — sont escrit (escript), 490 d; sont escriptes, 506 b; — estoit escris, *s. s. m.* (escript), 304 b; — ce fu escrit, *n.* (escript), 506 c; — fussent escriptes, 46 f.
Escris, *s. s.* (escript), 238 f; — escrit, *r. s.* 218 g; (escript), 400 c.
Escrivains, *s. s.* (escrivain), 498 f; — escrivain, *s. p.* (escrivains), 218 e.
Escrus, *s. s.* — escrue, *f. s.* 212 b.
Escuele, *f. s.* 216 c.
Escuellée, *f. s.* 294 g.
Escuiers, *s. s.* (escuier), 434 b; escuyers (escuyer), 348 a; — escuier, *r. s.* 78 d.
Escus, *s. s.* — escu, *r. s.* 6 c; — escus, *r. p.* 156 d.
Escuser; — je me escusai, 484 f.

Escussiaus, *s. s. écusson;* — escussel, *r. s.* — escussiaus, *r. p.* 104 d.
Esdrecier, *diriger;* — je m'esdreçai, 382 e.
Esfondrer. *Voy.* Enfondrer.
Esforcier. *Voy.* Efforcier.
Esfreer. *Voy.* Effreer.
Esgarder, *regarder;* — esgardez, *impér.* 24 a, 254 f.
Esgars, *s. s.* — esgart, *r. s.* 76 d.
Eglise. *Voy.* Eglise.
Esjareter, *couper les jarrets;* — avoit estei esjaretez (esjareté), 214 f.
Eslire; — esleurent, 452 c; — esliroient, 316 g; — esli, *impér.* 492 a; — avoit eslue, *r. f.* 500 b; — furent esleu, 318 a.
Eslochier, *disloquer;* — sont eslochié (eslochez), 418 a; — estoient eloschié (eloschez), 10 a.
Esloignier, 536 d; — esloigna, 84 f, 102 b; esloingna, 304 f; — fu esloingnie (esloingnée), *f. s.* 436 c.
Eslongier, *allonger*, 170 b.
Esme, *f. s. pensée, désir*, 58 b, 146 f, 372 b.
Esmer, *estimer;* — je esmai, 376 a; — furent esmei (esmé), 146 b.
Esmeraude, *f. s.* 286 d.
Esmier, *mettre en miettes;* — eust estei esmiée, 414 a.
Esmouvoir, 496 b; — s'esmut, 376 c; — nous esmeumes, 102 d, 382 b; — s'esmurent, 384 b; — il esmeuve, *subj.* 492 f.
Esmouvoirs, *s. s.* — esmouvoir, *r. s.* 154 a.
Esmuyz, *s. s. muet*, 74 b.
Espaces, *s. s.* — espace, *r. s.* 4 e.
Espandre; — s'espandent, 124 b; — se espandoit, 528 d; — espandi, 486 d, — est espandus, *s. s.* (espandu), 14 b; — estoient espandu, *s. p.* 118 b.
Espargnier, 6 a; — espargnast, 476 e.
Esparpillier; — esparpilleroient, 210 e.
Espaule, *f. s.* — espaules, *f. p.* 150 a, 152 b, 286 b.

Especialment, 6 e (especialement), 48 d.
Especiaus, *adj. s. s.* — especial, *r. s.* 470 f.
Espée, *f. s.* 178 d; (espé), 150 f; — espées, *f. p.* 30 c.
Espenre; — s'esprist (s'esprit), 232 f.
Esperis, *s. s.* — esperit, *r. s.* 354 f; 498 e.
Esperons, *s. s.* — esperons, *r. p.* 102 f.
Espie, *f. s.* — espies, *f. p.* 122 c. 132 d.
Espier, 390 b; — ot espié, 360 b.
Espiés, *s. s. pique;* — espié, *r. s.* 204 f.
Esplois, *s. s. profit;* — esploit, *r. s.* 486 d.
Esploitier, *agir, profiter,* 316 d; — il a esploitié, 44 b.
Espoenter, s'espoanter, 518 a; — je me apoantai (apoantoi), 518 a; — nous ait espoentez, 426 c.
Espoir, *loc. adv.* 394 c, 400 f.
Espouentable, *adj. f. s.* 98 f.
Espouser, 54 d; — j'avoie espousée, *r. f.* 158 e.
Espouz, *m. inv.* 532 g.
Esprisier, 420 a.
Esprouver; — esprouvées, *f. p.* 468 a.
Esquachier (esquacher), *écraser,* 120 e; — esquachent, 124 e.
Essaier; — essaièrent, 224 c; — essaiast, 376 d; — avoit essaié, 126 b; — nous avoient essaiés, 224 c.
Essamples, exemples, *s. s. m.* — essample, *r. s.* 520 e; exemple, 12 a, 452 b; — exemple, *f. s.* 372 d.
Esselle, *f. s.* 106 e; — esseles, *f. p.* 106 d.
Essuyer; — essuyée, *f. s.* 144 b.
Establir, 170 d; — establissons, 466 f; — il establi, 466 e; — establirent, 50 d; — j'ai establi, 504 e; — avez establi, 454 d; — avoit establiz, *r. p.* 208 d; — ot establi, 502 c; — establie, 504 a; — estoient establi (establiz), 188 e; — fu establi, *n.* 316 f; — furent establi (establiz), 132 e; — soient establi (establiz), 470 b.
Establissemens, *s. s.* — establissement, *r. s.* 474 f; — establissement, *s. p.* (establissemens), 318 c; — establissemens, *r. p.* 466 d.
Estache, *f. s. mât, poteau,* 378 a, 514 g.
Estaindre, 136 b; esteindre, 180 e; — il estaint, 298 f; estainst, *prét.* (estaint), 434 a; — esteingnimes, 138 b; — avoient estaintes, *r. p. f.* 532 g; — aiés — estains, *r. p.* 434 f; — eussiens estaint, 138 c; — iert estainte, 532 e.
Estans, *s. s.* — estanc, *r. s.* 350 b.
Estaus, *s. s.* — estal, *r. s.* — estaus, *r. p.* 112 b.
Estaz, *s. s.* (estat), 34 b; — estat, *r. s.* 440 f.
Esteingnierres, *s. s. qui éteint;* — esteingnour, *r. s.* — esteingnour, *s. p.* (esteingneurs), 136 b.
Estendre, 42 a; — estendoit, 260 a; s'estendoit, 180 f; — estendoient, 352 e; — estandi, 404 a; — se estende, *subj.* 470 h.
Ester, *se tenir debout, s'arrêter,* 214 f, 252 e; — s'en estoit (se vestoit), 136 e; — en estant, 42 b, 350 c.
Estés, *s. s. f.* — estei, *r. s.* (esté), 40 c.
Estiennes, *s. s.* (Estienne), 252 c; — Estienne, *r. s.* 60 f.
Estimer; — soit estimée, 472 c.
Estivaus, *s. s. sorte de botte,* — estival, *r. s.* 80 a.
Estoile, *f. s.* — estoiles, *f. p.* 208 c.
Estoire, *f. s. image, peinture,* 514 h.
Estos, *s. s.* — estoc, *r. s.* 212 c.
Estoupe, *f. s.* — estoupes, *f. p.* 160 f.
Estouper, *boucher,* 436 a; — se estoupoient, 388 e; — se estoupast, 388 e.
Estraire; — il sont estrait, 502 a.
Estranges, *adj. s. s. m.* — estrange,

r. s. 398 b; — estrange, *s. p.* (estrangier), 450 a; — estranges, *r. p.* 460 c; — estrange, *f. s.* 50 e; — estranges, *f. p.* 98 c.

Estre, 16 e; — je sui, 264 b; — il est, 2 c; — nous sommes, 134 f; soumes, 134 f; sumes, 508 b; — vous estes, 12 a; (estez) 298 a; — sont, 4 f; — je estoie, 152 a; — il estoit, 26 c; il ère, 516 d; il ière, 516 g; — nous estiens, 152 e; — estoient, 150 d; — je fu, 4 e; — il fu, 4 d; (fust), 60 f; — nous fumes, 8 b; (feumes), 92 f; (feusmes), 288 c; — vous fustes (feustes), 286 d; — furent, 526 a; — il sera, 532 f; iert, 110 b, 532 a; yert, 462 d; — serez, 538 b; — seront, 532 d; — je seroie, 262 d; — tu seroies, 426 e; — seroit, 6 b; — soies, *impér.* 494 a; — soiés, 104 b; — je soie, *subj.* 318 b; — soies tu, 306 e; — il soit, 110 d; — soiés, 210 f; — soient, 206 f; — je fusse (feusse), 278 f; — fust, 516 h; (fu), 452 a; — fussiens, 538 c (fuissiens) 30 c; — fussent (feussent), 88 a; — ont estey, 538 d; — aviens estei (esté), 84 f; — il fu fermer, *alla fermer*, 312 e; — il le fust (feust) venir voir, 268 c.

Estriers, *s. s.* — estrier, *r. s.* 162 c.
Estrois, *adj. s. s. m.* (estroit), 368 e; — estroit, *r. s.* 70 a; — estroites, *f. p.* 146 a; — à estroit, 236 c.
Estroitement, 242 a.
Estrumens, *s. s.* — estrumens, *r. p.* 190 a, 242 c.

Esveillier; — il esveille, 426 f; — je me esveillai, 504 d; — se esveilla, 432 f; — nous esveillissiens, *subj.* 116 d; — est esveilliez (esveillé), 434 c; — estoit esveilliez (esveillé), 434 b.

Et, 2 a; — et, *alors;* et nous, 138 a; et je le vous dirai, 282 d; et li assaus, 284 d; et li lyons, 328 f; et je lour di, 442 a.

Eure. *Voy.* Heure.
Euvangelistes, *s. s.* — euvangeliste, *r. s.* 46 f.
Euvre. *Voy.* OEvre.
Eux, *pron. Voy.* Il.
Eux, *yeux. Voy.* Yex.
Evangiles, *s. s.* (evangile), 394 f.
Eveschiés, *s. s.* — eveschiés, *r. p.* 514 b.
Evesques, *s. s.* 32 a; (evesque), 30 e; — evesque, *r. s.* 34 c; avesque, 514 b; — evesque, *s. p.* (evesques), 42 d.
Evre. *Voy.* OEvre.
Exactions, *s. s. f.* — exactions, *f. p.* 474 b.
Excepcions, *s. s. f.* — excepcion, *r. s.* 468 a.
Excommeniemens. *Voy.* Escommeniemens.
Excommenier. *Voy.* Escommenier.
Executerres, *s. s.* — executour, *r. s.* — executour, *s. p.* (executeurs), 22 b.
Executions, *s. s. f.* — execution, *r. s.* 46 b.
Exemplaires, *s. s.* — exemplaire, *r. s.* 10 a.
Exemple. *Voy.* Essamples.

F

Face, *f. s.* 34 f.
Façons, *s. s. f.* (façon), 424 d; — façon, *r. s.* 402 f; — façons, *f. p.* 126 d.
Faillir, 176 a; — faut, 124 e, 392 f; — failloit, 166 a; — failloient, 330 e; — il failli, 50 f; — faillirent, 58 b; — faura, 530 a; — faudroit, 514 a; — faillist, *subj. imp.* 482 f; — fu faillis (failli), 502 g; — iert faillis, 536 a.

Fains, *s. s. f.* — fain, *r. s.* 266 a.
Faire, 22 a; (fère) 122 f; — je faiz, 10 c; (je fois), 420 c; faiz-je (foiz je), 60 e; je faz, 538 c; — tu faiz, 322 d; (fez), 276 c; — il fait, 298 a; — nous faisons, 28 b; — vous faites, 298 a; —

font, 528,g; — fesoie je, 334 f;
— faisoit, 48 e; fesoit, 188 b; —
faisoient, 198 b; fesoient, 190
c; — fiz je, 24 d; feiz-je, 216 c;
— fist-il, 12 f; (fit), 452 e; —
nous feimes, 6 a; feismes, 10 a;
— firent, 84 f; — ferai-je, 332
a; — nous ferons, 388 b; —
vous ferez, 242b; — je feroie,
286 e; (feraie), 388 a; — feroit
6 f; — nous feriens, 526 d; —
vous feriés, 158 e; — feroient,
6 f; — fai, *impér.* 4 b; — fesons, 426 f; (feson), 398 d; façons, 536 b; — faites, 300 f;
— je face, *subj.* 378 a; — tu
faces, 12 f; — il face, 10 f; —
façons, 230 e; — facez, 256 e;
faciez, 418 e; faites, 14 f; —
— facent, 42 f; — je feisse, 2 c;
— tu feisses, 510 e; — il feist,
16 b; — nous feissiens (feissions),
210 c; — vous feissiés, 286 e;
—feissent, 114 d; — j'ay faites, *r.
f.* (faictes), 342 d; — avons fait,
328 a; — avez fait (fet), 440 c;
— avoit faite, *r. s. f.* 94 a; —
avoient faiz, *r. p.* 408 f; — je
oz faite *r. f.* 454 f; — je oy
faites (fètes), 446 b; — par pais
faisant, 50 g, 70 f; — en ce faisant, 328 g. — faire (fère) entendant, 274 c; — faire entendre, 186 c; — avoit fait à entendre, 48 e; — faites vous à
blasmer, 22 e; — il fist son avenant, 348 f; — vous ne faites
pas que courtois, 62 c; — il
firent que saige, 416 g.

Fais, *s. s.* (fait), 8 e; — fait, *r.
s.* 4 f; — fait, *s. p.* — faiz, *r.
p.* 2 c; (fez), 464 b.

Fais, *m. inv. fardeau,* (fez), 148 a.

Fame, *f. s.* femme, 10 a; — fames, *f. p.* 478 g; femes, 526 g;
femmes, 190 e.

Familiers, *s. s.* — familiers, *r. p.*
(familés), 482 c.

Famine, *f. s.* 194 e.

Farine, *f. s.* 324 c.

Fauchons, *s. s. coutelas recourbé;*
— fauchon, *r. s.* 78 f.

Faucillier (fauciller), 346 d.

Fausetés, *s. s. f.* — fauseté, *r. s.*
(*ens.*), 496 d.

Faute, *f. s.* 346 f.

Favours, *s. s. f.* — favour, *r. s.*
(faveur, 494 d.

Febles, *adj. s. s. m.* (feble), 490 a;
— febles, *r. p.* 166 d; foibles,
188 b.

Felonie, *f. s.* 516 a.

Felonnesce, *f. s.* 334 f; — felonnesses, *f. p.* 252 d.

Felonnessement, 284 b.

Fels, *s. s.* (fel), 536 a; — felon,
r. s. — felon, *s. p.* 516 a; — felons, *r. p.* 514 g.

Femme. *Voy.* Fame.

Fendre; — il fendi, 80 b; — fendirent, 518 b; — fendu, *r. s.*
160 f.

Fenestre, *f. s.* 270 c.

Feréis, *m. inv. coup, combat,* 152 c.

Ferir, *frapper,* 106 c; — il fiert,
28 c; — feroit, 98 e; — feri, 80 b;
— se feri, 84 f; — ferimes, 130
f; — ferirent, 144 d; — ferra,
536 d; — ferrons, 388 b; —
ferront, 156 e; se ferront, 158
e; — il fière, *subj.* 28 d; — ferist, 318 c; — se ferissent, 118
c. — ferant *s. p.* 102 f; — ferus,
r. p. 308 c; — en ferant, 328 e;
— fu ferus, *s. s.* (feru), 150 a; fu
ferue, *f. s.* 104 f.

Fermaus, *s. s.* — fermail, *r. s.* 64 d.

Fermement, 28 e.

Fermer, 312 d; — fermoit, 312 f;
— avez fermée, *r. f.* 410 f; —
avoit fermei (fermé), 352 c; avoit
fermée, *r. f.* 410 e.

Fermes, *adj. s. s. m.* (ferme), 242 e;
— ferme, *f. s.* 510 e.

Ferrais, *m. inv.* 94 d, 96 a.

Ferrer; — ferrée, *f. s.* 284 f.

Ferris, *s. s.* 130 c; (Ferri), 148 d;
— Ferri, *r. s.* 216 b.

Fers, *s. s.* 518 h; — fer, *r. s.* 162
a; — fers, *r. p.* 286 a.

Feste, *f. s.* — festes, *f. p.* 48 f.

Feurs. *Voy.* Fuers.

Feus, *s. s.* (feu), 180 b; — feu,
r. s. 108 c. — feus, *r. p.* 202 d.

Fève, *f. s.* — fèves, *f. p.* 124 e.
Fez. *Voy.* Fais.
Fiance, *f. s.* 48 c, 218 c.
Fichier (ficher), 388 c ; — fichent, 168 a ; — fichames, 102 f ; — se fichièrent (fichèrent), 182 c.
Fiels, *s. s.* — fiel, *r. s.* — fiel, *s. p.* (fielz), 192 e.
Fier ; — je me fi (fie), 48 c.
Fiers, *adj. s. s. m.* — fière, *f. s.* 86 a.
Fievés, *s. s. fieffé* ; — fievez, *r. p.* 76 a.
Fièvre, *f. s.* 490 c.
Fiez, *s. s. fief* ; — fié, *r. s.* 60 b ; — fiez, *r. p.* 60 b.
Figuiers, *s. s.* — figuiers, *r. p.* 428 b.
Fil. *Voy.* Fis.
Filer ; — filoit, 198 e.
Fille, *f. s.* 54 c ; — filles, *f. p.* 52 f.
Fils. *Voy.* Fiz.
Finer, *financer* ; — il ot finei (finé), 62 e ; — il averoit finei (finé), 62 e.
Fins, *s. s. f.* (fin), 370 d ; — fin, *r. s.* 4 d ; — la fin dou monde, *le bout du monde*, 314 e.
Fins, *adj. s. s. m.* — fin, *r. s.* 304 b ; — finne, *f. s.* 88 f.
Fis? *s. s. fil* ; — fil, *r. s.* 424 d.
Fiz, *s. s. fils*, 518 c ; (fiuz), 42 c ; (filz), 218 f ; — fil, *r. s.* 54 c ; (filz), 2 a ; — fil, *s. p.* 508 c ; (filz), 296 g.
Flambe, *f. s. flamme*, 434 a.
Flammaine, *s. p.* 538 b ; — Flamans, *r. p.* 538 a.
Flans, *s. s.* — flanc, *r. s.* — flans, *r. p.* 36 b.
Flatir, *jeter*, 156 c ; — flatoit, 258 f ; se flatissoit, 130 a ; — nous avoit flatis, 422 a.
Flebesce, *f. s.* 268 e, 488 f.
Fleureter, *semer de fleurs* ; — estoient fleuretées, 304 c.
Fleute, *f. s.* — fleutes, *f. p.* 388 c.
Fleuves, *s. s.* (fleuve), 124 a ; — fleuve, *r. s.* 128 f ; — fleuves, *r. p.* 134 a.
Florer, *fleurer* ; — floroient, 304 d.
Floter ; — flotant, *s. p.* 192 e.

Flours, *s. s. f.* — flour, *r. s.* — flours, *f. p.* (fleurs), 262 a.
Fluns, *s. s.* (flum), *fleuve*, 124 d ; — flum, *r. s.* 122 f.
Flux, *m. inv.* 490 b.
Foillés, *s. s. feuillet* ; — foillet, *r. s.* 246 e.
Foisons, *s. s. f.* — foison, *r. s.* 36 e.
Foiz, *s. s. f. la foi*, 508 c ; (foi), 534 f ; — foi, *r. s.* 504 d ; foy, 28 e.
Foiz, *f. inv. fois*, 4 g ; foys, 372 f.
Fol, *adj. Voy.* Fous.
Fol, *adv.* 84 f.
Folement, 296 e.
Folie, *f. s.* 36 d ; — à folie, 384 d.
Fonde, *f. s. bazar*, 108 c ; — *fronde*, 134 e.
Fonder, 480 e ; — fonda, 466 a ; — estoit fondée, 8 e.
Fondre, 94 b ; — font, 450 d ; — fondoit, 362 a ; — il fondi, 362 a.
Fons, *s. s. fond* ; — font, *r. s.* (fons), 6 g.
Fonteinne, *f. s.* 126 b ; — fonteinnes, *f. p.* 380 f.
Forains, *adj. s. s. m. écarté* ; — forainnes, *f. p.* 78 e.
Force, *f. s.* 8 a, 254 b, d ; — ne faire force, 166 e, 366 b, 372 e.
Forconter, *faire un faux compte* ; — avoit forcontei (forconté), 256 b.
Forestiers, *s. s.* — forestier, *s. p.* (forestiers), 468 a.
Forge, *f. s.* 470 c.
Forgier ; — forgeront, 516 a.
Forme, *f. s.* 402 e ; fourme, 402 e ; — forme, *chaise*, 112 f.
Formens, *s. s. froment* ; — forment, *r. s.* — formens, *r. p.* 110 b ; fourmens, 388 c.
Forment, *adv. fortement*, 216 e, 312 a.
Forrer. *Voy.* Fourrer.
Fors, *prép. hors*, 518 b, 530 d ; — fors que, 8 c, 236 f.
Fors-bours, *s. s.* — fors-bourc, *r. s.* 408 e.

Fort, *adv.* 6 f.
Forteresce, *f. s.* 230 d; forteresse, 370 c.
Forz, *adj. s. s.* (fort), 70 b; — fort, *r. s.* 520 a; — fort, *s. p.* 370 b; — forz, *r. p. m.* 238 e; — fors, *r. p. f.* 224 e.
Fosse, *f. s.* 130 a; — fosses, *f. p.* 194 a.
Fossés, *s. s.* — fossei, *s. p.* (fossés), 374 f; — fossés, *r. p.* 118 c.
Foudre, *f. s.* 104 e.
Fouir. *Voy.* Fuir.
Fouler, 50 e; — ot foulei (eust foulé), 54 b; — eust foulei (foulé), 50 f; — estoient foulei *s. p.* (foulez), 122 e.
Fourcaus, *s. s.* (Fourcault), 144 e; — Fourcaut, *r. s.* 144 e.
Fourcelle, *f. s. estomac,* 14 d.
Fourches, *f. p.* 356 f.
Fourmaiges, *s. s.* — fourmaiges, *r. p.* 248 d.
Fourme. *Voy.* Forme.
Fourmens. *Voy.* Formens.
Fournir; — fournis, *s. s.* — fourni, *r. s.* 158 b.
Fourrer, *doubler,* 92 b; — forrei, *r. s.* (forré), 414 e; fourrei (fourré), 66 a.
Fous, *adj. s. s. m.* (fol), 242 e; foux, 520 f; — fol, *r. s.* 522 f; — fol, *s. p.* (folz), 170 b; — foles, *f. p.* 112 c; folles, 532 d; — fol, *adv.* 84 f.
Foys. *Voy.* Foiz.

Frains, *s. s.* frain, *r. s.* 144 e; — frains, *r. p.* 148 e.
Frainte, *f. s. bruit;* — fraintes, *f. p.* 116 g. note.
Frais. *Voy.* Frez.
Franchise, *f. s.* 472 g.
François, *m. inv.* 220 e.
Frans, *s. s.* 226 f; (Franc), 168 d.
Frapper; — frappez estoit, *s. s.* (frappé), 174 c.
Fraude, *f. s.* 474 d.
Frères, *s. s.* 514 e; — frère, *r. s.* 162 f; —frère, *s. p.* 338 d; (frères), 8 b; — frères, *r. p.* 16 e.
Frez, *m. inv.* 88 b; — fresche, *f. s.* 428 a.
Frois, *adj. s. s. m.* — froit, *r. s.* — froide, *f. s.* 14 d.
Frois, *s. s.* — froit, *r. s.* 414 f.
Frons, *s. s.* — front, *r. s.* 66 d; — frons, *r. p.* 516 e.
Froter, 416 e; — frotent, 168 c.
Fruis, *s. s.* — fruit, *r. s.* 428 g; — fruiz, *r. p.* 432 a.
Fuers, *s. s. prix;* — fuer, *r. s.* 286 e; (feur), 42 g.
Fuie, *f. s. fuite,* 36 c, 250 a.
Fuir, 264 e; — s'en fouirent, 104 a; — nous fuiriens (fuirions), 106 b; — fui, *impér.* 492 e; — s'en estoit fuis (fui), 152 d; — fuians, *s. s.* (fuiant), 234 a; — fuiant, *s. p.* 164 d.
Fuirs, *s. s.* — fuir, *r. s.* 258 g.
Fus, *s. s. fût;* — fust, *r. s.* 102 g
Fuster, *fustiger;* — estre fustez, *s s.* 514 d.

G

Gaaingnier (gaaingner), 94 f; gaaignier (gaaigner), 302 a; —gaaingnoit, 350 e; — gaaingna, 350 f; je gaignerai, 34 e; — tu nous avoies gaigniez (gaignez), 26 f; — il avoit gaaingnié (gaaingné), 278 a; avoit gaingniés, *r. p. m.* (gaingnés), 278 a; — aviens gaingniés (gaingnés), 170 d; aviens gaaingniés (gaaingnés), 180 a; — avoient gaaingnies, *r. f. p.* (gaaingnées), 208 e; — eust gaignié (gaigné), 502 e; — gaaingnies, *f. p.* (gaaingnées), 182 d.
Gaaingnierres, *laboureur, s. s.* — gaaingnour, *s. p.* (gaaingneurs), 124 b.
Gaainz, *s. s.* — gaaing, *r. s.* 212 c; gaing, 318 f.
Gagier; — elle ait estei gagie (gagiée), 472 c.
Gaiges, *s. s.* — gaige, *r. s.* (gage), 76 e; (gaje) 60 c; — gaiges, *r. p.* (gages), 80 c; (gajes), 272 e.

Gais. *Voy.* Guiès.
Gaite, *f. s. sentinelle*, 116 e.
Gaitier. *Voy.* Guetier.
Galie, *f. s. galère*, 104 d; — galies, *f. p.* 6 d.
Galions, *s. s. galiote;* — galion, *r. s.* 258 b.
Gamboisons, *s. s. m. vêtement rembourré;* — gamboison, *r. s.* 170 f.
Gamite, *f. s. fourrure de daim*, — gamites, *f. p.* 448 c.
Ganchir, *gauchir;* — il guenchi, 368 a; — ganchirent, 174 b; — me ganchiroie, 234 f.
Gans, *s. s. gant, r. s.* —. gans, *r. p.* 276 f.
Garantir, 8 d; — je garantirai, 62 d; — nous a garantis, 424 b; — nous avoit garantiz, 214 e; — il se fust garantis (garanti), 204 a.
Garde, *f. s.* 454 a, 498 c; 538 d; — se preist garde, 22 a; — avons garde, 246 b.
Garder, 32 e; — vous gardez, 34 b; — gardent, 532 e; — gardoit, 390 c; — gardiens (gardions), 158 a; — gardoient, 138 a; — garda, 476 e; — gardèrent, 362 c; — garderont, 468 a; — garderoit, 132 e; — garderiens (garderions), 132 f; — garderoient, 476 d; — garde toy, 490 e; — nous en gardons, 534 a; — gardez, 24 e; vous gardez, 14 f; gardez comment, 246 f; — il gart, *subj.* 534 a; se gart, 442 d; — nous gardons, 246 d; — vous vous gardez, 380 a; — gardent, 496 f; — je me gardasse, 14 g; — il gardast (gardat), 284 e; — ont gardées, *r. p. f.* 496 d; — averoie gardei (gardé), 32 f; — averiés gardée, *r. f.* (gardé), 32 f; — furent gardei (gardés), 500 b; — en gardant, 374 d.
Garderobe, *f. s.* 408 c.
Garnemens, *s. s. vêtement;* — garnemens, *r. p.* 68 a.
Garniers, *s. s. grenier;* — garniers, *r. p.* 86 f.
Garnir, 110 b; — garnies, *f. p.* 56 f; — je suis garniz (garni), 254 f; — je m'estoie garniz (garni), 390 b; — estoit garniz (garni), 382 d.
Garnisons, *s. s. f. provisions*, — garnison, *r. s.* 194 e.
Gauchiers, *s. s.* (Gauchier), 74 e; — Gauchier, *r. s.* 260 d; (Gaucher), 116 a.
Gautiers, *s. s.* (Gautier), 134 e; — Gautier, *r. s.* 60 e.
Gazels? gazex? *s. s. gazelle;* — gazel, *r. s.* 338 b.
Ge. *Voy.* Je.
Geffroys, *s. s.* (Geffroy), 54 f; (Geffroi), 200 d; — Geffroy, *r. s.* 40 e; Gyeffroy, 72 a.
Geline, *f. s.* — gelines, *f. p.* 390 b.
Gencive, *f. s.* — gencives, *f. p.* 194 d.
Generacions, *s. s. f.* (generacion), 316 e; — generacion, *r. s.* 316 f; — generacions, *f. p.* 316 e.
Generaus, *adj. s. s.* — general, *r. s.* 466 e.
Genetaire, *s. p. génitoires;* — genetaires, *r. p.* 336 f.
Genoillon, *s. p. genoux*, — genoillons, *r. p.* 212 e, 486 b.
Genous, *s. s.* — genoil, *r. s.* — genous, *r. p.* (genoulz), 136 a.
Gent, *f. s.* ma gent, 488 c; nostre gent à pié, 174 b; — gens, *f. p.* laides gens, 168 e; — gent et gens *précédés du féminin et suivis du masculin;* sa gent estoient occis, 6 b; les plus beles gens, les miex vestus, 320 c.
Gentis, *adj. s. s.* (gentil), 346 e; — gentil, *r. s.* — gentil, *s. p. m.* — gentis, *r. p.* (gentilz), 278 a, 464 e.
Germains, *adj. s. s. m.* —germain, *s. p.* (germains), 44 e; — germainne, *f. s.* 100 d.
Germer, 88 b.
Gerons, *s. s. giron;* — geron, *r. s.* 242 a; giron, 204 f.
Gesir, 264 b; — il gist, 38 d; — gisent, 166 g; — je gisoie, 414 b; — gisoit, 444 g; se gisoit,

116 a; — gisiens (gisions), 236 b; — gesoient, 188 e; gisoient, 432 f; gisoient d'enfant, 480 a; — il just, 376 c; — vous gerrés, 164 b; — elle avoit géu, 396 e; — gisant, *r. s.* 116 d.

Geter, *jeter*, 392 b; giter, 510 d; — il giète, 524 h; (gète) 124 b; — giètent (gètent), 124 e; jètent, 326 a; — getoient, 128 c; — je getai, 146 d; — geta, 414 e; jeta, 432 e; — jetèrent, 136 b; getèrent, 422 b; — geteront, 136 a; — geteroient, 140 e; — giète, *impér.* 414 c; — getassent, 158 c; — a gité, 524 h; — avoit getées, 158 b; — ot getée, *r. f.* 414 c.

Geus. *Voy.* Jeus.

Giès, *s. s. jet;* — giet, *r. s.* 180 f, 192 f.

Gingembres, *s. s.* — gingembre, *r. s.* 124 f.

Giles, *s. s.* — Gilon, *r. s.* (Giles), 378 e; (Gilles), 18 e.

Girons. *Voy.* Gerons.

Glaives, *s. s. lance;* — glaive, *r. s.* 6 c; 168, 174 c. — glaives, *r. p.* 148 f.

Gloire, *f. s.* 482 d.

Gloriex, *adj. m. inv.* 512 d.

Glose, *f. s.* 534 b.

Glous, *adj. s. s. glouton;* — glout, *s. p.* (glous), 194 b.

Gloutonnie, *f. s.* 432 d.

Glus, *s. s. f.* — glu, *r. s.* (glus), 296 b.

Gobelès, *s. s.* — gobelet, *r. s.* (gobellet), 448 d.

Gobers, *s. s.* (Gobert), 74 e.

Gonfanons, *s. s.* — gonfanon, *r. s.* 154 a.

Gorge, *f. s.* 20 e.

Gounelle, *f. s. jupon;* — 390 *en note.*

Goute, *f. s.* 194 c; ne vit nule goute, 518 b; goute oïr, 220 a; — goutes, *f. p.* 14 d.

Gouvernaus, *s. s.* (gouvernail), 424 c; — gouvernail, *r. s.* — gouvernaus, *r. p.* 438 b.

Gouvernemens, *s. s.* — gouvernement, *r. s.* 4 c.

Gouverner; — se gouverna, 4 a; — tu gouvernasses, *subj.* 12 g; — il gouvernast, 12 f.

Gouvernerres, *s. s.* — gouvernour, *r. s.* — gouvernours, *r. p.* (gouverneur), 392 b.

Grace, *f. s.* 2 a; — graces, *f. p.* 408 d; — oy ses graces, 284 f.

Gracious, *m. inv.* — graciouses, *f. p.* (gracieuses), 350 c.

Granche, *f. s.* 484 a; — granches, *f. p.* 88 a.

Grans, *adj. s. s.* 394 c; (grant), 72 g; grant, *r. s.* 20 a; — grant, *s. p. m.* 296 e; — granz, *r. p.* 4 a; — grans, *f. p.* 48 b; 360 b.

Grantment (grandement), 68 e; (grandemant), 294 a.

Gregois, *m. inv.* 134 e; grejois, 136 e.

Greindres, *s. s. m., plus grand;* — greingnour, *r. s. f.* 36 d; — greingnour, *s. p. m.* — greingnours, *r. p.* (greingneurs), 28 c.

Grés, *s. s.* — grei, *r. s.* (gré), 34 a; pejor grei (gré), 298 a; — faire grei (gré), 238 a.

Grève, *f. s. cheveux en bandeaux*, 72 b.

Grever, 352 d; — qu'il grève, *subj.* (*ord.*) 472 b; — grèvent (*ord.*) 474 b; — soit grevez (grevé), 472 a; — estre grevez (grevé), 476 d.

Grief, *adv.* 86 e; (griefs) 236 e.

Griefment, 462 a.

Grieu, *s. p. Grecs;* — Griex, *r. p.* 324 c.

Griez, *adj. s. s.* (grief), 98 b; — grief, *r. s. f.* 102 c.

Griz, *m. inv.* 268 a; gris, 448 c.

Gros, *adj. m. inv.* 136 c; — grosse, *f. s.* 14 d; 264 b; — grosses, *f. p.* 164 b.

Grossoier, *grossir;* — grossoioit, 432 d.

Grousser, *murmurer;* — groussoient, 482 c.

Gueles. *Voy.* Gueules.

Guenchir. *Voy.* Ganchir.

Guerbins, *s. s. garban*, — guerbin, *r. s.* 26 b.

Guères, 166 a; guières, 154 b.
Guerir, 484 f; — il est gueris (gueri), 18 c; — je seroie gueriz (gueri), 214 e.
Guerpir, *laisser, quitter;* — guerpissons, *impér.* 536 e.
Guerre, *f. s.* 32 f.
Guerredonner, *récompenser,* 444 d; — il guerredonnast, *subj.* 332 b.
Guerredons, *s. s. récompense;* — guerredon, *r. s.* 296 a, 510 b.
Guerroier, 68 e; — il guerroie, 32 d; — ont guerroié, 530 f.
Gués, *s. s.* — guei, *r. s.* (gué), 142 c.
Guetier; guietier, 118 a; (guieter), 138 e; — guietoit, 138 d; — guietiens (guietion), 128 d; — guetoient, 116 f; guietoient, 128 c; gaitoient, 118 c; — guieta, 138 e; — guieteroient, 128 b; guietteroient, 118 a; — eussiens guietié, 140 a; (gueté), 140 f.
Gueules, *r. p. le rouge en blason*, 104 d; gueles, 344 f.
Guiès, gais, *s. s. guet;* — guiet, *r. s.* 140 d; gait, 140 e.
Guillaumes, *s. s.* (Guillaume), 30 e; — Guillaume, *r. s.* 42 c.
Guillemins, *s. s.* (Guillemin), 272 a; — Guillemin, *r. s.* 276 c.
Guis, *r. s.* (Gui), 42 c. — Guion, *r. s.* 164 e.
Guise, *f. s.* 66 b, 72 b.

H

Ha! 24 c; a! 298 d.
Haalis, *s. s.* (Haali), 304 e; — Haali, *r. s.* 166 d.
Habandonnéement, 412 f, 482 e.
Habit. *Voy.* Abis.
Habiter, 410 b; — habiteront, 410 a.
Habiterres, *s. s. habitant;* — habitour, *r. s.* — habitours, *r. p.* (habiteurs), 410 a.
Habundance, *f. s.* 528 h.
Hache, *f. s.* 234 f; — haches, *f. p.* 234 d.
Hainne, *f. s.* 460 e.
Haïr, 296 c; — vous haiés, *imparf.* 404 e; — hai, *impér.* 492 e.
Haitiés, *s. s. bien portant,* — haitié, *s. p.* (haitiés), 396 g.
Halas. *Voy.* Helas.
Hale, *f. s.* — hales, *f. p.* 66 a.
Hanas, *s. s. coupe;* — hanap, *r. s.* 204 e, 330 c.
Hardemens, *s. s. hardiesse;* — hardemens, *r. p.* 4 f.
Hardiement, *adv.* 130 f.
Hardier, *harceler,* 366 b; (aidier), 122 b; — hardoiant, *s. p.* 130 g.
Hardis, *adj. s. s.* (hardi), 286 d; — hardi, *s. p.* (hardis) 188 g; — hardis, *r. p.* 420 e.
Harester. *Voy.* Arester.
Hargaus, *s. s. vêtement de dessus:* — hargaut, *r. s.* — hargaus, *r. p.* 310 e.
Harnois, *m. inv.* 80 f; hernois, 84 a.
Haster; — se hasta, 260 f; — se hastèrent, 448 a.
Hastis, *adj. s. s. m.* 18 b; — hastif, *r. s.* 38 d; — hastive, *f. s.*
Hastivement, 28 a.
Haubers, *s. s.* — hauberc, *r. s.* 70 f; haubert, 208 f; — haubers, *r. p.* 172 b.
Haucier; — il hauça, 36 c.
Haulequa, *f. s.* 188 e; hauleca, 190 b; halequa, 192 c.
Haus, *adj. s. s. m.* — haut, *r. s.* — haus, *r. p.* 388 f. — haute, *f. s.* 196 f; (haut), 446 a; — hautes, *f. p.* 478 d.
Haut, *adv.* 20 b; — en haut, 126 d.
Hautement, 108 b.
Hautesce, *f. s.* 480 c.
Haye, *f. s.* 138 b.
Hé! 164 a.
Heaumes, *s. s.* — heaume, *r. s.* 152 b; hyaume, 162 e.
Heberge. *Voy.* Herberge.
Helas, 414 b; helasse, 430 e; halas, 414 c.

Henris, *s. s.* (Henri), 52 c; — Henri, *r. s.* 52 c.
Herbe, *f. s.* 88 b; erbe, 88 b.
Herbegier, 512 e; herbergier (herberger), 484 c; — herberga, 484 d; — se herbergièrent (herbergèrent), 484 b; — je hergergerai, 504 c; — je herberjasse, 504 e; — furent herbergié (herbergiés), 484 b.
Herberge, *f. s.* 114 a; herberje, 322 e; heberge, 164 c; — herberges, *f. p.* 168 a; heberges, 114 a.
Herchanbaus, *s. s.* (Herchanbaut), 64 f.
Heresie, *f. s.* 496 d.
Hericier; — hericiés, *s. s.* 394 c.
Heritaiges, *s. s.* eritaiges (eritage), 456 a; — heritaiges, *r. p.* (heritages), 64 a.
Heritiers, *s. s.* (heritier), 504 f.
Hermine, *f. s.* —hermines, *f. p.* 66 a.
Hermitaiges, *s. s.* —hermitaige, *r. s.* (hermitage), 428 a.
Hermites, *s. s.* — hermite, *r. s.* 428 e; — hermite, *s. p.* (hermites), 428 b.
Hernois. *Voy.* Harnois.
Hers. *Voy.* Hoirs.
Heure, *f. s.* 488 c; hore, 498 e; eure, 86 b; ore, 518 b; — heures, *f. p.* 38 a; hores, 334 c.
Heurs, *s. s.* — heur, *r. s.* (heure), 430 b.
Heuse, *f. s. botte*, 194 c.
Hideus, *adj. m. inv.* 512 d; — hydeuses, *f. p.* 168 e.
Hier, 18 a; hyer, 378 d.
Hoirs, *s. s.* 12 a; hers, 52 f; — hoir, *r. s.* — hoirs, *r. p.* 64 a.
Hom, *s. s.* (home), 4 c; hons, 286 d; om (omme), 18 b; — home, *r. s.* ome, 518 c; — home, *s. p.* (homes), 14 b; — homes, *r. p.* 76 a.
Honnis, *s. s.* (honni), 240 b; — honni, *r. s.* — honni, *s. p.* 238 c; (honniz), 144 f.
Honorables, *adj. s. s. m.* — honorable, *f. s.* 526 h.
Honorablement, 92 b.

Honorer; — honneurent, 132 d; — honneure, *impér.* 494 e; — a ennorée, *r. f.* 510 e; — estre honorez, *s. s.* 14 e.
Honours, *s. s. f.* honnours (honneur), 370 c; — honour, *r. s.* (honeur), 110 e; honnour (honneur), 282 b; honneur (*ens.*), 496 a; onnour (onneur), 4 c; enor, 508 a; — honnours, *r. p.* (honneurs), 186 c.
Honte, *f. s.* 92 c.
Honteus, *adj. m. inv.* — honteuse, *f. s.* 516 b.
Honteusement, 164 d.
Hordis. *Voy.* Hourdéis.
Hore. *Voy.* Heure.
Horribles. *Voy.* Orribles.
Hors, 378 a; — hors de, 114 a.
Hos. *Voy.* Os.
Hospitalier, *s. p.* (Hospitaliers), 354 b.
Hospitaus, *s. s.* Ospitaus (Ospital), 382 a; — hospital, *r. s.* de l'Ospital, 222 a; — hospitaus, *r. p.* 478 f; (hospitaulz), 464 e.
Host. *Voy.* Os.
Hostiex, *s. s.* li (les) hostiex, 406 a; ostiex, 534 a; — hostel, *r. s.* 78 e; ostel, 110 c; — hostel, *s. p.* — hostiex, *r. p.* 324 e; ostiex, 516 f; ostiaux, 516 e.
Hote, *f. s.* 346 a.
Houmaiges, *s. s.* — houmaige, *r. s.* (houmage), 458 c.
Hourdéis, *m. inv. retranchement*, 172 d; hordis, 180 b.
Hourder, *retrancher;* — hourdoient, 172 e.
Huche, *f. s.* 254 b; huge; — huges, *f. p.* 384 c.
Huchier (hucher), 254 f. — huchièrent (huchèrent), 532 g.
Huer, 162 b.
Hues, *s. s.* (Hue), 74 d; — Huon, *r. s.* (Hue), 102 c.
Hugues, *s. s.* 386 a; (Hugue), 74 d; — Hugon, *r. s.* 370 f; (Hugue), 374 b.
Huevres. *Voy.* OEvres.
Hui, *aujourd'hui*, 284 d; ui, 278 e; hui et le jour, 16 b, 42 e, 450 d.

VOCABULAIRE. 347

Huimais (huimez), *aujourd'hui plus*, 162 d.
Huis. *Voy*. Uis.
Huissiers, *s. s.* — huissier, *r. s.* 40 d; — huissier, *s. p.* (huissiers), 406 b.
Huit, 10 c.
Humanités, umanités, *s. s. f.* (umanité), 518 f; — humanitei, *r. s.* (humanité), 518 f; umanitei (umanité), 508 a.
Humblement, 490 f.

Humilités, *s. s. f.* — humilitei, *r. s.* (humilité), 394 f.
Hurter, 212 a; — hurta, 8 e; — hurtames, 414 a; — ot hurtei (hurté), 414 b; — nous eussiens hurtei (hurté), 414 a; — nous fussiens hurtei (hurtez), 416 c.
Hutins, *s. s. lutte;* (hutin), 152 g; — hutin, *r. s.* 186 a.
Hyaumes. *Voy*. Heaumes.
Hydeus. *Voy*. Hideus.

I

I *pour* il, 58 a.
I, *adv. Voy*. Y.
Icil, *s. s.* — icelui, *r. s.* 318 a; — icil, *s. p.* 166 a; (iceulz), 484 c; — iceus, *r. p.* — icelle, *f. s.* 86 b.
Iex. *Voy*. Yex.
Il, *s. s.* 8 e, 16 b; (yl), 40 d; s'i (*si il*), 504 f; il avec (*lui avec*), 6 b; il meismes, 40 f; il ses cors (*son cors*), 58 c; il ne sa mère), 50 b; — le, *r. s.* 80 b; lou, *r. s.* 518 h; — li, *r. s.* l'ame de li, 22 a; je li dis, 242 d; l'en (*lui en*), 356 b; li (*le*) faire soudanc, 242 d; li (*se*) confesser, 24 e; li (*se*) resusciter, 222 e; li tiers, 292 c; lui, 520 e; — il, *s. p.* 8 f; il meismes, 90 b; — les, *r. p.* 12 d; — lour, *r. p.* (leur), 12 a; leur (*ord.*), 468 f; lour (leur) disiesmes, 336 c; entre lour (leur), 316 g; — aus, *r. p.* (eulz), 20 b; pour aus (eulz) atraire, 314 a; d'aus (d'eulz, *de se*) faire tuer, 306 b; — elle, *s. s. f.* 8 e; (ele), 512 d; — la, *r. s. f.* 404 d; —
li, *r. s. f.* avec li, 94 a; à li, 266 b; de li, 348 f; encontre li, 396 f; li otroièrent, 266 b; — elles, *s. p. f.* 324 e; (eles), 168 c; — les, *r. p. f.* 56 f; — lour, *r. p. f;* — il, *n.* 4 b; — le, *n.* 14 c; l', 6 b.
Ille, *f. s. île*, 8 e; ylle, 430 f.
Illec, *là*, 282 g; (ilec), 80 f; illecques, 82 f; — illec au lieu, 376 f; dès illec, 412 b.
Incarnacions, *s. s. f.* — incarnacion, *r. s.* 500 b.
Injure, *f. s.* — injures, *f. p.* 476 b.
Instans, *s. s.* — instant, *r. s.* 290 f.
Ire, *f. s.* 526 f.
Iréement, *avec colère*, 444 a.
Isnellement, *promptement*, 494 c.
Issir, *sortir*, 430 f; — issoit, 326 b; — il issi, 366 a; — nous issimes, 362 f; — issirent, 366 a; — istront, 282 f; — ississent, *subj. imparf.* 316 c; — est issus, *s. s.* (issu), 54 a; — estoit issus (issu), 356 d; — estoient issu, *s. p.* (issus), 366 c.
Item, 474 e.

J

Jà, 6 f, 526 a; — jà soit ce que, 470 b.
Jamais, 24 c; (jamez), 14 e; (jamès), 282 f.
Jambe, *f. s.* 80 a; — jambes, *f. p.* 6 f.

Jaques, *s. s.* (Jaque), 150 b; — Jaque, *r. s.* 48 d.
Jardins, *s. s.* — jardin, *r. s.* 42 a.
Jaunes, *adj. s. s. m.* — jaune, *r. s.* — jaunes, *f. p.* 270 d.
Je, *s. s.* 10 a; ge, 404 d; je qui,

16 f; je Jehans, 74 f; je tous armés alai, 112 f; je et mi chevalier, 140 a; je (moy) et mi compaingnon, 82 f; — me, *r. s.* 16 d; — moy, *r. s.* l'ame de moy, 242 b; pour moy aquitier, 10 g; pour moy coper la gorge, 212 e; le menistre et moy, 252 b; entre moy et li, 252 d.

Jehans, *s. s.* (Jehan), 2 a; — Jehan, *r. s.* 46 c.

Jeter. *Voy.* Geter.

Jeudis, *s. s.* — jeudi, *r. s.* 18 e.

Jeun, *r. s.* à jeun, 248 d.

Jeuner (jeunner), 392 c; — je jeunasse, *subj.* 216 d.

Jeunes. *Voy.* Joenes.

Jeus, *s. s.* (jeu), 384 e; geus, 420 a; — jeuz, *r. p.* 304 c; jeus, 390 a.

Jocelins, *s. s.* (Jocelin), 128 c; — Josselin, *r. s.* 202 b.

Jocerans, *s. s.* — Jocerant, *r. s.* 182 g.

Joenes, *adj. s. s. m.* 232 d; joennes, 286 d; — joene, *r. s. f.* 390 b; — joene, *s. p.* (joenes), 16 b; — jeunes, *r. p.* 522 e; joenes, 222 c.

Joenesce, *f. s.* 14 d.

Joiaus, *s. s.* — joiel, *r. s.* — joiaus, *r. p.* 210 f; juiaus, 82 f.

Joie, *f. s.* 20 c.

Joindre; — joingnoit, 192 e; — et nons joinnons, *impér.* 536 e; — joint, *r. s.* 534 e; — sont joint, 536 e.

Joins, *s. s. juin;* — joing, *r. s.* 538 c.

Jornée. *Voy.* Journée.

Jors. *Voy.* Jours.

Jouer, 96 b; — il jeue, 178 c; — jouoit, 268 e; — joueroient, 222 c; (jueroient), 522 d; — avoit joué, 278 b.

Journée, *f. s.* 38 d; jornée, 164 g; — journées, *f. p.* 376 f.

Journex, *s. s. journal;* — journel, *r. s.* 180 d.

Jours, *s. s. m. et f.* 118 a; (jour), 136 d; *s. m.* (jour), 400 c, 402 e; — jour, *r. s. m.* 464 d; — jour, *r. s. f.* toute jour, 250 g, 262 d, 276 a; — jours, *s. p.* (peut-être féminin), 538 c; — jours, *r. p. m.* 464 e; — au jor, 526 f; de jour, 138 d; de (jours), 190 a. — *Voy.* Tousjours.

Jouste, *f. s.* 366 d.

Jouster, 366 d; — jousteroit, 366 c.

Joustice, *f. s.* 526 h; joutise, 526 h; justice, 472 b; justise, 476 e; — justices, *f. p.* 336 d.

Jouvenciaus, *s. s.* — jouvencel, *r. s.* — jouvencel, *s. p.* (jouvenciaus), 474 f.

Jugemens, *s. s.* (jugement), 340 a; — jugement, *r. s.* 44 d; jugemant, 530 g; — jugemens, *r. p.* 336 d.

Jugier, 526 d; — jugeront, 468 h; — que l'amende soit jugie (jugée), 472 e; — il est jugié, *n.* (jugé), 306 c.

Juiaus. *Voy.* Joiaus.

Juis, *s. s.* (juif), 36 b; — juif, *r. s.* 36 c; — juif, *s. p.* 516 e; (juis), 36 c; — juis, *r. p.* 34 f.

Jumens, *s. s. f.* — jument, *r. s.* — jumens, *f. p.* 114 f.

Jurer, 242 a; — il jure, 380 a; — vous jurez, 240 c; — il juroit, 162 b; — juroient, 522 c; — je jurai, 102 d; — jurèrent, 318 c; — jurerez, 318 b; — jureront, 468 c; — jurez, *impér.* 242 b; — ont jurei (juré), 240 c; — il avoit jurei (juré), 72 b; — orent jurei (juré), 226 e; — il aient juré, 470 b; — jurei, *r. s.* (juré), 440 b; — furent jurées, 244 a.

Jusques, 4 d; — jeusques, 410 c; juesques, 358 c; — jusques alors que, 64 a; — jusques à tant que, 50 c.

Justice. *Voy.* Joustice.

K

Kasel. *Voy.* Cazeus.

L

Là, *adv.* 6 a, 48 c, 146 c; lau, 520 f; là sus, 320 c.
La, *art. Voy.* Li.
La, *pronom. Voy.* Il.
Labourer, 124 c, 480 a; — labourent, 326 e.
Laidement, 356 a.
Laine, *f. s.* 514 f.
Laingue, *f. s.* 386 c; lengue, 508 b.
Lais, *adj. s. s. laïque*, lays (lay), 36 f; — lai, *r. s.* — lais, *r. p.* 470 b; — laie, *f. s.* 454 d.
Lais, *adj. s. s. laid;* — lait, *r. s.* — lais, *r. p.* (lait), 512 d; — laide, *f. s.* 14 e; — laides, *f. p.* (lèdes), 168 e.
Lais, *s. s. lait;* — lait, *r. s.* 262 a, (let), 168 e.
Laissier, 52 b; lessier, 76 e; — il laisse (lesse), 280 a; il lait, 520 c; — lessons, 156 e; — lessiez, 430 c; vous lessiés, 210 g; — laissent, 526 d; (lessent), 474 a; — je lessoie, 82 e; — lessoit, 200 d; laissoit, 522 a; — lassoient, 328 c; lessoient, 144 f; — je lessai, 446 c; (lessé-je), 216 d; — lessa, 344 d; laissa, 520 c; — lessièrent (lessèrent), 116 f; lessièrent à venir, 112 c; — lairai (lairray), 204 c; — laira, 534 a; — lairés, 406 e; — je lairoie (lèroie), 200 a; — lairoit, 6 f; (lèroit), 422 f; — lairiens (lèrions), 160 b; — lairoient (lèroient), 90 e; — lessiés, *impér.* 162 d; — je laisse, *subj.* (lesse), 430 d; — il lait, 408 b; — nous nous lessons, *subj.* 210 e; — je lessasse, 150 d; — lessast, 442 e; — avez lessié, 22 g; — avoient lessiez, *r. p. m.* 218 c; avoient lessies *r. f. p.* (lessiées), 146 f; — eussent lessié, 200 e.
Lance, *f. s.* — lances, *f. p.* 102 g.
Lancier; — lança, 174 a; se lança (lansa), 160 b; — lancièrent (lancèrent), 136 e; — avoient lanciés, *r. p. m.* (lanciées), 180 d.

Langes, *s. s. m. chemise;* — langes, *r. p.* 82 d.
Languaiges, *s. s.* (language), 462 f; — languaige, *r. s.* (language), 376 g.
Laquel. *Voy.* Liquex.
Largement, 282 f.
Larges, *adj. s. s. m.* 226 f; (large), 60 f; — large, *r. s.* — large, *f. s.* 150 a; — larges, *f. p.* 478 f.
Larron. *Voy.* Lierres.
Lasser; — estoient lassei (lassez), 156 d.
Latimiers, *s. s. truchement;* — latimier, *r. s.* 376 f.
Laver, 18 f; — il lave, 464 a; — je lavoie, 18 e; — laverai-je, 18 e; — est lavée, 410 b; — soit lavée, 410 a.
Lays. *Voy.* Lais *et* Lois.
Léans, *là dedans*, 394 b; léens, 34 f.
Legaz, *s. s.* 92 d; legas, 364 c; (legat), 118 f; — legat, *r. s.* 118 f.
Legièrement, *facilement*, 122 a, 492 d.
Legiers, *adj. s. s. léger, facile*, 232 d; — legier, *r. s.* — legière, *f. s.* 128 a, 522 e; — de legier, 180 b.
Lengue. *Voy.* Laingue.
Lequel. *Voy.* Liquex.
Lerme, *f. s.* — lermes, *f. p.* 164 b, 248 b.
Lès, *prép.* 36 c.
Lesse, *f. s. chanson*, 448 f.
Lettre, *f. s.* 46 a; lestre, 538 e; — letre, 516 e; — lettres, *f. p.* 46 a; letres, 508 a; lestres, 538 c.
Leur. *Voy.* Il *et* Lour.
Leus. *Voy.* Lieus.
Lever, 276 c; — se levoit, 402 d; — se levoient, 40 e; — levai, 254 c; je me levai, 170 f; levay, 396 f; — leva, 36 a; — levates, 398 a; — levèrent, 242 a; — je

leveray, 48 c; — je me leveroie (leveraie), 338 f; — leveroit, 318 a; — leveroient, 338 d; — liève sus, *impér.* 422 d; — levez, 402 b; — que il lieve, *subj.* 472 c; — se levast, 342 d; — ot levée, *r. f.* 316 f; — levant, *r. s.* 244 b; — levei, *r. s.* (levé), 152 a; — estoient levei (levés), 334 d; — fu levez, (levé) 502 b.

Lèvres, *s. s. m.*—levre, *r. s.* 150 b. *Voy.* Balèvres.

Li, *pron. Voy.* Il.

Li, *art. s. s. m.* 510 c; (le), 2 c; — dou, *r. s.* 394 a, 508 a; (du), 2 a; del, 526 f; — au, 4 b; à l'onnour, 4 c; — le, 4 d; lou, 514 d; — ou, *en le*, 82 b; — (au), 40 d, 226 e; eu, 66 g; — li, *s. p.* 54 b; (les), 8 c; — des, *r. p.* 6 c; — aus, 20 f; as, 508 e; — les, 84 b; — ès, *en les*, 324 e; (aus), 394 d; — la, *f. s.* 2 b; — de la, 14 a; — à la, 4 d; — les, *f. p.* 20 c; — des, 2 b; — aus, 4 b; — ès, *en les*, 6 f; — les, *celles*, 16 c, 132 c.

Liarres. *Voy.* Lierres.

Libans, *s. s.* — Liban, *r. s.* (Libans), 384 c.

Liberalment, 482 d.

Lice, *f. s.* 176 b.

Lie, *f. s.* 92 f.

Liement, *joyeusement*, 254 g.

Lier, loier; — lièrent, 242 a; — loiés, *r. p.* 168 a; — liée, *f. s.* 336 f; — estoit liez (lié), 304 c.

Liés, *adj. s. s. joyeux;* (lié), 222 f; — lié, *r. s.* — lié, *s. p.* 318 b; — liez, *r. p.* 404 c; — liée, *f. s.* 438 e.

Lierres, *s. s.* 276 e; liarres (liarre), 476 f; — larron, *r. s.* — larron, *s. p.* (larrons), 274 c; — larons, *r. p.* 516 c; larrons, 476 c.

Lieue, *f. s.* 436 a; — lieues, *f. p.* 86 b.

Lieus, *s. s.* (lieu), 382 c; — lieu, *r. s.* 112 c; — lieu, *s. p.* — lieus, *r. p.* 160 g; (liex), 46 g, 62 a.

Lièvres, *s. s.* — lièvres, *r. p.* 448 c.

Liges, *s. s.* — lige, *s. p.* (liges), 166 a.

Lignaiges, *s. s.* (lignage), 52 g; linnaiges; — lignaige, *r. s.* (lignage), 500 f; linnaige (linnage), 166 a.

Lignaloecy, *r. s.*, *bois d'aloès*, 124 f.

Lignie, *f. s.* (lignée), 500 f.

Lionciaus, *s. s.* — lioncel, *r. s.* 520 e.

Lions, *s. s.* lyons, 328 e; (lyon), 328 f; — lion, *r. s.* 520 a; — lyons, *r. p.* 328 d.

Liquex, *s. s. m.* liquiex, 524 a; liquiez (lequel), 250 d; — douquel, *r. s.* 456 c; — lequel, *r. s.* 10 e; — liquel, *s. p.* 508 d; (lesquiex), 4 f; — desquiex, *r. p.* 164 e; desquex, 512 e; — ausquiex, 118 f; — lesquiex, *r. p.* 294 e; lesquiez, 530 a; — laquex, *s. s. f* (laquele), 182 e; — laquel, *r. s. f.* 34 a; (laquele), 96 b; — lesquiex, *f. p.* 46 a; (lesqueles), 90 c; — desquiex, 264 a; — lequel, *n.* 16 f, 210 b.

Lire, 536 b; — lirez, 450 a; — lisiés, *impér.* 306 f; — il avoit leu, 38 c; — il avoit leue, *f. s.* 442 c.

Lis, *s. s.* (lit), 334 e; — lit, *r. s.* 26 c, 244 f.

Livre, *f. s.* — livres, *f. p.* 16 c.

Livrée, *f. s.* — livrées, *f. p.* 60 a.

Livrer; — fu livrés, *s. s.* 516 b; — fussent livrei, *s. p.* (livrez), 356 f.

Livres, *s. s.* (livre), 2 c; — livre, *r. s.* 2 b.

Loer, louer, *prendre ou donner à loyer;* — louâmes, 74 f; — louèrent, 78 b; loèrent, 112 b; — louera, 470 d; — nous loïssiens, *subj. imparf.* (loïssons), 78 a; — avoit loez, *r. p.* (loé), 192 f.

Loer, louer, *donner louange, approbation, conseil*, 496 g; — je lo (loe), 440 b; — il loe, 252 f; se loe, 408 a; — loons, 412 a; — loez, 420 a; — loent, 418 e; — looit, 152 e; — nous loïens,

VOCABULAIRE. 351

imparf. (loïons), 418 d; — louoient, 220 a; looient, 438 d; — je louai, 156 a; — loa, 6 a; — loames, 140 a; — louèrent, 150 d; loèrent, 416 f; — loeroie-je, 286 e; — ont loei (loé), 288 d; — j'avoie loei (loé), 440 d; — avoit loei (loé), 154 d; — fu loez, 528 b; — furent loei (loez), 148 f.

Logète, *f. s.* 274 g.

Logier, 58 b; (loger), 108 b; — se loga, 172 b; se logea, 126 f; se loja, 58 f; — nous nous lojames, 344 f; — se logièrent (logèrent), 126 f; — logeriens (logerions), 388 f; — ai-je logié, 378 c; — estoit logiez (logié), 134 a; — estiens logié, 378 c; — estoient logié (logiez), 188 e.

Loialment, 12 f, (loialement), 466 b.

Loiaus, *adj. s. s.* 494 a; (loial), 290 c; — loial, *r. s.*

Loiautés, *s. s. f.* — loiautei, *r. s.* (loiauté), 78 b; léaultei (léaulté), 44 f; — loiautés, *f. p.* loialtés, 418 f.

Loier. *Voy.* Lier.

Loiers, *s. s.* — loier, *r. s.* 470 d.

Loing, 324 c.

Lois, *s. s. f.* (loi), 510 f; — loys, (loy), 246 g; — loi, *r. s.* 28 e; loy, 166 d (lay), 36 f; — lois, *f. p.* 510 f; loys, 524 g.

Longaingne, *f. s. voirie*, 284 b, 386 b.

Longuement, 96 a.

Lons, *adj. s. s.* — lonc, *r. s.* 76 f; — longue, *f. s.* 50 c; — lons, *r. p. m.* 176 b; — de lonc, 192 f.

Loorein, *s. p.* (Looreins), 460 f.

Lor. *Voy.* Lour.

Lorans, *inv.* 504 f.

Lors, *adv.* 8 b; lor, 222 a, 438 d.

Los, *m. inv. louange, gloire*, 164 f.

Louer. *Voy.* Loer.

Lour, *poss. inv.* 514 g; (leur), 26 c; leur (*ord.*), 468 b; (leurs), 64 a; lor, 514 a; — dou lour, *n.* (leur), 22 a.

Luiterres, *s. s.*, *lutteur*, 534 c; luterres, 536 e; — luiteour, *r. s.* — luiteour, *s. p.* 534 d.

Lumière, *f. s.* 532 e; — lumières, *f. p.* 532 g.

Lundis, *s. s.* — lundi, *r. s.* 76 b.

Lune, *f. s.* 78 f.

Luns, *s. s. limon;* — lun, *r. s.* 374 f.

Luxure, *f. s.* 464 c.

Lyons. *Voy.* Lions.

M

Ma. *Voy.* Mes.

Mace, *f. s.* 366 f; — maces, *f. p.* 116 a. — *Voy.* Masse.

Madame, *f. s.* 2 b.

Mahis, *s. s.* (Mahi), 114 c.

Mahommerie, *f. s. mosquée*, 118 f.

Mahommez, *s. s.* (Mahommet), 242 f; — Mahommet, *r. s.* 166 d; Mahomet, 238 c.

Main (Au), *au matin*, 272 d. *Voy.* Endemain.

Mainbournie, *f. s. tutelle*, 348 d.

Mains, *s. s. f.* (main), 508 b; — main, *r. s.* 16 f, 408 f; — mains, *f. p.* 446 c, 454 c; — à main senestre, 146 c; à main destre, 152 e.

Mainsnés, *s. s. puîné;* — mainsnei, *r. s.* (mainsné), 530 b; moinsnei (moinsné), 530 c.

Maintenant, 38 g; maintenant que, 84 e.

Maintenir, 442 c; — se maintiennent, 496 d; — se maintint, 448 b; — maintien, *impér.* 492 c; — s'estoit maintenus (maintenu), 10 e.

Mainz, *adj. s. s.* — maint, *r. s.* 500 c; — maint, *s. p.* 14 a; — mainz, *r. p.* (maintz), 290 b; — maintes, *f. p.* 464 f.

Maires, *s. s.* — maieur, *r. s.* — maieur, *s. p.* (maires), 466 f; (mère), 472 e; — maieurs, *r. p.* 366 d.

Mais, 4 d; (mès), 18 c; — *au con-*

traire (mès), 32 b, 442 b; — *plus*, 290 e, 292 a, (mez) 62 d; — mais que, *pourvu que* (mès que), 142 c, 232 f; — mais que, *excepté*, 120 d; — ne mais, *sinon*, 36 f; — ne mais que, 190 a, (ne mez que), 312 e. — *Voy.* Onques.

Maisons, *s. s. f.* — maison, *r. s.* 482 a; (meson), 22 a; — maison Dieu (meson-Dieu), 466 a; — maisons, *f. p.* 480 c; massons, 128 b; — maisons Dieu (mesons Dieu), 464 e. — *Voy.* Mansions.

Maistre, *adj. f. s.* (mestre), 254 a; — maistres, *r. m. p.* 424 f.

Maistres, *s. s.* (mestres), 30 g; (mestre), 414 c; (maistre, 30 f; — maistre, *r. s.* 20 c; — maistre, *s. p.* (mestre), 372 f; (mestres), 302 d; — maistres, *r. p.* (mestres), 8 f.

Mal, *adv.* 12 g.

Mal. *Voy.* Maus.

Maladerie, *f. s.* — maladeries, *f.p.* 464 e.

Malades, *s. s.* (malade), 198 f; (mallade), 490 c; — malade, *r. s.* 536 b; — malade, *s. p.* (malades), 236 e; — malades, *r. p.* 204 d; (mallades), 202 b.

Maladie, *f. s.* 72 g; — maladies, *f. p.* 6 e.

Malefaçons, *s. s. f.* — malefaçon, *r. s.* 472 c.

Malement, 8 e, 246 d.

Maleurs, *s. s.* — maleur, *r. s.* 18 e.

Maleurtés, *s. s. f. malheur;* — maleurtés, *f. p.* 530 h.

Malfaiterres. *Voy.* Maufaiterres.

Malices, *s. s. m.* — son malice, *r. s.* 460 e.

Malicieus, *m. inv.* 192 a.

Maltalens. *Voy.* Mautalens.

Malvais. *Voy.* Mauvais.

Manche, *f. s.* — manches, *f. p.* 42 a.

Manches, *s. s. m.* — manche, *r. s.* 300 b.

Mandemens, *s. s.* — mandement, *r. s.* 50 e.

Mander, 302 d; — il mande, 56 a; — mandons nous, 326 f; — mandoit, 220 d; — mandai-je (mandé je), 76 a; — manda, 110 a; — mandèrent, 42 c; — manderoit, 226 c; — manderoient, 56 c; — a mandei (mandé), 278 c; — avez mandey, 538 a; — avoie mandei (mandé), 76 a; — avoit mandei (mandé), 486 a; — eust mandei (mandé), 206 c.

Mangier, 518 h; (manger), 20 b; — il manjue, 238 d; — vous mangiez (mangez), 216 c; — manjuent, 244 e; manguent, 326 e; — je mangoie, 336 b; — il mangoit, 64 d; manjoit, 14 b; mangeoit, 448 d; — nous mangiens (mangions), 130 d; — manjoient, 336 d; mangoient, 324 a; — mangames, 82 f; (mangasmes), 246 a; — mangeroit, 132 d; — mangeriens (mangerions), 248 d; — manju, *impér.* 392 e; — mangiens, *subj.* 292 d; — mangasse, 272 d; — mangast, 478 e; — avoient mangié (mangé), 232 d; — ot mangié, 68 c; — orent mangié, 230 f; — averoient mangié (mangé), 230 e; — eussiens mangié (mangé), 248 c; — manjant, *r. s.* 338 d;

Mangiers, *s. s.* (manger), 284 e; — mangier, *r. s.* (manger), 284 e; — mangiers, *r. p.* (mangers), 112 c.

Manière, *f. s.* 16 b; menière, 512 g; — manières, *f. p.* 168 a, 262 a.

Mansions-Dieu, *f. p. hôtels-Dieu*, 500 a. *Voy.* Maisons.

Mantiaus, *s. s.* — mantel, *r. s.* 22 d; — mantel, *s. p.* — mantiaus, *r. p.* 338 c.

Marchandise, *f. s.* — marchandises, *f. p.* 418 f; marcheandises, 108 c.

Marchans, *s. s.* — marcheant, *s. p.* 112 c; (marcheans), 390 d; — marchans, *r. p.* 84 b; marcheans, 358 d.

Marche, *f. s. frontière*, 32 d.
Marchier; — il marche, 240 b.
Marchiés, *s. s.* — marchié, *r. s.* (marché), 290 f.
Mardis, *s. s.* — mardi, *r. s.* 76 b.
Marechaus, *s. s.* (marechal), 122 d; — marechal, *r. s.* 252 b.
Mariaiges, *s. s.* — mariaige, *r. s.* (mariage), 56 a.
Marier, 62 c; — maria, 398 f; — marient, *subj.* 470 f; — mariast, 446 f; — estoit mariez (marié), 262 c.
Mariniers, *s. s.* (marinier), 424 c; — marinier, *s. p.* (marinniers), 86 c; (mariniers), 208 a; — mariniers, *r. p.* 202 c.
Mars, *s. s. marc;* — marc, *r. s.* — mars, *r. p.* 298 d.
Mars, *m. inv. nom de mois*, 96 e.
Martirs, *s. s.* — martirs, *r. p.* 4 e.
Martyrier (martyrer), 358 e.
Mas, *s. s.* (mat), 424 c; — mat, *r. s.* — mas, *r. p.* 86 d.
Maschier (mascher), 200 f.
Masse, *f. s.* — masses, *f. p.* 94 b. *Voy.* Mace.
Massons. *Voy.* Maisons.
Materas, *m. inv. matelas*, 268 a.
Matière, *f. s.* 52 b; (matère), 166 d.
Matinée, *f. s.* 334 e.
Matines, *f. p.* 486 a.
Matins, *s. s.* — matin, *r. s.* 86 a.
Maudire; — maudient, 168 d; — maudis (maudit) soies tu, 306 e.
Maufaiterres, *s. s.* malfaiterres (malfaiteur), 476 f; — maufaitour, *r. s. et s. p.* — maufaitours, *r. p.* (maulfeteurs), 476 c.
Maus, *adj. s. s. m.* (mal), 402 d; — mal, *r. s.* 168 a, 216 d; — maus, *r. p.* 520 c; (maulz), 496 f; — male, *f. s.* 68 f, 386 f; (mal), 434 e.
Maus, *s. s.* — mal, *r. s.* 82 c.
Mautalens, *s. s. haine;* — mautalent, *r. s.* 524 h; maltalent, 102 d.
Mauvais, *adj. m. inv.* 28 c; (mauvez), 394 c; malvais, 530 e, h; — mauvaise, *f. s.* (mauvèse), 68 e;

— mauvaises, *f. p.* (mauvèses), 444 d.
Mauvestiés, *s. s. f. méchanceté;* — mauvestié, *r. s.* 502 a; — mauvestiés, *r. p.* 80 d.
Me. *Voy.* Je.
Mecredis, *s. s.* — mecredi, *r. s.* 438 a; mercredi, 76 c.
Meffaire. *Voy.* Mesfaire.
Mègres, *adj. s. s. m.* (mègre), 394 c; — mègre, *r. s.* 254 c.
Meillour. *Voy.* Mieudres.
Meismement, 4 e, 100 a.
Meismes, *inv.* 40 f; meesmes, 518 e.
Mellée, *f. s.* — mellées, *f. p.* 16 a.
Meller; — mellèrent, 330 d; — mellei, *s. p.* (mellez), 70 c; — estoient mellei (mellez), 152 c.
Melodie, *f. s.* — melodies, *f. p.* 350 b.
Membres, *s. s.* — membres, *r. p.* 30 b.
Memoire, *f. s.* 350 d.
Menace, *f. s.* 26 f; — menaces, *f. p.* 26 e.
Menacier; — menaces-tu, 26 e; — il menace, 536 d; — menacent, 210 a; — menacièrent (menacèrent), 224 d.
Mendres, *s. s. moindre;* — meneur, *r. s.* (ord.), 470 h; — menours, *r. p.* (meneurs), 480 e.
Mener, 430 e; vous menez, 404 e; — je menoie, 102 a; — se menoit, 454 c; — menoient, 104 e; — menai, 310 e; — mena, 22 d; — menames, 424 e; — menèrent, 96 d; — il menroit, 102 a; — menroient, 210 b; — meinne, *impér.* 322 d; — je menasse, *subj.* 360 d; — menast, 100 b; — menassent, 210 h; — avez menei (mené), 404 b; — ont menées, *r. f. p.* 474 a; — avoient menées (menée), 520 b; — eust menez, *r. p.* 98 c; — estes menei (mené), 296 d; — fust menée, 36 e. — *Voy.* Enmener.
Menestriers, *s. s.* (menestrier), 448 f; — menestrier, *s. p.* (menestriers), 188 f; — menestriers, *r. p.* 480 a.

Menière. *Voy.* Manière.

Menistres, *s. s.* — menistre, *r. s.* 252 b.

Menoisons, *s. s. f.* dyssenterie; — menoison, *r. s.* 6 f; menuison, 204 a.

Mentir, 14 a; — tu mens, 434 c; — mentent, 442 a; — je menti, 16 f; — je mente, *subj.* 502 f.

Mentons, *s. s.* — menton, *r. s.* 168 e.

Menus, *adj. s. s.* (menu), 474 g; — menu, *r. s.* 236 f; — menue, *f. s.* 112 d.

Mer. *Voy.* Mers.

Mercier; — je merci, 288 d; — il mercia, 154 e; — merci, *impér.* (mercie), 490 f.

Mercis, *s. s. f.* — merci, *r. s.* 2 b, 410 d.

Mercredis. *Voy.* Mecredis.

Mère, *f. s.* 2 b; — mères, *f. p.* 508 c.

Merriens, *s. s. merrain*, (merrien), 140 c; — merrien, *r. s.* 140 b; — merriens, *r. p.* 176 b.

Mers, *s. s. f.* 532 h; (mer), 432 c; — mer, *r. s.* 6 c; — mers, *f. p.* 374 f.

Merveille, *f. s.* 72 e; — merveilles, *f. p.* 252 f.

Merveillier; — je me merveil (merveille), 300 e; — nous nous merveillons, 456 e; — se merveilloit, 266 d; — se merveilla, 310 d; — se merveillièrent (merveillèrent), 294 a.

Merveillous, *m. inv.* (merveilleus), 350 c; — merveillouse, *f. s.* (merveilleuse), 402 e; — merveillouses, *f. p.* (merveilleuses, 314 e.

Merveillousement (merveilleusement), 504 c.

Mès, *conj. Voy.* Mais.

Mès, *m. inv.* mets, 442 b.

Mes, *poss. s. s. m.* 282 a; — mon, *r. s.* 10 d; — mi, *s. p.* 260 a; — mes, *r. p.* 140 f; — ma, *f. s.* 10 f; m'escuèle, 216 c; — mes, *f. p.*

Mesaise, *f. s.* 258 b. (messaise), 118 d.

Mesaisier, *affliger*; — il mesaise, 404 c.

Mesaisiés, *s. s. affligé*; — mesaisiés, *r. p.* 492 b.

Mesamer, *malmener*; — il ot mesamei (mesamé), 444 c.

Meschéance, *f. s. malheur*, 140 d; — meschéances, *f. p.* 28 c.

Mescheoir; — il est mescheu, *n.* 386 b.

Meschiez, *s. s. peine, misère* (meschief), 118 d; — meschief, *r. s.* 6 e, 70 a; — meschief, *s. p.* (meschiez), 192 d.

Mescréance, *f. s. mauvais soupçon*; — mescréances, *f. p.* 334 e.

Mescréans, *s. s.* (mescréant), 32 a; — mescréant, *r. s.* — mescréant, *s. p.* 306 a; — mescréans, *r. p.* 442 d; mescréanz, 510 f.

Mesdire, 36 f; — il mesdie, *subj.* 492 f; — vous mesdisiez, *subj.* 20 b.

Meselerie, mezelerie, *f. s. lèpre*; 18 b.

Mesfaire, meffaire; — j'ai mesfait, 76 c; — ont mesfait, 496 c; — nous avons mesfait, 246 f; — auroient mesfait (mesfet), 474 f; — je me fusse meffaiz (meffait), 44 b.

Mesfais, *s. s.* — mesfait, *r. s.* 262 e; — mesfais, *r. p.* 28 d.

Mesiaus, *s. s. lépreux*, 16 f, 18 a; (mezeaus), 296 d; — mesel, *r. s. et s. p.* — mesiaus, *r. p.* (mezeaus), 464 a.

Mesnie, *f. s. suite, serviteurs*, 114 f, 276 a; (mesniée), 202 c; — mesnies, *f. p.* 168 a.

Mesons. *Voy.* Maisons.

Mespenre (mespendre), *méfaire*, 494 e; — je mespenroie (mesprenroie), 456 c.

Messagerie, *f. s. message*, 240 f.

Messagiers, *s. s.* (messager), 206 e; — messagier, *r. s.* (messager), 108 a; — messagier, *s. p.* (messagiers), 312 f; — messagiers, *r. p.* 106 f, 312 b.

Messaiges, *s. s.* — messaige, *r. s.*

(message), 342 b; — messaige, *s. p.* (message), 236 c; (messages), 294 d; — messaiges, *r. p.* (messages), 88 d.
Messe, *f. s.* 38 a; —messes, *f. p.* 38 f.
Messires, *s. s.* (mesire), 52 g; (monseigneur), 54 f; — monsignour, *r. s.* (monseigneur), 54 a; monseignor, 536 f.
Mestiers, *s. s. m.* métier, service, besoin, 534 e; — mestier, *r. s.* 480 a; — mestier, *neutre*, 120 a, 176 f, 294 c, 436 d; qui m'ot grant mestier, 160 f; nous orent mestier, 136 f.
Mesure, *f. s.* 14 c.
Mesurer; — il ot mesurées, *r. p. f.* 388 f.
Mettre, 26 c; metre, 534 f; (mestre), 482 a; — il met, 42 d; —vous metez, 450 d; vous metés, 212 b; — mettent, 224 f; —je metoie, 14 c; — il metoit, 158 a; (metoist), 522 a; — se metoient, 258 f; — je mis, 340 c; — il mist, 340 a; — nous meismes, 172 e; nous nous meismes, 154 e; — se mistrent, 70 c; — je metterai (mettrai), 10 c; — metterons (metrons), 388 b; — meteroit, 530 c; (metroit), 40 c; — metons, *impér.* 156 a; — je mète, *subj.*, 526 c; — tu mettes, 490 e; — il mette, 282 e; mète, 536 c; — nous metiens, *subj.* (mections), 426 c; nous nous metons, *subj.* 136 a; — que vous metiez, 432 b; metez, 420 b; — mettent, 470 f; — je me meisse, 262 d; — il meist, 174 a; — meissent, 316 c; — j'ai mis, 506 a; — avons mis, 326 f; — je fu mis, 228 a; — furent mis, 432 c; — furent mises, 284 e; — s'estoient mis, 154 f; — s'estoient mises, 482 a.
Meubles. *Voy.* Muebles.
Mezelerie. *Voy.* Meselerie.
Mi, *poss. Voy.* Mes.
Mi, *adj. f. inv.* mi quaresme, 198 f; — mie, *f. var.* mie nuit, 176 b. — *Voy.* Enmi, Parmi.

Midi, 178 b.
Mie, *nég.* 4 d.
Miels? *s. s.* — miel, *r. s.* 520 b.
Mielz, *adv.* 536 d; miex, 12 f; 420 e; — qui miex miex, 100 f.
Miens, *s. s.* (mien), 34 c; — mien, *r. s.* 236 c; — mien, *s. p.* (miens), 392 d; — miens, *r. p.* 336 b; — moie, *f. s.* 10 c, 290 a, 504 c; moye, 456 a; (moy), 388 f, 454 f; — mien, *n.* 274 a.
Mieudres, *s. s.* (meilleur), 16 e; — meillour, *r. s.* (meilleur), 324 b; —meillours, *r. p.* (meilleurs), 392 a.
Mieux. *Voy.* Mielz.
Mil, 16 a, 76 a; mille, 60 a, 256 c.
Milieu, *r. s.* 66 g, 174 c.
Milliaires, *s. s.* (milliaire), *millésime*, 76 a.
Milliers, *s. s.* — milliers, *r. p.* 296 d.
Mineur. *Voy.* Mendres.
Minuit. *Voy.* Mi.
Miracles, *s. s. m.* — miracle, *r. s.* 38 e; — miracles, *r. p.* 500 d; — miracles, *f. p.* 444 b.
Misère, *f. s.* 532 a.
Moi. *Voy.* Je.
Moie. *Voy.* Miens.
Moiennetés, *s. s. f.* — moiennetey, *r. s. f.* 538 c.
Moillier; — sont moillies, *f. p.* (moillées), 144 a; — aient estei moillies (moillées, 168 c.
Moinnes, *s. s.* — moinne, *r. s.* 454 d; — moinne, *s. p.* (moinnes), 452 c; — moinnes, *r. p.* 66 b; moynes, 480 f.
Moins, 58 d; (moin), 336 a.
Moinsnés. *Voy.* Mainsnés.
Mois, *m. inv.* 84 c; moys, 290 d.
Moitiés, *s. s. f.* —moitié, *r. s.* 46 a.
Molt. *Voy.* Mout.
Mon, *poss. Voy.* Mes.
Mon, *adv.* vraiment, 320 f.
Monciaus, *s. s.* — moncel, *r. s.* — monciaus, *r. p.* 314 d.
Mondes, *s. s.* 510 c; — monde, *r. s.* 48 a.

Monnoie, *f. s.* 468 g.
Monseigneur. *Voy.* Messires.
Montaigne, *f. s.* 86 a; montaingne, 332 d; — montaingnes, *f. p.* 518 b.
Monte-foy, *r. s. qui fait foi,* 340 f.
Monter, 292 d; — montoit, 524 e; — montoient, 138 d; — monta, 108 b, 270 c; — montèrent, 110 c; — je monterai, 524 d; — montez, *r. p.* 122 a; — montées, *f. p.* 250 a; — estoit montez (monté), 260 d; — estiens montei (monté), 386 f; estiens (montés), 386 e; — fumes montei (montez), 394 d.
Moquer; — il se moquoit, 162 b.
Moquerie, *f. s.* 256 d.
Mordre; — il mort, 520 c; — je morderai (mordrai), 520 c.
Morir, 30 b, 518 a; mourir, 28 f; — meurt, 166 e; — mourons, 266 a; — se meurent, 28 f; — mouroit, 48 c; — mouriés, 262 c; — il morut, 4 f, 518 f; mourut, 184 e; — moururent, 48 a; — morront (moront), 530 h; — mourroient, 78 f; — nous mouriens, *subj.* 298 b; — morust, 516 h; se mourust (mourut); 406 e; — estes mort, 222 e; — sont mort, 164 e; — mors (mort) estoit, 190 g; estoit morte, 402 g; — fu mors (mort), 192 a; en fu mors (mort), 180 c; — il furent mort, 198 d; — avoit estei mors (mort), 174 f; — elle fust morte, *subj.* 406 e; — fussent mort, 122 e; — je vous eusse mors, *r. p.*, *fait mourir,* 426 b; — qui t'eust mort, 234 c; — il les eussent touz mors, 184 c; — morte, *f. s.* 200 e; — mors, *r. p. m.* 244 f.
Mors, *s. s. m. mort;* — mort, *r. s.* 22 b; — mors, *s. p.* 530 d; (mors), 78 e; mors, *r. p.* 192 f.
Mors, *s. s. f. la mort* (mort), 520 c; — mors, *voc.* (mort), 520 b; — mort, *r. s. f.* 6 a.
Mortex, *adj. s. s.* (mortel) 18 d.; — mortel *r. s. m.* 16 f; — mortel, *r. s. f.* 34 e.

Mortiers, *s. s.* — mortier, *r. s.* 216 f.
Mos, *s. s.* — mot, *r. s.* 532 g.
Mote, *f. s.* — motes, *f. p.* 160 d.
Mouche, *f. s.* — mouches, *f. p.* 204 e.
Moult. *Voy.* Mout.
Mourir. *Voy.* Morir.
Moustiers, *s. s. église* (moustier), 118 f; — moustier, *r. s.* 34 f, 40 a.
Moustrer, *montrer,* 374 f; — moustré-je, 380 a; — moustroit, 246 e; — moustroient, 174 d; — moustrai (monstray), 214 c; — moustra, 80 b; — moustrèrent, 10, a; — je mousterrai, 372 c; — mousterra, 502 a; — mousterront (mousteront), 516 a; — moustrasse, 376 g; — a moustrei (moustré), 424 e; — avoit moustrée, *r. f.* 446 e.
Mout, *beaucoup,* 510 h; molt, 514 e; (moult), 2 b.
Mouteplier, *multiplier;* — mouteplia (moulteplia), 476 g.
Moutons, *s. s.* (mouton), 196 a; — moutons, *r. p.* 168 a.
Mouvoir, 96 e; — meuvent, 16 a; — mouvoit, 328 e; movoit, 228 e; — je me muz, 446 b; — mut (meust), 70 e; — il se mut, 194 c; — mouveroit (mouvroit), 202 a; — se meust, *subj.* 154 b; se (must), 344 d.
Moy. *Voy.* Je.
Moye, *f. s. tas;* — moyes, *f. p.* 86 f.
Moye, *poss. Voy.* Mien.
Moys. *Voy.* Mois.
Muebles, *s. s. m.* — mueble, *r. s.* — mueble, *s. p.* (meubles), 110 c; li (le) mueble, 110 c.
Muemens, *s. s. changement;* — muement, *r. s.* 474 a.
Muis *s. s.* (mui), 196 a. — mui, *r. s.* — muis, *r. p.* (muyds), 94 b.
Multitude, *f. s.* 482 a.
Muraille, *f. s.* — murailles, *f. p.* 360 g.
Murmurer, 430 b.

VOCABULAIRE. 357

Murs, *s. s.* — mur, *r. s.* 374 f; — murs, *r. p.* 148 d.

Murtriers, *s. s.* — murtriers, *r. p.* 432 b.

Musars, *s. s.* étourdi, 18 b; — musart, *r. s.*

Muyds. *Voy.* Muis.

N

Nacaires, *s. s. m. timbales;* — li nacaire, *s. p.* (les nacaires), 104 e; — nacaires, *r. p.* 178 b.

Nagerres, *s. s. rameur;* — nageour, *r. s.* — nageour, *s. p.* — nageours, *r. p.* (nageurs), 104 d.

Nagier, *naviguer* (nager), 204 c, 412 f; — nagiens (nagions), 204 b; — najames, 86 b.

Naier. *Voy.* Noier.

Naistre, 70 d; — estoit nez, 246 b; (né), 210 e; — il fu nez, 76 a; (né), 46 f; — il avoit estei nez (né), 262 c; — nous aviens estei nei, *s. p.* (nez), 84 f.

Nanil, *nég.* 522 d; nanin, 216 a, 270 e.

Nariles, *f. p. narines*, 198 f; narilles, 212 b.

Nativités, *s. s. f.* — nativitei, *r. s.* (nativité), 314 b.

Natte, *f. s.* 96 b; — nates, *f. p.* 96 b.

Nature, *f. s.* 126 a.

Navie, *f. s. flotte*, 292 e.

Navrer, *blesser;* — navrez, *s. s.* (navré), 358 f; — estoit navrez (navré), 158 b; — fu navrez (navré), 148 f; — furent navrei, *s. p.* (navrez), 198 d; — avoit estei navrez (navré), 222 d; — avez estei navrei (navrez), 522 h.

Ne, *nég.* 4 c, 44 a; — ne... mie, 4 d, 26 b; — ne ne, *ni ne*, 16 a, 50 a; — ne que, 442 a.

Necessaires, *adj. s. s. m.* — necessaire, *f. s.* 474 c.

Necessités, *s. s. f.* — necessité, *r. s.* (ens), 492 c.

Neis, *s. s. f.* (nef), 84 d; — nef, *s. s.* 10 a; neif, 6 b; — neis, *s. p.* (nefz) 100 c; (nés, nez) 84 a, 108 b.

Neis, *adv. même*, 14 a, 20 e; nes, 510 e.

Nen, *nég.* 14 d, 142 c., 536 b.

Nes, *ne les*, 100 a.

Nes, *subst. et adv. Voy.* Neis.

Nes, *adj. s. s. m.* — net, *r. s.* tout à net, 182 e; — nette, *f. s.* 496 b; — nettes, *f. p.* 496 b; nètes, 532 f.

Nettement, 24 f; — nètement, 532 e.

Nettoier; — il nettoie, 94 d.

Neuf. *Voy.* Nuef, Nues.

Neveu. *Voy.* Niez.

Nez, *m. inv.* 150 b.

Nice, *f. s. nièce*, 446 a.

Nicholes, *s. s.* (Nichole), 238 e; — Nichole, *r. s.* 254 e.

Niens, *s. s. néant;* — nient, *r. s.* 386 d; noient, 512 c; nyent, 348 f.

Niez, *s. s.* 386 a; (neveu), 74 e; — neveu, *r. s.* — neveu, *s. p.* (neveus), 184 f; — neveus, *r. p.* 474 g.

Noblement, 22 e.

Nobles, *adj. s. s. m.* — noble, *f. s.* 526 h.

Noces, *f. p.* 448 a.

Noe, *f. s. anse de fleuve*, 208 a.

Noel, *r. s.* 130 d; nouel, 128 d.

Noés, *s. s.* (Noé), 306 g; — Noé, *r. s.* 306 g.

Noer, *nager*, 436 d; — noans, *s. s.* (noant), 212 b.

Noiaus, *s. s. bouton;* — noiel, *r. s.* — noiaus, *r. p.* 268 a.

Noiens. *Voy.* Niens.

Noier, 414 b; naier, 420 e; — il naye, 84 d; — nous noyons, 414 e; — noient, 144 a; — se noioient, 156 d; — se noièrent, 356 a; — je vous eusse noiez, *r. p.* 26 e; — avoir naié, 424 f, avoir noiés, *r. p.* 26 e; — noiés, *r. p.* 244 a; — fu noyez, *s. s.* (noyé), 102 b; fu naiez (naié),

144 b; — furent noyé, *s. p.* 122 e; — fussiens naié (naiez), 414 f; — estre noié, *s. p.* (noiez), 422 a.

Noirs, *adj. s. s.* (noir), 394 a; — noir, *r. s.* 42 a; — noir *s. p.* (noirs), 168 e; — noires, *f. p.* 510 g.

Noise, *f. s.* 98 f; noyse, 152 a.

Nombrer, 68 a; — furent nombrei (nombrez), 98 a.

Nombres, *s. s.* (nombre), 478 d; — nombre, *r. s.* 4 e.

Nommer, 14 b; — je nomme, 188 c; — il nomme, 480 e; — nous nommiens, 40 a; —nommoient, 326 f; — nomma, 362 f; — je nommeroie, 164 e; — j'ai nommez, *r. p.* 150 b; — avons nommez, *r. p.* 328 a; — sont nommei (nommez), 192 c; sont nommées, 500 a; — fu nommée, 344 b; — soient nommé (*ord.* nommez), 472 a; — nommez, *s. s.* 176 d.

Non, *nég.* 24 e, 394 e, 456 a; — se ce non, 28 c.

None, *f. s.* 518 b.

Nons, *s. s.* 13 b; — non, *r. s.* 20 d; nom; 12 b; — nons, *r. p.* 316 e.

Norrir; — nourrissent, 166 e; — norrissoit, 418 c; nourrissoit, 188 a.

Nostre, *s. s. m.* — nostre, *r. s.* 246 d; le nostre, 376 g; — nostre, *s. p.* (nos), 44 e; nos (*ord.*) 470 a; — nos, *r. p.* 102 g; — nostre, *f. s.* 8 e; 508 a; — nostres, *f. p.* 176 g; nos, 514 f; — nostre, *n.* 252 f.

Note, *f. s.* 38 a.

Nothonniers, *s. s.* — notonnier, *s. p.* 26 c; (nothonniers), 418 e; — nothonniers, *r. p.* 8 f.

Nou, *nage, r. s. f.* 128 a, 142 f.

Nouel. *Voy.* Noel.

Nous, *pron. inv.* 8 e, 248 e.

Nouvelle *f. s.* — nouvelles, *f. p.* 58 b.

Nouviaus, *s. s.* (nouviau), 272 a; noviaus (novel), 272 a; — nouvel, *r. s.* 64 c; novel, 508 d; — nouviaus, *r. p.* 466 d; — nouvèle, *f. s.* 526 h; — nouvèles, *f. p.* 530 b.

Novellement, 46 a; nouvellement, 74 d, 370 f.

Nue, *f. s.* — nues, *f. p.* 136 c.

Nuef, *neuf, nombre,* (neuf), 82 f.

Nues, *adj. s. s. m.* — nuef, *r. s.* (neuf), 344 f; — nueve *f. s.*

Nuire, 352 d.

Nuis, *s. s. f.* (nuit), 328 d; — nuit, *r. s.* 26 c; — nuiz, *f. p.* 328 c; nuis, 362 d.

Nulz, *s. s. m.* 10 c; nus, 194 e; — nul, *r. s.* 468 g; nullui, 40 d, 270 e; nulli, 422 b; — nul, *s. p.* — nulz, *r. p.* 364 f; nus, 522 b; — nulle, *f. s.* 328 d; nule, 524 g; — nulles, *f. p.* 396 d; — nul, *n.* 436 d.

Nus, *adj. s. s. nu;* — nue, *f. s.* 258 f; — nues, *f. p.* 218 a.

O

Obéir; — obéissoient, 460 f; — obéissans, *s. s.* 516 b.

Occidens, *s. s.* — occident, *r. s.* 328 c.

Occirre, 30 c; occire, 218 b; — il ocist, 516 g; occist, 166 f; — nous occions, 246 c; — ocioit, 522 a; — occioient, 116 e; ocioient, 516 e; — occirent, 360 f; occistrent, 116 e; — occirra, 212 a; — occirrons, 246 a; — occirront, 384 f; — je occirroie, 210 a; (occirraie), 264 d; — occirroit, 358 a; — occirroient, 192 d; — occi, *impér.* 246 f; — tu occies, *subj.* 232 b; — nous occions, *subj.* (occion), 232 b; — il occeist, 246 c; — occeissent, 230 e; — j'ai occis, 234 c; — avons occis,

246 c; — estoient occis, 6 b; — fu occis, 242 c; — furent occis, 358 b.

Occisions, *s. s. f.* — occision, *r. s.* 210 c.

Octaves, *f. p.* 202 a.

Octovres, *s. s. octobre;* — octovre, *r. s.* 506 c.

OEil. *Voy.* Yex.

OEs, *s. s.* (oef), 196 a; — oef, *s. p.* (oefs) 248 e.

OEvres, *s. s. m.* — œvre, *r. s. m.* 438 c; euvre, 510 h; evre, 514 d; uevre, 520 a; mettre à œvre, 12 a; — œuvres, *r. p. m.* 12 d; euvres, 510 g; huevres, 524 d; — œuvres, *f. p.* 490 a, 500 f; euvres, *f. p.* 510 c; huevres, *f. p.* 534 f.

Offices, *s. s. m.* — office, *r. s.* 466 f; — offices, *r. p.* 468 a.

Officiaus, *s. s. officier,* — official, *r. s.* 468 g.

Offrande, *f. s.* 526 h.

Offre, *f. s.* 110 e.

Offrir, 310 d; — il offre, 456 c; — offrent, 40 b; — il offri, 310 c; — est offers (offert), 472 d.

Oïl, *aff. oui,* 22 e; oy, 84 e; oyl, 14 f.

Oïr, 30 c; oyr, 224 a; par oïr dire, 30 c; — il ot, 36 f; — vous oez, 30 e; — je ouoie (ouaie), 276 b; — il ooit, 38 a; oioit, 144 e; — oyoient, 416 d; — je oy, 12 b; — il oy, 348 f; (oyt), 288 a; oï (oït), 42 d; — nous oïmes, 520 h; nous oymes, 430 b; — oïrent, 70 d; — il orra, 282 e; — vous orrez, 6 a; (vous orroiz), 514 e; — orront, 506 b; — il orroit, 394 b; — il oie, *subj.* 24 c; — oyent, 474 a; — je oïsse, 398 b; — il oïst, 348 c; oyst, 448 g; — j'ai oy, 420 b; — j'oi oye, *r. f.* 486 e; j'ai oyes, *r. p. f.* (oyez), 506 b; — nous aviens oïes, *r. p. f.* 38 f.

Oisiaus, *s. s.* — oisel, *r. s.* 516 g; — oisel, *s. p.* — oisiaus, *r. p.* 138 d.

Oliphans, *s. s. éléphant,* — oliphant, *r. s.* 346 c; — oliphans, *r. p.* 126 d.

Oliviers, *s. s.* — oliviers, *r. p.* (olivier), 428 b.

Oliviers, *s. s. nom propre* (Olivier), 386 e; — Olivier, *r. s.* 388 c; (Oliviers), 386 c.

Om. *Voy.* Hom, On.

On, 14 b; om, 522 c; (en), 4 c; (an), 508 d.

Oncles, *s. s.* (oncle), 50 a; — oncle, *r. s.* 304 f.

Onctions, *s. s. f.* (onction), 514 a.

Onde, *f. s.* — ondes, *f. p.* 8 g.

Ongles, *s. s.* — ongles, *r. p.* 242 b.

Onnours. *Voy.* Honours.

Onques, *jamais,* 4 c; — onques mais, 134 f.

Or. *Voy.* Ors.

Or, *conj.* 20 c, 144 f. *Voy.* Ore.

Orafle, *f. s. giraffe,* 304 c.

Orandroit. *Voy.* Orendroit.

Oratours, *s. s.* — oratour, *r. s.* (oratoire), 24 c.

Ordenéement, *en ordre,* 186 f.

Ordener; — je ordenai, 334 b; — ordena, 118 a; — ordenast, 406 f; — avons ordenées, *r. f. p.* 478 a; — avoit ordenei (ordenné), 144 c; — les ot ordenez, 318 d; — ordenei, *r. s.* (ordené), 454 g.

Ordre, *f. s.* ordre blanche, 82 a.

Ordure, *f. s.* 272 b.

Ore. *Voy.* Heure.

Ore. *adv. maintenant,* 22 c, 296 f; ores, 532 c. *Voy.* Or.

Oreille, *f. s.* 276 b; — oreilles, *f. p.* 148 b.

Orendroit, *maintenant,* 16 b, 288 f; orandroit, 516 c.

Orfèvres, *s. s.* — orfèvre, *r. s.* 462 a.

Orge, *f. s.* 88 b; — orges, *f. p.* 88 a.

Orgueus? *s. s.* — orgueil, *r. s.* 490 f.

Oriens, *s. s.* — orient, *r. s.* 428 d.

Oroisons, *s. s. f.* — oroison, *r. s.* 498 c; — oroisons, *f. p.* 352 a.

Orribles, *adj. s. s. m.* (orrible), 422 a.
Ors, *s. s.* (or), 420 a; — or, *r. s.* 32 b.
Ors, *adj. s. s. sale;* — ort, *r. s.* — orde, *f. s.* 284 b, 302 e.
Os, *m. inv.* 224 f.
Os, *s. s. armée, camp,* (ost), 122 b; — ost, *r. s.* 6 f; host, 132 e; — host, *s. p.* (hoz), 70 a; — os, *r. p.* 192 e.
Oser; — je n'os (n'ose), 16 d; — il ose, 84 f; — osoit, 476 b; — osa, 420 e; — osastes, 286 d; — osèrent, 50 c; — osera, 288 e; — je n'oseroie, 46 d; il oseroit, 10 c; — oseriens (oserions), 290 f; — oseroient, 202 d; — osient, *subj.* 492 b; — je osasse, 510 d; — osast, 422 b; — osassent, 8 c; — avoit osei (osé), 302 d.
Ospitaus. *Voy.* Hospitaus.
Oster, 28 a; — il oste, 230 c; — ostent, 168 b; — osta, 192 a; — ostèrent, 212 f; — osteras, 510 e; — osteroit, 530 c; — tu ostes, *subj.* (oste), 186 b; — nous ostiens (ostions), 426 f; — ostassent, 200 f; — avoit ostei (osté), 416 e; avoit ostée, *r. f.* 206 b; — soient osté, (*ord.*) 468 c; — fussent ostei (ostez), 462 c.
Ostes, *s. s. hôte;* — oste, *r. s.* 130 e.
Ostiex. *Voy.* Hostiex.
Otroier, 536 f; — je otroiai (otroia), 78 b; — il otria, 36 a; otroia, 480 e; — otroièrent, 266 b; — tu otroies, *subj.* 496 e; (tu otroie), 186 b; — il otroie, 534 b; il otroit, 536 f.

Otrois, *s. s. m. octroi;* — otroi, *r. s.* 466 a.
Ou, *en le. Voy.* Li.
Où, *adv.* 6 a, 472 a; — où que, 492 e.
Ou, *conj.* 16 f.
Oublier, 258 d; — il oublie, 248 b; — il oublia, 38 e; — oubliames, 110 a; — oublièrent, 108 f; — j'avoie oublié, 106 a; — avoient oublié, 198 d; — soit oubliée, 350 e.
Oue, *f. s. oie,* 390 *en note.*
Ouïr. *Voy.* Oïr.
Ourse, *f. s.* 390 b.
Outrageus, *m. inv.* — outrageuses, *f. p.* 112 c.
Outraige, *f. s. outrage, excès,* (outrage), 338 c, d; — outraiges, *s. s. m.* (outrage), 482 c; — outraige, *r. s. m.* (outrage), 72 b; — outraiges, *r. p.* (outrages), 474 g.
Outre, 10 a, 148 b; (oultre) 94 b.
Outréement, *abusivement, excessivement,* 470 d, 484 f.
Outremer, 8 e.
Ouvrer, 488 c; — il ouvroit, 72 e; — ouvra, 74 b; — ouvreroient, 128 a.
Ouvriers, *s. s.* — ouvriers, *r. p.* 388 e.
Ouvrir, 84 c; ovrir; — oevrent, 326 a; — il ouvroit, 326 b; — je ouvri, 254 e; — il ouvri, 520 a; s'ovri, 518 b; — ouvrirent, 304 d; — sera overte, 532 f.
Oy, Oyl. *Voy.* Oïl.
Oye, *f. s. oreille,* 36 c.

P

Pacianment, 516 d; pacientment, 14 b.
Pacience. *Voy.* Patience.
Paennime. *Voy.* Paiennime.
Page, *f. s.* 512 d.
Paielle, *f. s. poêle,* 432 e.
Paiemens, *s. s.* (paiement), 256 a; — paiement, *r. s.* 250 f.

Paiennime, *f. s. peuple païen,* 352 e; paennime, 400 c.
Paiennime, *adj. f. païenne,* 246 g.
Paiens, *s. s.* 520 f; (pois?), 514 b.
Paier, 256 c; — paioit, 252 a; — paia, 60 b; — paieroit, 226 f; paiast, 226 c; — eust paié, 258 a; — paié, *r. s.* (poiez), 34 c;

— païe, *f. s.* (paiée), 90 d; — paies, *f. p.* (paiées), 256 e; — fu paiez (paié), 268 f; — seroit paiés, 454 c.
Pains, *s. s.* — pain, *r. s.* 34 f.
Paire, *r. p. n.* cent paire, 92 d; troi (troiz) paire, 382 c.
Païs. *Voy.* Pays.
Pais, *f. inv.* (pez) 70 f; (paix), 32 e; paiz, 44 e; à la paiz (pez) donner, 394 c.
Païsans, *s. s.* — païsans, *r. p.* 286 g.
Paisiblement, 326 f; pesiblement, 326 e.
Paistre (pestre), 168 b.
Palais, *m. inv.* 42 c.
Palazins, *s. s.* — palazin, *r. s.* 2 a.
Palefrois, *s. s.* 444 c; — palefroi, *r. s.* 444 b; palefroy, 218 d; — palefrois, *r. p.* 438 f.
Pandre. *Voy.* Pendre.
Pane, *f. s. fourrure*, 92 b; — pennes, *f. p.* 448 c.
Pancterie, *f. s.* — paneteries, *f. p.* 66 f.
Paniaus, *s. s. pan de vêtement;* — panel, *r. s.* — paniaus, *r. p.* 326 a.
Pannetiers, *s. s.* (pannetier), 434 d.
Panonciaus. *Voy.* Pennonciaus.
Pans, *s. s.* (pan), 376 a; — pan, *r. s.* 24 a; — pans, *r. p.* 342 a.
Paons, *s. s.* — paon, *r. s.* 42 a.
Paours, *s. s. f. peur;* — paour, *r. s.* 306 e; poour, 8 c, 168 d, 214 a.
Paouvres. *Voy.* Povres.
Par, 2 a, 6 c, 226 f; — par quoy, 464 c, 504 f; — par l'espace, 4 e; par terre, 116 a, 306 f; par le signour Gauchier, 116 a; par la daufine, 446 a; — l'un par (*après*) l'autre, 76 c; — de par li, 22 a; — par à coste, 202 f; par decoste, 468 c; par dehors, 248 e; par derière, 158 f; par desous, 168 e; par desus, 88 b, 156 b; par devant, 56 d, 158 f; par devers, 56 d.
Paradis, *m. inv.* 14 f, 122 f.
Parc. *Voy.* Pars.

Parchanter, *chanter entièrement*: — il parchanta, 200 a.
Parche. *Voy.* Perche.
Pardonner, 30 f; — pardonnast, *subj.* 340 d; — il ait pardonnei (pardonné), 18 c.
Pardons, *s. s.* — pardon, *r. s.* 346 a.
Pardue. *Voy.* Perdre.
Pardurable, *adj. f. s., qui dure toujours*, 532 b.
Parens, *s. s.* — parent, *r. s.* 286 a; — parens, *r. p.* 50 a.
Parentés, *s. s. f.* (parenté), 476 f.
Parer; — parez, *s. s.* (paré), 64 d; — parei, *r. s.* (paré), 320 d; — parei, *s. p.* (parez), 320 d; — parés, *r. p.* 320 d.
Parer, *paraître*, 404 b; — il pert, 526 b; — il paroit, *imparf.* 88 b; — il parut, 12 e; — il perra, 168 c.
Parfais, *adj. s. s.* — parfais, *r. p.* (parfait), 534 g.
Parfons, *adj. s. s. profond, extrême;* — parfont, *r. s.* — parfonde, *f. s.* 396 b.
Parisis, *m. inv.* 16 c.
Parjurer, 470 b; — se parjure, 380 a.
Parjures, *adj. s. s. m.* (parjure), 476 a; — parjure, *s. p.* (parjures), 252 e.
Parleirs, *s. s.* — parleir, *r. s.* 538 d.
Parlemens, *s. s.* — parlement, *r. s.* 50 d, 406 b; — parlemens, *r. p.* 482 d.
Parler, 16 d; — il parle, 4 a; — vous parlés, 378 d; — parlent, 38 c; — je parloie, 382 d; — il parloit, 462 d; — nous parliens (parlions), 434 c; — parloient, 40 f; — parla, 284 e; — je parlerai, 54 a; — il parlera, 4 f; — nous parlerons, 10 f; — parle, *impér.* 492 e; — parlés, 258 b; — il parlast, *subj.* (parla), 258 b; — j'ai parlei (parlé), 278 c; — avoit parlei (parlé), 398 a.
Parmi, 36 f, 106 d, 128 e, 148 b; — *moyennant*, 60 b.

Paroir, *paroître*. *Voy*. Parer.
Parois, *s. s. f.* — paroy, *r. s.* 66 b ; — parois, *f. p.* 422 b.
Paroisse, *f. s.* 86 d.
Parole, *f. s.* 40 f; parolle, 40 f; — paroles, *f. p.* 2 b.
Pars, *s. s. m.* — parc, *r. s.* 523 a.
Pars, *s. s. f.* — part, *r. s.* 56 e ; — pars, *f. p.* 112 a, (parts), 110 f ; — d'une part, *à part*, 332 e, 498 b.
Partie, *f. s.* 40 e, 60 a ; — parties, *f. p.* 2 c.
Partir, *partager;* — il parti, *prét.* 336 e ; — partiront, 468 f ; — jeus partis, *s. s.* (parti), 336 e, 384 e, 420 a.
Partir, *s'en aller*, 68 c ; — se partent, 350 b ; — partoit, 128 f ; — vous partiés, 248 d ; — je me parti, 80 f ; je parti, 76 e ; — il se parti, 172 f ; — partimes, 428 a ; — se partirent, 108 b ; — partirai, 386 b ; — vous partirés, 504 c ; — partiroit, 118 b ; — il parte, *subj.* 230 e ; — je me partisse, 114 a ; je partisse, 158 f ; — il partisist, 238 a, 250 c, 256 c ; — nous nous partissiens (partissions), 258 a ; — estoit partis, *s. s. m.* (parti), 90 b ; — *nous* estiens parti, 170 c ; — s'en fu partis (parti), 440 a ; — nous fumes parti (partis), 428 f ; — s'en furent parti (partis), 18 a ; — seroit partis (parti), 92 e ; — s'en fussent parti, 36 e.
Partirs, *s. s.* — partir, *r. s.* 6 d.
Partout, 464 d.
Pas, *m. inv.* 106 d.
Pas, *nég.* 38 e.
Pasmer ; — il se pasma, 8 a ; se pausma, 216 f.
Pasque, *f. s.* 76 a ; — pasques, *f. p.* 46 f.
Passaiges, *s. s.* — passaige, *r. s.* (passage), 126 f, 420 f.
Passer, 70 a ; — vous passez, 516 c ; — passoit, 258 e ; — je passai (passé), 256 c ; — il passa, 430 a ; — passames, 74 f ; — passèrent, 58 b ; — passeroit, 430 a ; — passeroient, 142 e ; — avoit passei (passé), 162 f ; — avez passée, *r. f.* (passé), 164 a ; — averons passei (passé), 430 d ; — estoient passées, 118 a ; — fu passez (passé), 70 b ; — furent passei (passez), 148 c. — passei, *r. s.* (passé), 482 e.
Passers, *s. s.* — passer, *r. s.* 144 a.
Passions, *s. s. f.* — passion, *r. s.* 314 b.
Pasturaiges, *s. s.* — pasturaige, *r. s.* (pasturage), 316 a ; — pasturaiges, *r. p.* (pasturages), 168 e.
Patée, *adj. f. s. terme de blason*, 104 d.
Patience, *f. s.* 490 f.
Patientment. *Voy*. Pacianment.
Patriarches, *s. s.* (patriarche), 110 b ; — patriarche, *r. s.* 242 a.
Paul. *Voy*. Pous.
Paume, *f. s.* — paumes, *f. p.* 414 b.
Paumelle, *f. s. tape*, 462 f.
Pausmer. *Voy*. Pasmer.
Paveillons, *s. s.* — paveillon, *r. s.* 94 c ; — paveillons, *r. p.* 132 e.
Pays, *m. inv.* 104 c ; païs, 206 e ; païz, 76 e.
Peau. *Voy*. Piaus.
Pechier, 30 f ; — ont pechié, 526 b.
Pechierres, *s. s. pécheur;* — pecheor, *r. s. et s. p.* — pecheors, *r. p.* 530 f.
Pechierres, *s. s. pécheur*, 518 g ; (pecherre), 258 d ; — pecheor, *r. s. et s. p.* — pecheors, *r. p.*
Pechiez, *s. s.* 520 f ; — pechié, *r. s.* 16 a ; (peché), 298 a ; — pechiés, *r. p.* 296 d ; pechiez, 296 e.
Peindre, 248 e ; — peinte, *f. s.* 104 d. *Voy*. Poindre.
Peinne, *f. s.* 180 e ; — peinnes, *f. p.* 4 e ; poignes, 530 h ; poines, 512 f ; — à peinne, 26 d.
Pelerinaiges, *s. s.* — pelerinaige, *r. s.* (pelerinage), 4 e.
Pelerins, *s. s.* (pelerin), 290 b ; —

pelerin, *r. s.* — pelerin, *s. p.* 372 e; (pelerins), 408 d; — pelerins), *r. p.* 84 b.
Pelice, *f. s.* — pelices, *f. p.* 168 b.
Pellicans, *s. s.* — pellican, *r. s.* 516 g.
Penance, *f. s. pénitence;* — penances, *f. p.* 534 g.
Pendans, *s. s.* — pendant, *r. s.* 388 a.
Pendre, pandre, 516 c; — il pendoit, 358 a; — nous pendiens (pendion), 126 a; — pandoient, 516 c; pendoient, 312 b; — pendirent, 356 f; — avoient pendues, *r. f. p.* 346 b; — fust pendus (pendu), 476 f.*
Pener; — se penèrent, 54 e.
Penitance, *f. s.* — penitances, *f. p.* 528 g.
Penne. *Voy.* Pane.
Pennonciaus, *s. s. pennon;* — pennoncel, *r. s.* 104 e; panoncel, 344 e.
Penre (prenre), 8 c, 20 e; (prendre), 372 b; — je pren (prens), 242 b; — il prent, 110 e; — prenez, 40 b; — prennent, 440 c; — il prenoit, 270 d; — prenoient, 186 f; — je pris, 24 a; je prins, 210 f; — il print, 330 g; se prist, 232 f; — preimes, 428 a; preismes, 272 f; — pristrent, 128 f, 214 c; se pristrent, 284 a; prindrent, 56 d; se prirent, 276 f; — je penrai (prenrai), 398 d; (prenré), 110 a; — penrez (prenrez), 56 a; — penront (prenront), 468 c; — je penroie (prenraie), 254 b; — penroit (prenroit), 396 c; — penriés (prenriés), 32 b; — penroient (prenroient), 14 e; — pren te garde, *impér.* 496 d; — vous prenés garde, 280 a; — se preingne, *subj.* 516 d; il te preingne pitié, 186 b; — nous prenons, *subj.* 176 a; — vous preigniés (preignés), 252 f; — preingnent, 440 b; — je preisse, 148 e; je me preisse garde, 292 f; — il s'en preist garde, 388 d; — avoit prise, *r. f.* 378 d; — avoir prise, *r. f.* 108 e; — prenant, pernant, *voy.* Quaresmes; — pris, *r. s.* 182 e; — prins, *r. p.* 206 d; — estoit prise, 232 c; — estoient pris, 206 d; — fu prise, 8 b; — fumes prins, 206 f; — furent pris, 70 c; — il s'estoit pris, 268 e; — j'avoie estei pris, 278 f; — se fust pris, 160 e; — se fussent pris garde, 156 a.
Pensée, *f. s.* 498 a.
Penser; je pens (pense), 408 e; — je pensoie, 286 a; — pensai, 400 e; — pensa, 440 a; — se pensèrent, 144 f; — pense, *impér.* 490 f; — vous pensez, *subj.* 278 d; — il pensast, 320 e.
Pentecouste, *f. s.* 98 b; penthecouste, 22 c.
Perche, *f. s.* — perches, *f. p.* 168 a; parches, 228 c.
Percier, 178 g; — il pierce, 516 g.
Perdre, 156 f; — se pert, 348 d; — vous perdés, 44 d; perdez, 458 a; — il perdi, 44 d; — perdirent, 208 a; — perderons (perdrons), 488 a; — perderoit (perdroit), 510 b; — se perde, *subj.* 288 e; — je perdisse, 292 a; — se perdist, 38 c; — j'ai pardue, *r. f.* 404 a; — il l'a perdu, 30 a; — vous avez perdu à estre, 80 c; — j'avoie perdu, 278 f; — tu nous avoies perdus, 426 e; — avoit perdu, 278 a; — aviens perdu, 310 g; — avoient perdu, 58 a; avoient perdus, 464 c; — avoir perdu, 220 b; — perdu, *s. p.* (perdus), 248 b; — perdus, *r. p.* 120 b; — est perdue, 278 d; — sommes perdu, 134 f; — estiens perdu (perdus), 56 c; — seroit perdus (perdu), 356 c; — seroit perdue, 6 b; — fust perdue, 442 d.
Pères, *s. s.* 508 e; — père, *r. s.* 16 b; le père, *le vieux,* 272 g; — pères, *r. p.* 508 c.
Perillous, *adj. m. inv.* (perilleus), 382 c; — perillouse, *f. s.* (perilleuse), 170 c.

Perillousement (perilleusement), 70 a.
Perils, *s. s. m.* — peril, *r. s.* 10 a; — perilz, *r. p.* 268 c.
Perils, *adj. s. s. mis en péril;* — peril, *r. s.* — peril, *s. p.* (perilz), 414 a.
Perir; — se perit, 42 d; — perissoient, 156 e; — furent peri (periz), 418 b; — avoit estei perie, 10 a; — ne fust periz, 264 b.
Perpetuelment, 504 e.
Perrière, *f. s. engin qui lance des pierres*, 134 e.
Perrons, *s. s.* — perron, *r. s.* 78 d.
Pers, *s. s. pair;* — per, *r. s. et s. p.* — pers, *r. p.* 494 e.
Pers, *m. inv., drap bleu foncé*, 448 c.
Persecucions, *s. s. f.* (persecucion), 116 f; — persecucion, *r. s.* 212 f; — persecucions, *f. p.* 222 e.
Persone, *f. s.* — persones, *f. p.* 10 c; personnes, 10 e.
Perte, *f. s.* 386 f.
Pertuis, *m. inv.* 214 a, 436 a.
Peser; — il poise, 266 e, 342 c.
Pesmes, *adj. f. p., très mauvaises*, 514 g.
Pestilence, *f. s.* 528 h.
Pestre. *Voy.* Paistre.
Petiz, *adj. s. s.* 26 d; — petit, *r. s.* 176 f, 526 h; — petit, *s. p.* (petiz), 246 b; — petiz, *r. p.* 26 d; — petite, *f. s.* 436 b; — petites, *f. p.* 124 a.
Peupler. *Voy.* Puepler.
Peuples. *Voy.* Pueples.
Pez. *Voy.* Pais.
Phelippes, *s. s.* (Phelippe), 92 b; (Phelipe), 256 b; Philippes, 490 c; — Phelippe, *r. s.* 24 b; Phelipe, 256 d.
Phiole, *f. s.* 294 g.
Phisiciens, *s. s. médecin;* — phisicien, *s. p.* (phisiciens), 14 c; — phisiciens, *r. p.* 116 b.
Piaus, *s. s. f. peau;* — pel, *r. s.* — piaus, *f. p.* 168 a.
Pièce, *f. s.* 94 e; piesce, 446 b; une piesce, 338 d; — pièces, *f. p.* 244 e.

Pierre, *f. s.* 112 d; pont de pierre, 70 a; — pierres, *f. p.* 140 f.
Pierres, *s. s. nom propre*, 56 b; (Pierre), 4 d; — Perron, *r. s.* 54 b; (Pierre), 40 e; saint Père, 306 e; (saint Pierre), 376 c.
Piés, *s. s.* — pié, *r. s.* 40 a; pié (piez), 96 b; (pied), 440 e; à pié, 358 c; — pié, *s. p.* (piez), 236 c; — piez, *r. p.* 18 a..
Pignier, *peigner;* — il pingna, 270 f; — pigniez, *s. s.* (pigné), 42 a.
Piquer; — piquoient, 148 e.
Pires, *s. s. m.* (pire), 490 f; — pejor, *r. s.* (pire), 298 a.
Pis, *adj. n.* 56 a; piz, 28 c; — faire au pis, 224 f.
Piteus, *adj. m. inv.* 478 c, 492 b.
Pitiés, *s. s. f.* (pitié), 200 f; — pitié, *r. s.* 186 b.
Piz, *m. inv., poitrine*, 82 c.
Place, *f. s.* 136 b; — places, *f. p.* 388 f.
Plaidier, 460 f; — plaident, *subj.* 468 e; — a plaidié (plaidé), 44 b.
Plaie, *f. s.* 150 a; — plaies, *f. p.* 172 b.
Plaindre, 522 h; pleindre, 340 a; — je me pleing, 232 a; — se pleingnoit, 268 d; — je me plainz, *prét.*, 274 b; je me pleinz (pleing), 338 c; — il se plainst (plaint), 294 d; — il se plainsist, *subj. imparf.* 72 e.
Plainne, *f. s. plaine;* pleinne, 380 d; — plainnes, *f. p.* 380 e.
Plains, *adj. s. s. m. uni;* — pleinnes, *f. p.* 124 b.
Plains, *plein. Voy.* Pleins.
Plaire, 20 c; — il plait, 10 c; (plet), 110 e; — plaisoit, 58 e; (plesoit), 188 d; — plaira, 538 d; (plera) 222 e; — plairoit, 524 a; — il plaise, *subj.* (plèse), 28 b.
Plais, *s. s. plaid;* — plait, *r. s.* (plet), 454 g; — plaiz, *r. p.* (plez), 38 g; (plaictz), 452 g.
Planche, *f. s.* 250 b; — planches, *f. p.* 10 a.

Planiers. *Voy*. Pleniers.
Plèges, *s. s. m.*, *garant* (plège), 422 e, 424 b.
Pleins, *s. s.* (plein), 50 c; — plein, *r. s.* 112 d; — plain, *s. p.* 508 b; — pleinne, *f. s.* 178 f; — plainnes, *f. p.* 532 f; — tout plein de, *n.* 150 g.
Pleins, *uni. Voy*. Plains.
Pleniers, *adj. s. s.* — planière, *f. s.* 496 e; — plenières, *f. p.* (plenères), 448 b.
Plentés, *s. s. f. abondance*, *quantité*; — plenté, *r. s.* (*ord.*), 472 a.
Pleurs, *s. s.* — pleurs, *r. p.* 532 a.
Pleuvoir. *Voy*. Plovoir.
Ploier; — ploians, *s. s.* — ploiant, *r. s.* — ploiant, *s. p.* (ploians), 224 e.
Plommée, *f. s. sonde*, 416 a; (plomme), 414 c.
Plommiaus, *s. s. pommeau*; — plommel, *r. s.* (plommeau), 340 c.
Plorer, 30 f; plourer; — je pleur (pleure), 32 a; — plouroit, 404 d; ploroit, 404 e; — ploroient, 214 d; — je plorai, 276 b; — plorèrent, 290 a; — en plourant, 136 f; en plorant, 372 c; — plorées, 248 b.
Plovoir; — il pluet, 124 d; pleut, 168 b.
Pluie, *f. s.* 86 d.
Plungier; — plungièrent (plungèrent), 416 d.
Plungierres, *s. s.* — plungeour, *r. s.* — plungeours, *r. p.* (plungeurs), 416 d.
Plus, *adv.* 10 c., 22 e; — si grans comme elle pot plus estre, 258 c; la femme que vous plus haiés, 404 e; — qui plus plus, qui miex miex, 100 f, 144 f; — le plus de lour chevalerie, 186 f; le plus des serjans, 114 d; — le plus, *s. n.*, 120 c, 360 a. — plus (*trop*) de gent, 440 f; — qui n'avoit plus de touz deniers, 274 d.
Plusour, *s. p.* — plusours, *r. p.* (pluseurs), 6 e.
Poigne. *Voy*. Peinne.

Poindre, *peindre*, 508 a; — poinz, *r. p.* (point), 508 a; — pointe, *f. s.* 512 b; — pointes, *f. p.* 532 d. — est poinz, *s. s.* (point), 514 a; — est pointe, 514 h; — sont point, 512 c. — *Voy*. Peindre.
Poindre, *piquer*; — poingnoit, 96 d; — poindroit, 122 c; — poinsist, *subj. imp.* 122 b.
Poine. *Voy*. Peinne.
Poingnans, *s. s.* — poingnant, *r. s.* 180 f.
Poingnays, *m. inv.*, *bataille*, 70 b; poingnéis, 184 e.
Poingnie, *f. s.* — poingnies, *f. p.* (poingnées), 278 a.
Poins, *s. s.* — poing, *r. s.* 6 c.
Poins, *s. s.* (point), 240 a; — point, *r. s.* 188 b; — poins, *r. p.* 28 g; poinz, 536 b; — à point, 406 e; — en ce point que, 88 d; — en un point dou jour, 322 e; le point dou jour, 380 d; — ne lour point ne lour lieu, 218 d; — *nég*. puisse tenir point de proufit, 412 a; — que jamais n'en fust point, 296 a.
Pointe, *f. s.*, *bout*, 98 b; — *charge*, 178 e.
Poissance, *f. s.* 322 a, 512 b; puissance, 126 f.
Poissanz, *s. s.* 516 d; (poissant), 322 b; puissans; — poissant, *r. s.* 508 a; puissant, 12 b.
Poissons, *s. s.* 518 g; (poisson), 402 e; — poisson, *r. s.* 402 e; — poisson, *s. p.* (poissons), 194 b; — poissons, *r. p.* 194 b.
Poitrine, *f. s.* 82 b.
Pome, *f. s.* 520 c; — pommes, *f. p.* 304 c.
Ponciaus, *s. s. ponceau*; — poncel, *r. s.* 156 e.
Pons, *s. s.* — pont, *r. s.* 70 a, 108 b, 416 b; — pons, *r. p.* 202 b.
Pooir; — je puis, 32 a; — tu peus, 392 f; — il puet, 538 c; (peut), 30 a; — poons nous, 108 e; — vous poez, 80 b; pouez, 186 c; — peuent, 226 a; — je pooie,

340 a; pouoie, 214 b; — il pooit, 94 c; pouoit, 74 b; — poviens (povions), 326 b; — pouoient, 474 g; pooient, 188 f; — je peu, 148 b; je poi, 434 b; — elle pot, 2 b; — peumes, 164 d; — peurent, 160 e; porent, 56 d; — pourray, 538 c; — il porra, 536 a; — pourrons, 156 a; — pourrez, 90 c; — porront, 532 h; — pourroie je, 122 d; — porroit, 510 c; — pourriens (pourrions), 220 f; — je puisse, *subj. prés.* 62 c; — il puisse, 28 f; poisse, 512 b; — nous puissons, 536 f; puissiens, (puissions), 496 g; — puissiez, 502 d; puissés, 280 e; — puissent, 12 a; — peust, *subj. imp.* 6 e; poist, 512 b, 522 f; — vous peussiez, 14 c; — peussent, 200 f.

Pooirs, *s. s. pouvoir*, (pooir), 536 a; — pooir, *r. s.* 14 d, 96 c, 98 e; pouoir, 170 a; — pooirs, *r. p.* 432 b; — je n'en face mon pouoir (pouer), 430 d; — en sa terre et en son pooir, 446 a.

Poours. *Voy.* Paours.

Por. *Voy.* Pour.

Porc. *Voy.* Pors.

Porcherie, *f. s.* 334 f.

Porfitables, *adj. s. s. m.* — porfitables, *f. p.* 520 b.

Pors, *s. s.* (porc), 196 a; — porc, *r. s. et s. p.* — pors, *r. p.* 334 f.

Pors, *s. s.* — port, *r. s.* 10 d.

Porte, *f. s.* 22 c.

Porter, 492 a; — il porte, 308 c; — vous portés, 402 c; — portent, 484 d; — portoit, 308 b; — portoient, 482 e; — portai, 390 d; — porta, 36 b; — portèrent, 360 f; — porteras, 492 d; — porteroient, 78 b; — porte, *impér.* 496 a; — je portasse, 488 f; — portans, *r. p.* 90 d; portanz, 520 h; — fu portez (porté), 502 c; — fu portei, *n.* (porté), 500 e.

Portiers, *s. s.* — portier, *s. p.* (portiers), 188 f.

Possessions, *s. s. f.* — possessions, *f. p.* 470 e.

Pot. *Voy.* Poz.

Potence, *f. s.* 36 c.

Pou, *adv.* 16 b; — pou à pou, 100 f.

Pou, *r. n.* 414 a.

Poucins, *s. s.* — poucins, *r. p.* 516 g.

Poulains, *s. s.* (poulain), 288 b; — poulain, *r. s.* 288 a; — poulains, *r. p.* 288 a.

Pour, *prép.* 4 e, 6 a, 8 b, 38 e; — pour Dieu, 272 a, 298 e, 488 a; — pour ce que (*parce que*), 4 b, 66 e, 74 f; por ce que, 512 d; — pour ce que (*afin que*), 60 e, 82 c, 114 e.

Pourchacier, *poursuivre, négocier, procurer*, 240 e; — pourchassoit, 504 f; — pourchassa, 52 f; pourchasa, 518 h; se pourchassa, 386 d; — pourchacièrent (pourchacèrent), 192 c; — pourchaceroit, 408 a; — pourchace, *impér.* 492 e; — pourchaciés, *subj.* 280 e; — avoit pourchacie, *r. f.* 268 b, 524 b; — avoit pourchacie, *r. f.* 240 e; (pourchasie), 524 b.

Pourchas, *m. inv.*, *poursuite, diligence*, 458 e, 500 c.

Pourparler; — fu pourparlée, 54 d.

Pourquoy, 14 c.

Pourrir; — pourrie, *f. s.* 194 d; — pourris, *r. p.* 388 e; — estoient pourri (pourriz), 192 e.

Poursuivre, 186 e.

Pourvéance, *f. s.* 86 f.

Pourveoir; — je me pourvéoie, 90 e; — il pourveut, 482 f.

Pous *s. s. Paul* (Poul), 508 b; — Pol, *r. s.* 376 c.

Pouvoir. *Voy.* Pooir.

Povre, *s. p.* (povres), 298 f; — povres, *r. p.* 18 e; (paouvres), 448 e.

Povres, *adj. s. s. m.* 280 a; (povre), 62 b; — povre, *r. s.* 398 d; — povres, *r. p. m.* 478 f; — povres, *f. p.* 464 e.

Povretés, *s. s. f.* — povretei, *r. s.* (povreté), 262 d.

Poz, *s. s.* — pot, *r. s.* 214 b; — poz, *r. p.* 94 b; pos, 390 b.
Praerie, *f. s.* 58 b.
Praiaus, *s. s. préau;* — prael, *r. s.* 22 c, 66 g.
Praie, *f. s. proie*, 360 c.
Préeious, *adj. m. inv.* — preciouse, *f. s.* (precieuse), 498 f; — preciouses, *f. p.* (precieuses), 320 d.
Preeschierres, *s. s.* — preescheour, *r. s.* — preescheour, *s. p.* (preescheurs), 448 f; — preescheours, *r. p.* (preescheurs), 22 a.
Prelas, *s. s.* — prelat, *r. s.* — prelat, *s. p.* (prelaz), 42 c; (prelas), 528 g; — prelas, *r. p.* 450 c.
Premier, *adv.* 4 b; premiers, 510 h; — tout premier, 258 d.
Premièrement, *adv.* 22 b.
Premiers, *adj. s. s. m.* 510 h; (premier), 440 f; — premiers, *r. p.* 6 c; — première, *f. s.* 4 a; — premières, *f. p.* 512 a.
Prendre, prenre. *Voy.* Penre.
Près, *prép.* 24 c.
Presence, *f. s.* 72 c.
Presens, *s. s. cadeau;* — present, *r. s.* 262 b; — presens, *r. p.* 326 c.
Presenter, *faire présent;* — presenta, 438 f; — ot presentei (presenté), 438 f; — eussent presentei (presenté), 242 d; — presentée, *f. s.* 524 f.
Presque, 406 f.
Presser; — pressoient, 158 c; — pressei, *r. s.* (pressé), 146 d; — estoient pressei (pressé), 154 c; — je fu pressez (pressé), 488 b.
Prest. *Voy.* Prez.
Prester, 252 f; — prestassent, 252 c; — avoit prestées, *r. f. p.* (prestéez), 530 g.
Prestres, *s. s.* (prestre), 198 f; — prestre, *r. s.* 34 d; — prestre, *s. p.* (prestres), 448 f; — prestres, *r. p.* 320 a.
Preudefame. *Voy.* Prodefame.
Preudom, *s. s.* (prudhomme), 38 d; — preudome, *r. s.* (preudomme), 20 a; — prodome, *s. p.* 520 b; preudome (preudeshomes), 26 a; (prudeshomes), 106 f; — preudomes, *r. p.* (preudommes), 112 f, 474 d.

Preus, *adj. s. s. preux*, 184 c; — preu, *r. s.* 374 c; — preu, *s. p.* (preus), 190 d; — preuz, *r. p.* 374 d.
Preus, *s. s. profit;* — preu, *r. s.* 26 f.
Prevostés, *s. s. f.* (prevosté), 474 f; — prevostei, *r. s.* (prevosté), 474 g; — prevostés, *f. p.* 468 f.
Prevoz, *s. s.* (prevost), 78 d; — prevost, *r. s.* 476 a; (prevot), 78 d; — prevost, *s. p.* (prevoz), 466 f; — prevoz, *r. p.* 42 e; prevos, 466 d.
Prez, *adj. s. s.* (prest), 88 d; — prest, *r. s.*
Prier, 442 f; — je pri, 12 f; — il prie, 162 e; proie, 442 f; — proient, 378 a; — je prioie, 202 d; — il prioit, 320 e; — prioient, 144 d; — je priai, 484 f; (prié), 400 a; — pria, 2 b; proia, 278 e; — prièrent, 452 f; — pri, *impér.* (prie), 492 b; — prions, 504 a; — nous prions, *subj.* 136 a; — vous priez, *subj.* 348 d; — priassent, 404 c; — a prié, 278 c; — avoit prié, 442 f.
Prière, *f. s.* 38 e; — proières, *f. p.* 492 e; prières, 404 c.
Princes, *s. s.* (prince), 348 b; — prince, *r. s.* 350 a; — prince, *s. p.* (princes), 460 d; — princes, *r. p.* 38 c.
Pris, *m. inv., prix*, 184 f, 190 d, 196 g.
Prise, *f. s.* 42 f.
Prisier; — il prise, 42 d; — prisoient, 174 a; — priseront, 24 g; — prisast, 158 c; — prisiés, *s. s.* (prisié), 132 b; — fu prisiez (prisié), 134 c; fu (prisé), 140 c.
Prisonniers, *s. s.* (prisonnier), 226 a; — prisonnier, *r. s* — prisonnier, *s. p.* (prisonniers), 286 b; — prisonniers, *r. p.* 216 e.
Prisons, *s. s. f.* — prison, *r. s.* 6 e; — prisons, *f. p.* 248 d.

Prisons, *s. s. m. prisonnier;* — prison, *s. p.* 240 f; (prisons), 206 f.
Privéement, 38 a.
Priver; — fust privez (privé), 240 a.
Privés, *s. s., qui est du pays;* — privé, *r. s.* (*ord.*), 468 a; — privé, *s. p* (*ord.*), 494 e.
Privés, *adj. s. s. m.* — privée, *f. s.* 468 d; — privées, *f. p.* 214 f.
Processions, *s. s. f.* (procession), 118 e; — procession, *r. s.* 86 d; — processions, *r. p.* 46 g.
Prochains, *adj. s. s.* — prochain, *r. s.* 186 d; — prochains *r. p.* 284 a.
Procuracions, *s. s. f., droits de gîte;* — procuracions, *f. p.* 470 g.
Procurerres, *s. s.* — procureur, *r. s.* (*ord.*), 474 e.
Prodefame, *f. s., femme de bien;* — prodefames, *f. p.* 532 c.
Prodom. *Voy.* Preudom.
Proesce, *f. s.* 80 c; proesse, 374 d.
Profecie, *etc. Voy.* Prophecie.
Profis, *s. s.* (profit), 410 f; — profit, *r. s.* 4 a; proufit, 282 a; — profiz, *r. p.* 46 e.
Proière. *Voy.* Prière.
Promesse, *f. s.* 10 g.
Promettre, 224 d; — prometoit, 142 c; (promettoit) 424 a; — je promis, 10 f; — il promist, *prét.* 54 d; — prometterés (promettrés), 422 f; — promettront; (*ord.*) 468 g; — prometés, *impér.* 422 e; — il promeist, *subj.* 422 d; — avoit promis, 502 e; — avoient promises, *r. f. p.* 346 a; — j'eusse promis, 422 f.
Prophecie, *f. s.* 48 a; profecie, 514 d; (profesie), 518 d; — propheties, *f. p.* 510 g.
Prophètes, *s. s.* profètes, 518 a; — prophète, *r. s.* 512 h; profète, 514 a.
Prophetisier, profetisier (profetiser), 510 f; — il profetize, 532 a; — profetiza, 518 a; prophetiza, 512 h; — en profetizant, 516 g.
Proprement, *adv.* 296 b.
Propres, *adj. s. s. m.* (propre), 536 b; — propres, *f. p.* 474 c.
Prosperités, *s. s. f.* — prosperitei, *r. s.* (prosperité), 498 d; prosperité (*ens.*), 490 e; — prosperités, *s. p.* 530 f.
Proufis. *Voy.* Profis.
Prouver; — se prouvoient, 190 c; — se prouva, 182 d; — se prouvèrent, 166 a; — s'estoit prouvez (prouvé), 420 e.
Provaires, *s. s. prêtre;* — provère, *s. p.* (provères), 84 e; — provères, *r. p.* 238 f; provaires, 322 c.
Prunelle, *f. s.* 246 d.
Pseaumes, *s. s.* — pseaumes, *r. p.* 498 b.
Pucelle, *f. s.* 396 c.
Puepler; — est pueplés, *s. s.* (peuplé), 384 c; — estoit peuplée, 428 f.
Pueples, *s. s.* peuples (peuple), 318 b, 322 e; — pueple, *r. s.* 516 c; peuple, 4 c; peule, 318 c; — peuples, *r. p.* 320 b.
Puer; — puans, *r. p.* 388 e.
Puis, *adv.* 10 c, 438 c; — puis que, *après que,* 12 c, 218 b, 310 b, c; — puis que, *du moment que,* 16 a, 132 d, 232 b, 242 b.
Puissance, *etc. Voy.* Poissance.
Puneisie, *f. s. puanteur,* 326 b.
Punir, 462 a; — puniront, 468 h; — estoit punis (puni), 476 b; — seront puni (puniz), 468 b; — soient puni (puniz), 468 b.
Purs, *adj. s. s. m.* — pur, *r. s.* 14 e; — pure, *f. s.* en pure cote, 416 b; en pure sa chemise, 78 e.
Pylés, *s. s., trait, flèche;* — pylet, *r. s.* — pylet, *s. p.* 136 c; — pylés, *r. p.* 160 f.

Q

Quans que, *s. s. m.* — quant que, *s. p. tous autant que*, 418 b; — quant que, *n. tout ce que*, 338 a; quanque, 28 b; — double que quant, 478 a; — quant plus, 124 a, 234 f.

Quant, *adv.* 4 e, 18 a, 340 f, 354 e.

Quantités, *s. s.* — quantitei, *r. s.* (quantité), 180 b.

Quar. *Voy.* Car.

Quarante, 60 a.

Quaresmes, *s. s.* — quaresme, *r. s.* 174 e; — quaresme prenant; *mardi gras*, 142 e; quaresme pernant, 174 e.

Quarolle, *f. s. danse*, — quarolles, *f. p.* 76 b.

Quarrefours, *s. s.* — quarrefour, *r. s.* 484 d.

Quarriaus. *Voy.* Carriaus.

Quars, *adj. s. s. m.* (quart), 8 e; — quart, *r. s*, — quarte, *f. s.* 126 e; carte, 490 c.

Quartaine, *f. s. fièvre quarte*, 484 f; quarteinne, 484 g.

Quatorze, 8 f. — quatorze vins, 356 b.

Quatorzièmes, *s. s. m.* (quatorzième), 282 c.

Quatre, 26 b; — quatre vins, 22 c.

Quazel. *Voy.* Cazeus.

Que, *relat. Voy.* Qui.

Que, *conj.* 2 b, 422 f; — tant que, 444 b; — miex que, 18 a, 48 f, 232 b, 240 d; — que, *car*, 170 f, 206 c, 296 c, 354 c; — que, *de sorte que*, 232 g, 250 a, 322 e, 360 a; — que, *de ce que*, 234 c; — que, *pourvu que*, 444 f; — que.... ne, *de peur que*, 114 d, 270 c; — que.... ne, *sans que*, 122 e, 194 d, 202 a, 252 e, 388 e; — que.... ne, *pour empêcher que*, 184 c, 342 f, 402 e; — que.... que, 8 f, 66 c.

Queillir; — il queilli, 436 c.

Quelque.... que, *f. s.* 466 f.

Quenoille, *f. s.* 390 c.

Quenoistre. *Voy.* Corignoistre.

Querelle, *f. s.* 494 a.

Querre, *querir,* 90 e; — queroient, 194 a.

Queue, *f. s.* 136 c, 412 f.

Queus, *s. s. cuisinier*, 14 b; (queu), 458 f.

Quex, *s. s. m. et f.* (quel), 16 e, 106 e; — quel, *r. s.* 290 b, 302 e; — quiex, *f. p.* 92 d.

Qui, *s. s. et p. m. et f.* 2 b; 4 d, 402 b; 538 d; — cui, *r. s. et p.* 158 e, 184 f, 310 b; cuy, 538 d; — à cui, 10 d, 526 h; — de cui (qui), 72 e; — en cui (qui), 74 e; — que, *dans lequel*, 112 e, 254 c, 538 e; — qui, *s. n.* 4 b, 410 f; — que, *r. n. ce que, quoi*, 34 e, 124 c, 170 e, 210 c, 234 d.

Quiconques, *s. s.* 470 a.

Quinzainne, *f. s.* 302 e; quinzeinne, 68 c.

Quinze, 160 g.

Quites, *adj. s. s. m.* — quite, *s. p.* 298 b.

Quitier; — vous quitiés, *ind. prés.* (quités), 342 c; — quitoient, 312 c; — quita (quicta), 70 g; — estoit quitiez (quitez), 258 a.

Quois, *adj. s. s. m. coi*, quoys, (quoy), 284 b; — quoi, *s. p.* 366 e; — quoye, *f. s.* 434 a.

Quolibez *s. s. propos à volonté, causerie;* — quolibet, *s. p.* (quolibez), 450 a.

Quoy, *r. inv.* 10 a, 176 d, 374 a; — pour quoy, 6 b; — par quoi, 34 f; — il n'avoit de quoy, 92 f.

R

Rachater, 512 f; racheter, 474 c.
Raconter, 322 e; — il raconte, 34 e; — racontent, 480 b; — eust racontée, r. f. 236 a.
Raimbre, *rançonner;* — raimbez nous, *impér.* 432 b.
Raisonnables, *adj. s. s. m.* (resonnable), 380 a; — raisonnable, *f. s.* 472 f; (resonnable), 40 c.
Raisons, *s. s. f.* (reson), 6 b; — raison, *r. s,* 44 a; (reson), 394 e; — raisons, *f. p.* 20 c.
Raler, *s'en retourner,* 406 g; — raloit, 176 f; — rala, 226 d; — ralèrent, 292 f; s'en ralèrent, 106 b; — vous en ralez, *subj.* 302 e.
Ramener, remener; — il rameinne, 422 f; — ramena, 310 e; — remenames, 130 f; — ramenèrent, 116 b; remenèrent, 248 b; — remenra, 422 e; ramenra, 422 g; — je remenroie, 378 f; — je remenasse, *subj.* 378 f; — ramenast, 80 d.
Ramentevoir, *remémorer,* 52 b; — ramentoif-je, 122 f; ramantoif-je (ramantevoiz-je), 76 f; — ramentevoient, 448 g; — je ramentu, 118 d; — il ramenti, 16 b; il ramentent, 502 d; — ai-je ramenteu, 114 b; ai-je ramentues, *r. f. p.* 504 f.
Ramplir, 518 h.
Rançons, *s. s. f.* — rançon, *r. s.* 250 c; reançon, 228 a.
Randre. *Voy.* Rendre.
Rangier, 176 e; (ranger), 134 a; — estoit rangie (rangiée), 172 c.
Rantrer. *Voy.* Rentrer.
Raous, *s. s.* (Raoul), 266 e; — Raoul, *r. s.* 266 c.
Rapeler; — rapela (rapella), 154 c.
Rapine, *f. s.* — rapines, *f. p.* 464 c.
Rapinerres, *s. s.* — rapineur, *s. p.* (*ord.* rapineurs), 468 g.
Raporter; — raportoient, 126 c; — raportai, 448 a; — raportèrent, 76 d.

Raseoir; — raséez vous, *impér.* 284 b.
Ratiaus, *s. s.* — ratel, *r. s. et s. p.* — ratiaus, *r. p.* 20 e.
Ravir; — ravist, *subj. imp.* 318 c.
Ravissemens, *s. s.* (ravissement), 524 c.
Raviver, 516 g.
Ravoir, 238 d; — ravoit, 228 d; — ravoient, 88 a; — rot, *prét.* 154 a; — reust, *subj. imp.* 256 b; — reussent, 200 c.
Reançons. *Voy.* Rançons.
Reaumes. *Voy.* Royaumes.
Rebouter, 178 g; — reboutames, 172 a; — il ot reboutei (rebouté), 172 c.
Rebrisier; — rebrisent, 226 a.
Receter, *abriter;* — il receta, 368 e.
Recevoir, 452 d; — recevons, 252 d; — reçoivent, 366 g; — reçut, 88 e; — reçurent, 92 b; — recevront (*ord.*), 468 c; — reçoif, *impér.* 490 f; — il reçoive, *subj.* 472 d; — receust, 472 b; — a reçu, 472 d; — avoit receu, 416 f; — ot receu, 326 b; — furent receu (receus), 90 b.
Reclamer; — il reclamoit, 48 c, 498 d.
Reclorre; — il reclost, *prét.* 84 c.
Reconfors, *s. s.* — reconfort, *r. s.* 164 a.
Reconforter, 404 d; — reconfortast, 214 e; — nous ot reconfortez, 224 a.
Reconquerre, 6 c.
Recorder, *rappeler*, 122 e; — je recordoie, 408 f; — il recordoit, 464 b; — il recorda, 334 b; — recordèrent, 70 d; — ot recordei (recordé), 502 f; — avoit recordez, *r. p.* 408 f.
Recourre; — recouroit, 204 f.
Recouvrer, 6 c.
Recroire, *rendre*, 454 b.
Recreus, *s. s. fourbu* (recreu), 288 b.

VOCABULAIRE. 371

Recueillir. *Voy*. Requeillir.
Recuidier; — recuidièrent (recuidèrent) passer, *pensèrent repasser*, 156 c.
Reculée, *f. s. enfoncement*, 284 f.
Redessirier, *déchirer à son tour;* — redessira (redesirra), 524 f.
Redire, 302 c; — il redist, *prét.* (redit), 522 g; — redirai-je, 420 b; — il redeist, *subj. imp.* 302 c.
Redoubler; — redoubleront, 530 h.
Redouter, 174 f; — redoutoient, 140 f.
Refaire, 206 a; — refaisoit, 130 a; — refesoient, 406 c; — refirent, 330 d.
Refermer, 370 b.
Reflorir; — reflorira, 520 g.
Refus, *m. inv.* 10 b.
Refuser; — vous refusés, 334 a; — refuseroit, 346 f; — il eust refusei (refusé), 242 e; il eust refusée, *r. f.* 300 c; — avoir refusei (refusé), 280 b; — eust estei refusez (refusé), 300 b.
Regarder, 98 e; — regardez, 510 g; — resgardent, 444 e; — regardoit, 496 a; — regardoient, 360 e; — resgardai, 146 c; regardai (regardé), 254 c; — regarda, 466 e; — regardames, 440 e; — regarderont, 212 c; — regardez, *impér.* 292 c; — ai regardei (regardé), 288 e; — ont regardei (regardé), 280 d; — en regardant, 498 e; — nous nous soumes regardei (regardez), 412 a.
Regéir, *proférer;* — je regéisse *subj.* 32 d; — vous regéissiez, 32 b.
Regions, *s. s. f.* — regions, *f. p.* 526 a.
Règnes, *s. s.* — règne, *r. s.* 4 d; règne, *royaume*, 4 a.
Regreter; — il regretoit, 268 c.
Relargir; — relargissoient, 130 b.
Relenquir, *abandonner;* — vous relenquiriés, 34 b.
Relevée, *f. s.* 96 b; — diner de relevée, 202 c.
Relever, 266 b; — il se relève

(relève), 520 f; — je soie relevée, 264 g; — estoit relevée, 396 e.
Religions, *s. s. f.* — religion, *r. s.* 48 e, 470 f; — religions, *f. p.* 320 a, 464 g.
Religious, *m. inv.* (religieus), 442 a; religieus (*ord.*), 470 g.
Reliques, *f. p.* 210 f.
Remaindre, *rester;* — il se fust remez, 8 d.
Remarier, 198 e; — remarioient, 198 c.
Remembrance, *souvenir, f. s.* 332 c.
Remenans, *s. s, reste* (remenant), 20 d; — remenant, *r. s.* 22 b.
Remener. *Voy.* Ramener.
Remettre; — remettent, 226 a; — remetoit, 260 a; — remetoient, 364 b; — se remist, *prét.* 388 f; remist, 406 e; — remeist, *subj. imp.* 302 a.
Remons *s. s.* (Remon), 414 c; — Remont, *r. s.* (Remon), 416 b.
Renaître; — il estoit renez, 412 d.
Renaus, *s. s.* (Renaut), 148 d; — Renaut, *r. s.* 46 d.
Rendaiges, *s. s. restitution;* — rendaige, *r. s.* (rendage), 456 f.
Rendre, 20 f; — je rent, 46 d; (rends), 342 d; (rens), 288 d; — vous rendez, 456 g; — rendent, 22 b; — il rendoit, 20 d; — rendoient, 358 a; — je rendi, 276 b; — il rendi, 454 f; — rendirent, 206 c; — randerai-je (randrai-je), 530 a; — renderas (rendras), 332 a; — rendra (*ord.*), 470 d; — renderoit (rendroit), 230 b; — renderiens (renderions), 222 a; — renderoient, 222 b, 522 c; — rent, *impér.* 490 f; — rendés-vous, 206 c; — il rende, *subj.* 320 g; — rendist, 226 b; — nous randissiens (randission), 210 d; — rendissent, 308 f; — fust rendue, 244 d; — par grant tréu rendant, 376 f.
Rendres, *s. s.* (rendre), 20 e.
Rènes, *f. p.* 158 b.
Renforcier; — renforçoit, 176 g.
Renoier, *renier*, 220 c, 522 a; —

il renie, 240 a; renoie, 240 b;
— se renoioient, 220 d; se re-
nioient, 522 a; — s'estoient re-
noié, 238 f; s'estoient renoié (re-
noiés), 346 c; — estoient renoié
(renoiés), 218 c, 312 c.

Renoiés, *s. s. renégat;* — renoié, *r.
s.* 262 d.

Renommée, *f. s.* 20 a.

Renoncier; — renonçoit, 466 c.

Renouveler, 236 d.

Rensuivre, *suivre de nouveau;* — il
rensui, *prét.* 80 a.

Rente, *f. s.* 504 e; — rentes, *f. p.*
316 b.

Rentendre, *s'occuper de nouveau;*
— rentendoit, 328 f.

Rentrer, 82 d; rantrer; — ren-
terront, 420 c; — ranterroit,
56 d.

Renvironner; — renvironnèrent,
176 e.

Renvoyer, renvoier, 200 c; — il
renvoia, 304 d; — renvoyèrent,
58 c.

Repaistre (repestre), 410 e; —
fusseut repeu, 478 c.

Repenre (reprenre), 68 b; repren-
re (*ens.*), 492 b; — reprenoient,
238 c; — je repris, 410 c; — il
reprist, 20 b.

Repentance, *f. s.* 18 c., 378 f.

Repentir; — il se repenti, 328 a.

Reporter, 386 b; — je report (re-
porte), 408 f; — reportèrent,
502 g; — reportés, *impér.* 386 b.

Repos, *s. s. caché;* repost, *r. s.* —
en repost, 472 c.

Reposer, 170 d; — se reposoit, 38
a; — il avoit reposei (reposé),
38 a.

Reprenre. *Voy.* Repenre.

Reproches, *s. s.* (reproche), 262
e; — reproche, *r. s.* 132 d.

Reprouver, *reprocher;* — seroit
reprouvei, *s. n.* (reprouvé), 432
b; — il fust reprouvei, *s. n.*
(reprouvé), 200 e.

Reprouviers, *s. s. reproche;* — re-
prouvier, *r. s.* 150 c.

Requeillir, 414 f; recueillir, 202
b; — il recueilli, *prét.* 244 d;

requeilli, 160 e; — nous nous
requeillimes, 202 c; — se requeil-
lirent, 96 f, 412 c; — avoit re-
cueilli, 244 d.

Requerre, 196 b, (requerir) 466 c;
— je requier, 332 g; — il re-
quiert, 332 f; — requerons,
450 c; — requièrent, 240 c; —
requeroit, 150 e; — requeroient,
518 e; — je requis, 150 b; —
il requist, 34 g; — nous requeis-
mes, 248 c; — vous requeistes,
240 c; — requistrent, 50 b; —
tu requerras, 322 ; c — requiè-
rent, *subj.* 472 g; — il requeist,
252 b; — requeissent, 396 d;
— j'ai requis, 338 a.

Requeste, *f. s.* 290 b; — reques-
tes, *f. p.* 40 a.

Reschaper; — reschapoit, 424 a.

Rescourre, *délivrer, retirer,* 148 a;
— il rescout, *prét.* 196 d; res-
coy, 150 g; — nous rescousis-
mes, 130 f; — rescourent, 116 a.

Resdrecier; — je me resdreçai,
148 b.

Resgarder. *Voy.* Regarder.

Resonnables, *etc. Voy.* Raisonna-
bles.

Respandre; — je respanderai (res-
pandrai), 528 e.

Resplendir, 98 f.

Resplendissans, *f. p.* 320 e.

Respondre, *cacher;* — où me res-
ponderai-je, 526 f.

Respondre, 144 e; — respondoit,
450 c; — je respondi, 18 a; —
il respondi, 10 b, 522 c; —
respondimes, 418 e; — respon-
dirent, 418 f; — je responderai
(respondré), 284 d; — avoit res-
pondu, 296 e; — aviens respondu,
224 d; — c'est respondu, *n.* 16 f.

Response, *f. s.* 16 f.

Respouser; — respousoit il, 304 b.

Restendre; — restendent, 168 c.

Restorer, 140 d.

Restre; — refussent (refeussent),
96 e.

Resurrections, *s. s. f.* (resurrection),
530 h; — resurrection, *r. s.*
520 d.

VOCABULAIRE. 373

Resusciter, 222 e; — resuscite, 520 e; — resuscitoient, 530 e; — resuscita, 520 d; — resuscités, *s. s.* (resuscité), 222 d; — estoit resuscitez, 522 g.

Retaillier, *circoncire;* — estoient retaillié, *s. p.* (retaillés); 192 f.

Retenir, 46 d; — je retieing, 80 c; (retiens), 292 d; — retenons, 478 a; — retenoit, 334 a; — je reting, *prét.* 272 c; — il retint, 90 e; — retindrent, 250 c; — retien, *impér.* 492 e; — tu retieignes, *subj.* 328 a; — il retiengne, 442 e; — vous retenez, *subj.* 110 h; — retenissent, 256 b; — j'avoie retenu, 274 a; avoie retenus, *r. p.* 274 f; — avoit retenu, 380 g; — vous aiés retenu, 290 e; — vous eussiez retenu, 300 e.

Retirier; — retira, 82 c.

Retourner, 82 e, 146 a; — se retournoit, 260 b; — retourna, 406 e; se retourna à, 232 a; s'en retourna, 56 b; — retourneroient, 290 b.

Retraire, *retirer,* 366 b; — se retraient, 124 b; — se retrait, *prét.* 368 e; — se retraistrent (retrairent), 172 c.

Retraire, *retracer, ressembler,* 500 f.

Retrouver; — avoit retrouvei (retrouvé), 274 d; — il fust retrouvez, *s. s.* 194 a.

Reume, *f. s.* 198 e.

Reveler; — se reveleroit, *se révolteroit,* 50 e.

Revenir, 412 c; — je revenoie, 434 g; —revenoit, 40 a; — nous reveniens (revenions), 26 b; — s'en revenoient, 206 e; — je reving, 30 e; (revins), 170 a; — revint, 424 b; - nous revenimes, 12 c; revenismes, 8 e; — revindrent, 90 a; — je revenrai (revendré), 76 e; — revenra, 386 c; — revenrons, 64 b; - revenroit il, 524 e; — revenons, *impér.* 328 b; — vous reveigniez, *subj.* (reveignez), 434 f; — revieingnent, 206 e; — revenist, 420 f; — revenissent, 88 e; — estoit revenue, 74 b; — fu revenus (revenu), 68 e; — fu revenue, 424 c; — fumes revenu, 452 c.

Revenirs, *s. s.* — revenir, *r. s.* 280 a.

Revenue, *f. s.* 82 d.

Reveoir; — revéons, 530 f; — je revi, 42 b.

Reverence, *f. s.* 496 a.

Revestir; — revestu, *s. p.* (revestus), 486 b.

Rez à rez, 122 a.

Ribaude, *f. s. ; femme de mauvaise vie,* 336 e.

Ribaus, *s. s. goujat;* — ribaut, *r. s.* — ribaus, *r. p.* 158 c.

Richars, *s. s.* (Richart), 52 d; — Richart, *r. s.* 52 b.

Richement, 522 a.

Riches, *adj. s. s. m.* (riche), 334 b; (richez), 280 a; — riche, *r. s.* 24 a; — riche, *s. p.* 460 d; (richez), 14 b; (riches), 190 d; — riches, *r. p.* 398 c.

Richesce, *f. s.* 94 c.

Riens, *f. inv.* 8 d, 32 c, 174 a, 216 a.

Rire, 198 c; — il rist, *prét.* 378 b; — en riant, 198 c; — rians, *s. s.* (riant), 274 d.

Ris, *m. inv. riz,* 110 b, 124 c.

Rissir, *resortir;* — rissoient, 118 a.

Rive, *f. s.* 86 f; — rives, *f. p.* 208 e.

Rivière, *f. s.* 68 f; — rivières, *f. p.* 124 a.

Robe, *f. s.* 24 d; — robes, *f. p.* 266 f.

Rober, *voler, dérober;* — robai-je, (robee), 400 f; — il eussent robée, *r. s. f.* 166 c.

Roberres, *s. s. voleur;* — robeour, *r. s. et s. p.* — robeours, *r. p.* (robeurs), 20 f.

Roberz, *s. s.* (Robert), 20 e; — Robert, *r. s.* 20 a.

Roche, *f. s.* 382 g; — roches, *f. p.* 126 c.

Roelle, *f. s. rondelle,* 160 e. *Voy. aussi* Rouelle.

Rogiers, *s. s.* (Roger), 84 b.
Roiaumes. *Voy.* Royaumes.
Roides, *adj. s. s. m.* (roide), 494 a;
— roide, *r. s.* — roide, *f. s.*
476 e; roite, 382 d, 444 b.
Roie, *f. s. raie;* — roies, *f. p.*
270 d.
Roine, *f. s.* 516 g; royne, 10 f.
Roingnier (roingner), 72 c; — il
seroit roingniez, *s. s.* (roingné),
72 b.
Rois, *s. s.* 512 a; (roi), 26 d; roys,
22 f; — roi, *r. s.* 22 a; roy,
2 a; — roy, *s. p.* 372 e; —
roys, *r. p.* 308 c.
Roites. *Voy.* Roides.
Romans, *s. s. langue française;*
536 b; — romant, *r. s.* 504 a.
Rompre; — avés rompues, 338 a;
— avoit rompues, 266 d; —
avoient rompue, *r. s. f.* 234 a; —
ot rompues, *r. p. f.* 92 a.
Roncins, *s. s. roussin* (roncin), 288
b; — roncin, *r. s.* 152 d.

Rongneure, *f. s.* — rongneures, *f.*
p. 270 f.
Rons, *adj. s. s. m.* — ront, *r. s. m.*
— ronde *f. s.* 86 a.
Rose, *f. s.* — roses, *f. p.* 188 d.
Rosée, *f. s.* 512 g.
Rotir; — estoient roti, *s. p.* (roties), 248 d.
Rouelle, *f. s. roue;* — rouelles, *f.*
p. 124 c. *Voy. aussi* Roelle.
Route, *f. s. troupe*, 148 c.
Royaumes, *s. s.* (royaume), 474 f;
(réaume), 38 c; — royaume, *r. s.*
12 f; roiaume, 466 c.
Royne. *Voy.* Roines.
Roys. *Voy.* Rois.
Roys, *rets, f. p.* 124 e.
Rubarbe, *f. s.* 124 f.
Rue, *f. s.* 80 b; — rues, *f. p.* 78 e.
Ruissiaus, *s. s.* — ruissel, *r. s.* 160
b; — ruissiaus, *r. p.* 124 a.
Rus, *s. s. ruisseau* (ru), 428 b; —
ru, *r. s.* 156 b; — ru, *s. p.*
(ruz), 380 f.

S

Sa. *Voy.* Ses.
Sablons, *s. s.* (sablon), 416 e; —
sablon, *r. s.* 102 g.
Sac. *Voy.* Sas.
Sachier, *tirer;* — sachoit, 396 c.
Sacrefices, *s. s.* — sacrefices, *r. p.*
528 d.
Sacremens, *s. s.* — sacrement, *r.*
s. 32 a; — sacremens, *r. p.*
498 a.
Saiete, *f. s. flèche*, 318 a; seète;
— seètes, *f. p.* 316 f; saiètes,
536 e.
Saigement, *adv.* (sagement), 524 b.
Saiges, *s. s.* (sage), 24 g; (sages),
316 f; — saige, *r. s.* (sage), 192
a; — saige, *s. p.* (sage), 416 a;
(saiges), 256 d; — saiges, *r. p.*
510 f; (sages), 286 d.
Saillir, *sauter, s'élancer*, 212 b; —
vous sailliés (saillés), 212 c; —
sailloit, 214 c; — je sailli, 212
c; — il sailli, 6 c; — nous saillimes, 138 b; — saillirent, 104

f; — fust saillis (fu sailli), 212
d; — fussent sailli, 416 a.
Sains, *adj. s. s. m. sain;* — sainne,
f. s. 498 a.
Sains, *adj. s. s. m.* 26 e; — saint,
r. s. 12 c; — saint, *s. p.* 520
b; — sains, *r. p.* 240 a; —
sainte, *f. s.* 528 b; — saintes,
f. p. 2 b.
Saint, *s. p.* (*reliques*); — sains, *r.*
p. 222 b.
Saintefierres, *s. s. sanctificateur,*
(saintefieur), 498 c; — saintefiour, *r. s.*
Saintement, *adv.* 4 c.
Sairement, *s. s.* (serement), 238 d;
— sairement, *r. s.* (serement),
78 b; — sairement, *s. p.* (seremens), 238 b; serement (*ord.*),
466 f; — sairemens, *r. p.* 344 c;
(seremens), 238 e; seremens
(*ord.*), 468 b.
Saisinne, *f. s.* sesinne, 474 b; —
saisinnes, *f. p.* 478 a.

Sale, *f. s.* 278 a; — sales, *f. p.* 62 b.
Salehadins, *s. s.* (Salehadin), 218 d; — Salehadin, *r. s.* 218 b.
Salemons, *s. s.* 526 g; — Salemon, *r. s.* 516 g.
Saler; — salées, *f. p.* 200 c.
Saluer, 190 f; — je salu (salue), 190 f; — salua, 270 d.
Salus, *s. s.* — salut, *r. s.* 2 a.
Salve. *Voy.* Saus.
Salver. *Voy.* Sauver.
Samblance, *f. s.* 528 d.
Samblans, *s. s.* — samblant, *r. s.* 522 f.
Sambler. *Voy.* Sembler.
Samedis, *s. s.* (samedi), 250 d; — samedi, *r. s.* 86 d, 120 a; — samedis, *r. p.* 86 d.
Samis, *s. s. satin;* — samit, *r. s.* 64 d.
Sanglans, *adj. s. s. m.* — sanglante, *f. s.* 260 d.
Sans, *s. s.* (sanc), 150 a; — sanc, *r. s.* 34 d, 260 d.
Sans, *prép. Voy.* Sanz.
Santés, *s. s. f.* — santei, *r. s.* (santé), 14 e.
Sanz, *prép.* 310 b; senz, 450 c.
Sapience, *f. s.* 450 b.
Sapins, *s. s.* — sapin, *r. s.* 180 b.
Sarge, *f. s. serge*, 486 b.
Sarrazinnois, *adj. m. inv.* 98 f.
Sarrazinnois, *m. inv.* 90 a, 220 e; sarrazinois, 522 b.
Sarrazins, *s. s.* (Sarrazin), 246 b; — Sarrazin, *r. s.* 212 b; — Sarrazin, *s. p.* (Sarrazins), 52 d; — Sarrazins, *r. p.* 14 a; Sarrasinz, 522 e; — Sarrazinnes, *f. p.* 372 f.
Sas, *s. s.* — sac, *r. s.* 326 a; — saz, *r. p.* 198 b.
Satisfaccions, *s. s. f.* — satisfaccion, *r. s.* 42 e.
Saudans. *Voy.* Soudans.
Saus, *adj. s. s. m.* 510 h; — sauf, *r. s.* — sauf, *s. p.* 298 b; — sauve, *f. s.* (salve), 22 f.
Saus, *s. s.* — saut, *r. s.* — saus, *r. p.* 350 c.
Sautiers, *s. s. psautier;* — santier, *r. s.* 516 f.

Sauvaiges, *adj. s. s. m.* — sauvaige, *f. s.* (sauvage), 338 b; — sauvaiges, *f. p.* (sauvages), 126 d.
Sauvemens, *s. s. salut;* — sauvement, *r. s.* 444 e.
Sauvement, *adv.* 196 g.
Sauver, 10 d; — sauva (salva), 212 f; (saulva), 10 d; — sauvez nous avoit, 214 d; — estre sauvez (sauvé), 490 e.
Sauvetés, *s. s. f.* — sauvetei, *r. s.* (sauveté), 388 c.
Savoir, 2 b; — je sai, 8 c, 32 a, (scé), 68 d; — il sait (sceit), 18 c; (scet), 34 a; (set), 508 c; — savons, 28 a; — vous savez, 32 d; — saivent (sevent), 468 g; — je savoie, 30 d; — savoit, 14 f; — savoient, 418 e; — je soy, *prét.* 398 a; (sceu), 68 a; — il sot, 58 c; sout, 512 f; — nous seumes (sceumes), 130 e; — seurent, 58 f; sorent, 122 c; — saurai, 322 c; — sauras-tu, 518 g; — sauront, 468 d; — sauroit, 444 e; — sauriens (saurions), 28 b; — sachiez, *impér.* 32 c; (sachez), 82 b; — tu saches, *subj.* 494 b; — il sache, 302 f; — vous sachiez, 60 e; — il seust (sceust), 308 d; (sceut), 38 e; — seue, *f. s.* 456 d.
Scecedins, *s. s.* 132 a; — Scecedin, *r. s.* (seccedine), 130 c; Secedin, 132 c; (Secedic), 174 e.
Sceleriers. *Voy.* Celeriers.
Se, *conj. si*, 4 f; 20 b; 522 h; (si) 522 h; — se ne, *si ce ne*, 88 c, 184 c, 196 f; — se ce non, *sinon*, 470 d.
Se, *pron.* 28 e; soy, 14 e.
Seaus, *s. s.* (seau), 46 a; — seel, *r. s.* 46 b. — seel, *s. p.* — seaus, *r. p.* 454 d.
Sec. *Voy.* Sès.
Sechier, 324 b; — sechoit, 194 c.
Secons, *s. s. m.* (secont), 4 f; — secont, *r. s.* 54 c; — seconde, *f. s.* 416 a.
Secourre, 58 a; — il secouri, *prét.* 178 e; — secoururent, 182 f; —

secourez, *impér.* 150 b; — secourust, 172 b.
Secours, *m. inv.* 58 a.
Seeler; — seelées, *f. p.* 454 d.
Seète. *Voy.* Saiète.
Seic, *r. s. scheick*, 130 c.
Seigneur. *Voy.* Sires.
Seigneurie. *Voy.* Signourie.
Seignier, *saigner* (seigner), 116 b; seingnier; — seignoit, 194 d; — se seingnissient, *subj. imp.* 330 c.
Seignier, *signer, marquer;* — seignoit, 242 f; seingnoit, 516 e; — me seignai, 234 f; — seigna, 288 b; se seigna, 42 d; — je seignasse, 288 b; — seigniez, *s. s.* (seigné), 462 b; — seignie, *f. s.* (seignée), 318 a; — estoient seingnié, *s. p.* (seingné), 516 f; — seront seingnié (seingné), 516 f; — fussent seignies (seignées), *f. p.* 316 e.
Seins, *s. s.* — seing, *r. s.* 516 f; sing, 516 f. *Voy. aussi* Signes.
Seize, 128 b.
Sejourner; — sejournoit, 88 d; sejornoit, 312 g; — sejourniens (sejournions), 346 d; — sejournames, 90 f; — sejournast (sejourna), 120 f; — avoit sejournei (sejourné), 98 e; — avoient sejournei (sejourné), 364 e.
Selle, *f. s.* 146 c; — selles, *f. p.* 324 g.
Selonc, 4 a; — selonc ce que, 14 c.
Sels, *s. s.* — sel, *r. s.* 218 b.
Semainne, *f. s.* 286 f; — semainnes, *f. p.* 10 d.
Semblables, *adj. s. s. m.* (semblable), 34 a; — semblable, *r. s.* 10 a; — semblable, *f. s.* 46 d.
Semblans, *s. s.* — semblant, *r. s.* 266 f; samblant, 522 f; — *avis*, 284 a.
Sembler, sambler; — semble il, 4 e; il samble, 538 b; — sembloit, 464 a; que il li sembloit de, 482 a; — semblera, 278 e; — est samblans (samblant), 516 e; — seroit semblans (samblant), 516 g.
Semondre, *inviter;* — je semonnoie, 336 d; — je semons, *prét.* 398 b; — semoingnent, *subj.* 474 b; — avoit semons, 230 e; — il soit semons, 474 c.
Senefiance, *f. s.* 304 a, 528 d.
Senefier; il senefie, 486 d; — senefient, 20 e; — senefioit, 486 c; — est senefiez, *s. s.* 532 f; est (senefié), 514 e; — sont senefié, *s. p.* 520 b; — fu senefiée (senefie), 512 f.
Seneschaus, *s. s.* (seneschal), 2 a; senechaix, 538 a; — seneschal, *r. s.* 290 g.
Senestre, *f. s.* à senestre, 438 b.
Senestres, *adj. s. s. m.* — senestre, *f. s.* 366 d.
Sens, senz, *m. inv.* 16 d, 140 a, 400 b; — les cinc senz, 532 e; — en touz senz, 368 e.
Sente, *f. s. sentine*, 236 b, 250 a.
Sentence, *f. s.* 20 d.
Sentir; — nous sentons, 28 a; — je senti, 212 e; — il senti, 148 b.
Senz, *prép. Voy.* Sanz.
Seoir, *asseoir*, 18 a; — il siet, 526 b; — je séoie, 434 b; — je me séoie, 408 a; — séoit, 378 a; se séoit, 378 a; — séoient, 280 f; — sié toi, *impér.* 526 c; - séez vous, 24 c.
Seoir, *être convenable;* — il séoit, 66 a.
Seps, *s. s. cep;* — seps, *r. p.* 428 b.
Sept, 44 b.
Sepulchres, *s. s.* — sepulchre, *r. s.* 518 d.
Sepulture, *f. s.* 500 b.
Seremens. *Voy.* Sairemens.
Sereur. *Voy.* Suer.
Sergans, *s. s.* serjans, 360 f; (serjant), 28 c; — sergant, *r. s.* 28 c; — serjant, *s. p.* 468 a; (serjans), 366 a; — serjans, *r. p.* 364 a; sergens, 160 f; sergans, 64 f.
Sermonner, 440 e; — sermonnoit, 362 e; — sermona, 502 c.

Sermons, *s. s.* (sermon), 502 f; — sermon, *r. s.* 38 c; — sermons, *r. p.* 48 e.

Serpens, *s. s. f.* — serpent, *r. s.* 120 e.

Servaiges, *s. s.* — servaige, *r. s.* (servage), 94 d.

Servir, 50 f; — servent, 444 d; — servoit à, 66 d; — servoit de, 64 e, 66 f; les servoit, 478 d; — servoient, 480 f; — il servi, 274 f; — serviroient, 170 b; — a servi, 444 d; — avons servi, 444 d; — avoit servi, 332 b.

Servises, *s. s.* — servise, *r. s.* 2 a; service (*ord.*), 468 h; ou servise Dieu, 488 b; — *office religieux*, 480 f, 492 b; — servises, *r. p.* 404 c.

Ses, *poss. s. s. m.* 12 a; — son, *r. s.* 2 a; — sui, *s. p.* (ses), 290 a; si, 514 h; — ses, *r. p.* 12 c; — sa, *f. s.* 8 f; s'arbaleste, 78 f; — ses, *f. p.* 448 c.

Sès, *adj. s. s. m.* — sec, *r. s.* 126 a; — sès, *r. p.* 382 c.

Sesinne. *Voy.* Saisinne.

Seue, *sienne. Voy.* Siens.

Seul. *Voy.* Seus.

Seulement, 472 c.

Seur. *Voy.* Suer, Sur.

Seurcos, *s. s. vêtement de dessus;* — seurcot, *r. s.* 24 a, 42 a; seurcot à mangier, 92 a.

Seurement, 242 b.

Seurmonter; — soit seurmontée, *f. s.* 468 d.

Seurpeliz, *m. inv.* surplis, 168 d.

Seurpenre; — nous seurpreissiens, *subj. imp.* (seurpreissions), 172 c.

Seurs, *adj. s. s. m.* sûr, 534 d.

Seurtés, *s. s. f.* — seurtei, *r. s.* (seurté), 200 c.

Seuz, *s. s.* 524 b; seux (seul), 114 f; — seul, *r. s.* 18 a; — seul, *s. p.* (seulz), 10 b.

Si, *adv.* ainsi, 366 c, 378 b; — *c'est pourquoi*, 18 f, 180 e; — *très*, 20 e, 148 f, 208 e, 378 e; — aussi, 4 c; — si que, *tellement que*, 188 g, 190 d, 196 f; — si comme, *ainsi que, aussi que*, 2 b, 6 d, 8 d, 18 b, 48 e, 172 a; — si tost comme, 52 c, 322 e; — et si, *et pourtant*, 32 a, 76 f; — si, *explétif*, 4 a, 26 f, 38 a, 50 b.

Siblez, *s. s.* sifflet; — siblet, *r. s.* 248 g.

Siècles, *s. s.* (siècle), 444 e; — siècle, *r. s*, 14 f, 60 f.

Siens, *s. s. m.* (sien), 372 c; — sien, *r. s.* 396 d; — sien, *s. p.* (siens), 236 c; — siens, *r. p.* 72 e, 88 e, 278 e; — seue, *f. s.* 24 d. 204 c; soe, 516 d; soie, 524 f; — seues, *f. p.* 408 c; — sien, *n.* 278 b, 536 c.

Signes, *s. s.* (signe), 194 d; — signe, *r. s.* 248 b. *Voy.* aussi Seins.

Signourie, *f. s.* (seigneurie), 38 c; — signouries, *f. p.* (seigneuries), 476 b.

Simples, *adj. s. s. m.* — simple, *f. s.* 502 e.

Sires, *s. s.* 538 a; (sire), 28 b; — sire, *voc.* 2 a, 538 a, b, d; sires, 530 a; — signour, *r. s.* 538 a; (seigneur), 2 a; seignor, 516 h; — signour, *s p.* (seigneur), 354 c; — signours, *r. p.* 538 d.

Sis, 12 c; six, 4 e; — six vins, 364 b.

Sitost. *Voy.* Si.

Sobres, *adj. s. s. m.* (sobre), 14 a.

Soe, Soie. *Voy.* Siens.

Soffire; — soffisoit, 510 d; — souffisanz, *r. p. f.* (suffisantes), 480 f.

Soffrir, *souffrir, dispenser de*, 510 h; soufrir, 8 g; souffrir, 484 f; — il seuffre, 462 e; — souffroit, 494 g; — il souffri, 4 e; que soffri il, 514 c; — nous souffrimes, 262 f; — soffrirent, 530 e; se soufrirent, 44 c; — je me soufferrai (soufferré), 164 e; ne me soufferrai-je mie, 164 e; — soufferront, 42 f; souferront 468 c; — je ne me soufferroie, 274 c; — soufferroit, 58 e; — seuffre, *impér.* 492 f; — tu seuffres, *subj.* 372 f; — il seuffre, 38 d;

— il se soufrist, 282 a; — a soffert, 530 f; — avons soufert, 444 d; — avez sofferte, *r. f.* 522 h; — ont soffert, 530 e; — aviens soufertes, 222 c; — avoient souffert (souffers), 158 d; — j'eusse souffert, 76 f; — eussent souffert, 106 f; — il s'en fust soufers, 12 e; se fust souffers (souffert), 268 c.

Soi. *Voy.* Se.

Soie, *f. s.* 64 f; soye, 204 d.

Soie, *poss. Voy.* Siens.

Soif, *r. f.* 320 c.

Soif, *r. f.* haie, 80 a.

Soigne, *f. s. chandelle*, 432 e.

Soirs, *s. s.* — soir, *r. s.* 6 f.

Soixante, 266 b.

Sol. *Voy.* Sous.

Solaus, *s. s.* 518 b; (soleil), 98 e; — soleil, *r. s.* (solleil), 124 d; soloil, 512 c.

Sollempniex, *adj. s. s.* — sollempnel, *r. s.* — sollempniex, *f. p.* (sollempnielx), 478 e.

Soloir, *avoir coutume;* — soloit, 114 b; — soloient, 118 a.

Somme, *f. s. fardeau*, 436 c; — somme de deniers, *somme d'argent*, 226 c.

Sommiers, *s. s.* — sommier, *r. s.* 404 c.

Son. *Voy.* Ses.

Songes, *s. s.* — songe, *r. s.* 486 c.

Songier; — j'avoie songié (songé), 486 c.

Sonner, 178 b; — sonna, 248 g; — sonnassent, 188 g.

Sons, *s. s.* — son, *r. s.* 248 g.

Sor. *Voy.* Sur.

Souciz, *m. inv.?* saumure? 324 b.

Soudaiers, *s. s. m. qui reçoit une solde;* — soudaier, *s. p. m.* (soudaiers), 324 e; — soudaières, *f. p.* 324 e.

Soudans, *s. s.* (soudanc), 94 a; — soudan, *r. s.* 522 a; saudanc, 294 b.

Soudée, *f. s., solde;* — soudées, *f. p.* 324 d.

Souef, *adv.*, *doucement*, 116 d, 304 d.

Soufraite, *f. s. souffrance*, 276 c.

Souffraiteus, *m. inv.* 478 c.

Souffrir. *Voy.* Soffrir.

Souffrirs, *s. s.* — souffrir, *r. s.* 16 a.

Sougiez, *s. s.* sousjez, sousgis, *sujet;* — sougiet, *r. s.* — sougiet, *s. p.* (sougez), 494 c; (subjez), 472 c; (subjet), 314 g; sousjet (sousjez), 166 c; — sousgis, *r. p.* 458 d, 496 c; sougiez (subjez), 466 e; — sougiette, *f. s.* (subjecte), 314 d.

Soupers, *s. s.* — souper, *r. s.* 478 e;

Sourdre; — sourt, 380 e.

Sours, *adj. s. s. m.* 144 f; — sourt, *r. s.* — sourde, *f. s.*

Sous, *s. s.* — sol, *r. s.* — sous, *r. p.* (sols), 468 d.

Souspeçons, *s. s. f. soupçon;* — souspeçon, *r. s.* 474 d.

Soustenir, 482 b; — soustenoient, 474 g; — soustint, 436 e; — je soustenrai (soustendrai), 80 d; — soustenront (soustiendront), 468 h; — soustien, *impér.* 494 a; — averont soustenue, *r. f.* 450 e.

Soustraire; — il soustraie, *subj.* 494 e; — soient soustrait, *s. p.* 468 c.

Soute, *f. s.* 216 f.

Soutilment, 20 f.

Soutilz, *adj. s. s.* 28 f; — soutil, *r. s.* 16 d.

Souvenir; — il me souvint, 150 b; — il li en souvieingne, *subj.* 266 f.

Souvent, 306 f.

Souverains, *adj. s. s. m.* sovereinz, 516 b; — souverains, *r. p.* 470 a, 472 b; soverainz, 516 h; — soveraine, *f. s.* 508 c.

Souz, *prép.* 468 g.

Soy. *Voy.* Se.

Subject. *Voy.* Sougiez.

Subjections. *Voy.* Sugestions.

Sucres, *s. s.* (sucre), 378 c.

Suer, *s. s. f. sœur* (seur), 466 a; — serour, *r. s.* (sereur), 424 e; — serours, *f. p.* (seurs), 44 e; sereurs (*ord.* seurs), 468 d.

Sugestions, *s. s. f.* — sugestion, *r. s.* 326 c; subjection, 320 b.

VOCABULAIRE.   379

Suivre, 106 c; — suivoit, 440 e; — je suivrai (suivré), 218 f.
Suours, *s. s. f.* — suour, *r. s.* (sueur), 272 b.
Sur, *prép.* 8 e; sus, 68 f; seur, 514 h; sor, 512 d.
Sus, *adv.* 8 c, 270 b, 298 d; — or sus, 170 f.

T

Ta. *Voy.* Tes.
Table, *f. s.* 20 b. — tables, *f. p.* jeu, 268 e.
Tabliers. *s. s. jeu de tables;* — tablier, *r. s.* 268 f.
Tabours, *s. s.* — tabour, *r. s.* — tabour, *s. p.* (tabours), 104 e; — tabours, *r. p.* 178 b.
Tache, *f. s. qualité;* — taches, *f. p.* 444 d.
Taille, *f. s. impôt;* — tailles, *f. p.* 472 g.
Taillier (tailler), 268 a; — tailloit, 464 f; — taillie, *f. s.* (taillée) 382 g; — taillies, *f. p.* (taillées), 172 d.
Taillours, *s. s. tailloir;* — taillour, *r. s.* (taillouer), 392 d.
Taindre; — tainte, *f. s.* 228 c.
Taire, 52 e, 284 c; — se tut, 310 f; — tairons, 166 f; — tai toy, *impér.* 372 f; — taisiez vous, 52 e; vous taisiés, 20 c; — je me teusse, 312 a; — se teussent, 198 c.
Taise. *Voy.* Toise.
Talens, *s. s. désir;* — talent, *r. s.* 222 b.
Tanche, *f. s.* 402 f.
Tandis que, 22 a; tandis comme, 488 b.
Tans, *temps. Voy.* Tens.
Tans, *adj. s. s. m.* — tant, *r. s.* — tante *f. s.* (tant), 102 a.
Tant, *adv.* 10 c; — tant comme, 28 f, 32 b; — tant que, 6 b, 334 c; en tant que, 346 b; fors que tant que, 260 c; — tant miex, 216 b; — à tant, *alors,* 138 a, 160 a; — pour tant, 226 e, 364 e.
Tantost, 74 b, 250 a.
Tapis, *m. inv.* 42 a.
Tarder; — tarda, 210 c, 294 a. — j'avoie tardei (tardé), 272 d.
Targier, *tarder;* — tarja, 68 e, 222 f.
Tartarin, *s. p.* (Tartarins), 94 e; — Tartarins, *r. p.* 88 d.
Taveler; — tavelés, *s. s. taché,* 194 c.
Taverne, *f. s.* — tavernes, *f. p.* 470 c.
Te. *Voy.* Tu.
Tel, *adj. Voy.* Tex.
Tel, *adv.* 296 d.
Telle, *subst. Voy.* Toille.
Tellement, 212 c.
Temples, *s. s.* (Temple), 382 a; — Temple, *r. s.* 122 c.
Templiers, *s. s.* (templier), 414 c; — Templier, *s. p.* (Templiers), 170 d; — Templiers, *r. p.* 122 c.
Temprer, 14 d; tremprer, 336 a; — trempoit, 14 c; trampoit, 448 d; — temproient, 336 a; — tremp èrent, 330 d.
Temps. *Voy.* Tens.
Temptacions, *s. s. f.* — Temptacion, *r. s.* 30 a; — temptacions, *f. p.* 32 a.
Tempter; — tu tempteras, 30 b.
Tençons, *s. s. f. dispute,* (tençon), 20 c; — tençon, *r. s.* 252 e.
Tendre, 106 a; — tendoit, 136 e; — il tendi, 78 f; (tendit), 340 c; — tendirent, 170 d; — tendus, *s. s.* (tendu), 228 d; — tendus, *r. p.* 106 a; — estoient tendues, 230 a.
Tenir; — je tieing, 16 f; — tu tiens, 494 b; — il tient, 522 e; — tiennent, 94 b; — je tenoie, 454 b; — tenoit, 238 f; — tenoient, 316 b; se tenoient, 428 d; — je ting, 76 d; — il tint, 438 a; — tindrent, 64 a; — tenra (tendra), 300 f; — tenrés (tendrés), 318 b; — tenront (tendront), 472 f; — tenroit,

206 b; (tendroit), 120 c; — tenroient, 464 d; (tendroient), 210 d; — tien, *impér.* 494 d; — ne vous tenez pas, 24 f; — il se tieingne, *subj.* 302 f; — vous tenez, *subj.* 218 f; — se tieingnent, 470 c; — tenist, 142 c; — ont tenu, 452 b; — avoit tenu, 340 g; — eust tenu, 502 e; — estoit tenus (tenu), 46 b; — estiens tenu, 92 e; estiens (tenus), 92 d; — fu tenus (tenu) 374 a; — je soie tenus (tenu), 458 b; — soient tenu, 472 a; — fust tenus (tenu), 476 a.

Tens, *m. inv.* 4 a; tans, 518 g; temps, 4 d; (tenps), 482 e.

Tente, *f. s.* 88 f.

Termes, *s. s.* — terme, *r. s.* 266 b.

Terre, *f. s.* 532 h; — terres, *f. p.* 464 d; — à terre, 6 b; par terre, 306 f.

Terrestres, *s. s.* — terrestre, *r. s.* 122 f.

Terriens, *adj. s. s. m.* — terrienne, *f. s.* 34 b; terriene, 508 d; — terriennes, *f. p.* 418 e.

Terriers, *s. s. qui est du pays;* — 376 e; — terrier, *s. p.* 382 a.

Tertres, *s. s.* (tertre), 382 d; — tertre, *r. s.* 98 a.

Tes, *poss. s. s. m.* (ton), 492 a; — ton, *r. s. m.* 12 f; — ti, *s. p. m.* (tes), 492 a; — tes, *r. p. m.* 492 b; — ta, *f. s.* 492 c.

Teser, *tendre*, 188 b.

Tesmoingnaiges, *s. s.* — tesmoingnaige, *r. s.* (tesmoingnage), 82 a.

Tesmoingnier; tesmoignier, 510 f; — je tesmoing, 64 b, 418 c; (tesmoigne), 506 b; — il tesmoigne, 520 f; — tesmoignent, 30 e; tesmoignent, 508 b; — tesmoingnoit, 80 g; — tesmoingneront, 322 c; — a tesmoingnie, *r. f.* (tesmoingné), 502 f; — avoie tesmoingniez, *r. p.* (tesmoingnez), 502 d; — l'avoit tesmoingnié, *n.* (tesmoingné), 30 d; — sont tesmongnié, *s. p.* (tesmongné), 508 d.

Tesmoins, *s. s.* — tesmoing, *r. s.* 510 f.

Testamens, *s. s.* — testament, *r. s.* 490 d.

Teste, *f. s.* 14 d; — testes, *f. p.* 346 b.

Tex. *adj. s. s. m.* teix (tel), 20 a; — tel, *r. s. m.* — tel, *s. p. m.* (tiex), 4 g; — tiex, *r. p. m.* 116 d; — teix, *s. s. f.* (tele), 6 b; — tel, *r. s. f.* 26 a; (té), 402, *en note;* — tiex, *f. p.* 420 c.

Thrones, *s. s.* — throne, *r. s.* 320 d.

Tibaus, *s. s.* (Tybaut), 50 f; — — Tibaut, *r. s.* 22 a; Tybaut, 24 c; Thibaut, 52 g; Thybaut, 52 c.

Tierceinne, *f. s. fièvre tierce*, 6 e, 198 e.

Tiers, *adj. m. s. inv.* 60 f, 222 d; tierz, 520 e; — tierce, *f. s.* 8 a.

Tiers, *subst. inv.* 110 f.

Tiex. *Voy.* Tex.

Tirier; — il tire, 20 f. — tiroient, 202 e; — il tire, *subj.* 144 a; — tirassent, 202 c; — avoient tirié (tiré), 130 f.

Tisons, *s. s. quille de vaisseau, pièce de bois* (tison), 212 c; — tyson, *r. s.* 416 e; — tison, *s. p.* (tisons), 224 e; — tisons, *r. p.* 224 f.

Tissarans, *s. s.* — tissarant, *r. s.* — tissarans, *r. p.* 484 c.

Toaille, *f. s. toile, turban*, 432 f; touaille, 350 c; — touailles, *f. p.* 98 a, 366 f.

Toille, *f. s.* 212 b; (telle), 228 c; — toilles, *f. p.* 228; (telles), 432 f.

Toise, *f. s.* — toises, *f. p.* 8 e; taises, 416 e.

Toisons, *f. s.* — toison, *r. s.* 512 g.

Tollir, *ôter*, 30 a; tolir, 536 a; — il tolt, 190 e; — tollez, 454 a; — tolent, 508 b; — tolloient, 494 f; — il tolli, 96 c; toli, 208 a; — tollirent, 78 e; — il toille, *subj.* 442 e; — toillent, 218 f; — tollissent, 378 b; — ot tolu, 84 f; — avoient tolu, 208 b; — eussent tolue, *r. f.* 166 c.

Ton. *Voy.* Tes.

VOCABULAIRE.

Tonniaus, *s. s.* (tonnel), 136 c;
— tonnel, *r. s.* 84 d. — tonniaus, *r. p.* 86 f.
Torfais, *s. s. tort;* — torfait, *r. s.*
— torfais, *r. p.* (torsfais), 22 b.
Tormens, *s. s.* tourmens (tourment), 224 e; —tourment, *r. s.* 452 g; — tormens, *r. p.* 490 e; tormans, 530 e; (torment), 530 e.
Torner. *Voy.* Tourner.
Tors, *s. s.* (tort), 452 a; — tort, *r. s.* 44 a; à tort, 24 e; — tors, *r. p.* 538 b.
Tost. *Voy.* Si tost.
Touaille. *Voy.* Toaille.
Touchier (toucher), 94 c; — il touche, 16 e; — touchoit, 24 d; — toucha en fuie, 346 d; — touchièrent (touchèrent) à fuie, 78 f; touchièrent (touchèrent) à la fuie, 182 c; — je toucherai, 526 h; — j'ai touchié, 530 b.
Tourbe, *f. s.* 222 c.
Tourmens. *Voy.* Tormens.
Tourner, 350 d; torner; — tornent, 124 c; — tournoit, 246 e; tournoient, 350 c; — se tourna, 96 c; — nous nous tournames, 154 f; tournames, 144 b; — tournèrent, 36 c; — tournés vous, *impér.* 308 c; — tournez, *subj.* 430 e;   aviens tournez, *r. p.* (tourné), 158 d; — averoit tournei (tourné), 438 b.
Tournoier, *combattre dans un tournoi,* 208 f.
Tournois, *p. m. inv.* 90 d.
Tours, *s. s. m.* — tour, *r. s.* 136 e.
Tours, *s. s. f.* (tour) 232 d; — tour, *r. s.* 228 c; — tours, *f. p.* 228 g.
Tous, *s. s. m.* (tout), 424 d; touz (tout), 6 a; — tout, *r. s. m.* 4 a; — tuit, *s. p. m.* 22 d, 336 c; (touz), 260 a; — touz, *r. p.* 198 a; tous, 274 d; — toute, *f. s.* 258 e; — toutes, *f. p.* 204 b; — tout, *s. n.* 532 h.
Tous jours, 448 e; — à tous jours mais, 504 e; à touz jours mais (mès), 384 e.
Tous Sains, *r. p. Toussaint,* 398 b.

Tout, *adv.* 4 b, 8 d, 116 c.
Toute, *f. s. impôt,* 492 c.
Toutes voiz, 24 f; toutevoiz, 70 b; toutes voies, 134 a.
Trabuchier, *précipiter;* — trabucha, 512 c.
Trainer; treinner, 194 e; — trainant, *r. m. s.* 172 f; (trainnant) 234 b.
Traire, *tirer,* 74 a; (trère), 136 b; — traioit, 204 b; trehoit, 216 f; — traioient, 208 f; traihoient, 208 e; — je me trais, *prét.* 152 d; — il trait, 114 g; — nous nous traismes (traisimes), 160 c; traimes, 116 d; — se traitrent, 368 d; se trestrent, 158 a; — traira 536 e; — il se traisist, *subj. imp.* 152 e; — nous nous treissiens (treissions), 148 b; — se traisissent, 154 a; — j'oz traite, *r. f.* 146 e; — ont trait, 138 b; — se estoient trait, 146 f; — traites, *f. p.* 186 a.
Trais, *s. s.* — trait, *r. s.* (tret), 106 b; tout à trait, 200 a.
Traitier, 456 e; — avoit traitié, 206 a.
Traitiés, *s. s.* (traitié), 200 b; — traitié, *r. s.*
Traitres, *s. s.* 206 c; (traitours), 514 e; — traitour, *r. s.*
Trambler. *Voy.* Trembler.
Tramper. *Voy.* Temprer.
Tranchier, 30 b; (trancher), 222 f; (trencher) 272 a; — il tranche, 528 a; — je tranchoie, 64 e; — il tranchoit, 64 e; trenchoit, 478 d; — trancha, 80 a; — trenchent, *subj.* 324 b; — tranchant, *s. p.* 396 c.
Travaillier, traveillier; — se travaille, 28 f; — vous vous traveilliés (traveillés), 386 d; — traveillent d'enfant, 200 g; se traveilloit, 40 b; — se traveilla, 458 d; — se traveillera, 536 a; — s'en traveilleront, 534 h; — travaille toi, *impér.* 496 d; — travaillent, *subj.* 472 h; — nous nous traveillons, *subj.* 534 a; — travaillast, 472 h.

Travaus, *s. s.* — travail, *r. s.* 474 a.
Travers, *m. inv.* 138 c, 212 a.
Traverser ; — traversoit, 294 f.
Trèce, *f. s.* — trèces, *f. p.* 522 g.
Tref. *Voy.* Trez.
Treillis, *m. inv.* 228 f.
Treize, 412 c.
Trembler, 214 b ; — il tramble, *subj.* 526 e.
Tremper. *Voy.* Temprer.
Trente, 18 a.
Très, *adv.* 152 c.
Tresoriers, *s. s.* — tresorier, *r. s.* 254 b.
Tresors, *s. s.* (tresor), 254 a ; — tresor, *r. s.* 92 f.
Trespassemens, *s. s.* — trespassement, *r. s.* 498 f.
Trespasser, 490 c ; — il trespassa, 10 f ; — trespassei (trespassé) sont, 532 c.
Trespercier ; — il tresperça, 134 b.
Trestuit, *s. p. tous*, 46 b ; — trestous, *r. p.* 316 c.
Tret. *Voy.* Trais.
Tretiaus, *s. s. tréteau ;* — tretel, *r. s.* 72 c.
Tréus, *s. s. tribut*, — tréu, *r. s.* 300 f ; — tréus, *r. p.* 168 f.
Trève, *f. s.* 206 a ; treuve, 206 a ; trive, 344 b ; — trèves, *f. p.* 90 b, 206 d.
Trez, *s. s. tente ;* — tref, *r. s. et s. p.* — trez, *r. p.* (trefz, *dans le ms.* L), 106 a.
Trez, *s. s. poutre ;* — tref, *r. s. et s. p.* — trez, *r. p.* (trefz) 146 a.
Tribous, *s. s. querelle ;* — tribouil, *r. s.* 452 e.
Tribulacions, *s. s. f.* — tribulacion, *r. s.* 34 b ; — tribulacions, *f. p.* 268 g.
Tricherie, *f. s. tromperie*, 496 d.
Trinités, *s. s. f.* — Trinitei, *r. s.* (Trinité), 508 a.
Trive. *Voy.* Trève.
Troi, *s. p. m.* 512 e ; (troiz), 350 a ; — trois, *r. p. m. et f.* 58 d ; (troiz), 4 b. — troi, *r. p. n.* (troiz), 382 c.

Trompe, *f. s.* — trompes, *f. p.* 152 a.
Trop, 14 e, 52 d, 66 b, 320 c, 522 a.
Tropiaus, *s. s.* — tropel, *r. s.* 366 e ; (tropiau) 366 d.
Troubler ; — troublés, *impér.* 354 e ; — furent troublei, *s. p.* (troublez), 54 b.
Troubles, *adj. s. s. m.* (trouble), 124 d.
Trouver, 422 c ; — il treuve, 110 f ; — trovons, 534 b ; — treuvent, 124 f ; — trouvoit, 402 e ; — trouvai, 310 e ; trovai, 404 d ; (trouvé), 78 c ; — trouvames, 360 e ; — trouvèrent, 78 e ; — se trouvera, 86 a ; — vous trouverez, 4 d ; troverez, 510 g ; (trouverrés) 290 f ; — troveront, 532 g ; — trouveroit (trouverroit), 70 e ; — truissent, *subj.* 46 e ; — trouvast, 428 e ; — trouvissiens, 130 e ; — trouvassent, 56 f ; — j'ai trouvez, *r. p.* 506 a ; — avoient trouvei (trouvé), 126 d ; — orent trouvei (trouvé), 500 e ; — eussiens trouvei (trouvé), 414 a ; — nous eussent trouvez, *r. p.* 294 c ; — furent trouvei (trouvez), 274 e.
Truffer, *bavarder*, 492 b.
Tu, *s. s.* 496 f ; — te, *r. s.* 12 f ; 490 e ; — toy, 490 e.
Tuer, 120 e ; — tuons, 246 f ; — tuoient, 208 e ; — tua, 216 f ; — tuèrent, 94 c ; — tuera, 372 g ; — tuent, *subj.* 190 d ; — avoit tuez, *r. p.* 78 c ; avoit tuei (tué), 266 d ; — avoient tuez, *r. p. m.* 192 e ; avoient tuées, *r. p. f.* (tuez), 194 g ; — fu tuez (tué), 306 g.
Tuit. *Voy.* Tous.
Turs, *s. s.* (Turc), 132 d ; — Turc, *r. s.* 260 c ; — Turc, *s. p.* (Turz), 8 c ; (Turs), 154 f ; — Turs, *r. p.* 166 b ; (Turcs), 114 e.
Tyreteinne, *f. s.* 42 a.
Tysons. *Voy.* Tisons.

U

U, *où*, 516 b.
Ueil. *Voy* Yex.
Uevres. *Voy*. OEuvres.
Ui. *Voy*. Hui.
Uis, *m. inv. porte*, 390 a; 422 c; uys, 22 c; huis, 406 b.
Umanités. *Voy*. Humanités.
Uns, *s. s.* (un), 206 c; — un, *r. s.* 2 b; (ung), 448 d; — un, *s. p.* 304 b; — une, *f. s.* 482 f; — unes, *f. p.* 46 a, 356 f.
Us, *m. inv.* 468 a.
Usaiges, *s. s.* (usage), 166 c; — usaige, *r. s.* — usaiges, *r. p.* (usages), 336 e.
User; — je usoie (usoy), 46 c.
Usuriers, *s. s.* — usurier, *s. p.* 468 g; — usuriers, *r. p.* 20 f.
Uys. *Voy*. Uis.

V

Vagues, *adj. s. s. m.* — vague, *f. s.* 476 c.
Vaillans, *s. s.* (vaillant), 132 d; — vaillant, *r. s.* 14 e; — vaillans, *r. p.* 102 c.
Vaincre, 180 e; — il vaint, 30 b.
Vains, *adj. s. s. m.* — vainne, *f. s.* 482 c.
Vairs, *s. s.* — vair, *r. s.* 268 a; menu vair (ver), 116 d.
Vaisselés, *s. s. petit vaisseau*, (vaisselet), 194 f; — vaisselet, *r. s.* — vaisselés, *r. p.* 208 e.
Vaissiaus, *s. s.* — vaissel, *r. s.* 102 e; vessel, 106 d; — vessel, *s. p.* (vessiaus), 98 a; — vessiaus, *r. p.* 98 a.
Valée, *f. s.* 356 c.
Vallez, *s. s.* (vallet), 204 e; varlez (varlet), 272 a; — varlet, *r. s.* 104 b; — vallez, *r. p.* 414 c; (vallès), 336 a.
Valoir, 492 a; — vaut, 20 c; — valent, 28 c; — valoit, 94 c; — valoient, 478 a; — valurent, 262 e; — vauroit, 234 f; — vauroient, 438 f; — vausissent, *subj. imp.* 166 c; (vausisent), 218 b; — eust valu, 74 e.
Valours, *s. s. f.* — valour, *r. s.* (valeur), 116 c.
Vandu. *Voy*. Vendre.
Vanter; — se vanta, 132 d.
Varlez. *Voy*. Vallez.
Veel. *Voy*. Viex.
Vegile, *f. s.* 76 a; — vegiles, *f. p.* 478 d.
Veillesce. *Voy*. Vieillesce.
Veillier; — veilloient, 80 a.
Vendre, 112 b; — vendent, 126 a; — vendoient, 182 f; — il vendi, 60 b; — venderoient (vendroient), 210 e; — vendent, *subj.* 472 g; — il orent vandu, 514 g; — estoit vendue, *f. s.* 474 f; — fust vendue, 476 d; — estre venduz, *s. s.* 514 c.
Vendredis, *s. s.* — vendredi, *r. s.* 76 c; — vendredis, *r. p.* 216 d.
Vengance, *f. s.* 198 d; vangence, 530 h.
Vengier (venger), 280 e; — vengera, 530 g; — il venge, *subj.* 410 a; — vengiez (vengié), 72 b.
Venins, *s. s.* (venim), 96 c; (venin) 96 c; — venim, *r. s.*
Venir 6 d; — il vient, 124 b; — viennent, 326 e; vienent, 528 c; — venoit, 476 c; — nous veniens (venion), 156 d; — je ving, 162 d; (vins), 440 a; — quant ce vint le soir, 272 b; et en vint noans, 212 b; — venismes, 8 e; venimes, 10 d; — venistes, 418 b; — en vindrent, 352 e; s'en vindrent, 364 g; — venrai, 438 f; (venré), 332 a; — vanra, 526 d; venra, 526 f; (vendra), 314 f; — venrez, 440 b; — venront, 504 f; — venroit, 254

b; — venriens (vendrions), 400 e; — venroient, 124 d; (viendroient), 346 f; — vien, *impér.* (vient), 322 d; — venez, 372 c; venés vous en, 406 d; — il vieigne, *subj.* 410 a; — vous veigniez, 288 g; — vieingnent, 84 d; — il s'en venist, 6 d; — nous venissiens, 360 f; — venissent, 522 e; — venans, *r. p.* 346 d; — je sui venuz (venu), 288 f; — tu es venuz (venu), 320 f; — estoit venuz, 510 a; — estoit venue, 422 d; — nous estiens venu, 382 a; — estoient venu, 76 a; — furent venues, 502 a; — fussent venu, 222 f.

Venirs, *s. s.* — venir, *r. s.* 136 d.

Vens, *s. s.* (vent), 82 c; — vent, *r, s.* 26 b; — vens *r. p.* 26 b.

Vente, *f. s.* — ventes, *f. p.* 468 g.

Ventres, *s. s.* — ventre, *r. s.* 234 c.

Venue, *f. s.* 56 f, 448 b; tout de venue, 450 c.

Veoir, 4 c; voir, 516 g; — je voi, 10 b; (vois) 440 f; voy, 288 d; — il voit, 30 a; — nous véons, 254 d; — vous véez, 156 a; vous véés, 264 f; — je véoie, 488 d; — il véoit, 40 f; — nous voiens, 156 d; — véoient, 460 d; — je vi, 10 a; vis, 336 e; vis-je, 424 e; — il vit, 140 d; vist, 354 d; — veimes, 154 f; veismes, 10 e; — virent, 58 a; — verra, 536 a; — nous verrons, 534 e; — vous verrés, 486 c; — verront, 8 d; — verroit, 72 b; — je voie, *subj.* 372 d; — voiens (voions), 426 f; — vous véez, *subj.* 394 f; voyez, 454 e; — voient, 80 d; — je véisse, 64 c; — véist, 360 g; — j'ai veu, 506 b; — j'ai veues, *r. f. p.* 454 d; — avez veu, 158 c; — j'avoie veus, *r. p.* 502 d; — orent veue, *r. f. s.* 446 e; — eust veu, 518 a; — eust veues, *r. f. p.* 320 d; — furent veu, *s. p.* 518 b.

Ver. *Voy.* Vers.

Verge, *f. s.* — verges, *f. p.* 192 b.

Veritez, *s. s. f.* 514 a; — veritei, *r. s.* (verité), 514 a; verité (*ens.*), 494 b.

Verjus, *m. inv.* 136 c.

Vermaus, *adj. s. s. m.* — vermeil, *r. s.* 66 a; — vermeille, *f. s.* 270 d; — vermeilles, *f. p.* 350 a.

Verrais. *Voy.* Vrais.

Verrière, *f. s.* — verrières, *f. p.* 436 f.

Vers, *prép.* 20 f; — de vers, 158 b.

Vers, *vair. Voy.* Vairs.

Vers, *ver, s. s.* — ver, *r. s.* — ver, *s. p.* (vers), 248 e.

Vers, *verset, m. inv.* 498 d.

Vers, *verd, verte, adj. s. s.* — vert, *r. s. f.* 88 b.

Vers, *drap vert, s. s.* — vert, *r. s.* 22 f, 310 e.

Vertuz, *s. s. f.* 508 c; — vertu, *r. s.*

Vespres, *s. s. m.* — vespre, *r. s.* 252 a.

Vespres, *f. p.* 38 b.

Vessiaus. *Voy.* Vaissiaus.

Vestemens, *s. s.* (vestement), 304 a; — vestemens, *r. p.* 482 f.

Vestir, 16 a; — je me vest, 22 f; — vous vous vestez, 22 f; — il se vestoit, 136 *en note;* — vestoient, 486 b; — je vesti, 434 a; — j'avoie vestue, *r. f.* 198 g; — avoit vestu, 64 g; — ot vestue, *r. f.* 92 a; — orent vestu, 208 f; — vestu, *r. s.* 300 a; — vestus, *r. p.* 64 f; — vestue, *f. s.* 26 c; — vous estes vestus, *s. s.* (vestu) 22 e; — sont vestu (vestus), 168 d.

Veue, *f. s.* 84 f.

Veuve, *f. s.* 394 b; — veuves, *f. p.* 480 a.

Vez ci, 52 e, 246 e; véez ci, 262 d.

Viande, *f. s.* 200 f; — viandes. *f. p.* 14 a, 266 a.

Vices, *s. s.* — vice, *r. s.* — vices, *r. p.* 468 h.

Vicontée, *f. s.* 60 c.

Victoire, *f. s.* 318 f.

Vicuens, *s. s.* — viconte, *r. s.* — viconte, *s. p.* (vicontes), 466 f.

Vie, *f. s.* 4 d; — vies, *f. p.* 170 b; (viez), 520 b.

Vieillesce, *f. s.* 14 d; veillesce, 480 a.
Vielle, *instrument de musique, f. s.* — vielles, *f. p.* 448 e.
Vierge, *f. s.* 36 b; virge, 512 g; — vierges, *f. p.* 532 g; virges, *f. p.* 532 e.
Viex, *adj. s. s. m.* 522 g; (vieil), 214 f; – vieil, *r. s.* (veel), 132 c; (viex), 344 g; viel, 508 d;— vieille, *f. s.* 294 f; (viéle), 534 b; (viex), 326 a; (vielz), 362 a; (viès), 526 g; — vieilles, *f. p.* (vielz), 484 c.
Viex, *s. s.* 304 a; (vieil), 302 a;— vieil, *r. s.* 300 a; (veil), 166 f.
Vif. *Voy.* Vis.
Vignète, *f. s.* — vignètes, *f. p.* 304 c.
Vigours, *s. s. f.* — vigour, *r. s.* 350 e
Viguerous, *adj. m. inv.* — viguerouses, *f. p.* (viguereuses), 324 e.
Viguerousement (viguereusement), 178 f.
Vilainne, *f. s.* 22 g.
Vilains, *subst. s. s.* — vilain, *r. s.* 22 g; — vilains, *r. p.* 18 e; vileins, 160 d.
Vilains, *adj. s. s. m.* — vilain, *r. s.* 132 d; vilein, 462 a; — vilain, *s. p.* (vilains), 496 d; vilein (vileins), 462 c; — vileins, *r. p.* 496 d.
Vileinnie, *f. s.* 338 e; — vilenies, *s. p.* 514 d.
Ville, *f. s.* 8 b; — villes, *f. p.* 166 f.
Villeinnement, 266 d.
Vils, *adj. s. s. f.* (vil), 520 g; — vil, *r. s.*
Viltés, *s. s. f. affront;* — viltei, *r. s.* — viltez, *f. p.* 514 d.
Vingne, *f. s. vigne,* 428 b.
Vins, *s. s.* (*vin*), 448 d; — vin, *r. s.* 14 c; — vins, *r. p.* 442 b.
Vint, 74 f; vingt, 66 c; — douze vins, 90 d; — quatorze vins, 364 a.
Virge. *Voy.* Vierge.
Virginités, *s. s. f.* (virginité), 512 f.
Vis, *adj. s. s. m.* (vif), 402 f; —
vif, *r. s.* 330 f; ou vif, 96 c; — vif, *s. p.* — vis, *r. p.* 526 d; — vive, *f. s.* 406 e.
Vis, *subst. f. inv.* 396 b; — viz, *escalier tournant,* 406 b.
Visaiges, *s. s.* — visaige, *r. s.* (visage), 74 a; — visaiges, *r. p.* (visages), 350 b.
Visée, *f. s.* 128 e, 196 f.
Visions, *s. s. f.* — vision, *r. s.* 486 b.
Vivre, 30 b; — vivent, 532 c; — vivoit, 76 e; — vivoient, 126 c; — il vesqui, *prét.* 4 c; — il vive, *subj.* 56 a; — il vesquist, *subj. imp.* 240 d; vequist, 428 e; — j'ai vescu, 186 b; — avoit vescu, 332 b; — eust vescu, 74 e; — avoir vescu, 490 a.
Vivres, *s. s.* — vivre, *r. s.* 324 a; — vivres, *r. p.* 112 a.
Viz. *Voy.* Vis.
Voi, *interj.* 158 c.
Voie, *f. s.* 16 c.
Voiles, *s. s. m.* (voile), 424 c; — voile, *r. s.* (voille), 84 f; — voiles, *r. p.* 430 f; (voueles), 430 e; (voilles), 98 a.
Voir. *Voy.* Veoir.
Voirres, *s. s. verre;* — voirre, *r. s.* 448 d; — voirres, *r. p.* (vouerres), 390 b.
Voirs, *vrai, s. s.* 524 b, 538 a, b; (voir), 18 b; — voir, *r. s.* 24 a.
Voisins, *s. s.* — voisin, *s. p.* (voisins), 460 d; — voisins, *r. p.* 80 b, 458 d.
Voivre, *f. s. guivre, terme de blason,* 144 b.
Voix, *f. inv.* 84 e; voiz, 186 a; — les voiz, 350 b; — à une voiz, 232 a.
Volée, *f. s.* 172 e.
Volentés, *s. s. f.* (volenté), 456 e; —volentei, *r. s.* (volenté), 28 f; volenté (*ens.*), 496 f; volantei (volanté), 524 c; volontei (volonté), 536 b.
Volentiers, 42 g.
Voler, 242 a; – voloient, 432 c; — vola, 114 f; — volast, *subj. imp.* 104 e.

Voloir, vouloir; — je vueil, 22 e; vueil-je, 30 b; je veil, 22 d; — veus-tu, 294 g; (weulz-tu), 220 c; — veut, 28 c; (veult), 304 a; — nous volons, 534 f; voulons, 470 a; (voullons), 470 e; — voulés, 386 f; que voulez vous, 22 d; — veulent, 168 c; vuelent, 124 d; weulent, 20 f, 224 e; — je vouloie, 14 d; — il vouloit, 496 a; — nous voliens, 522 d; vouliens (voulions), 208 f; — voloient, 522 a; vouloient, 220 c; — je voz, *prét.* 78 c; je voil, 452 d; je vouz (voulz), 254 a; — il vout, 320 a; (volt), 212 c; (voult), 6 c; vot, 88 b; — vousimes, 402 a; — vorent, 242 a; voudrent, 376 e; — vourrez, 338 a; — vourront, 76 d; — je vouroie, 454 a; vourroie, 210 b; (voudroie), 288 c; — il vourroit 116 d; (voudroit), 226 b;— nous vorriens, 522 b;—vourriés, 220 e; — vueillons, *subj. prés.* 388 a; — vueillez, 112 a; — veillent, 534 j; — je vousisse, *subj. imp.* 26 e; — il vousist, 12 e; (vousit), 340 e; — vousissiens (vousissons), 400 g; — vousissent, 116 d.

Vostre, *s. s. m.* 456 b; — vostre, *r. s.* votre, 18 d; — vostre, *s. p. m.* 456 f; (vos), 20 b; — vostre, *f. s.* 10 f, 418 f; — vos, *f. p.* 24 f; — vostre, *r. n.* 62 c, 298 e.

Voueles. *Voy.* Voiles.
Vouerres. *Voy.* Voirres.
Vous, *pron. inv.* 8 f, 18 d, 404 e.
Voute, *f. s.* 428 e.
Vraiement, 12 f, 16 e.
Vrais, *adj. s. s. m.* 518 e; — vrai, *r. s.* 4 c; — vraie, *f. s.* 486 e; verraie, 536 c; — vrayes, *f. p.* 506 b.

Vuidier, 264 c; (vuider), 342 g; — vuidièrent, 58 f; — il eussent vuidie, *f. s.* 58 e.

Y

Y, *adv.* 4 d; i, 16 a; — y *explétif*, 176 a, 376 d, e.
Yaue, *f. s.* 14 c; (eau), 122 a; eaue, 448 d; — eaues, *f. p.* 378 c.
Yex, *s. s.* iex, 508 b; — œil, *r. s.* 246 d; veoir à l'ueil, 98 a; — œil, *s. p.* — yex, *r. p.* 88 e; il véoit aus yex, 356 e; eux, 536 c.
Yl. *Voy.* Il.
Ylle. *Voy.* Ille.
Ymaige, *f. s.* (ymage), 46 b; — ymaiges, *f. p.* (ymages), 88 f.

Ymbers, *s. s.* (Ymbert), 64 e; (Hymbert), 142 b; (Imbert), 228 b; — Hymbert, *r. s.* 290 d.
Yndes, *adj. s. s. m. bleu;* — ynde, *r. s.* 66 a.
Ysabiaus, *s. s.* (Ysabiau), 466 a.
Yvers, *s. s.* — yver, *r. s.* 334 f.
Yves, *s. s.* 294 f; — Yve, *r. s.* (Yves), 304 e.
Yvres, *adj. s. s. m.* — yvre, *r. s.* — yvre, *s. p.* (yvres), 244 c.

FIN DU VOCABULAIRE.

TABLE ALPHABÉTIQUE

DES MATIÈRES.

Nota Bene. Les chiffres 1°, 2°, etc., précédés de l'abréviation *Écl.*, renvoient aux *Éclaircissements* qui suivent le texte; les autres chiffres renvoient à la pagination marquée sur les marges.

A

Abel, 306.
Abraham, 308, 512, 516
Acre (d'), Jean, Nicole.
Acre (Syrie), 8, 52, 90, 92, 98, 238, 252, 266 à 278, 292 à 294, 300, 302, 308 à 312, 352, 364 à 370, 376, 408 à 412, 510, Écl. 10°.
Acre (Le curé de Saint-Michel d'), 274.
Acre (L'évêque d'), 274.
Acre (Hospitaliers d'), 310.
Adam, abbé de Saint-Urbain, 82.
Adoption de quatre pauvres enfants, 398.
Agnès (Ste), 234.
Agnès, impératrice de Constantinople, sœur de Philippe Auguste, 330, n.
Aigues-Mortes (Gard), 438.
Aix en Provence (Bouches-du-Rhône), 444. *Ays.*
Alamout, résidence du Vieux de la Montagne, Écl. 6°.
Albano (Cardinal-évêque d'), Raoul Grosparmi.
Albert, roi d'Allemagne, 424, n.
Albigeois, le pays des hérétiques albigeois, 34. *La terre de Aubijois.*
Albigeois, hérétiques des comtés de Toulouse et de Provence, 34, 508. *Aubigois.*
Alenard de Senaingan, chevalier de Norwége, 328.
Alençon (Comte d'), Pierre de France.
Alep (Le soudan d'), 132. *Voy. aussi* Malek-Nacer, Saladin.
Alexandre II, roi d'Écosse, 94, n.
Alexandrie (Égypte), 120, 126. *Alixandre.*
Alfonse, comte de Boulogne, depuis roi de Portugal, 66 n., Écl. 5°.
Alfonse, comte de Poitiers (*Auphons*), frère de S. Louis. 64 n., 68, 74, 118, 120, 128, 132, 134, 138, 142, 154, 182, 200, 250, 256, 258, 262, 268, 276 à 280, 284, 290, 292, 334, 512, Écl. 3°.
Ali ou Haali, cousin et gendre de Mahomet, 166, 304, 306, Écl. 6°.
Alix, reine Chypre, fille de Henri II, comte de Champagne, et d'Isabelle, reine de Jérusalem, 52, 54 n., 56, 58 n., 60.
Alix de Grandpré, première femme de Joinville, 76 n., 158.
Alix de Montfort, dame de Nesle, 508.

Alix de Reynel, seconde femme de Joinville, 310, n.
Allemagne, 152.
Allemagne (Empereur ou roi d'), Albert, Frédéric II.
Allemands battus par le sire de Brancion, 184.
Allemands croisés, au siége de Bélinas, 384.
Alles le Blanc. *Voy.* Arles.
Amauri Ier, roi de Jérusalem, 54, n.
Amauri VI, comte de Montfort, 34, 190 n., 192, 230, 322, 346, 508, 510.
Ami de Montbéliard, seigneur de Montfaucon, 218, 270.
Ancerville (Sire d'), Jean de Joinville.
Andronic, empereur de Constantinople, 330, n.
Anemoes. *Voy.* Nemours.
Anglais, 70, 372.
Angleterre (Le roi d'), 32, 464.
Angleterre (Roi et reine d'), Éléonore de Provence, Henri II, Henri III, Isabelle d'Angoulême, Richard.
Ango. *Voy.* Anjou.
Angoulême (d'), Isabelle.
Anjou (Comté d'), 52, 64. *Ango, Anjo.*
Anjou (Comte d'), Charles de France, Geoffroy Plantagenet.
Anselme (S.), 26.
Antechrist, 314, 524.
Antioche (Syrie), 314, 348.
Antioche (Prince et princesse d'), Boémond V, Boémond VI, Lucie.
Antoine (Abbaye de Saint-), près Paris, 464.
Apremont (d'), Gobert, Jean.
Approvisionnements de guerre, 86, 88, 334, 336.
Arbalète, 78, 106, 138, 152, 162, 238, 248, 296, 366.
Arbalète à tour, 136, 366.
Arbalétriers, 114, 118, 172, 182, 184, 250, 360 à 364, 368.
Arbalétriers à pied, 162.
Arbalétriers (Maître des), Simon de Montceliard, Thiébaut de Montléard.
Arc, 152, 188, 366, 396.
Archambaud IX de Bourbon, 64. *Herchanbaut.*
Arles (Bouches-du-Rhône), 80, 84. *Alles le Blanc.*
Armes défensives. *Voy.* Chapeau de fer, Cotte d'armes, Écu, Gamboison, Gants, Haubert, Heaume, Roelle ou Rondelle, Targe.
Armes offensives. *Voy.* Arbalète, Arc, Carreau, Couteau, Épée, Espié, Fauchon, Glaive, Hache danoise, Lance, Masse, Pilet, Saiète.
Arménie (Asie), 94, 350, 376, 378. *Ermenie, Hermenie, Hyermenie.*
Arménie (Roi d'), Haiton.
Armoiries des Sarrasins, 98, 132, 188.
Arnoul de Guines (plutôt que *Guminée*), 348.
Arras (Pas-de-Calais), 538.
Arsur, château au sud d'Acre. *Voy.* Assur.
Arsur (La cité d'), au nord d'Acre, 380. *Voy.* Sur.
Artaud de Nogent, 62.
Artilleur, 296.
Artois (Comte d'), Robert de France.
Aschmoun Thenah. *Voy.* Rexi.
Assassins ou Ismaéliens de Syrie, 166, 300 à 308, 394, Écl. 6°. *Assacis.*
Assur, Arsur ou Arsid, château voisin de Jaffa, au sud d'Acre, 376.
Assur (Seigneur d'), Jean III d'Ibelin.
Auberive (d'), Pierre.
Aubert de Narcy, 116.
Aubigeois, Aubijois. *Voy.* Albigeois.
Aubigoiz (L'), chevalier croisé, 138.
Aucerre. *Voy.* Auxerre.
Auguste, empereur de Rome, 514.
Auguste (Philippe II, roi de France, dit).
Augustin (S.), docteur, 532.
Augustin (Frères de Saint-), 484
Aumasoure (L'), *Voy.* Mansourah.

Aunai (d'), Gautier.
Auphons. *Voy*. Alfonse.
Ausserre. *Voy*. Auxerre.
Autrèche (d'), Gautier.
Auvergne (d'), Guillaume.
Auxerre (Évêque d'), Gui de Mello.
Auxerre (Hôtel du comte d'), à Paris, 488.

Auxonne (Côte-d'Or), 80, 82, 84. *Ausonne*.
Auxonne (d'), Béatrix.
Avallon (d'), Pierre.
Aveugles (Maison des), à Paris, 466, 480.
Ays en Provence. *Voy*. Aix.

B

Babylone d'Égypte ou le Caire, 94 n., 120, 132, 146, 176, 178, 196, 236, 242, 248, 312, 346, 358. *Babiloine. Voy. aussi* Caire (Le château du).
Babylone (Les soudans de), 300. *Voy. aussi* Égypte (Soudan (d').
Baffe, ville de Chypre, ancienne Paphos, 90, 418.
Bagdad (Turquie d'Asie), 390 n. *Baudas*.
Bagdad (Le calife de), 390, 392.
Bahariz, nom donné aux jeunes gens de la Halca, 188, n.
Baillis, 466 à 474, 496.
Bairout. *Voy*. Baruth.
Balian d'Ibelin, seigneur de Baruth ou Bairout, père de Jean d'Ibelin, 104 n.
Bar (de), Marguerite.
Bar (Comte de), Henri II, Thibaut II.
Barbacane, réduit fortifié, 196, 198.
Barbaquan, chef des Corasmins, appelé par Joinville empereur de Perse, 322. n, 352 n., 354 à 358, Écl. 7º.
Barbarie (Afrique), 86.
Barbet (Pierre).
Barbiers, 200 n.
Barthelemy, bâtard du seigneur de Montfaucon, 218, 270, 272.
Baruth (Seigneur et dame de), Balian d'Ibelin, Eschive de Montbéliard, Jean d'Ibelin.
Batailles, 68, 70, 94, 112, 116, 118, 122, 132, 134, 144 à 164, 170 à 186, 202 à 208, 318 à 324, 254 à 368, 380 à 388.
Baudas. *Voy*. Bagdad.

Baudouin II, empereur de Constantinople, 92, 330 n., 396.
Baudouin d'Ibelin, frère de Gui, sénéchal de Chypre, 178, 224, 228, 234, 236.
Baudouin, roi de Jérusalem, dit le Lépreux, 297.
Baudouin de Reims, 104.
Baume (La Sainte), canton de Saint-Maximin (Var), 444, 446.
Béatrix d'Auxonne, mère de Jean, sire de Joinville, 30, 76 n., 214, 216, 288.
Béatrix de Savoie, dauphine de Viennois, nièce de Joinville, 446, n.
Baucaire (Gard), 447. *Biaukaire*.
Beaujeu (de), Imbert.
Beaulieu (de), Geoffroy.
Beaumetz (de), Thomas.
Beaumont (de), Guillaume, Jean.
Bedouins, Arabes nomades, 52, 166 à 170, 178, 210, 362.
Bègue (Le), Jean II de Nesle.
Béguin, 20.
Béguines (Maisons de), 482.
Bel (Charles de France ou Charles IV, dit le).
Bélinas, ancienne Césarée de Philippe (Palestine), 380 à 384.
Bernicles, instrument de torture, 224, 226.
Biaukaire. *Voy*. Beaucaire.
Bibars Bondocdar, successeur de Scecedin, puis sultan d'Égypte, 174 à 178, 190, n.
Biscuit, 126, 428.
Blancs-Manteaux (Ordre des), 484.
Blanche de Bourgogne, femme de Charles le Bel, Écl. 5º.
Blanche de Castille, mère de S.

Louis, 48 n., 50, 66, 72, 74, 278, 288, 402 à 406, 480, Écl. 5°.
Blanche de France, fille de S. Louis, 396.
Blanche de France, sœur de Philippe le Bel, mariée à Rodolphe, fils d'Albert roi d'Allemagne, 424, n.
Blanche de Navarre, femme de Jean Ier, comte de Bretagne, 446, n.
Blasphèmes, 460, 462, 470, 492, 496.
Blécourt (Haute-Marne), 82, 436. *Blechicourt, Blehecourt.*
Blois (Comte de), Thibaut V.
Blois (Comté de), 60, Écl. 3°.
Boémond V, prince d'Antioche, 286 n., 348, n.
Boémond VI, prince d'Antioche, comte de Tripoli, 348 n., 400 n., 402.
Boileau (Étienne).
Bon (Le), Jean II de Nesle.
Bondocdar (Bibars).
Boniface VIII, pape, 500, n.
Boon (de), Guillaume.
Bougran, 300.
Boulaincourt. *Voy.* Bourlemont.
Boulogne (Comte et comtesse de), Alfonse de Portugal, Mahaut, Philippe de France.
Bourbette, poisson, 194.
Bourbon (de), Archambaud IX, Marguerite.

Bourbon (Dame de), Mathilde.
Bourbonne (de), Pierre.
Bourgogne, 56.
Bourgogne (Les chevaliers de), 276.
Bourgogne (de), Blanche.
Bourgogne (Comte de), Hugues.
Bourgogne (Duc et duchesse de), Hugues III, Hugues IV, Robert II, Yolande de Dreux.
Bourguignons plaidant en France, 460.
Bourlemont ou Boulaincourt (Le sire de), cousin germain de Joinville, 280, 286.
Braies, 6 n., 204, 212, 340, 462.
Branas, seigneur grec, 330, n.
Brancion (de), Henri, Josserand.
Bretagne (Évêques de), 452.
Bretagne (de), Yolande.
Bretagne (Comte, comtesse et duc de), Blanche de Navarre, Jean Ier, Jean II, Pierre.
Breton (Le), Yves.
Brie, 2, 56.
Brie (Comte de). *Voy.* Champagne.
Brienne (de), Érard, Jean d'Acre, Jean, comte d'Eu.
Brienne (Comte et comtesse de), Gautier IV, Gautier V, Hugues, Marie de Chypre.
Brun (Le). *Voy.* Gilles de Trasegnies, Hugues X et Hugues XI, comtes de la Marche.
Bussey (de), Jean.

C

Caier (Pierre de Neuville, dit).
Caïphe, 516.
Caire (Le château du), 346. *Le Chaare. Voy.* Babylone d'Égypte.
Camelin, 24, 270, 400 n., 402.
Camelot, 42.
Canne à sucre, 378.
Carente. *Voy.* Charente.
Carmes (Ordre des), 482.
Carreau, trait, 138, 204, 250, 386.
Carthage (Afrique), 48, 490.
Castel (de), Jacques.
Castille (de), Blanche.
Caym (Jean).

Cellerier (Le) de Joinville, 210.
Cendal, 16, 42, 64, 92.
Centurion (Le), à la Passion, 518.
Césarée, en Samarie (Palestine), 90, 312, 328, 332, 336, 344 n., 410, 462, 512, Écl. 10°. *Sezaire, Cezaire.*
Césarée de Philippe, 380. *Cezaire Phelippe. Voy.* Belinas.
Cezile. *Voy.* Sicile.
Chaare (Le). *Voy.* Caire.
Chalon (Comte de), Jean.
Châlons (Évêque de), Pierre.
Chambellan (Le), Pierre.

DES MATIÈRES.   391

Chamelle (La). *Voy.* Émesse.
Chamelle (Soudan de la), Malek-Nacer.
Champagne, 2, 54, 56, 58, 62, 64, 446.
Champagne (Chevaliers de), 132, 146 à 152, 170, 172, 182, 310, 312.
Champagne (de), Alix, Philippine.
Champagne (Comte et comtesse de), Henri Ier dit le Large, Henri II, Isabelle, reine de Jérusalem, Louis le Hutin, Marie de France, Thibaut II, Thibaut III, Thibaut IV, Thibaut II, roi de Navarre.
Champagne (Sénéchal de), Jean de Joinville.
Chaource (Aube), 58. *Chaorse.*
Chape, 62, 92.
Chapeau de coton, 66.
Chapeau de fer, 162, 172, 366.
Chapeau d'or, 64.
Chapeau de paon, 42 n.
Chapelle (de la) Geoffroy.
Chapelle du Palais (Sainte-), à Paris, 78, 454 n., 486.
Chaperon, 214.
Charente (La), rivière, 68. *Carente.*
Charenton (Seine), 482.
Charité (Prieur de la), Guillaume de Pontoise.
Charles de France, comte d'Anjou et de Provence, puis roi de Sicile, frère de S. Louis, 74, 128, 132, 134, 138 à 142, 150, 178, 196, 200, 250, 252, 268, 276 à 280, 284, 290 à 294, 334, 436, 438, 512.
Charles de France, comte de Valois, frère de Philippe IV, 502.
Charles de France, frère de Louis X, depuis Charles IV, roi de France et de Navarre, dit le Bel, 12, Écl. 5°.
Chartres (Comté de), 60, Écl. 3°.
Chartres (Évêque de), Mathieu.
Chartreux. *Voy.* Vauvert.
Chasse. *Voy.* Gazelle, Lion.
Chats-châteaux, 128 n., 132 à 140.
Château-Porcien (de), Gui.
Château-Thierry (Aisne), 54, 56.

Chateaudun (Vicomté de), 60, Écl. 3°.
Chateaudun (de), Jeanne.
Châteauneuf (de), Guillaume.
Chateauroux (de), Eudes.
Châtel-Pèlerin, près d'Acre (Syrie), 342, 352.
Châtelet (Le), à Paris, 78.
Chatenai (Le sire de), 284.
Châtillon (de), Gautier.
Cheminon (L'abbé de), 80, 82.
Chemise, 78, 304, 462.
Chevillon (Haute-Marne), 504.
Chirurgiens et médecins, 14, 116, 200 n., 484.
Choisi ou Soisi (de), Nicolas.
Chypre, île de la Méditerranée, 8, 10, 14, 26, 86, 88, 90, 94, 96, 118, 280, 312, 412, 420, 422, 428. *Cypre.*
Chypre (de), Marie.
Chypre (Connétable de), Gui d'Ibelin.
Chypre (Roi et reine de), Alix, Henri Ier, Hugues de Lusignan.
Chypre (Sénéchal de), Baudouin d'Ibelin.
Cîteaux, 66 n.
Clairvaux (Aube), 83.
Clément (Henri).
Clerc (Un), volé par trois sergents, les tue, 78, 80.
Cloud (Cordelières de Saint-) ou Longchamp, près Paris, 466, 480.
Cluny (Abbé et abbaye de), en Bourgogne, 34, 36, 438, 440. *Clygni, Clyngny.*
Cluny (Abbé de), Guillaume de Pontoise.
Cœur-de-Lion (Richard roi d'Angleterre, dit).
Coiffe, 42, 270.
Commains, alliés à Baudouin II, empereur de Constantinople, 330, 332.
Comnène, sire de Trébisonde, 396.
Compiègne (abbaye de Saint-Corneille de), 454.
Compiègne (Hôtel-Dieu de), 480.
Cône (de), Henri.
Confession entre laïcs, 234.

Conflans (Seigneur de), Hugues de Trichâtel.
Connétable de France. *Voy.* Gilles de Trasegnies, Imbert de Beaujeu.
Conrad II, roi de Sicile, 428, n.
Constantinople, 92, 330, 396.
Constantinople (Empereur et impératrice de), Agnès, Andronic, Baudouin II, Marie.
Cor, 350.
Cor sarrasinois, 98, 104, 154, 188.
Corasmins, peuple d'Asie, 326, 354, 358 n., Écl. 7º. *Corvins, Coremins.*
Corasmins (Chef et roi des), Barbaquan, Djelall-eddin Mankberni, Mohammed.
Corbeil (Seine-et-Oise), 22, 50.
Cordeliers, 401, 449.
Cordeliers (Couvents de), 464, 466, 480, 500.
Cordeliers. *Voy.* Hugues de Digne, Paris.
Cordelières. *Voy.* Saint-Cloud.
Cornaut (de), Jocelin ou Josselin.
Corneille (Abbaye de Saint-). *Voy.* Compiègne.
Corset, 270.
Corvins. *Voy.* Corasmins.
Cotte, 26, 42, 64, 66, 198, 270, 310, 414, 434.
Cotte d'armes, 16, 174, 260, 372. *Voy.* Haubert.
Coucy (de), Enguerrand III, Marie, Raoul.
Cour plénière, 64.
Courroie, 64, 214, 276, 414.
Courtenay (de), Pierre.
Couteau, 212, 276, 300, 308.
Coyne (Le). *Voy.* Iconium.
Croix (Montagne de la), en Chypre, 412.
Croix (frères de Sainte-), 484.
Croix (rue Sainte-), à Paris, 484.
Cureil (du), Gautier. *Voy.* Écurey.
Cypre. *Voy.* Chypre.

D

Damas (Syrie), 168, 294, 296, 388, 410.
Damas (Soudan de), Malek-Nacer, Saladin.
Damiette (Égypte), 6, 98, 100, 110 à 112, 118, 120, 126, 130, 132, 194, 196, 200, 202, 208, 226 à 232, 236, 238, 244, 246, 260, 264, 266.
Dammartin (de), Guillaume.
Dammartin en Gouelle (Comté de), dans l'Ile-de-France, 46, Écl. 2º. *Danmartin en Gouere.*
Dampierre (de), Gui.
Dan, une des sources du Jourdain, 380.
Daniel, 514.
David, roi des Juifs, 516, 520, 526, 530.
Débauche réprimée, 112, 336, 470.
Denis (S.), 498.
Denis (Saint-), près Paris, 482, 500.
Denis (Enseigne de Saint-), 102, 106, 154.
Digne (de), Hugues.
Djafar, père d'Ismaël, Écl. 6º.
Djelall-eddin Mankberni, roi des Corasmins, fils de Mohammed, 314 n., 316, 322 n., Écl. 7º.
Domesticité féodale, Écl. 5º.
Donjeux (Haute-Marne), 82.
Doulevant (Haute-Marne), 210. *Doulevens.*
Dragonet, seigneur de Provence, 436.
Drap d'or, 68, 350, 352.
Dreux (de), Yolande.
Dreux (comte de), Jean Ier, Robert III.
Drogmans. *Voy.* Interprètes.

E

Écarlate, 212, 448.
Écharpe, 332.
Écosse, 12.
Écosse (Roi d'), Alexandre II.
Écot (d'), Hugues.
Écu, 6, 102, 106, 114, 148, 156, 160, 182.
Écurey (d'), Gautier.
Égypte, 6, 48, 88, 92, 96, 98, 120 à 126, 168, 184, 186, 188, 192, 258, 262, 308, 358, 400, 410, 516.
Égypte (Émirs d'), meurtriers de Touran-Schah, en relation avec S. Louis, 192, 230, 232, 236 à 248, 294, 308 à 312, 344, 346, 358, 360.
Égypte (Soudan d'), Bibars Bondocdar, Malek-Saleh Nagemeddin Ayoub, Saladin, Touran-Schah.
Égyptiens, 246.
Éléonore de Provence, femme de Henri III, roi d'Angleterre, 44 n., 456.
Éléphant, 126, 346, n.
Élie, 524, 528.
Élisabeth de Thuringe ou de Hongrie (Le fils de Ste), 66, Écl. 5°.
Émesse ou la Chamelle (Syrie), 96, 130, 356, 358, *Hamant*.
Émesse (Soudan d'), Malek-Nacer.
Enfer à éteindre, 294, 296.
Engins, 130 à 140, 164, 170, 180, 238, 244, 266.
Enguerrand III de Coucy, 64.
Épée, 36, 146 à 152, 156, 158, 168, 178, 184, 206, 210, 218, 222, 228, 230, 234, 244, 248, 258, 260, 330, 340, 366, 368.
Épernay (Marne), 56. *Espargnay*.
Érard de Brienne, marié à Philippine, fille de Henri II, comte de Champagne, 52, 54, 90, 100, 102.
Érard de Siverey, 148, 150.
Érard de Valery, 196.
Ermenie. *Voy*. Arménie.
Ermin (L'), Jean.
Eschive de Montbéliard, fille de Gautier de Montbéliard, dame de Baruth ou Bairout, cousine de Joinville, 100, 104, n.
Eschive de Tabarié, fille de Raoul de Tabarié, femme d'Eudes de Montbéliard, 352.
Escraines (d'), Gervais.
Espagne, 49, 328.
Espargnay. *Voy*. Épernay.
Espié, pique, 204.
Estival, sorte de botte, 80.
Étienne Boileau, prévôt de Paris, 476, Écl. 9°.
Étienne d'Otricourt, commandeur du Temple, 252, 254.
Étienne, comte de Sancerre, 60, 64.
Étienne de Troyes (Église de Saint-), 60.
Étoffes. *Voy*. Bougran, Camelin, Camelot, Cendal, Drap d'or, Drap de soie, Écarlate, Pers, Samit, Serge, Tiretaine, Toile, Touaille, Vert.
Eu (Comte d'), Jean de Brienne Ier.
Eudes de Châteauroux, évêque de Tusculum, légat en Terre-Sainte, 106 à 110, 118, 216, 278 à 284, 332, 334, 364, 374 à 380, 394, 406 à 410.
Eudes de Montbéliard, seigneur de Tabarié, 352.
Évêques (Demandes injustes des), 42, 44, 450 à 454.
Évreux (Comte d'), Louis de France.
Évreux (Évêque d'), Raoul Grosparmi.
Ezz-eddin, fils de Kay-Khosrou, soudan d'Iconium (*du Cayne*), 94.

F

Fakr-eddin. *Voy*. Scecedin.
Famine dans le camp des chrétiens, 194, 196.
Faress-eddin Octay, ou Faracataie, Faraquataye, 234, 266.
Fatalistes, 168, 170.
Fauchon, coutelas, 80.
Fermail, agrafe, 64.
Ferrais, 94, 96.
Feu grégeois, 134 à 140, 160, 178, 180, 208, 232.
Fiefs, Écl. 3°.
Filles-Dieu, près Paris, 482.
Flamands (Les), 538.
Flandre (Comte et comtesse de), Gui de Dampierre, Guillaume, Marguerite, Thomas de Savoie.
Flavacourt (de), Guillaume.
Foi, 28 à 36, 508, 510, 534, 536.
Fondations pieuses, 464, 466, 478 à 484.
Fontaine-l'Archevêque devant Donjeux (Haute-Marne), 82.
Fontainebleau (Seine-et-Marne), 12. *Fonteinne-Bliaut*.
Fontaines (de), Pierre.
Forestiers, 468, 470.
Forez (Comte de), Guigues V, Guigues VI.

Fossiles, 402.
Foucaud du Merle, 144.
Fouinon (Jean).
Fourrure. *Voy*. Gamite, Gris, Jambes de lièvre, Menu-vair, Vair.
Franc, nom des Occidentaux en Orient, 169, 307.
France, 20, 32, 40, 46, 50 à 56, 90, 92, 118, 250, 278, 284, 288, 292, 294, 370, 398, 400, 404, 408, 412, 418, 422, 424, 438 à 442, 450, 454, 456, 462, 466, 474, 478, 482, 486 à 490, 500.
France (de), Blanche, Charles, Isabelle, Jean, Louis, Marie, Philippe, Pierre, Robert.
France (Reine de), Blanche de Castille, Jeanne de Navarre, Marguerite de Provence.
France (Roi de), Charles IV, Louis IX, Louis X, Philippe II, Philippe III, Philippe IV, Philippe V.
Frédéric II, empereur d'Allemagne, 130 132 n., 216, 222, 294, 300.
Frédéric de Loupey, 148, 150.

G

Gadre. *Voy*. Gaza.
Gamaches (de), Jean.
Gamboison, 160, 170, 172.
Gamite, fourrure, 448.
Gants, 276.
Garban, 26.
Gascogne, 68, 70.
Gaucher de Châtillon. *Voy*. Gautier.
Gautier d'Aunai, Écl. 5°.
Gautier d'Autrèche, 112, 114, 116.
Gautier IV, comte de Brienne et de Jaffa, dit le Grand, 50 n., 310, 322, 350 à 358.
Gautier V, comte de Brienne, 60 n.
Gautier de Châtillon (ou Gaucher), neveu de Hugues V, comte de

Saint-Paul, 74, 162, 172, 178, 180, 196, 204, 258, 260.
Gautier d'Écurey, 134, 136.
Gautier de la Horgne, 182.
Gautier de Nemours (*d'Anemoes*), 268.
Gautier, seigneur de Reynel, beau-père de Joinville, 310.
Gaza (Palestine), 344, 346, 352, 358 à 364. *Gadre*.
Gazelle (Chasse à la), 338.
Gênes (Italie), 366.
Geneviève (Ste), 48, 498.
Gengis-Khan, roi des Tartares, 314 n., 316 n., 318 à 322, Écl. 7°.
Génois, 248, 264, 366. *Genevois*.
Geoffroy de Beaulieu, Écl. 9°.

Geoffroy de la Chapelle, 54.
Geoffroy, clerc de Marguerite de Provence, 434.
Geoffroy de Joinville, sire de Vaucouleurs (*Vauquelour*), frère de l'historien, 76, 184.
Geoffroy de Mussambourc, 198.
Geoffroy Plantagenet, comte d'Anjou, 66, n.
Geoffroy de Rancon, 72.
Geoffroy de Sargines, chevalier de la suite du roi, 114, 200, 204, 244, 250, 290, 382.
Geoffroy, abbé de Saint-Urbain, 452 à 456.
Geoffroy de Ville-Hardouin, prince de Morée, 98.
Geoffroy de Villette, bailli de Tours, 40, n.
Georges (S.), 322.
Germain des Prés (Saint-), abbaye, 484.
Gervais d'Escraines, maître-queux du roi, 418, 458, Écl. 5º.
Gervais, panetier du roi, 434.
Gibraltar. *Voy*. Maroc.
Gilles de Trasegnies, dit le Brun, connétable de France, 18, 20 n., 290, 378, 380, 418, 422, 434.
Glaive, 6, 106, 136, 146, 148, 162, 168, 172, 174, 234, 346, 368.
Gobert d'Apremont, cousin de Joinville, 74, 182.
Gog, 314.
Gouerre. *Voy*. Dammartin.
Goulu (Le), sergent du roi, 340.
Grand (Le). *Voy*. Gautier IV, comte de Brienne, Jean.
Grandpré (de), Alix.
Grandpré (Comte de), Henri VI.
Grèce, 396.
Grecs (chrétiens), soumis aux Tartares, 324.
Grecs (Empereur des), Vatace.
Grégoire X, pape, 484.
Grève, cheveux en bandeaux, 72.
Gris, fourrure, 268, 448.
Grosparmi (Raoul).

Gui de Château-Porcien, évêque de Soissons, 260, n.
Gui de Dampierre, comte de Flandre, 74 n., Écl. 2º.
Gui d'Ibelin, frère de Baudouin, connétable de Chypre, 178, 224, 228, 234, 236.
Gui, patriarche de Jérusalem. *Voy*. Robert.
Gui Mauvoisin, 164, 166, 180, 182, 280, 282.
Gui de Mello, évêque d'Auxerre (*Aucerre* ou *Ausserre*), 42, 450.
Guigues V, comte de Forez et de Nevers, 60.
Guigues VI, comte de Forez, 134.
Guillaume III d'Auvergne, évêque de Paris, 30 n., 32, 34.
Guillaume de Beaumont, maréchal de France, 284, 386.
Guillaume de Boon, sergent du roi, 160.
Guillaume de Châteauneuf, grand-maître de l'Hôpital, 302, 338, 380.
Guillaume de Dammartin, 102.
Guillaume, comte de Flandre, 74, 154, 182, 194, 228, 234, 250 n., 278, 280.
Guillaume II de Flavacourt, archevêque de Rouen, 500, n.
Guillaume II, comte de Joigny, 10, 418.
Guillaume de Mello, 42.
Guillaume de Monson, abbé de Saint-Michel en Thiérache, 414.
Guillaume de Nangis, Écl. 9º.
Guillaume de Pontoise, prieur de la Charité, abbé de Cluny, puis évêque d'Olive, 438 n., 440.
Guillaume, prêtre de Joinville, 486.
Guillaume de Sonnac, grand-maître du Temple, 164, 180, 252.
Guillemin, valet ou écuyer de Joinville, 270, 272, 276, Écl. 5º.
Guines (de), Arnoul.
Guminée. *Voy*. Guines.

H

Haali. *Voy.* Ali.
Habacuc, 518.
Habillement (Parties diverses de l'). *Voy.* Braies, Chape, Chapeau, Chaperon, Chemise, Coiffe, Corset, Cotte, Courroie, Écharpe, Estival, Fermail, Hargau, Heuse, Housse, Langes, Manteau, Pelisse, Robe, Surcot, Surplis, Touaille. *Voy. aussi* Fourrure.
Hache danoise, 234, 308.
Haguenau (Bas-Rhin), 424. *Haguenoe.*
Haiton, roi d'Arménie, 94, 190, n.
Halca, ou garde du soudan, 186 à 192, 230 à 234.
Hamant. *Voy.* Émesse.
Hargau, 310.
Haubert, 70 n., 172, 182, 208, 212. *Voy.* Cotte d'armes.
Heaume, 106, 114, 152, 162.
Henri II, roi d'Angleterre, 66, n.
Henri III, roi d'Angleterre, 32, 44 n., 68 n., 70, 278, 456, 458.
Henri II, comte de Bar, 190 n., 192, 230, 312, 346.
Henri de Brancion, 184.
Henri Ier, comte de Champagne et de Brie, dit le Large, 52, 60, 62, 64.
Henri II, comte de Champagne, fils de Henri Ier, 52, 54.
Henri Ier, roi de Chypre, 352, n.
Henri Clément, dit du Mez, maréchal de France, 250, 252, 254.
Henri de Cône (*Coonne*), 184.
Henri VI, comte de Grandpré, 76, n.
Henri III, comte de Luxembourg, 460.
Henri de Ronnay, prévôt de l'Hôpital, 162, 164.
Henri le Tyois (Frère), 510, n.
Henri de Villers, archevêque de Lyon, neveu de Joinville, 502.
Herchanbaut. *Voy.* Archambaud.
Hérétiques, 496, 534.

Hermenie. *Voy.* Arménie.
Heuse, botte, 194.
Hongrie (Le roi de), 300.
Hongrie (de), Élisabeth.
Hôpital (Grand-maître de l'), Guillaume de Châteauneuf, Pierre de Villebride.
Hôpital (Prévôt de l'), Henri de Ronnay.
Horgne (de la), Gautier.
Hospitaliers, 222, 224, 300, 302, 338, 354, 360, 376, 380, 382, 522.
Hospitaliers d'Acre, 310.
Hôtels-Dieu. *Voy.* Compiègne, Paris, Pontoise, Vernon.
Houlagou, prince des Tartares, 390, 392.
Housse, 204.
Hugues, comte de Bourgogne, fils de Jean de Châlon, 374, 446 n., 458, Écl. 5º.
Hugues III, duc de Bourgogne, 370 à 374, Écl. 2º.
Hugues IV, duc de Bourgogne, 56 n., 58, 74, 98, 142, 152, 156, 176, 178, 184, 196, 370, Écl. 2º.
Hugues, comte de Brienne, fils de Gautier IV dit le Grand, 60, n.
Hugues de Digne, cordelier, 38 n., 440 à 444.
Hugues d'Écot, 148, 386.
Hugues de Jouy, maréchal du Temple, 340, 342.
Hugues de Landricourt, 198.
Hugues Ier de Lusignan, roi de Chypre, 54, n.
Hugues X, *comte de la Marche*, dit le Brun, 64, 68 n., 70, 72, 74, Écl. 3º.
Hugues XI, comte de la Marche, dit le Brun, fils de Hugues X, 74.
Hugues V, comte de Saint-Paul, 66, 74, Écl. 5º.
Hugues de Trichâtel, seigneur de Conflans, 146.

Hugues de Vaucouleurs, 102.
Hurepel (Philippe de France, dit). *Voy.* Louis X.
Hutin (Le), Louis X.

Hyères (Var), 38, 436 à 440, 444. *Yères, Ieure.*
Hyermenie. *Voy.* Arménie.

I

Ibelin (d'), Balian, Baudouin, Gui, Jean.
Iconium (Soudan d'), Ezz-eddin.
Ieure. *Voy.* Hyères.
Imbert de Beaujeu, connétable de France, chevalier de la suite du roi, 64, 114, 116, 142, 154 à 158, 162, 228, 236, 290.
Impiété punie, 198.
Indulgences, 346.
Interprètes, 90, 220, 234, 238, 240, 294, 304, 376.
Isaac, 516.
Isabelle d'Angoulême, veuve de Jean sans Terre, roi d'Angleterre, remariée à Hugues X, comte de la Marche, 68 n., 70, 72.

Isabelle de France, sœur de S. Louis, 466.
Isabelle de France, fille de S. Louis, femme de Thibaut II, roi de Navarre, 24 n., 404, 446, 448.
Isabelle, reine de Jérusalem, fille d'Amauri Ier, roi de Jérusalem, mariée à Henri II, comte de Champagne, 52.
Isaïe, 512.
Isle-Aumont (Aube), 58. *Ylles.*
Ismaël, fils de Djafar, Écl. 6°.
Ismaéliens de Syrie, Écl. 6°.
Ismaéliens de Syrie (Chef des), *Voy.* Vieux de la Montagne.
Israël, surnom de Jacob, 534, 536.
Israël (Peuple d'), 516.

J

Jacob, père de Joseph, 514, 524, 530, 534, 536.
Jacques (S.), 48, 150, 290, 498.
Jacques de Castel, ou plutôt Gui de Château-Porcien, évêque de Soissons, 260, n.
Jaffa, Syrie, ancienne Joppé, 344 n., 350, 352, 356, 360, 364, 368, 370, 374, 376, 396, 410. *Japhe.*
Jaffa (Comte et comtesse de), Gautier IV, Jean d'Ibelin, Marie de Chypre.
Jambes de lièvre, fourrure, 448.
Jardin du roi. *Voy.* Paris.
Jean (S.), 362.
Jean (Mont Saint-), à Acre, 366.
Jean (Le prêtre), prince d'Asie, 314 n., 316 à 322, 326.
Jean d'Acre ou de Brienne, père de l'impératrice Marie, roi de Jérusalem, 90 n., 108, 110, 262.
Jean d'Acre, frère de l'impératrice Marie, 94, n.
Jean d'Apremont, comte de Sarrebruck (*Salebruche*), cousin de Joinville, 74, 78, 80.
Jean de Beaumont, 100, 114, 284.
Jean Ier, comte de Bretagne, 22 n., 44, 446, 452.
Jean II, duc de Bretagne, 22, n.
Jean de Brienne Ier, comte d'Eu, 92, 348 n., 380 à 384, 388, 390, 398,
Jean de Bussey, 386.
Jean Caym de Sainte-Menehould, 274.
Jean, comte de Chalon, 184, 374, 446 n., 458. Écl. 5°.
Jean Ier, comte de Dreux, 64.
Jean l'Ermin, artilleur du roi, 296, 298,
Jean Fouinon, 260, n.
Jean de France, dit Tristan, fils de S. Louis, 264.
Jean de Gamaches, sergent du roi, 160.
Jean le Grand, chevalier de Gênes, 366, 368.

Jean III d'Ibelin, seigneur d'Assur, connétable du royaume de Jérusalem, 364 à 368.

Jean d'Ibelin, seigneur de Baruth ou Bairout, comte de Jaffa, fils de Balian d'Ibelin et d'Eschive de Montbéliard, parent de Joinville, 104, 106, 280, 282, 344.

Jean II, comte de Joigny, gendre de Hugues comte de Brienne, 60.

JEAN, sire de JOINVILLE, sénéchal de Champagne, fils de Simon, 30, 58. (Pour sa mère, *voy.* Béatrix d'Auxonne.) — Temps où il était simple écuyer, 64, 70, n. — Il combat contre des Allemands avec Josserand de Brancion, 184. — Il répare ses torts avant de partir pour la croisade, 76. — Pourquoi il refuse, en 1242, de prêter serment à S. Louis, 78, n. — Il quitte son château, 82. — Il passe la mer avec Jean et Gobert d'Apremont, 74, 76, 78, 84. — Il est retenu aux gages du roi en Chypre, 90. — Ses relations avec l'impératrice de Constantinople, 90, 92. — Il débarque en Égypte, 100, 102, 104. — Sa visite à Gauthier d'Autrèche, 116. — Il délivre Pierre d'Avallon, 130. — Comment il échappe au feu grégeois, 134 à 140. — Il passe le fleuve, 142, 144. — Ses blessures et son courage à la bataille de Mansourah, 146 à 164. — Part qu'il prend à d'autres combats, 170, 172, 182, 184. — Il est atteint de la maladie de l'armée, 198. — Il tente une retraite par eau, 202, 204. — Il est fait prisonnier, et passe pour cousin du roi, 206 à 216. — Il rejoint les autres prisonniers, 218, 220, 520. — Il craint d'être massacré avec eux, 222, 224, 522. — Ce qui lui arrive dans la galère où il est retenu, 228 à 236. — Il est délivré, et s'embarque avec le roi, 248, 250. — Comment il s'empare de l'argent qui manque pour la rançon, 252, 254. — Son arrivée et ses tribulations à Acre, 268 à 276. — Pourquoi il refuse de retourner en France, et en dissuade le roi, 278 à 288. — Retenu aux gages du roi à Acre, 290, 292, 332, 334. — Il lui fait engager quarante chevaliers de Champagne, 310, 312. — Expéditions qui lui sont confiées, 360 à 364. — Danger qu'il court à Bélinas, 380 à 388. — Ce qu'il raconte à l'occasion de la mort de la reine Blanche, 404, 406. — Il conduit la reine Marguerite à Sur, et s'embarque avec le roi, 410, 412. — Danger qu'il court près de Chypre, 412 à 426. — Autres incidents de sa traversée, 428 à 436. — Il quitte le roi, puis le rejoint à Soissons, 446. — Il négocie le mariage du roi de Navarre avec la fille de S. Louis, 446, 448. — Ses relations avec l'abbé de Saint-Urbain, 452 à 456. — Il était devenu vassal de S. Louis, 78 n., 456 n., Ecl. 3º. — Conseils qu'il recevait de S. Louis, 14 à 20, 26 à 30, 424, 426, 462, 464, 510. — Sa liberté avec le saint roi, 340, 378, 394, 438, 440, 444. — Ses conversations avec Robert de Sorbon, 20, 22, 24. — Ses démêlés avec Jean de Beaumont, 100, 114. — Son amitié avec le comte d'Eu, 388, 390. — Vie qu'il menait outremer, 334, 336. — Sa sévérité, 378, 380. — Sa piété, 262, 440. — Ses pratiques de dévotion, 82, 118, 400, 422, 424. — Son horreur pour les blasphèmes, 462. — Sa fidélité à l'abstinence, 216. — Sa charité, 398. — Sa foi en Dieu, 170. — Il fait faire le livre du *Credo*, 510, Écl. 10º. — Mandé en 1267, il refuse de se croiser, 488. — Témoin dans l'enquête pour la canonisation de S Louis, il assiste à la levée du corps, 500, 502. — Il voit S. Louis en songe et lui élève un autel, 504. — Il écrit l'histoire de S. Louis et la dédie à Louis X, 2, 10, 12, 506.

Jean de Joinville, sire d'Ancerville, fils de l'historien, 76.

Jean de Mimery, élu abbé de Saint-Urbain, 452.

Jean de Monson, 258, 414.

Jean, comte de Montfort, 94, n.

Jean II de Nesle, dit le Bon et le Bègue, comte de Soissons, cousin germain de Joinville, 38 n., 64, 158 à 162, 228, 236, 250, 542.

Jean d'Orléans, 144.

Jean de Saillenay, 156.

Jean de Samois, évêque de Lisieux, 500 n., 502.

Jean Sarrasin, chambellan de S. Louis, 46.

Jean, frère de la Trinité, 234.

Jean de Valenciennes, 308, 310, 386.

Jean de Valery, 110, 152, 154, 162, 196, 224.

Jean de Voisey, prêtre de Joinville, 172, 175, 198, 200, 216.

Jeanne de Châteaudun, veuve de Jean, comte de Montfort, mariée en secondes noces à Jean d'Acre, 94, n.

Jeanne de Navarre, mère de Louis X, reine de France et de Navarre, morte en 1305, 2, 10, Écl. 2°.

Jeanne de Toulouse, femme d'Alfonse, comte de Poitiers, 258.

Jérémie, 516.

Jérusalem, 88, 312, 350, 370, 372, 376, 378, 516, 518. Écl. 10°.

Jérusalem (Connétable du royaume de), Jean III d'Ibelin.

Jérusalem (Patriarche de), Gui ou Robert.

Jérusalem (Roi et reine de), Amauri Ier, Baudouin, Isabelle, Jean d'Acre.

Jérusalem (Royaume de), 52, 168, 200, 288, 294, 314, 322, 342, 344, 352, 364, 412, 522.

Jeux, 96, 178, 268, 276, 278, 304, 470.

Job, 518, 526.

Jocelin ou Josselin de Cornaut, maître ingénieur, 128, 202.

Joël, 528.

Joigny (Comte de), Guillaume II, Jean II.

Joinville (Haute-Marne), 58, 76, 80, 82, 162, 424, 436, 462, 504.

Joinville (de), Geoffroy, Jean.

Joinville (Sire et dame de), Alix de Grandpré, Alix de Reynel, Béatrix d'Auxonne, Jean, Simon.

Joinville (Parents et parentes de), Béatrix de Savoie, Bourlemont ou Boulaincourt (le sire de), Eschive de Montbéliard, Geoffroy de Joinville, Gobert d'Apremont, Henri de Villers, Jean d'Apremont, Jean d'Ibelin, Jean II de Nesle, comte de Soissons, Josserand de Brancion, Marguerite de Reynel. *Voy.* Joinville (Seigneur et dame de).

Joinville (Le cellerier de), 62.

Joinville (Écuyer ou valet de), Guillemin.

Joinville (Prêtre de), Guillaume, Jean de Voisey.

Jonas, 518.

Joppé. *Voy.* Jaffa.

Joseph, fils de Jacob, 514, 524.

Joseph (Les fils de), 530.

Joseph (Les frères de), 514.

Josserand de Brancion, oncle de Joinville, 182 à 186.

Josserand de Nanton, 184.

Jour, une des sources du Jourdain, 380.

Jourdain, fleuve de Syrie, 380.

Jouy (de), Hugues.

Joyaux et pierres précieuses, 82 n., 210, 286, 292, 302, 304, 320, 392, 396.

Judas, frère de Joseph, 514.

Judas le traître, 514.

Jugements de S. Louis, 40, 42, 46, 80, 340, 342, 432, 452 à 458.

Jugements d'outre-mer, 336 à 342.

Juifs, 34, 36, 514, 516, 518, 524, 526, 530, Écl. 10°.
Juifs (Roi des), David, Salomon.

Jully (Aube), 58. *Juylli.*
Justice, sauvegarde des royaumes, 38, 442.

L

Ladre (S.). *Voy.* Lazare (S.).
Lagny (Seine-et-Marne), 60. *Laingny.*
Laignes (Côte-d'Or), 58.
Lampedouse, île de la Méditerranée, 428. *La Lempiouse.*
Lance, 102, 156, 346, 358, 360, 366, 368. *Voy. aussi* Glaive.
Landricourt (de), Hugues.
Langes, chemise, 82.
Languedoc (Chevaliers du), 386.
Large (Le). *Voy.* Henri Ier, comte de Champagne.
Laurent (Chapelle de Saint-), à Joinville, 504. *S. Lorans.*
Laurette, comtesse de Sarrebruck, 78, n.
Lavement des pieds, 18, 462, 464.
Lazare (Le maître de Saint-), 360, 362.
Légat en Terre-Sainte, Eudes de Châteauroux.
Lempiouse (La). *Voy.* Lampedouse.
Lèpre et péché, 16, 18.
Lépreux (Le), surnom de Baudouin, roi de Jérusalem.
Lesueil. *Voy.* Luxeuil.
Liban, montagne de Syrie, 384.
Ligny (Meuse), 460. *Lynei.*
Limisso, ville de Chypre, 92, 98. *Limeson.*
Lionceau ressouscité, 520.
Lions (Chasse aux), 328.
Lisieux (Évêque de), Jean de Samois.
Liz. *Voy* Lys.
Lizeu. *Voy.* Luxeuil.
Long (Philippe de France ou Philippe V, dit le).
Longchamp. *Voy.* Cloud (Saint-).
Lorraine, 76.
Lorraine (Duc de), Mathieu II.
Lorrains plaidant en France, 460. *Looreins.*
LOUIS IX, roi de France. Sa naissance, 46. — Son couronnement, 48. — Son éducation, 48. — Ses relations avec le comte de Champagne, 54, 56, 58, 60, 64. — Il tient une cour plénière à Saumur, 64. — Il est en guerre avec le roi d'Angleterre, 32. — Vainqueur à Taillebourg, 68, 70. — Il impose la paix au comte de la Marche, 70, 72. — Il tombe malade et se croise, 72, 74. — Il fait prêter serment en 1248 à ses barons, 78. — Il arrive en Chypre, 86. — Ses relations avec le roi des Tartares, 88, 90, 312, 314, 326, 328. — Il accueille l'impératrice de Constantinople, 92. — Il part de Chypre, 96, 98. — Il débarque en Égypte, 100, 104. — Il entre dans Damiette, 108. — Il refuse de partager les vivres trouvés dans la ville, 110, 112. — Il attend des renforts, puis marche vers le Caire, 118, 120. — Il est arrêté par une branche du Nil, 126, 128, 132, 138, 140. — Il passe le fleuve à gué, 142, 144. — Part qu'il prend à la bataille de Mansourah, 152 à 158. — Il pleure la mort de son frère, 162, 164. — Il se maintient contre les Sarrasins, 170, 172, 176, 178, 186. — Contraint de repasser le fleuve, il négocie la paix, 192 à 196, 200. — Sa retraite et sa captivité, 202 à 206. — Ses conventions avec le soudan, 222 à 228, 524. — Incidents qui retardent sa délivrance, 230, 234 à 248. — Il s'embarque et paye la rançon promise, 248 à 254. — Sa traversée d'Égypte en Acre, 258, 266 à 270. — Il fait payer ce qui est dû à Joinville, 272. — Il met en délibération

son retour en France, 278 à 284. — Il se résout à rester en Terre-Sainte, 284 à 290. — Il décide le départ de ses frères, 290. — Il prend de nouveau Joinville à ses gages, 290, 292, 332, 334. — Il retient d'autres chevaliers, 310, 312, 328, 330, 348. — Il reçoit diverses ambassades, 294, 300 à 304, 308 à 314. — Ses nouvelles relations avec les émirs d'Égypte, 308 à 312, 344, 346, 358, 360. — Sa courtoisie envers madame de Sayette, 310. — Il fortifie Césarée, 312. — Son jugement contre les Templiers, 340, 342. — Il fortifie Jaffa, 344, 346, 374. — Il protége le jeune prince d'Antioche, 348. — Il fortifie Sayette, 368, 370. — Il refuse d'aller en pèlerinage à Jérusalem, 370, 372. — Il est visité par des pèlerins d'Arménie, 376, 378. — Il se rend à Sayette et y ensevelit les morts, 376 à 380, 388. — Il ordonne une expédition contre Bélinas, 380. — Sa rencontre avec un prétendu Assassin, 394. — Il apprend la mort de sa mère, 402, 404. — Il décide et prépare son retour, 406 à 412. — Son embarquement, 412. — Dangers qu'il court près de Chypre, 412 à 426. — Suite de sa traversée, 428 à 436. — Il se décide avec peine à débarquer à Hyères, 436, 438. — Il conclut le mariage de sa fille, 446, 448. — Il était devenu suzerain de Joinville, 78 n., 456 n., Écl. 3°. — Il mande ses barons et se croise une seconde fois, 484 à 488. — Il tombe malade en Afrique, 490. — Sa mort, 498, 500. — Son portrait, 152. — Ses vêtements, 22, 24, 42, 66, 204, 266, 268, 448. — Son bon sens, 16, 20, 22, 24, 26. — Sa sobriété, 14, 448. — Son dévouement à son peuple, 4 à 12, 106, 202, 204, 288, 416 à 420, 430. — Ses avis à Joinville, 14 à 20, 28 à 30, 424, 426, 462, 464, 510. — Ses enseignements à ses enfants, 12, 464, 490 à 496. — Sa piété filiale, 402, 404. — Son amour pour les gens de bien, 18, 20, 464, 492. — Prix qu'il attachait aux bons consels, 38, 440, 442, 492. — Combien il était pacifique, 44, 456 à 460, 496. — Sa justice, 38 à 42, 494. — Sa loyauté, 12, 44, 46, 256, 258, 456, 458, 502. — Sa générosité, 482. — Estime qu'il faisait de la foi, 28 à 36, 508, 510. — Sa confiance en Dieu, 48, 136. — Ses aumônes, 464, 478 à 482. — Son amour pour les pauvres, 18, 448, 464, 478, 480. — Ses pratiques de piété, 38, 448, 462 à 466. — Ses scrupules dans la collation des bénéfices, 466, 496. — Sa haine pour le péché, 16, 18, 490. — Son horreur pour les blasphèmes, 14, 460, 462, 492, 496. — Son aversion pour la médisance, 14, 492. — Sa sévérité, 80, 116, 262, 340, 342, 428 à 432, 444. — Sa fermeté, 42, 44, 450 à 454. — Son courage dans la captivité, 224, 226, 234, 240, 242. — Son désintéressement, 72, 446. — Ses imperfections, 268, 332, 398, 422, 432, 434, 438, 444. — Ses réformes, 112, 440, 466 à 478. — Ses fondations, 464, 466, 480 à 484. — Il est canonisé et levé de terre, 500, 502. — Comment son histoire fut entreprise par Joinville, 2, 10. — Il lui apparait en songe, 504.

Louis de France, fils de S. Louis, 12.

Louis de France, comte d'Évreux, frère de Philippe IV, 502.

Louis X, dit le Hutin, fils de Philippe IV et de Jeanne de Navarre; roi de Navarre, comte de Champagne et de Brie en 1305, roi de France en 1314, 2, 10, 502, 538.

Loupey (de), Frédéric.
Lucie, princesse d'Antioche, veuve de Boémond V, 348, n.
Lusignan, près Poitiers (Vienne), 68.
Lusignan (de), Hugues.
Luxembourg (Comte et comtesse de), Henri III, Marguerite de Bar.
Luxeuil, abbaye (Haute-Saône), 458. *Lizeu, Leseuil.*
Lyon (Rhône), 84.
Lyon (Concile de), 484.
Lyon (Archevêque de), Henri de Villers.
Lys, abbaye près Melun (Seine-et-Marne), 464, 480. *Liz.*

M

Machabées (Les), 370.
Magdeleine (Ste), 444, 446.
Magdeleine (Église de la), à Paris, 486.
Magog, 314.
Mahaut, comtesse de Boulogne, 46 n., Écl. 2°.
Mahomet, 166, 238, 242, 246, 298, 304, 306.
Maires, 466 à 474.
Maladie dans le camp des chrétiens, 194, 198, 200.
Malbisson. *Voy.* Maubuisson.
Malek Nacer Dawoud, prince désigné sous le nom de Nasac, 262 n., Écl. 4°.
Malek-Nacer Youssof, prince d'Alep, soudan d'Émesse ou de la Chamelle, plus tard soudan de Damas, 94, 96 n., 294, 308, 340 à 346, 352 à 362, 370.
Malek-Saleh Nagem-eddin Ayoub, soudan de Babylone, 94 n., 96, 98, 106, 108, 112, 116, 122, 126, 130, 132, 190, 192, 230, 352, 358.
Malrut. *Voy.* Maurupt.
Manehost (Ste). *Voy.* Menehould (Ste).
Mangou Khan, roi des Tartares, 326.
Mankberni (Djelall-eddin).
Mansourah (Égypte), 6, 126 n., 146, 154, 158, 164, 218, 260. *L'Aumasourre, la Massoure.*
Manteau, 22, 64, 66 n., 338.
Maques. *Voy.* Mecque (La).
Marc (S.), 46, 412.
Marcel, sergent, 206.
Marche (Comte et comtesse de la), Hugues X, Hugues XI, Isabelle d'Angoulême.
Maréchal de France, Henri Clément, Guillaume de Beaumont.
Marguerite de Bar, femme de Henri III, comte de Luxembourg, 460.
Marguerite de Bourbon, femme de Thibaut Ier, roi de Navarre, 448.
Marguerite, comtesse de Flandre, 452.
Marguerite de Provence, femme de S. Louis, 44 n., 92, 96, 226, 244, 262 à 266, 342, 396, 398, 402 à 406, 422, 424, 428 à 438.
Marguerite de Reynel, dame de Sayette ou Soiette, alliée à Joinville, 310, n.
Marie de Chypre, fille d'Alix reine de Chypre, femme de Gautier IV, comte de Brienne et de Jaffa, 60, n. 352, n.
Marie, impératrice de Constantinople, fille de Jean d'Acre, 90 n., 92, 94.
Marie de Coucy, femme d'Alexandre II, roi d'Écosse, puis de Jean d'Acre, 94, n.
Marie de France, sœur de Philippe Auguste, femme de Henri Ier, comte de Champagne, 52.
Marie de Vertus, 404.
Marly (de), Mathieu.
Maroc (Détroits de), aujourd'hui détroit de Gibraltar, 328. *Marroch.*
Marseille (Bouches-du-Rhône), 38, 78, 84, 438, 444.
Martin IV, pape, 500, n.

Massacre des prisonniers chrétiens, 202, 208, 216 à 220, 244.
Masse, arme, 116, 152 à 156, 160, 366, 384.
Massoure (La). *Voy.* Mansourah.
Mathieu, évêque de Chartres, 454.
Mathieu II, duc de Lorraine, 58.
Mathieu de Marly, chevalier de la suite du roi, 114.
Mathieu de Trie, comte de Dammartin, 44 n., Écl. 2°.
Mathieu (Abbaye de Saint-), à Rouen, 480. *Saint-Mathé de Roan.*
Mathilde, dame de Bourbon, 438.
Maubuisson (Abbaye de), près Pontoise, 464, 480. *Malbisson.*
Mauclerc (Pierre), comte de Bretagne, dit).
Mauritanie (Afrique), 246. *Mortaig, Morentaigne.*
Maurupt ou *Malrut* (Le doyen de), 86, 118.
Mauvoisin (Gui).
Mecque (La), ville d'Arabie, 238. *Maques.*
Médecins. *Voy.* Chirurgiens.
Mello (de), Gui, Guillaume.
Melun (Seine-et-Marne), 448, 460 n., 480.
Menaces de Dieu, 26, 28, 424, 426.
Menehould (Sainte-), département de la Marne, 272, 274. *Sainte Manehost.*
Ménétriers, 188, 190, 350, 448.
Menoncourt (de), Renaud.
Menu-vair, fourrure, 116, 212.
Merle (du), Foucaud.
Metz en Lorraine (Moselle), 76.
Mez (du), Henri Clément.
Michel (S.), 356.
Michel (Le curé de Saint-), à Acre, 274.
Michel en Thiérache (Abbé de Saint-), Guillaume de Monson.
Mimery (de), Jean.
Miracles de la sainte Vierge, 400, 436.
Mohammed, roi des Corasmins, appelé par Joinville empereur de Perse, 316 n., Écl. 7°.
Moines blancs, 66 n., 80.
Moïse, 512.
Monnaies, Écl. 1°.
Monson (de), Guillaume, Jean.
Montagne (Vieux de la).
Montagne merveilleuse, 86.
Montbéliard (de), Ami, Eschive, Eudes.
Montbéliard (Comte de), Thierri III.
Montcéliard (de), Simon.
Montfaucon (Seigneur de), Ami de Montbéliard.
Montfaucon (Bâtard de), Barthélemy.
Montfort (de), Alix, Philippe.
Montfort (Comte et comtesse de), Amauri VI, Jean, Jeanne de Châteaudun.
Montléart (de), Thiébaut.
Montlhéri (Seine-et-Oise), 32, 34, 50.
Montmartre (Porte), à Paris, 484.
Morée, ancien Péloponnèse, 98, 102, 282.
Morée (Prince de), Geoffroy de Ville-Hardouin.
Morentaigne, Mortaig. *Voy.* Mauritanie.
Musique (Instruments de). *Voy.* Cor, Nacaire, Tabour, Trompe. Vielle.
Mussambourc (de), Geoffroy.

N

Nacaire, 98, 104, 152, 178, 188, 232.
Nacer. *Voy.* Malek.
Nangis (de), Guillaume.
Nanteuil (de, Philippe.
Nanton (de), Josserand.
Naplouse, ancienne Samarie selon.
Joinville (plutôt Sichem), 376. *Naples.*
Narcy (de), Aubert.
Narjot de Toucy. *Voy.* Philippe de Toucy.
Nasac, 262 n., Écl. 4°.
Navarre (de), Blanche).

404 TABLE ALPHABÉTIQUE

Navarre (Roi et reine de), Charles, Isabelle de France, Jeanne de Navarre, Louis le Hutin, Marguerite de Bourbon, Philippe, Thibaut IV, comte de Champagne, Thibaut II.
Navigation, 84, 86, 96, 98, 202 à 212, 228, 250, 266, 268, 410 à 438.
Nemours (de), Gautier, Philippe.
Nesle (de), Jean II.
Nesle (Dame et seigneur de), Alix de Montfort, Simon.
Neuville (de), Pierre.
Nevers (Comte de), Guignes V.
Nicolas (S.), 170, 422, 424.
Nicolas (Cimetière Saint-), à Acre, 366.
Nicolas de Choisi ou de Soisi, maître sergent du roi, 254, 428.
Nicolas, maître de la Trinité, 250 à 254.
Nicolas de Varangéville (Saint-), auj. Saint-Nicolas-du-Port (Meurthe), 422 n., 424.
Nicole d'Acre, 238, 240.
Nicosie, capitale de Chypre, 90. *Nichocie*.
Nicosie (Archidiacre de), Raoul Grosparmi.
Nil, fleuve d'Afrique, 120 à 132, 176 à 180, 188 n., 194, 196, 202 à 210, 216, 218, 228, 234, 238, 244, 248, 256. *Voy aussi* Rexi.
Noé, 306.
Nogent (de), Artaud.
Nogent-l'Artaud (Aisne), 62.
Norwége, 328. *Noroe*.
Notre-Dame (Église de), à Damiette, 118.
Notre-Dame de Tortose, 400.

O

Octay (Faress-eddin).
Oiselay (Haute-Saône), 270. *Oiselair*.
Olive (Évêque d'), Guillaume de Pontoise.
Olivier de Termes, 10, 386, 388, 420.
Orchies (Nord), 538.
Oriflamme, 102, 106, 154.
Orléans (Loiret), 460. *Orliens*.
Orléans (d'), Jean.
Osée, 520.
Otricourt (d'), Étienne.

P

Palestine (Syrie), 512.
Panetier du roi, Gervais.
Pantalarée, île de la Méditerranée, 428. *Pantennellée*.
Paphos. *Voy*. Baffe.
Paradis à brûler, 294, 296.
Paradis terrestre, 122, 124.
Paris, 42, 50, 68, 72, 78, 108 n., 298, 424, 446, 452, 460, 474, 476, 480 à 486.
Paris (Bourgeois de), 50, 430, 474, 484.
Paris (Bourgeoise de), 206.
Paris (Couvent des Cordeliers de), 488.
Paris (Évêque de), Guillaume III d'Auvergne.
Paris (Hôtel-Dieu de), 480.
Paris (Jardin du roi à), dans l'île Notre-Dame, 42.
Paris (Prévôt de), Étienne Boileau.
Paris (Prévôté de), 474 à 478.
Paris. *Voy*. Saint-Antoine, Auxerre (Hôtel du comte d'), Aveugles, Sainte-Chapelle, Sainte-Croix, Magdeleine, Montmartre, Petit-Pont, Temple, Tisserands.
Passe-Poulain, en Syrie, entre Acre et Sur, 378.
Paul (S.), 508.
Paul (Comte de Saint-), Hugues V.
Pauvres, messagers de Dieu, 298.
Péché et lèpre, 16, 18.
Péchés des chrétiens, pourquoi les pires de tous, 296, 298.
Pèlerins, 350, 376, 378.

Pelusse, 168.
Perche (Comté du), 50.
Pers, drap bleu, 448.
Perse (Empereur de), Barbaquan, Mohammed.
Petit-Pont de Paris, 108.
Philippe II, roi de France, dit Auguste, 52 n., 330 n., 370 à 374, 444, 494.
Philippe de France, comte de Bourgogne, dit Hurepel, oncle de S. Louis, 50, n.
Philippe III, roi de France, 16, 24, 490 à 500, Ecl. 9º.
Philippe IV, roi de France, 16, 24, 28 n., 146, 462, 502.
Philippe de France, frère de Louis X, depuis Philippe V, roi de France et de Navarre, dit le Long, 12.
Philippe de Montfort, seigneur de Sur, 206, 224, 258, 380.
Philippe de Nanteuil, chevalier de la suite du roi, 92, 114.
Philippe de Nemours (d'*Anemos*), 250, 256, 286.
Philippe de Toucy, plutôt que Narjot (*Nargoe*) de Toucy, 330, n.
Philippine de Champagne, fille de Henri II, comte de Champagne, femme d'Érard de Brienne, 52, 54.
Pierre merveilleuse, 402.
Pierre (S.), 306, 308.
Pierre d'Auberive, 150.
Pierre d'Avallon, 130, 288.
Pierre Barbet, archevêque de Reims, 502, n.
Pierre de Bourbonne, 272.
Pierre, comte de Bretagne, dit Mauclerc, 50, 54, 56, 64, 120, 158, 164, 220, 222, 228, 236, 250, 522.
Pierre, évêque de Châlons, 452, 454.
Pierre le Chambellan, 290, 380, 418, 434, 460.
Pierre de Courtenay, 116, 138, 156, 272.
Pierre de Fontaines, jurisconsulte, 40, n.

Pierre de France, comte d'Alençon, fils de saint Louis, 4, 342, 498.
Pierre de Neuville, dit Caier, 158, 160.
Pierre de Pontmolain, 292.
Pierre de Villebride, grand-maître de l'Hôpital, 358.
Pierrière, sorte d'engin, 134 n., 183, 140.
Pigeons messagers, 106.
Pilate (Ponce-).
Pilet, trait, 136, 138, 160, 180, 208, 260.
Pisans, 264.
Plaids de la porte, 38.
Plantagenet (Geoffroy).
Plonquet, 102.
Poissons fossiles, 402.
Poitiers, 68, 72.
Poitiers (Comte et comtesse de), Alfonse, Jeanne de Toulouse.
Poitou, 32.
Ponce, écuyer de saint Louis, 444.
Ponce-Pilate, 514.
Pont de bateaux, 108, 192, 196, 202, 218.
Pontmolain (de), Pierre.
Pontoise (Seine-et-Oise), 466, 480.
Pontoise (Hôtel-Dieu de), 466, 480.
Pontoise (de), Guillaume.
Portugal (Roi de), Alfonse, Sanche II.
Poulains, nom donné aux paysans de la Terre sainte, 288.
Prêcheurs (Couvents de), 22, 464, 466, 480, 500.
Prêcheurs, 448. *Voy*. Raoul, Yves le Breton.
Prémontré, 54.
Prény (Meurthe), 460. *Priney*.
Prêtres guerroyant, 172, 174, 260, 354.
Prévôts, 466 à 474, 496.
Priney. *Voy*. Prény.
Processions, 46, 86, 118, 406.
Provence, 436, 442, 444.
Provence (de), Dragonet, Éléonore, Marguerite.

Provence (Comte de), Charles de France.
Provins (Seine-et-Marne), 262, 274, 448.
Provins (Couvent des Prêcheurs de), 22.
Prud'homme, 20, 374, 534.

Q

Quinze-Vingts. *Voy*. Aveugles.

R

Rames (Palestine), 360, 362.
Rames (L'évêque de), 354.
Rancon (de), Geoffroy.
Raoul, sire de Coucy, 146.
Raoul, frère prêcheur, 266.
Raoul Grosparmi, archidiacre de Nicosie, garde du sceau royal, évêque d'Évreux, puis cardinal-évêque d'Albano, 418, Écl. 8°.
Raoul de Soissons, 312.
Raoul de Wanou, 148, 150, 214.
Raxi. *Voy*. Rexi.
Reims (Marne), 454, 460, 486. *Rains, Reins*.
Reims (de), Baudouin.
Reims (Archevêque de), Pierre Barbet, Thomas de Beaumetz.
Reliques, 210, 402, 454 n., 486, 504.
Reliques (Camelins pris pour des), 402.
Remi de Reims (Abbaye de Saint-), 454.
Rémond, Templier, maitre des mariniers, 414, 416.
Renaud de Menoncourt, 148.
Renaud de Trie, confondu avec Mathieu, 44 n., 46, Écl. 2°.
Renaud de Vichiers, maréchal du Temple, puis grand-maitre, 122, 252, 254, 274, 302, 340, 342, 380.
Rendre, chose dure, 20.
Renégats, 218, 220, 238, 262, 312, 346, 522.
Requêtes ou plaids de la porte, 38, 40.
Rexi, Raxi, Rixi ou Risil, branche du Nil, nommée par les Arabes Aschmoun-Thenah, 126 à 132, 136 à 144, 152 à 164, 176 à 180, 184, 192.

Reynel (de), Alix, Gautier, Marguerite.
Rhône, fleuve, 80, 84.
Richard, roi d'Angleterre, dit Cœur de Lion, 52 n., 370, 372.
Risil, Rixi. *Voy*. Rexi.
Roan (Saint-Mathé de). *Voy*. Mathieu de Rouen (Saint-).
Robe, vêtement pour les hommes et pour les femmes, 24, 26, 78, 92, 268, 448.
Robert II, duc de Bourgogne, Écl. 2°.
Robert III, comte de Dreux, 56.
Robert de France, comte d'Artois, frère de saint Louis, 64 n., 74, 120, 128, 132, 138, 142 à 146, 154, 162, 164, 174, 194, 268, Écl. 5°.
Robert, patriarche de Jérusalem, appelé aussi Gui, 110, 240, 242, 352, 354, 410.
Robert de Sorbon, fondateur du collége de Sorbonne, 20 n., 22, 24.
Roche de Glun (Drôme), 84. *Roche de Gluy*.
Roche de Glun (Seigneur de la), Roger.
Roche de Marseille (La), éminence récemment détruite, qui dominait le vieux port, et qui était sur l'emplacement de la cathédrale actuelle, 84.
Rochelle (La), en Poitou, 32.
Rodolphe, fils d'Albert, roi d'Allemagne, 424, n.
Roelle ou rondelle, 160.
Roger, seigneur de la Roche de Glun, 84.
Rome, 452, 502.

Rome (Cour de), 44, 408, 452, 500.
Rome (Ste Église de), 528.
Rome (Empereur de), Auguste, Titus.
Rondelle ou roelle, 160.
Ronnay (de), Henri.
Rouen (Archevêque de), Guillaume II de Flavacourt.
Rouen. *Voy.* Mathieu (Saint-).
Royaumont, abbaye (Seine-et-Oise), 464, 480.

S

Saba (La reine de), 516.
Sac (Frères du), ou de la Pénitence de Jésus-Christ, 484.
Safad (Palestine), 352. *Le Saffar, le Saphat.*
Saffran (Le). *Voy.* Sephouri.
Saiète, flèche, 316 n., 318, 328.
Saillenay (de), Jean.
Saintes (Charente-Inférieure), 70.
Saladin, Salehadin ou Salah-eddin, soudan de Damas, d'Alep et d'Égypte, 218, 296, 372.
Salebruche. *Voy.* Sarrebruck.
Salehadin. *Voy.* Saladin.
Salomon, roi des Juifs, 516, 526, 528.
Samarie. *Voy.* Naplouse.
Samit, 66, 268.
Samois (de), Jean.
Samson le fort, 520.
Sancerre (Comte de), Étienne.
Sancerre (Comté de), 60, Écl. 3º.
Sanche II, roi de Portugal, Écl. 5º.
Saône, rivière, 80, 84.
Saphat (Le). *Voy.* Safad.
Sargines (de), Geoffroy.
Sarrasin (Jean).
Sarrasins en général, 52, 168, 280, 296, 298, 324, 372, 534.
Sarrasins d'Égypte, 14, 100 à 108, 112 à 118, 122, 126 à 166, 170 à 186, 192 à 196, 200 à 226, 238 à 244, 248, 250, 256 à 260, 264, 266, 502, 520 à 524.
Sarrasins de Pantalarée, 430.
Sarrasins de Syrie, 8 n., 312, 344, 346, 350, 356, 360 à 370, 376, 382 à 388.
Sarrebruck (Comte et comtesse de), Jean d'Apremont, Laurette.
Saumur (Maine-et-Loire), 64, 66.
Savoie (de), Béatrix, Thomas.
Sayette, ancienne Sidon (Syrie), 368, 370, 378, 380, 388, 390, 394, 396, 402, 406, 410, 412.
Sayette (Dame de), Marguerite de Reynel.
Sceau brisé, 46.
Scecedin ou Fakr-eddin, fils du scheick Sadr-eddin, 130 n., 132, 174.
Scorbut, 194, 198, 200.
Sébastien (S.), 132.
Sebreci, Sarrasin de Mauritanie, 246.
Seine, fleuve, 482, 484.
Senaingan (de), Alenard.
Sephouri, près d'Acre, 274. *Le Saffran.*
Serge, 486.
Sergents, 66, 94, 114, 116, 118, 150, 152, 160, 162, 170 à 174, 204, 254, 330, 332, 340, 360 à 364, 382, 384, 470, 488.
Sergents du Châtelet, 78.
Sergents à cheval, 470.
Sergent à masse, 154.
Sergents à pied, 172, 470.
Serment, 102, 378, 380.
Sezaire. *Voy.* Césarée.
Sézanne (Marne), 56.
Sharmesah (Égypte), 130. *Sormesac.*
Sichem. *Voy.* Naplouse.
Sicile, 74, 430. *Cezile.*
Sicile (Roi de), Charles de France, Conrad II.
Sidon ou Sidoine. *Voy.* Sayette.
Simon, sire de Joinville, père de l'historien, 30, 58.
Simon de Montcéliard, maître des arbalétriers du roi à Sayette, 368.
Simon, sire de Nesle, régent du royaume, 38, n.

Siverey (de), Érard.
Soiette. *Voy*. Sayette.
Soisi ou Choisi (de), Nicolas.
Soissons (Aisne), 446.
Soissons (de), Raoul.
Soissons (Comte de), Jean II de Nesle.
Soissons (Évêque de), Jacques de Castel ou plutôt Gui de Château Porcien.
Sonnac (de), Guillaume.
Sophonias, 532.

Sorbon (de), Robert.
Sormesac. *Voy*. Sharmesah.
Subeite, Soubeita ou Souciba, château de Bélinas, 384.
Sur, ancienne Tyr (Syrie), 288, 380, 396, 410, 412, Écl. 2°.
Sur (Seigneur de), Philippe de Montfort.
Surcot, 24 n., 42, 66 n., 68, 92, 310, 414.
Surplis, 168.

T

Tabarié (Syrie), l'ancienne Tibériade, 352.
Tabarié (Seigneur et dame de), Eschive, Eudes de Montbéliard.
Tabour, 104, 178, 188, 356.
Taillebourg (Charente-Inférieure), 68, 70.
Tanis (Égypte), 126. *Tenis*.
Targe, 104, 182, 344.
Tartares, 88, 94, 312 à 326, 390. *Tartarins*.
Tartare (Prince), vainqueur des Corasmins, 320, 322, 352, n.
Tartares (Prince des), Houlagou.
Tartares (Le roi des), 88, 94.
Tartares (Roi des), Gengis-Khan, Mangou-Khan.
Temple de Jérusalem, 518.
Temple (Commandeur du), Étienne d'Otricourt.
Temple (Grand maître du), Guillaume de Sonnac, Renaud de Vichiers.
Temple (Le maréchal du), 384. *Voy. aussi* Hugues de Jouy, Renaud de Vichiers.
Temple (Trésorier du), 254.
Temple (Carrefour du), à Paris, 484.
Temple (Porte du), à Paris, 484.
Templier. *Voy*. Hugues, Rémond.
Templiers, 122, 130, 144, 146, 170, 180, 222, 224, 252, 254, 300, 302, 340, 342, 360, 376, 380 à 384, 522.
Tenis. *Voy*. Tanis.
Termes (de), Olivier.

Terre sainte, 8, 52, 76, 88, 110, 338, 342, 386, 410, 420.
Thau, lettre de l'alphabet des Juifs, 516.
Thibaut II, comte de Bar, 460.
Thibaut V, comte de Blois, 60, 62, 64.
Thibaut II, comte de Champagne, 60, n.
Thibaut III, comte de Champagne, fils de Henri Ier, 52, 54.
Thibaut IV, comte de Champagne, roi de Navarre, 50, 54 à 60, 64, 190 n., 446 n., Écl. 3°, 5°.
Thibaut II, roi de Navarre, marié à Isabelle, fille de S. Louis, 22 n., 24 n., 446, 448, 458, 488, Écl. 5°
Thiébaut de Montléard, maître des arbalétriers, 114, 362, 364.
Thiérache (Abbé de Saint-Michel en), Guillaume de Monson.
Thierri III, comte de Montbéliard, 100, 104.
Thomas de Beaumetz, archevêque de Reims, 452, 454.
Thomas de Savoie, comte de Flandre, Écl. 3°.
Thunes. *Voy*. Tunis.
Thuringe (de), Élisabeth.
Tibériade. *Voy*. Tabarié.
Timbale. *Voy*. Nacaire.
Tiretaine, 42.
Tisserands (Quartier des), à Paris, 484. *Les Tissarans*.
Titus, empereur de Rome, 480, Écl. 9°.

Toile de coton, 232.
Toile écrue, 212.
Toile teinte, 228.
Tortose (Syrie), 400. *Tortouze.*
Touaille, toile, 98, 168, 350, 402.
Touaille, turban, coiffure, 206, 248, 366, 432, 434.
Toucy (de), Narjot, Philippe.
Toulouse (de), Jeanne.
Touran-Schah, fils de Malek-Saleh Nagem-eddin Ayoub, soudan de Babylone, 190, 192, 200, 220 à 236, 240 à 246, 262, 294, 308, 522, 524.
Tours (Bailli de), Geoffroy de Villette.
Trafentesi, Traffesontes. *Voy.* Trebizonde.
Trasegnies (de), Gilles.
Trébizonde (Turquie d'Asie), 396. *Trafentesi, Traffesontes.*

Trébizonde (Sire de), Comnène.
Trichâtel (de), Hugues.
Trie (de), Mathieu, Renaud.
Trinité (Frère de la), Jean.
Trinité (Maître de la), Nicolas.
Tripoli de Syrie, 348, 400. *Tyrple, Triple.*
Tripoli (Comte de), Boémond VI.
Tristan (Jean de France, dit).
Trompe, 152, 154.
Troyes (Aube), 56, 58, 62.
Tunis (Afrique), 4, 430, 490. *Thunes.*
Tunis (Le roi de), 428.
Turcs ou Sarrasins. *Voy.* Sarrasins.
Tusculum (Évêque de), Eudes de Châteauroux.
Tyoys (Le), Henri.
Tyr. *Voy.* Sur.
Tyrple. *Voy.* Tripoli.

U

Urbain (Saint-), abbaye près Joinville (Haute-Marne), 82, 454, 456.

Urbain (Abbé de Saint-), Adam, Geoffroy, Jean de Mimery.

V

Vair, fourrure, 22, 268, 448. *Voy. aussi* Menu-vair.
Vaisseau d'argent offert en vœu, 422, 424.
Val (Le seigneur du), frère de Pierre d'Avallon, 130.
Val-Secret, abbaye de l'ordre de Prémontré (Aisne), 54, 56.
Valenciennes (de), Jean.
Valery (de), Erard, Jean.
Valets, Écl. 5º.
Valet gentilhomme, 346.
Valois (Comte de), Charles de France.
Varangéville (Saint-Nicolas de).
Vatace, empereur des Grecs, 330, 396.
Vaucouleurs (de), Hugues.
Vaucouleurs (Sire de), Geoffroy de Joinville.
Vauvert, maison de Chartreux, près Paris, 480, Écl. 9º.

Verges d'or, 192, n.
Vernon (Hôtel-Dieu de), 466, 480.
Versey (de), Villain.
Vert, drap vert, 22, 310.
Vertus (Marne), 56.
Vertus (de), Marie.
Vêtir (Comment on se doit), 16, 22 à 26.
Vichiers (de), Renaud.
Vicomtes, 466 à 474.
Vieillards, honorés par les Sarrasins, 132.
Vielle, 448.
Viennois (Dauphine de), Béatrix de Savoie.
Vierges sages et vierges folles, 532.
Vieux de la Montagne (Le), chef des Assassins ou Ismaéliens de Syrie, 166, 300 à 308, Écl. 6º.
Villain de Versey, 102.
Villebride (de), Pierre.
Ville-Hardouin (de), Geoffroy.

Villers (de), Henri.
Villette (de), Geoffroy.
Vincennes, près Paris, 40, 42.

Vœux pieux, 422, 424.
Voisey (de), Jean.
Vranas, seigneur grec, 330, n.

W

Wanou (de), Raoul.

Y

Yères. *Voy*. Hyères.
Ylles. *Voy*. Isle-Aumont.
Ymbert. *Voy*. Imbert.
Yolande de Bretagne, fille de Pierre Mauclerc, 54 n., 56, 58 n.
Yolande de Dreux, fille de Robert III, comte de Dreux, mariée à Hugues IV, duc de Bourgogne, 56.
Yves le Breton, frère prêcheur, 294, 304 à 308.

FIN DE LA TABLE ALPHABÉTIQUE DES MATIÈRES.

www.ingramcontent.com/pod-product-compliance
Lightning Source LLC
Chambersburg PA
CBHW051818230426
43671CB00008B/752